财政部规划教材
应用型教育数智化财经类教材
职业教育国家在线精品课程配套教材

智能化税费核算与管理

广州番禺职业技术学院 厦门科云信息科技有限公司	组　编
黄　玑　杨　柳	主　编
欧阳丽华　谢计生	副主编
钟晓玲　黄丽丽　黄秋香	参　编
杨则文	主　审

中国财经出版传媒集团
中国财政经济出版社
·北京·

图书在版编目（CIP）数据

智能化税费核算与管理 / 黄玑，杨柳主编. -- 北京：中国财政经济出版社，2025.1. --（财政部规划教材）（应用型教育数智化财经类教材）（职业教育国家在线精品课程配套教材）. -- ISBN 978 - 7 - 5223 - 3616 - 9

Ⅰ. F810.423 - 39；F812.423 - 39

中国国家版本馆 CIP 数据核字第 2025W2X101 号

责任编辑：樊　闽	责任校对：胡永立
封面设计：卜建辰	责任印制：张　健

智能化税费核算与管理
ZHINENGHUA SHUIFEI HESUAN YU GUANLI

中国财政经济出版社 出版

URL：http://www.cfeph.cn

E - mail：cfeph@cfeph.cn

（版权所有　翻印必究）

社址：北京市海淀区阜成路甲 28 号　邮政编码：100142

营销中心电话：010 - 88191522

天猫网店：中国财政经济出版社旗舰店

网址：https://zgczjjcbs.tmall.com

北京中兴印刷有限公司印刷　各地新华书店经销

成品尺寸：185mm×260mm　16 开　26.25 印张　640 000 字

2025 年 1 月第 1 版　2025 年 1 月北京第 1 次印刷

定价：76.00 元

ISBN 978 - 7 - 5223 - 3616 - 9

（图书出现印装问题，本社负责调换，电话：010 - 88190548）

本社图书质量投诉电话：010 - 88190744

打击盗版举报热线：010 - 88191661　QQ：2242791300

随着科技的日新月异和数字化浪潮的推进,税费核算与申报工作正迎来前所未有的变革。大数据、云计算、人工智能等先进技术的广泛应用,不仅极大地提升了税费核算与申报的效率和准确性,更为税务会计的核心竞争力构建提供了新的动能。

想象这样一个场景:税务会计通过智能化的系统,一键完成复杂的税费核算与申报工作。这种便捷高效的工作方式,已经不再是遥不可及的梦想,而是我们正在迈向的现实。近年来,我国在税收征收管理方面取得了显著进步,这得益于大数据、云计算等智能化技术的应用,它们像是一双"智慧之眼",帮助我们洞察税务的每一个细节。作为企业税务会计工作的重中之重,"税"的依法依规计算、申报、缴纳,有效识别并预警潜在的税务风险,同时提供专业的税务风险处理建议,已越来越成为企业税务会计价值之所在。

高等职业院校财会类专业也积极响应时代召唤,实施数智化改革,旨在培养能够适应现代技术创新,具备高素质的技术技能人才。在这个背景下,我们与厦门科云信息科技有限公司合作,共同开发了"智能化税费核算与管理"教材。

本教材践行课程思政,以培养思想政治坚定、德技并修,主动适应现代技术创新的高素质技术技能人才为根本任务;以企业真实的业务和财务信息为基础,以高度仿真且智能化的税务实训环境为背景,以18个税种的最新法律法规和《企业会计准则》为依据,以各税种的税源采集、自动计税和智能申报缴纳为工作任务,引导学生深入理解税法基本要素、税费核算方法和税务管理的核心理论知识,同时掌握涉税业务核算、税费计算与申报缴纳、税务风险管理和纳税筹划等的实践技能。教材具有以下特点。

1. 适应新业态

随着数智化技术的快速发展,如大数据、云计算、人工智能等,税务会计的工作内容和重心正在经历深刻的变革。这些数智化技术在税务领域的应用日益广泛,极大地提升了税务核算与申报的效率和准确性。

传统的税务会计主要聚焦于税费的核算和申报,但在数智化时代,智能化的税务系统使企业能够实现税费的自动核算和一键申报。因此,税务会计现在需要更多地参与到税务数据分析、风险风控和税务优化等工作,要求具备更强的风险识别和管理能力,以确保企业在遵守法规的同时,为企业提供有价值的税务策略建议。

为了应对这些变化,本教材引入真实的业务场景和案例,设计了利用数智化技术进行税务管理等应用实例,帮助学生全面了解和掌握这些前沿技术在税务领域的实际应用,重点培养学生的实战技能,特别是在税务数据分析、风险识别与管理等方面的能力,让他们能够适应新时代税务工作的需求。

智能化税费核算与管理

2. 校企"双元"合作开发

本教材是我们与厦门科云信息科技有限公司深度合作的成果。通过校企合作，我们充分利用了双方在教育和科技领域的资源优势，实现了理论与实践的完美结合。学校方面提供了丰富的教育理论知识和教学经验，而企业则贡献了最新的技术动态和行业实践，这种合作模式确保了教材内容既具有扎实的理论基础，又紧密贴合行业发展的实际需求。借助科云信息科技的专业技术，本书内容嵌入了智能化税费核算与管理的最新技术和应用，包括智能开票、智能算税、智能申报、智能分析、税务风险管理等。学生利用本教材并结合平台实际操作，深入了解和掌握这些技术，从而在未来的税务工作中能够更加高效、准确地完成任务。同时，通过与企业的持续合作，我们将不断更新教材内容，确保其与税收法规、技术的最新发展保持同步。

3. 内容编排适合项目化的教学设计

我们以税种为主线，系统构建了七个核心教学项目。通过与企业的深度合作，我们引入了真实的业务场景和行业数据，为每个教学项目设计了具有针对性的教学案例。

在每个教学项目下，我们结合教学案例设计了具体的工作任务，并提供了详尽的任务清单，学生可以在工作任务的指引下分阶段、分步骤地进行学习和实践。校企合作开发的"智慧化税费核算与管理"实操平台为学生提供了即时的实践机会，学生可以在平台上根据任务要求模拟真实的税务操作，及时将理论知识转化为实际操作能力。平台实时记录并保存学生的分步实训数据，有效解决了传统教学中工作项目内容过于庞大，学生往往需要学完整个项目后才能进行模拟实操这一问题，方便教师细化教学设计，满足理论知识与实操能力的即时转化。

本教材配套建设有教学课件、微课视频、习题库、全仿真报税系统等数字化资源，可登录"厦门科云信息科技有限公司的数智财务云平台"（https://cloud.acctedu.com/）进入"智慧化税费申报与管理平台"进行在线学习，也可以扫描书中二维码观看相关教学视频、教学课件、拓展阅读等。

本教材由广州番禺职业技术学院智能化税费核算与管理教学团队和厦门科云信息科技有限公司专家团队共同编写，由厦门科云信息科技有限公司提供平台和相关资源支持。由广州番禺职业技术学院杨则文教授指导，负责课程与教材框架的整体把关；广州番禺职业技术学院黄玑、杨柳任主编，广州番禺职业技术学院欧阳丽华、厦门科云信息科技有限公司谢计生任副主编。具体编写分工如下：黄玑负责编写导言、项目一、项目五的模块二；杨柳负责编写项目四、项目五的模块六、项目七；欧阳丽华负责编写项目三、项目五的模块五和模块七；钟晓玲负责编写项目五的模块一、模块三和模块四，项目六；黄丽丽负责编写项目二。限于作者水平不限，不足之处，恳请读者批评指正。电子邮箱：331484371@qq.com。

本教材为用书学校任课老师提供了相关配套资源，如有需要，请以电子邮件向中国财政经济出版社索取（请注明：学校、全书名、版次），Email：caijingjiaocai@163.com。也可以登录以下网址下载：http://jiaocai.cfeph.cn。

编　者

2025 年 1 月

目 录

导言　走进智能化税务管理 …………………………………………………………（1）
　　模块一　智能化税务认知 ……………………………………………………（3）
　　模块二　智能化税务管理系统认知 …………………………………………（7）
　　模块三　现行税收制度认知 …………………………………………………（12）
项目一　增值税及附加税费的智能化核算与管理 …………………………………（22）
　　模块一　增值税法的基本内容 ………………………………………………（43）
　　模块二　增值税销项的核算与管理 …………………………………………（53）
　　模块三　增值税进项的核算与管理 …………………………………………（81）
　　模块四　增值税简易计税及减免税的核算与管理 …………………………（96）
　　模块五　增值税及附加税费的风险管控及申报管理 ………………………（103）
　　模块六　增值税出口退税的核算与管理 ……………………………………（117）
项目二　消费税及附加税费的智能化核算与管理 …………………………………（122）
　　模块一　认知消费税法的基本内容 …………………………………………（129）
　　模块二　一般情形消费税的核算与管理 ……………………………………（135）
　　模块三　特殊情形消费税的核算与管理 ……………………………………（145）
　　模块四　进出口消费税的核算与管理 ………………………………………（150）
　　模块五　消费税及附加税费的风险管控与申报管理 ………………………（153）
项目三　企业所得税的智能化核算与管理 …………………………………………（167）
　　模块一　认知企业所得税法的基本内容 ……………………………………（186）
　　模块二　收入项目的核算与管理 ……………………………………………（189）
　　模块三　扣除项目的核算与管理 ……………………………………………（192）
　　模块四　企业所得税应纳税额的核算与管理 ………………………………（206）
　　模块五　企业所得税的风险管控与申报管理 ………………………………（215）
项目四　个人所得税的智能化核算与管理 …………………………………………（249）
　　模块一　认知个人所得税法的基本内容 ……………………………………（254）

模块二　个人所得税的核算与管理 …………………………………… （263）
　　模块三　个人所得税的风险管控与申报管理 …………………………… （278）
项目五　财产和行为税的智能化核算与管理 ……………………………… （289）
　　模块一　房产税与城镇土地使用税的核算与管理 ……………………… （290）
　　模块二　土地增值税及耕地占用税的核算与管理 ……………………… （302）
　　模块三　契税的核算与管理 ……………………………………………… （317）
　　模块四　车船税和车辆购置税的核算与管理 …………………………… （321）
　　模块五　印花税的核算与管理 …………………………………………… （328）
　　模块六　资源税的核算与管理 …………………………………………… （341）
　　模块七　环境保护税的核算与管理 ……………………………………… （350）
项目六　关税的智能化核算与管理 …………………………………………… （362）
　　模块一　认知关税法的基本内容 ………………………………………… （363）
　　模块二　进口货物关税的核算 …………………………………………… （366）
　　模块三　出口货物关税的核算 …………………………………………… （370）
　　模块四　关税申报管理 …………………………………………………… （371）
项目七　税收征纳过程的智能化管理 ………………………………………… （374）
　　模块一　税务管理 ………………………………………………………… （376）
　　模块二　纳税筹划 ………………………………………………………… （384）
　　模块三　纳税担保、税收保全及强制执行 ……………………………… （391）
　　模块四　法律责任 ………………………………………………………… （396）
　　模块五　税务行政处罚与行政救济 ……………………………………… （401）
　　模块六　纳税信用管理 …………………………………………………… （407）

本书资源二维码索引

序号	章名称	节名称	二维码资源名称	资源类型（动画、微课/操作讲解视频）	页码
1	导言 走进智能化税务管理	模块三 现行税收制度认知	税制构成的基本要素	微课	第13页
2	项目一 增值税及附加税费的智能化核算与管理	模块一 增值税法的基本内容	增值税纳税人的分类及管理	微课	第43页
3		模块二 增值税销项的核算与管理	以旧换新销售销项税额计算	微课	第58页
4			将货物交付他人代销增值税的核算	微课	第58页
5			包装物销售及没收押金销项税额计算	微课	第62页
6			都是开票惹的祸	微课	第69页
7			红字发票开具	操作讲解视频	第74页
8		模块三 增值税进项的核算与管理	不得从销项税额中抵扣的进项税额	微课	第87页
9			锦囊妙计——采购中的纳税筹划	微课	第90页
10			发票勾选认证（示例2）	操作讲解视频	第93页
11		模块四 增值税简易计税及减免税的核算与管理	小规模纳税人税费计算与申报（示例3）	操作讲解视频	第97页
12			案例演练——小规模纳税人增值税及附加税费申报与管理	操作讲解视频	第97页
13		模块五 增值税及附加税费的风险管控及申报管理	案例演练——一般纳税人增值税及附加税费申报与管理	操作讲解视频	第104页
14			附加税家族的故事	微课	第115页

智能化税费核算与管理

续表

序号	章名称	节名称	二维码资源名称	资源类型（动画、微课/操作讲解视频）	页码
15	项目二 消费税及附加税费的智能化核算与管理	模块二 一般情形消费税的核算与管理	卷烟应纳税额的计算	微课	第138页
16			消费税——酒应纳税额的计算	微课	第138页
17			委托加工应税消费品应纳税额的计算	微课	第140页
18		模块五 消费税及附加税费的风险管控与申报管理	时间的价值——延长消费税的纳税期间	微课	第153页
19			消费税及附加税的计算与申报（示例1）	操作讲解视频	第154页
20			案例演练——消费税及附加税费的申报与管理	操作讲解视频	第154页
21	项目三 企业所得税的智能化核算与管理	模块三 扣除项目的核算与管理	存货发出计价方法的纳税筹划	微课	第192页
22			业务招待费那些事——业务招待费税前扣除限额与简易节税筹划	微课	第198页
23		模块四 企业所得税应纳税额的核算与管理	会计利润总额等于应纳税所得额吗	微课	第206页
24			案例演练——企业所得税申报与管理（季度预缴）	操作讲解视频	第216页
25		模块五 企业所得税的风险管控与申报管理	企业所得税汇算清缴-1	操作讲解视频	第220页
26			企业所得税汇算清缴-2	操作讲解视频	第223页
27			企业所得税汇算清缴-3	操作讲解视频	第231页
28			企业所得税汇算清缴-4	操作讲解视频	第231页
29			企业所得税汇算清缴-5	操作讲解视频	第231页
30	项目四 个人所得税的智能化核算与管理	模块一 认知个人所得税法的基本内容	今天，你交税了吗	微课	第255页
31		模块二 个人所得税的核算与管理	工资、薪金个人所得税的计算	微课	第267页
32			个人所得税预缴申报（示例2）	操作讲解视频	第267页
33		模块三 个人所得税的风险管控与申报管理	劳务报酬所得的个税计算	微课	第270页
34			案例演练——个人所得税申报与管理（综合所得）	操作讲解视频	第284页

续表

序号	章名称	节名称	二维码资源名称	资源类型（动画、微课/操作讲解视频）	页码
35	项目五 财产和行为税的智能化核算与管理	模块一 房产税与城镇土地使用税的核算与管理	除了房东的心情，房租还跟啥有关	微课	第290页
36			何时该缴城镇土地使用税	微课	第296页
37			房产税计算与申报（示例1）	操作讲解视频	第297页
38			土地使用税计算与申报（示例2）	操作讲解视频	第297页
39			案例演练——房产税及土地使用税申报与管理	操作讲解视频	第300页
40		模块二 土地增值税及耕地占用税的核算与管理	土地增值税清算申报-1	操作讲解视频	第309页
41			土地增值税预缴申报（示例1）	操作讲解视频	第313页
42			耕地占用税计算与核算（示例）	操作讲解视频	第316页
43		模块三 契税的核算与管理	契税计算	操作讲解视频	第319页
44		模块四 车船税和车辆购置税的核算与管理	买车要交什么税呢？	微课	第322页
45			车船税的计算与申报（示例1）	操作讲解视频	第324页
46			车辆购置税计算与核算（示例1）	操作讲解视频	第326页
47		模块五 印花税的核算与管理	无处不在的印花税	微课	第332页
48			印花税的计算与申报（示例2）	操作讲解视频	第335页
49			案例演练——印花税的申报与管理	操作讲解视频	第339页
50		模块六 资源税的核算与管理	资源税的申报（示例2）	操作讲解视频	第347页
51		模块七 环境保护税的核算与管理	环境保护税的计算与申报（示例2）	操作讲解视频	第358页
52	项目六 关税的智能化核算与管理	模块一 认知关税法的基本内容	"代购"那些事——进口商品的涉税介绍	操作讲解视频	第363页
53		模块二 进口货物关税的核算	进口关税计算（示例1）	操作讲解视频	第366页
54		模块三 出口货物关税的核算	出口关税计算（示例2）	操作讲解视频	第370页
55	项目七 税收征纳过程的智能化管理	模块一 税务管理	再见了，税务登记证	微课	第376页

导　言
走进智能化税务管理

知识学习目标

1. 了解智能化税务的基本内涵及其发展历程
2. 掌握税收含义、特征和税法要素的基本内容
3. 了解我国税收体系，理解税种分类的逻辑

技能训练目标

1. 能熟练操作和应用智能化税务管理工具，掌握其功能和使用方法
2. 能运用所学的税收知识，分析税收领域热点问题的背景、成因和影响

素养培育目标

1. 深入理解税收在国家经济建设和社会发展中的重要性，树立正确的纳税观念，增强依法纳税的自主性，培养社会责任感
2. 强化伦理道德教育，确保在税务处理过程中遵循职业道德规范，维护税收秩序和公共利益

项目案例

李智税的税务管理变革记

在繁华的都市中，有一家名为"味之源"的连锁餐饮企业，李智税是这家企业的税务管理负责人。多年来，他一直在传统税务管理的框架下辛勤工作，但随着数字科技的飞速发展，"味之源"也迎来了税务管理的变革。

智能化税费核算与管理

一、传统税务管理的日子

若干年前,每当税务申报期临近,李智税的办公室总是堆满了厚厚的纸质申报表格和财务报表。他需要逐一核对数据,确保准确无误后,再小心翼翼地填写到纸质表格上。他在提交前,还要反复检查,生怕有任何遗漏或错误。最让他头疼的是,这些表格必须亲自送到税务局,路途遥远且交通拥堵,往往耗费大量时间和精力。

发票管理也是一项艰巨的任务。每个月底,李智税都要组织团队整理、核对和归档成千上万的纸质发票。一旦有发票遗失或信息错误,不仅影响财务对账,还可能引发税务风险。

二、智能税务管理的春风

一天早晨,阳光透过窗户洒在李智税的办公桌上,他的电脑屏幕上闪烁着金税四期税务管理系统的登录界面。李智税轻车熟路地登录系统,映入眼帘的是一个智能化的税务工作平台。这个平台不仅集成了税务申报、发票管理、数据分析、风险防控等功能,还接入了 AI 税务助手,为他提供全天候的智能支持。

智能化申报缴纳

"叮!"随着系统的提示音,AI 税务助手自动完成了对"味之源"最新一期财务数据的分析,并生成了规范的税务申报表格。李智税只需简单审核无误后,轻点鼠标,申报表格便通过加密通道提交到了税务局。随后,他打开在线支付平台,选择了企业常用的电子转账方式,几秒钟内就完成了税款的缴纳。整个过程流畅无阻,李智税不禁感慨:"这比以前跑税务局方便多了!"

精准化风险防控

在忙碌的间隙,李智税打开了金税四期的风险预警系统。系统界面上,各类税务风险指标以图表形式直观展示,一目了然。通过大数据分析,系统还智能地识别出了几个潜在的税务风险点,并给出了具体的防控建议。李智税迅速组织团队对这些风险点进行了核查和整改,有效避免了税务风险。

高效化发票管理

午后,李智税接到了财务部门的通知,有一批新的采购发票需要加急处理。他打开数电发票系统,只见屏幕上自动显示出最新收到的发票信息。利用 OCR 技术,系统已经自动识别并录入了发票上的关键信息。李智税只需点击"确认"按钮,这些发票便自动归档到了企业的电子发票库中。他还可以通过系统实时查询每一笔交易的发票状态,确保发票的真实性和合法性。

科学化决策支持

傍晚时分,李智税利用大数据平台对"味之源"的税务数据进行了深度分析。他根据历史数据和当前市场趋势,预测了企业未来的税务负担和可能的税收优惠政策。结合 AI 税务助手的建议,他制定了一份详细的税务规划报告,为企业的财务决策提供了有力的支持。

随着智能化税务管理模式的深入应用,李智税的工作变得更加精准、高效和便捷。他不再为烦琐的纸质表格和沉重的发票管理而烦恼,而是将更多的精力投入到税务风险防控和税务决策支持上。他深知,这场税务管理的变革不仅提高了企业的税务管理水平,更为企业的长远发展奠定了坚实的基础。而他自己,也将在这一过程中不断成长和进步,成为企业不可或缺的税务管理人才。

任务清单：
1. 了解智能化税务的内涵及其发展
2. 深入探索企业应如何应对智能化税务的发展
3. 结合未来职业，分析税务会计应掌握的技术技能

模块一　智能化税务认知

一、智能化税务的基本内涵

2021年3月，中共中央办公厅、国务院办公厅印发的《关于进一步深化税收征管改革的意见》（以下简称《意见》）明确提出了"全面推进税收征管数字化升级和智能化改造"，并把智慧税务建设任务作为"十四五"时期税务部门深化税收征管改革的目标之一。

结合《意见》的战略部署和相关理论研究成果，智能化税务的基本内涵体现在技术驱动、自动化处理、数据分析与预测、智能决策与预警、业务模式与管理模式创新以及服务质量提升等多个方面，它是税务管理现代化和信息化发展的高级阶段。

（一）技术驱动

智能化税务依赖于大数据、人工智能、区块链等现代信息技术，这些技术为税务管理的智能化提供了强大的支持。

（二）自动化处理

智能化税务通过智能技术的应用，实现了税务业务的自动化处理，如自动提取数据、自动计算税额、自动预填申报等，大大提高了工作效率和准确性。

（三）数据分析与预测

利用大数据分析技术，智能化税务系统能够对海量税务数据进行深度挖掘和分析，揭示税务数据的内在规律和趋势，为税务决策提供有力支持。

（四）智能决策与预警

智能化税务不仅限于数据的收集和处理，还能通过机器学习等智能算法进行税务风险评估和预警提示，及时发现和应对潜在的税务风险。

（五）业务模式与管理模式创新

智能化税务推动税务业务流程的优化和管理模式的创新，通过智能技术的应用重新梳理和优化业务流程，提高业务处理效率和准确性；同时推动税务管理模式从传统的以票管税向以数治税转变。

（六）服务质量提升

智能化税务注重提升税务服务质量，通过智能咨询、在线申报、自助办税等方式为纳税人提供更加便捷、高效的税务服务体验。

二、智能化税务的发展历程

我国税收信息化建设源于20世纪80年代初，基层税务部门开始使用微型计算机辅助工作，用于处理税收计划、统计、会计等日常工作中涉及的纸质数据。通过计算机处理数据，税务部门显著提高了面对面服务的效率，减少了人工操作的时间和错误率，为纳税人提供了更加便捷的服务。

1994年的分税制改革是我国税制史上的一次重大变革，它重新划分了中央与地方的税收权限和收入范围。为了配合这一改革，金税工程应运而生，该系统由一个网络（国家税务总局与省、地、县国家税务局四级计算机网络）和四个子系统（增值税防伪税控开票子系统、防伪税控认证子系统、增值税稽核子系统和发票协查子系统）构成，其宗旨是通过信息技术手段提升税收征管效率，确保税收的公平、公正和及时征收。

金税工程经历了一期、二期和三期的实施，目前进入四期建设和实施阶段。

（一）金税一期

1994年，我国开始实施以增值税为主要内容的新一轮工商税制改革，为适应增值税改革的要求，增值税专用发票应运而生。随之而来的却是利用虚开、代开、伪造增值税专用发票等手段进行经济犯罪的行为屡禁不止。为彻底打击这些违法犯罪行为，税务部门开始筹建以增值税计算机稽核系统、增值税专用发票防伪税控系统、税控收款机系统为子系统的金税一期工程。工程聚焦增值税专用发票，部署应用增值税专用发票交叉稽核系统，探索"以票管税"新做法，但当时采集增值税专用发票信息需要由税务机关组织人员手工录入，工作量大，数据采集不全，只能依靠经验管税。

（二）金税二期

1998年，金税二期工程开始启动。金税二期由增值税防伪税控开票子系统、防伪税控认证子系统、增值税稽核子系统、发票协查信息管理子系统四大系统组成，并于2001年7月1日在全国全面开通。工程聚焦增值税发票开票、认证、报税和稽核等，探索实施全链条监管体系。2003年，所有增值税一般纳税人必须通过防伪税控系统开票（手写专票退出历史舞台），"以票控税"的格局初步形成。金税二期工程对加强增值税专用发票管理，打击偷、骗税犯罪行为，增加税收收入等方面起到积极有效的作用。

（三）金税三期

2009年，在金税二期工程基础上，金税三期工程开始实施，2016年10月完成全国全面上线。此工程实现了原国税地税两套系统流程统一、数据合流和功能升级，建立了"一个平台、两级处理、三个覆盖、四个系统"，实现了税务数据的全国集中处理、统一管理和共享利用。至此，金税工程成为覆盖所有税费种类、支撑税务人员在线业务操作、为纳税人提供涉税事项办理业务的信息系统。

（四）金税四期

随着大数据、云计算、人工智能等技术的快速发展，金税工程进入了一个新的发展阶段。四期工程更加注重数据的深度挖掘和分析应用，通过构建智慧税务体系，实现税收征管的智能化、个性化和服务化。金税四期以发票电子化改革为突破口，以税收大数据为驱动，推动构建全量税费数据多维度、实时化归集、连接和聚合，实现税收征管方式从"收税"到"报税"再到"算税"的升级，税收征管流程从"上机"到"上网"再到"上云"的转变，税收征管效能从"经验管税"到"以票控税"再到"以数治税"的提升。

与前三期相比，金税四期的主要特点包括：

（1）技术升级。金税四期采用了大数据、云计算、人工智能、区块链和移动互联网等新一代信息技术，实现了税务管理的数字化和智能化。通过构建全国统一的税务云平台，实现了税务数据的集中存储、统一管理和智能分析。

（2）信息共享。金税四期搭建了信息共享及核查平台，实现了税务部门内部以及与其他部门之间的信息共享和交换。通过该平台，税务部门可以实时获取企业的注册登记、纳税状态、财务报表、银行账户等相关信息，为税收征管提供全面、准确的数据支持。

（3）监管强化。金税四期加强了对企业的监管力度，通过大数据分析手段，税务部门可以全面掌握企业的涉税信息，包括收入、成本、费用、利润等各个方面。这有助于税务部门及时发现和解决税收风险问题，提高企业的税收遵从度。

（4）业务扩展。与前三期相比，金税四期不仅限于税收业务，还纳入了非税业务，如社保费、非税收入等。这使金税四期能够实现对业务更全面的监控和管理，提高税务部门的整体征管效率。

【任务实施】

智能化税务的内涵及其发展：近年来，我国在税收征收管理方面取得了显著进步，这得益于大数据、云计算等智能化技术的应用，它们像是一双"智慧之眼"，帮助我们洞察税务的每一个细节。智能化技术不仅提升了税务工作的效率，更为打击税收违法行为提供了新的手段。例如，2023年6月28日，国家税务总局深圳市税务局就利用这些技术，成功破获了一起虚开数字化电子发票的案件。在这个案例中，犯罪团伙控制的15户空壳小规模纳税人企业在没有真实交易的情况下，涉嫌虚开大量的生活服务类电子发

> 票。然而，在大数据和区块链技术的帮助下，警税联合行动，迅速将犯罪嫌疑人抓获。这个案例不仅展示了税务部门利用先进技术打击税收违法行为的决心和能力，也警示我们税务风险管理的重要性。同时，它也反映了金税四期上线后，税务部门利用大数据和区块链技术在各地区和各非税部门之间建立的联系，使企业的税务信息变得无处遁形。从2023年开始，国家税务总局联合公安部、最高人民检察院、最高人民法院、海关总署、中国人民银行、国家外汇管理局等七部门，聚焦"假企业""假出口""假申报"，加大打击力度，税收违法将更难逃脱责任追究。

三、企业智能化税务管理转型探索

（一）企业税务转型的必要性

1. 外部环境方面，新技术的发展促进了传统会计的变革

当前新的技术不断涌现、飞速发展，云计算、人工智能、大数据、区块链等新一代信息技术的发展不仅引领企业业务和组织的变革，也应用于税务局的税收征管与服务升级中，税务局通过金税四期的建设逐步实现自动算税、上云赋智和以数治税。企业税务数字化转型该如何进行，是中国企业亟待应对的一项重要挑战。

从企业税务数智化转型的角度，税务风险管控转型的核心是从被动型税务风险应对模式，逐步过渡到主动预测型税务风险管控模式。

2. 内部环境方面，企业发展要求会计创造更高的价值

（1）会计信息价值提升。从移动互联网和人工智能的飞速发展可以看出人们对信息价值的追求，而对于会计信息而言，企业管理人员对其信息质量要求更有着不同以往的重视程度。

（2）企业税务风险管控及筹划。在以数治税的大环境下，企业的税务管理系统和业务数据不"连通"，发票传递和纳税筹划都可能存在风险。数字化与税务管控相融合可以帮助企业快速收集业务数据、预防潜在税务风险、提高效率。

> **【勤思善悟】**
>
> 　　金税四期的推广，将如何影响企业的税务筹划策略？企业应该如何调整其税务管理以适应这种智能化趋势？

（二）智能化税务转型目标

1. 发票管理智能化

从销项管理、进项管理、发票风险三个环节实现智能开票、发票签收、智能查验、智能勾选、全链条风控等，助力企业票税安全，提升企业运营效率。建立企业发票池，对企业的发票获取、报销、入账、认证、转出、归档状态进行全生命周期管理。

2. 税务计算智能化

税务计算智能化能够消除手工作业和线下作业，从根本上解放一线税务人员的劳动力，降低基础操作风险。借助自动化、规范化、标准化的税务计算流程，解放烦琐的数据收集、计税及申报等基础工作，税务管理重心由手工计税申报转变为税务核算过程管理、合规风控，并可对涉税业务进行实时追踪与监管。

3. 纳税申报自动化

打通业财税票数据，预置税法规则和标准流程，实现企业全税种自动计税和应税判定，自动生成纳税申报表并完成申报工作。以自动化、智能化为基层赋能，脱离线下工作底稿，降低税务专业门槛，提高税务核算与纳税申报的效率和质量。

4. 税务风险场景化

基于各行业特点及企业自身价值取向，全面分析、梳理税务风险点，以"风险指标配置、风险检测、风险分析及应对"的模式，将税务风险管理融入企业日常经营管理中，与业务转型创新紧密结合，在前端业务树立第一道税务风险防线，有效防范风险的发生。

5. 税务数据台账化

企业传统的税务管理方式导致数据孤岛现象严重，税务人员将大量时间用于数据收集、质量检查与比对，缺乏完整、持续的管理台账。数字化转型通过建设智能税务管理系统，将管理台账线上化，形成专业化、标准化的线上税务管理台账体系。实现对涉税业务分门别类、精准连续的管理，提高企业纳税申报表数据填报的效率、准确性和合规性，进而提升企业税务管理水平，有效规避税务风险。

【任务实施】

企业应如何应对智能化税务的发展：首先，企业需要加强税务合规意识，严格遵守税收法规，按照规定的程序进行申报纳税；其次，利用智能化技术，企业可以实时掌握自身的税务状况，通过大数据分析及时发现潜在的税务风险，并采取相应的应对措施。

模块二　智能化税务管理系统认知

一、智能化税务管理系统认知

云计算、大数据、人工智能等技术的迅猛发展，智能信息技术与税收工作实现深度融合，智能化税务管理将企业以手工管理为主的模式转变为自主化、智能化模式，从税务

■ 智能化税费核算与管理

数据采集、纳税申报管理、税务风险管控等方面实现全过程信息化、系统化、智能化和共享化。

智能化税务管理系统，不仅能够帮助企业实现智能核算、税务合规、智能报表和税务风险预警，更能够让企业轻松应对复杂的税收政策，降低税务风险，提升管理效率，为企业发展保驾护航。

1. 智能核算

智能税务系统可通过 AI 技术等，自动分析企业的财务数据，实现智能化的税收核算。例如，当企业向员工发放福利时，系统可以智能识别相关税收政策，计算并自动申报所需税款，避免了烦琐的手工核算和出现错误的风险。

2. 税务合规

智能税务系统能够实时监测税收政策的变化，及时更新税法数据库，全面覆盖各项税种和涉税业务。企业无须耗费大量人力物力去追踪政策变化，系统将自动提供最新的合规建议，确保企业税务合规，避免了企业因不了解政策变化而产生的风险。

3. 智能报表

智能税务系统可以快速生成各种税务报表，如增值税纳税申报表、所得税汇算清缴表等，减轻企业财务人员的工作负担，提高报表的准确性和及时性。企业可以根据系统提供的预测数据，合理规划财务预算，降低税务成本。

4. 税务风险预警

智能税务系统结合大数据和风险评估技术，能够从海量数据中识别潜在的税务风险，并提供相应的风险预警和应对方案。

二、企业智能化税务管理系统建设的必要性及建设内容

伴随着金税四期的上线，税收征管实现"以数治税"，对企业合法合规履行纳税义务提出了更高的监管要求。企业税务风险管控转型的核心也应从被动型税务风险应对模式，逐步过渡到主动预测型税务风险管控模式。在此背景下，企业智能化税务管理系统是企业提高税收管理能力的必由之路，也可为企业节约成本，提高工作效率，提供便捷、高效的财务体验。

企业智能化税务管理系统的建设应以改造核心业务系统，构建完善的税务管理和监控的全税管理平台为目标。快速对接业务系统，进行一体化管理，对数据收集标准化，采取一方输入多方利用，数据来源清晰、可追溯联查，所有业务、财务、税务及发票的具体内容、流程、处理时间节点、处理人等信息的追踪提取。这样不仅提升了企业自身文档数据存量、流程管理水平，也为后续进行税务检查、分析、预警等风险管控功能打下了良好的基础，同时也可支持企业更加高效、充分地应对税务机关及各种外部机构的税务稽查、检查。例如厦门科云信息科技有限公司（以下简称科云）开发的智慧化税费申报与管理平台，其功能构成如图 0-1 所示。

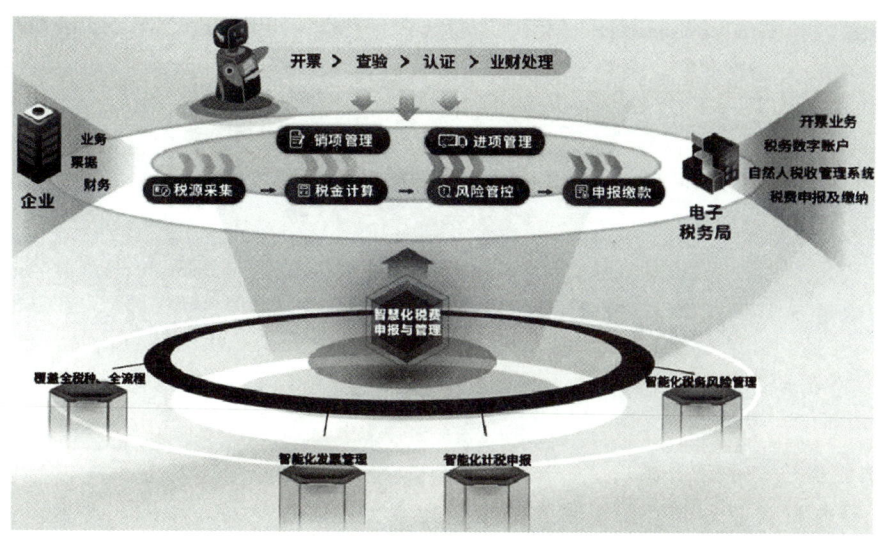

图 0-1　智慧化税费申报与管理平台

该平台利用大数据、RPA、智能分析等多种先进技术，实现票、税、账三者联动，致力打造智慧化的税务管理环境。平台可实现智能开票、智能算税、智能申报、智能分析、智能核算、税务风险管理等智能化税务管理。

（一）智能开票

科云对企业的销项业务，分以下模块进行管理，如图 0-2 所示。

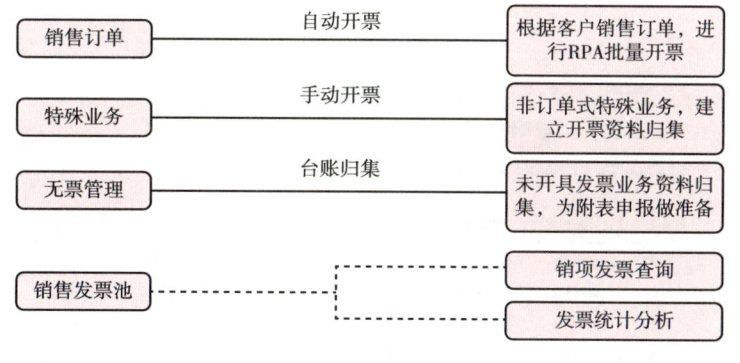

图 0-2　销项管理模块

1. 销售订单——自动开票

企业的销售业务，很多时候都是订单销售业务，此类业务客户信息齐全，开票次数多且重复，可采用 RPA 财务机器人的技术，根据所需要素，自动获取订单信息，进行智能批量开票。如图 0-3 所示，北京恒达卫浴有限公司 2024 年 5 月 5 日四个订单的发票，是通过机器人一键开票生成的。而且，该发票开具界面直接关联相关业务资料，点击票据链接，可直接查看开具原票。该平台实现了业务影像资料、会计核算系统发票平台的有效关联。

智能化税费核算与管理

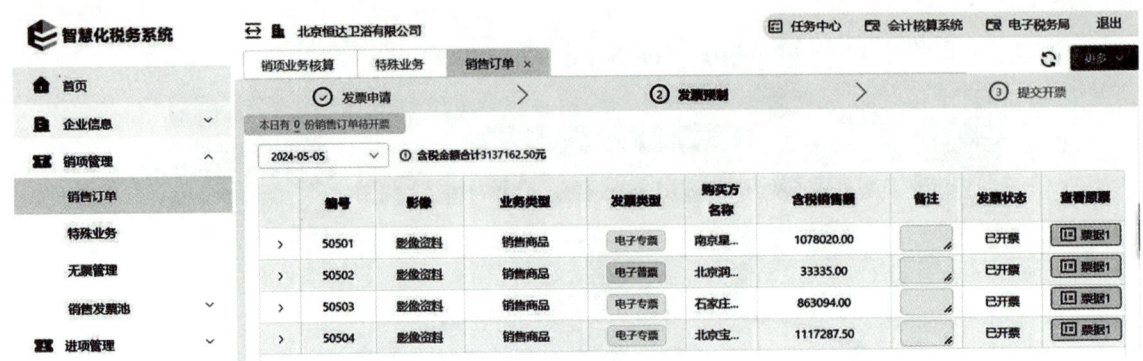

图 0-3　销售订单自动开票

2. 特殊业务——手动开票

对于一些非日常业务，开票要录入的信息元素类型多样且各有不同。比如以旧换新，不同种类的以旧换新开票金额需要按照税法规定来判断计税依据，若设置使用 RPA 机器人开具此类特殊业务发票，需要设置较多的程序，且此类业务发生的次数并不多，此时可选择手工开票，科云平台支持在电子税务局申报系统选择数电发票功能开具发票，在进行开票操作时，可以选择手动开票或者设置规则自动开票。

3. 无票管理——台账归集

企业有些销售业务，客户并不需要开具发票，但企业还是需要依法纳税，为解决传统无票管理缺乏对应信息载体的缺点，科云平台设计了无票业务的台账管理功能，为申报纳税提供了信息。北京恒达卫浴有限公司 2024 年 5 月的无票销售台账记录如图 0-4 所示，为后续增值税纳税申报提供了数据信息。

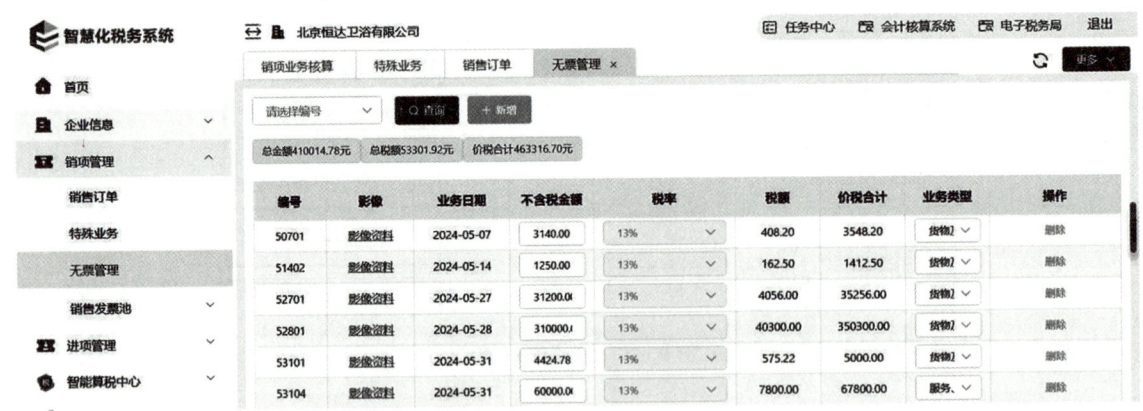

图 0-4　无票销售台账归集

4. 销售发票池

（1）销项发票查询：销项发票查询具备筛选功能，可以快速查询到所需发票。

（2）发票统计分析：发票统计分析是智慧化税费申报与管理中数据分析功能的体现之一，包括余票监控、销项发票汇总、销项发票数量及金额趋势分析、前五名客户信息等。

（二）智能算税

科云平台设计的智能算税中心可自动采集数据，自动计算生成税金计提表。如增值税的纳税申报，平台将销项管理、进项管理、开票软件等模块联动完成数据设置。当企业的日常业务处理完毕，进入智能算税中心，逐一点击保存相关申报信息表，便可自动计算当期应纳税额，该模块还有如下功能。

1. 重新算税

若对业务数据有所更改，可能影响报税数据的准确性。此时，可选择重新算税，将业务数据变动联动到申报表中。

2. 生成申报底稿

选择生成申报底稿，为风险检测及财务机器人一键报税提供数据支持。

3. 重置本表单

重置本表单的选项，可批量重置申报表中的数据。

（三）智能分析与申报

1. 智能分析：智能申报管理依托数据分析功能，可将本期的财务数据进行智能分析。如图0-5所示，在纳税申报前，需要通过风险检测，以检测本期申报信息的生产经营风险。

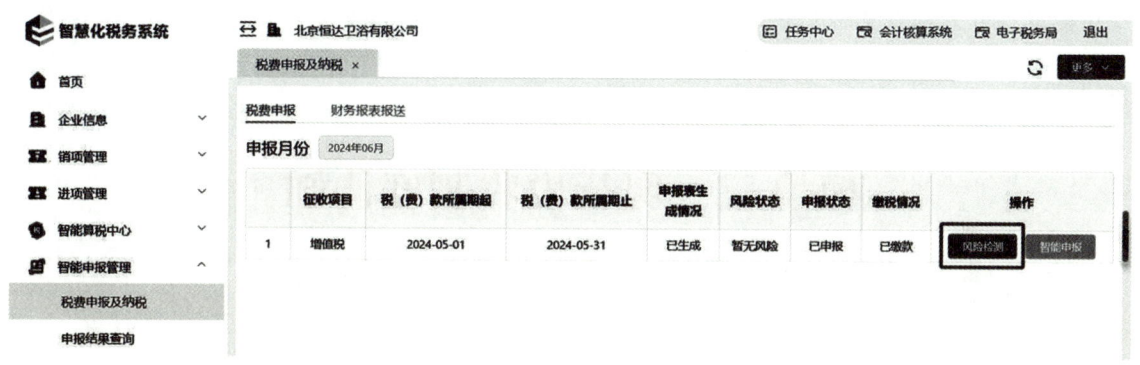

图0-5 智能分析与申报

2. 智能申报：完成风险检测后，选择"智能申报"，可触发RPA财务机器人报税并缴纳税款。

（四）智能税费核算

智慧化税费申报与管理平台，联动设置了会计核算系统模块，企业税务会计可通过核算系统，对于日常业务，事先设置好凭证模板，业务发生后，自动生成凭证。对于特殊业务，也可手动填制凭证。

（五）税务风险管理

（1）预警分析。智慧化税费申报与管理平台，结合国家税收政策及企业经营情况，设计和建立风险预警模型，依托互联网和大数据等手段建立税务风险指标库，对税务风险指标

智能化税费核算与管理

进行监控预警和实时分析。加强流程管理和过程控制，实现对公司业务的全流程监控，加大对重点涉税风险环节的监控力度，提高税收风险敏感度。

（2）风险分析指标。涉税风险分析指标主要包括各税种的税负率、变动率、纳税的及时性以及政策的运用等，既包括量化指标，也包括非量化指标。以增值税风险指标为例，包括增值税的纳税主体、税负率、应纳增值税变动率、应税销售额的变动率、纳税时间、享受优惠政策等内容。

（3）企业智能化税务管理系统的数据模型。企业智能化税务管理系统为企业提供完善的税务风险自查和风险应对管理体系，通过企业的自检自查，可以有效地发现自身的主要和关键税务风险点。企业通过建立负面清单，结合业务类型、税种等多维度分类税务风险预警指标，确定风险值，并建立实时监控仪表盘。对超过阈值的指标和流程及时通知相关部门和责任人。通过信息技术层面进行分析，从而确定最终的问题来源。同时，为便于税务人员向管理层汇报，系统可实现自动生成税务风险分析报告的功能，从而有效提升预防和控制税务风险的及时性和准确性。

（六）纳税分析筹划

通过企业税务管理系统分析企业报表、企业各税费同比环比统计分析、模拟预测，帮助企业事前、事中、事后及全流程的风险管控及税务筹划支持，同时企业结合自身实际情况寻找可能的税务筹划点及可充分利用的优惠政策。

模块三　现行税收制度认知

一、税收的含义和特征

（一）税收的基本含义

税收是指国家为了满足社会公共需要，凭借政治权力，按照法律规定的标准和程序，强制地、无偿地参与社会分配，取得财政收入的一种手段。税收是国家（政府）公共财政最主要的收入形式和来源，是国家凭借其政治权力强制参与社会分配，集中一部分剩余产品的一种分配形式，其本质是一种分配关系。

（二）税收的基本特征

政府筹集财政收入的方式除税收外，还有借债（发行国债）、向国有企业收取利润和向社会收取各种规费等。从形式上看，税收与其他财政收入相比具有无偿性、强制性和固定性的特征，习惯上称之为税收"三性"。也就是说，判断一种财政收入是不是税收，就看它形式上是否具有"三性"。

（1）税收的无偿性。是指国家取得税收收入不需要直接向缴纳的单位和个人付出任何代价。通过征税，单位和个人缴纳的实物或货币即转变为国家所有，不再直接归还给缴纳者。而国债收入是国家以债务人的身份凭借国家信用取得收入，国家对债券持有者具有直接的偿还义务；规费收入是国家机关向有关当事人提供某种服务而收取的一种报酬，不具有无偿性。因此，国债和规费收入在无偿性上与税收有着显著区别，不属于税收范畴。

（2）税收的强制性。是指税收这种分配是以国家的政治权力为依托的，具体表现为国家以颁布税收法令和制度等法律形式来规范、制约、保护和巩固这种分配关系。国家规定的税收法令和制度，任何单位和个人都必须遵守，否则就要受到法律的制裁。税收的强制性，不仅仅要求纳税人必须依法纳税。对征税机关来说，税收也是强制的，如不依法征税，无论是多征了，还是少征了，都要承担相应的法律责任。

（3）税收的固定性。是指对什么征税和征多少税是通过法律形式事先规定的，征纳双方都必须遵守。这是保证税收征收空间上的并存性和时间的继起性以及政府权力的有限性的必要条件。这和一次性的临时摊派以及对违法行为的罚款、没收等有明显的区别。固定性也是税收区别于罚没收入等其他财政收入的重要标志，也正因为税收的固定性特征，才得以保证国家财政收入的均衡和纳税人负担的稳定。

税收"三性"是相互联系、缺一不可的。只有无偿征收，才能满足一般的社会公共需要。而要无偿取得财物，就必须凭借法律的强制性手段。固定性则是保证强制、无偿征收的适当限度的必然结果。税收"三性"只是税收的形式特征，就实质而言，税收征收形式上的强制性是与民主协商过程的自愿性相结合的；税款征纳的无偿性是与"取之于民，用之于民"的总体有偿性相结合的；税收法律的固定性是与按照规定程序调整的可变性相结合的。

二、税收基本要素

微课：税制构成的基本要素

税收要素是指构成税收范畴的基本因素，包括纳税人、征税对象、税率、纳税环节、纳税期限、纳税地点、减税免税、法律责任、征税主体等，其中，纳税人、征税对象和税率是我国税收制度的基本要素。

1. 纳税义务人

纳税义务人简称纳税人，又称纳税主体，是指税法规定直接负有纳税义务的修理修配劳务法人、自然人及其他组织。如增值税的纳税人是销售或者进口货物、提供加工、修理修配劳务、销售服务、无形资产、不动产的单位和个人，解决的是国家对谁征税的问题。纳税人主要有自然人和法人。

（1）自然人。是指具有权利主体资格，能够以自己的名义独立享有财产权利，承担义务，并能在法院和仲裁机关起诉、应诉的个人，是纳税人的重要组成部分。它又分为居民个人和非居民个人。

（2）法人。是指有独立的组织机构和独立支配的财产，能以自己的名义参加民事活动，

智能化税费核算与管理

享受权利和承担义务,依法成立的社会组织。在我国,一切享有独立预算的国家机关和事业单位,各种享有独立经费的社会团体,各种实行独立核算的企业等都是法人。企业法人包含居民企业和非居民企业。

与纳税人相关的概念还有负税人、扣缴义务人等。

负税人是实际承担税款的单位和个人,而纳税人是直接向税务机关缴纳税款的单位和个人。如果纳税人能够通过一定途径把税款转嫁出去,纳税人就不再是负税人,否则,纳税人同时也是负税人。

扣缴义务人包括代扣代缴义务人和代收代缴义务人。代扣代缴义务人是指有义务从持有的纳税人收入中扣除其应纳税额并代为缴纳的单位和个人。代收代缴义务人是指有义务从纳税人处收取其应纳税额并代为缴纳的单位和个人。

【温馨提示】

纳税人不一定就是负税人。在实际经济生活中,有的税收不能转嫁,纳税人本身就是负税人,如所得税;有的税收能转嫁,纳税人不是真正的负税人,如增值税、消费税等。

2. 征税对象

征税对象又叫课税对象、征税客体,是指税法规定对什么征税,是税收法律关系中征纳双方权利义务共同指向的客体或标的物。征税对象指明对什么征税,是区分不同税种的主要标志。如企业所得税的征税对象是企业的应税所得额,车船税的征税对象是车辆和船舶,消费税则以特定消费品为征税对象。

【温馨提示】

有些税种的征税对象比较复杂,需要设置税目,例如,我国的消费税设置了烟、酒、高档化妆品等15个税目,资源税设置了原油、天然气等164个子目。

3. 税率

税率是应纳税额与征税对象数量之间的法定比例或额度,它是计算税额的尺度,也是衡量税负轻重与否的重要标志。我国现行税率主要有比例税率、定额税率和累进税率三种类型。

(1)比例税率。比例税率是指对同一征税对象不分数额大小,规定相同的征收比例。如我国企业所得税的现行税率为25%。增值税、烟叶税、城市维护建设税等采用的也是比例税率。

(2)定额税率。定额税率是按征税对象确定的计算单位,直接规定一个固定的税额。如我国的车船税、城镇土地使用税等都规定有按照台、吨、平方米等计税的规定。

(3)累进税率。累进税率按其累进依据不同,可分为依额累进和依率累进,即前者按征税对象的绝对额累进,后者按征税对象的相对数累进;其累进方式也有两种:按征税对象的全部数量累进和只对征税对象超过一定量的部分累进。将不同的累进依据和不同的累进方式交叉组合，可形成全额累进税率、超额累进税率、全率累进税率和超率累进税率四种累进税率。

全额累进税率：征税对象的全部数量都按其相应等级的累进税率计算税额，如表 0－1 所示。然而，这种税率在实际应用中可能导致税负增加不合理的情况，因此在我国现行税收法律制度中已不采用。

表 0－1　　　　　　　　　　　全额累进税率表

级数	全年应纳税所得额	税率
1	36 000 元（含）以下	3%
2	36 000—144 000 元	10%
3	144 000—300 000 元	20%
……		

【勤思善悟】

光头强在 2023 年全年辛勤伐木，应纳税所得额达到了 144 000 元。为了激励光头强，李老板决定在 2024 年给他加薪 1 000 元。然而，如果个人所得税采用全额累进税率，这 1 000 元的加薪可能会对光头强的税负产生意想不到的影响。你能想象出这种影响有多大吗？这种税负的增加是否合理呢？如果不合理，我们又该如何改进个人所得税制度，以确保像光头强这样的勤劳工作者能够得到更公平的待遇呢？

超额累进税率：将征税对象按数额的大小分成若干等级，每一等级规定一个税率，对每个等级分别计算税额，各级税额之和为应纳税额。目前我国个人所得税中的综合所得、经营所得都实行超额累进税率计税，表 0－2 是一张简化了的超额累进税率表。

表 0－2　　　　　　　　　　　超额累进税率表

级数	全年应纳税所得额	税率	速算扣除数
1	不超过 36 000 元	3%	0
2	超过 36 000—144 000 元的部分	10%	2 520
3	超过 144 000—300 000 元的部分	20%	16 920
……			

为了简化计算，在实际工作中通常采用速算扣除法。即按全额累进的方法计算出税额，再减去一个速算扣除数，其差额即为超额累进的应纳税额。用公式表示为：

超额累进的应纳税额＝应纳税所得额×适用税率－速算扣除数

其中，速算扣除数是预先按全额累进计算的税额减按超额累进计算的税额的差数，可以

智能化税费核算与管理

按照下列公式事前计算得出，作为常数列入税率表中：

本级速算扣除数 = 前一级最高所得额 ×（本级税率 − 前一级税率）+ 前一级的速算扣除数

如表0-2第二级速算扣除数 = 36 000 ×（10% − 3%）= 2 520（元），第三级速算扣除数 = 144 000 ×（20% − 10%）+ 2 520 = 16 920（元）。

> 【勤思善悟】
>
> 假设个人所得税采用超额累进税率，李老板涨薪1 000元，会给光头强的税负带来什么样的影响？这种影响相比全额累进税率下是否更加合理？

超率累进税率：以征税对象数额的相对率划分若干等级，分别规定相应的差别税率。征税对象的相对率越高，税率越高。目前我国土地增值税适用四级超率累进税率，按增值额与扣除项目金额之间的比率划定为四个等级，并确定四个对应的由低到高的比例税率，具体如表0-3所示。

表0-3　　　　　　　　　　　　　　　超率累进税率表

级数	增值额与扣除项目金额的比率	税率（%）	速算扣除系数（%）
1	不超过50%的部分	30	0
2	超过50%未超过100%的部分	40	5
3	超过100%未超过200%的部分	50	15
4	超过200%的部分	60	35

4. 纳税环节

纳税环节是税法规定的征税对象在从生产到消费的流转过程中应当缴纳税款的环节。商品的流转过程包括工业生产、农业生产、货物进出口、农产品采购或发运、商业批发、商业零售等在内的各个环节，具体被确定应当缴纳税款的环节，就是纳税环节。

按照纳税环节的多少，可以将税收制度划分为一次课征制和多次课征制。如现行的消费税对大多数消费品实行一次课征制，纳税人仅需在应税消费品的生产、委托加工、进口或者零售过程中的某一环节缴纳消费税，其他流通环节不再缴纳消费税。而增值税则实行多次课征制，从商品生产环节到商业零售环节，每一个环节都要就其增值额部分纳税。

5. 纳税期限

纳税期限是指税法规定的关于税款缴纳时间，即纳税时限方面的限定。税法关于纳税时限的规定，有三个相关概念。

一是纳税义务发生时间。纳税义务发生时间，是指应税交易发生的时间。例如，增值税法规定采取预收货款方式销售货物，其纳税义务发生时间为货物发出的当天。

二是计税期间，即每隔固定时间汇总一次纳税义务的时间。例如，增值税法规定，增值税的具体计税期间分别为10日、15日、1个月或者1个季度。纳税人的具体计税期间，由主管税务机关根据纳税人应纳税额的大小分别核定；不能按照固定期限纳税的，可以按次纳税。

三是缴库期限，即税法规定的计税期满后，纳税人将应纳税款缴入国库的期限。例如，增值税法规定，纳税人以 1 个月或者 1 个季度为 1 个计税期的，自期满之日起 15 日内申报纳税；以 10 日或者 15 日为 1 个计税期的，自期满之日起 5 日内预缴税款，于次月 1 日起 15 日内申报纳税并结清上月应纳税款。

6. 纳税地点

纳税地点是指根据各种纳税对象的纳税环节和有利于对税款的源泉控制以及方便纳税人（包括代征、代扣、代缴义务人）而规定的具体申报缴纳税款的地方。如经营所在地、收入来源地、居住地等。

7. 减税免税

减税、免税，是根据国家政策，对某些纳税人和征税对象通过减征部分税款或免于征税而给予鼓励和照顾的一种特殊规定。

减税、免税的具体形式有三种：其一是税基式减免，即通过缩小计税依据来实现减税、免税。它具体又包括起征点、免征额、项目扣除、跨期结转等。起征点是税法规定的征税对象达到开始征税数额的界限，征税对象的数额未达到起征点的不征税，达到或超过起征点的，则就其全部数额征税。如：我国增值税通过规定起征点免除了收入较少的纳税人的税收负担。免征额是征税对象总额中免予征税的数额，它是按照税法规定的标准从征税对象总额中预先扣除的数额，免征额的部分不征税，只就超过免征额的部分征税。如：我国个人所得税对大部分纳税人规定有每月 5 000 元，每年 60 000 元免于征税的扣除额。项目扣除是指在征税对象总额中允许扣除某些项目的金额，而只就其余额作为计税依据计算应纳税额。跨期结转是将某些费用或损失向前或向后期间结转，抵消本期一部分收益，缩小计税基数，来实现减免的一种方法。其二是税率式减免，即通过降低税率来实现减税、免税，包括规定低税率和零税率、暂定照顾性税率等。其三是税额式减免，即通过减少一部分或全部应纳税额，包括全部免征、减半征收、规定减征比例或核定减征额等。

> 【勤思善悟】
>
> 起征点与免征额有何区别？如某人取得月工资 8 200 元，依照税法规定扣除 5 000 元以后再纳税，这 5 000 元是起征点还是免征额？

8. 法律责任

法律责任，一般是指由于违法行为而应当承担的法律后果。违法行为是承担法律责任的前提，而法律制裁是追究法律责任的必然结果。法律制裁，又称为罚则或违章处理，是对纳税人违反税法的行为所采取的惩罚措施，它是税收强制性特征的具体体现。

9. 征税主体

税收法律关系的主体包括征纳双方，即享有权利和承担义务的当事人。在税收征纳活动中，国家通常授权政府职能部门行使征税权，其中征税主体是指代表国家具体负责征税工作的行政机关。税法对征税主体的规定，主要解决某项税收由谁负责征收以及征收者拥有哪些权利和义务的问题。例如：某项税收是由纳税人注册地税务机关征收还是由经营地税务机关征收，是由收入来源地税务机关征收还是收入归属地税务机关征收，是由纳税人总部

■ **智能化税费核算与管理**

所在地征收还是纳税人分支机构所在地征收,是由税务机关直接征收还是由法定代理人征收等。

  税法在规定征税主体是哪个级别、哪个地方的哪个一个具体的行政机关的同时,更重要的是必须规定征税主体的权利和义务。曾经有观点认为,在税收法律关系中,征收主体拥有单方面的征税权利,纳税主体承担单方面的纳税义务,这种理解是不完整的。实际上,在税收法律关系中,征税主体既有征税的权利,也承担提供纳税服务等方面的义务。与此相对应,纳税人虽然以承担纳税义务为主,但其正当权利在税收法律关系中同样受法律保护。然而,与一般民事法律关系中法律主体之间权利义务对等不同的是,在税收法律关系中,征纳双方的权利义务是不对等的。

> 【温馨提示】
>
>   2018年,国家税务局和地方税务局合并后,我国代表国家征税的是各级国家税务机关和海关。

三、我国税制体系

  我国现行税制体系的基本框架是1994年为适应社会主义市场经济体制的建立和实施分税制财政体制的需要而建立的,在执行过程中又经过了多次局部的调整。我国现行税收实体法共规定了18个税种,这些税种可以按照不同标准分类如下。

(一)按照管理和使用权限划分

按管理和使用权限划分,我国税收可分为中央税、地方税、中央与地方共享税。

当前我国中央政府固定收入包括消费税、车辆购置税、关税、船舶吨税和海关代征的增值税。

地方政府固定收入包括房产税、城镇土地使用税、耕地占用税、契税、土地增值税、车船税、烟叶税、环境保护税。

中央与地方共享税收入分配比例见表0-4。

表0-4   中央与地方共享税收入分配比例表

税种	中央	地方
增值税(进口环节海关代征的增值税缴纳的部分和铁路建设基金增值税归中央)	50%	50%
企业所得税(中国国家铁路集团、各银行总行及海洋石油企业缴纳的部分归中央)	60%	40%
个人所得税	60%	40%
资源税	海洋石油企业缴纳的部分	其余部分

续表

税种	中央	地方
城市维护建设税	中国国家铁路集团、各银行总行、各保险总公司集中缴纳的部分	其余部分
印花税	证券交易的97%	证券交易的3%

【温馨提示】

目前代表国家行使征税职责（权力）的国家行政机关包括国家各级税务机关和海关。其中，税务局负责各项税收、非税收入及各项社会保险费的征管；海关负责关税和船舶吨税的计征，并负责代征进口环节的增值税和消费税。

【勤思善悟】

在我国税制体系中，为什么要将税种划分为中央税、地方税和共享税？这种划分对国家和地方财政各有什么影响？

（二）按照征税对象划分

按征税对象的不同来划分，是税收分类最主要的方法，具体可分为以下五类。

1. 对商品和劳务的征税

对商品和劳务的征税简称商品劳务税，也称流转税，它是对商品和劳务交易征收的一类税收。对商品和劳务的征税是与商品和劳务的流转紧密联系在一起的。商品和劳务无处不在，又处于不断流动之中，这就决定了对商品和劳务的征税范围十分广泛。商品劳务税的计征，只问收入有无，而不管经营好坏、成本高低、利润大小，因而能够及时足额地保证财政收入。商品劳务税一般采用比例税率或定额税率，计算简便，易于征收。虽然商品劳务税在形式上由商品生产者或销售者缴纳，但在实际经济活动中，税款常常通过提高商品价格的形式转嫁给最终消费者承担，而消费者不会直接感受到税负的压力。由于商品劳务税的上述特点，它在我国税收体系中占据主导地位，是我国的主体税种。

我国当前开征的商品劳务税主要有增值税、消费税和关税。

2. 对所得的征税

对所得的征税简称所得税，是对纳税人在一定时期的合法收入总额减除成本费用和法定允许扣除的其他各项支出后的余额（即应纳税所得额）征收的税。所得税按照纳税人负担能力（即所得）的大小和有无来确定税收负担，实行"所得多的多征，所得少的少征，无所得的不征"的原则。因此，它对调节国民收入分配、缩小纳税人之间的收入差距有着特殊的作用。

我国当前开征的所得税主要有企业所得税和个人所得税。

3. 对资源的征税

对资源的征税是对开发、利用和占有国有自然资源的单位和个人征收的一类税收。征收这类税有两个目的：一是取得资源消耗的补偿基金，保护国有资源的合理开发利用；二是调节资源级差收入，以利于企业在平等的基础上开展竞争。

我国目前对资源的征税主要有资源税、耕地占用税、城镇土地使用税和土地增值税。

4. 对财产的征税

对财产的征税是对纳税人所拥有或属其支配的财产数量或价值额征收的税。包括对财产的直接征收和对财产转移的征收。开征这类税收在为国家取得财政收入的同时，也发挥着提高财产利用效率、优化资源配置和促进社会公平等多重作用。

我国目前对财产的征税主要有房产税、契税、车船税和车辆购置税。

5. 对行为的征税

对行为的征税也称行为税，它一般是指针对某些特定行为或为达到特定目的而征收的一类税收。征收这类税，或是为了对某些特定行为进行限制、调节，或只是为了开辟地方财源，达到特定的目的。这类税的设置比较灵活，其中有些税种具有临时税的性质。

我国目前对行为的征税主要有印花税、城市维护建设税、船舶吨税、烟叶税和环境保护税。

（三）按其他方法划分

1. 按税负能否转嫁划分

税负转嫁是指税法上规定的纳税人将自己所缴纳的税款转移给他人负担的过程。按税负能否转嫁可以将各税种划分为直接税和间接税。

直接税是指由纳税人直接负担、不易转嫁的税种。直接税的纳税人，不仅在表面上有纳税义务，实际上也是税收承担者，即纳税人与负税人一致。所得税、财产税均属于直接税。

间接税是指纳税人能将税负转嫁给他人的税种。间接税的纳税人，虽然表面上负有纳税义务，但是实际上可以将自己的税款用提高价格或提高收费标准等方法转嫁给消费者或其他相关者负担，即纳税人与负税人不一致。如商品劳务税就是由商品和劳务的购买者即消费者最终负担的。

2. 按税收与价格的关系划分

按照税收与价格的关系划分，税收可以分为价内税和价外税。凡在征税对象的计税价格之中包含税款的税，都称为价内税，如我国现行的消费税。这些税的计税销售额是包含该税款的销售额。凡在征税对象的计税价格之中不包含税款的税，都称为价外税，如我国现行的增值税，其计税销售额不含该税款的销售额。

3. 按税收的计税标准划分

税收按其计税依据的不同，可分为从价税和从量税。从价税是以征税对象的价值量为标准计算征收的税收，税额的多少会随着价格的变动而相应增减。从量税是按征税对象的重量、件数、容积、面积等，采用固定税额征收的税收。从量税具有计算简便的优点，但税收收入不能随价格高低而增减。

项目小结

本部分内容通过三个核心模块的学习与实践，实现了对智能化税费核算与管理基本内容的全面认知。我们不仅了解了传统税务管理与现代税务管理的联系与区别，了解了金税一期、二期、三期和四期在不同时期对税务管理的影响，了解了目前的税收征管"以数治税"的智能化发展方向，探索了企业税务转型的必要性；同时，通过学习本部分内容，对我国现行税收制度也有了全面的认识，掌握了税收的含义和特征、税收的基本要素，了解了智能化税务管理系统。通过学习本部分内容，对未来岗位工作内容有了全面的认知，为日后的岗位工作奠定坚实基础。

项目一
增值税及附加税费的智能化核算与管理

知识学习目标

1. 熟悉增值税的含义与基本要素
2. 理解业务凭证与销项税额及进项税额之间的关系
3. 掌握销项税额、进项税额、增值税减免和出口退税额的确定方法
4. 掌握增值税纳税筹划和风险防控方法

技能训练目标

1. 能对企业的销项业务进行核算与管理
2. 能对企业的进项业务进行核算与管理
3. 能完成增值税及附加税费的税务风险自查，发现并纠正错误
4. 能准确计算企业增值税及附加税费并完成纳税申报，确保合规性
5. 能通过合法手段优化增值税税收负担，提高纳税效率

素养培育目标

1. 通过学习增值税法律法规，能深刻理解增值税税款抵扣制在避免阶梯式征税可能造成重复征税的弊端中的作用，理解全面"营改增"这一重大举措使我国成为世界上拥有最先进增值税制度的国家之一的意义
2. 了解国家在不同时期出台的增值税税收优惠政策，增强民族自豪感，培养自信自强精神
3. 通过完成增值税的核算与管理任务，能树立正确的法治观念，合法合规纳税

项目案例

公司基本信息：

北京恒达卫浴有限公司
统一社会信用代码：91110121760015413A
经营范围：卫生洁具制造、销售；洁具安装和维修服务；企业管理咨询。
基本户开户银行：中国工商银行北京东城支行
基本存款账户：1102652015157078199

业务协同信息：

公司 2024 年 5 月初的未缴增值税为 213 030.50 元，5 月相关增值税的经济业务如下（同类业务不展示）。

1. 5 月 1 日，向北京宏达股份有限公司采购材料，材料已经验收入库，取得两份电子发票如图 1-1-1 和图 1-1-2 所示。

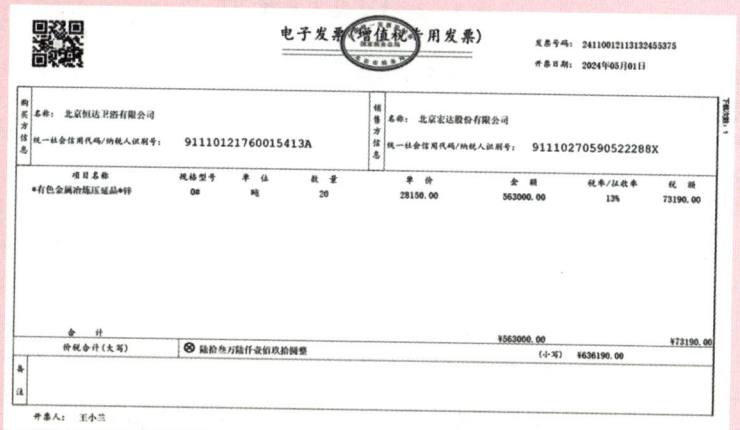

图 1-1-1 采购发票

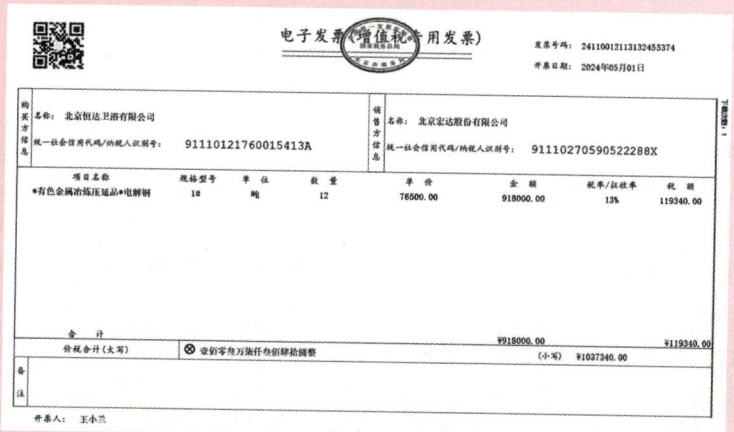

图 1-1-2 采购发票

2. 5月2日，向北京智信科技有限公司购入需要安装的冶金专用设备——压铸机10台，取得电子发票如图1-2-1和图1-2-2所示。

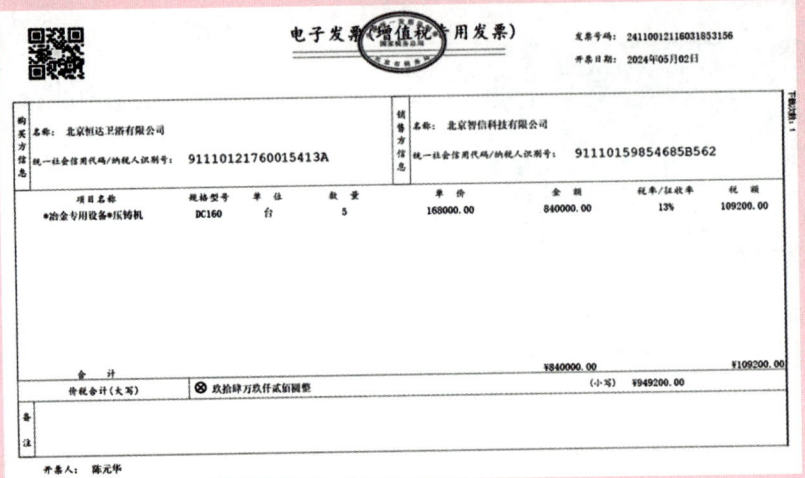

图1-2-1　采购发票

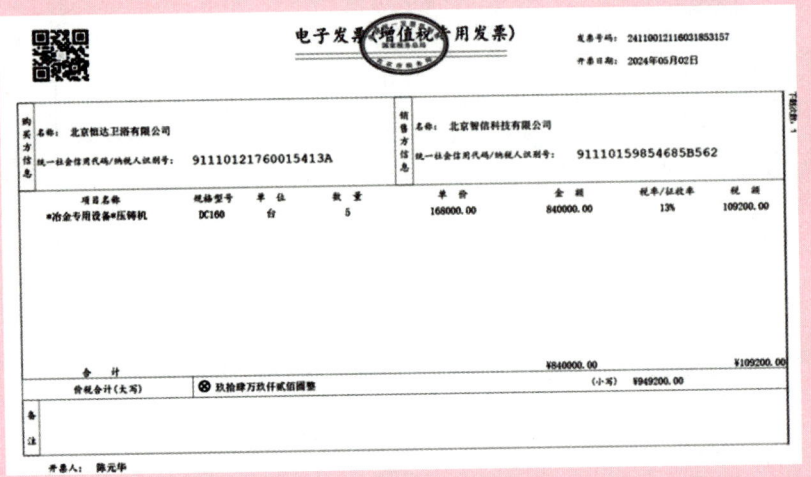

图1-2-2　采购发票

3. 5月3日，由于收到的材料质量达不到合同规定，向北京依诺制造有限公司申请退回2024年4月14日购入的全套拉杆500套，并取得对方公司开具的红字发票如图1-3所示。

4. 5月5日，向南京星辰电子商务有限公司出售产品，购销合同及销售单如图1-4-1和图1-4-2所示。

5. 5月5日，向石家庄腾兴商贸有限公司出售产品，购销合同及销售单如图1-5-1和图1-5-2所示。

6. 5月5日，向北京同聚工贸有限公司出租仓库，租赁合同如图1-6所示。

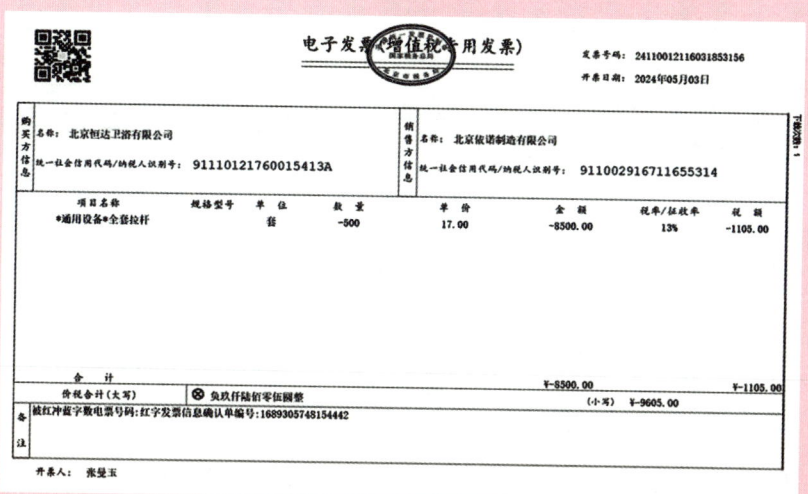

图1-3 红字发票

图1-4-1 购销合同

销售单

客户名称：南京星辰电子商务有限公司　　2024年05月05日　　No：63017801

品名	规格	单位	单价	数量	金额
旋转厨房龙头	XZ001	套	406.80	600	244080.00
旋转厨房龙头	XZ002	套	372.90	600	223740.00
抽拉厨房龙头	CL001	套	474.60	600	284760.00
抽拉厨房龙头	CL002	套	542.4	600	325440.00

总计金额（大写）：壹佰零柒万捌仟零贰拾元整　　¥1078020.00

信用审批：林达　　业务主管：肖恒来　　经办人：林彪彪

第一联：存根（白）　第二联：客户（红）

图 1-4-2　销售单

购销合同

供方：北京恒达卫浴有限公司　　合同号：XSHT050503
需方：石家庄腾兴商贸有限公司　　签订日期：2024年05月05日

经双方协议，订立本合同如下：

名称	规格型号	单位	数量	含税单价	金额
双把浴缸龙头	SB001	套	1200	395.50	474600.00
双把浴缸龙头	SB002	套	1200	361.60	433920.00
折扣5%					-45426.00
合计	—	—	—	—	863094.00

货款总计（大写）：捌拾陆万叁仟零玖拾肆元整

质量验收标准：外观无瑕疵，货品名称、规格、材质符合需方要求。
交货日期：2024年05月05日
交货地点：北京市东城区光明路156号
结算方式：供方发货后，需方应在信用期内支付全部货款。
违约条款：违约方须赔偿对方一切经济损失。但遇天灾人祸或其他人力不能控制之因素而导致延误交货，需方不能要求供方赔偿任何损失。
解决合同纠纷的方式：经双方友好协商解决，如协商不成的，可向当地仲裁委员会提出申诉解决。
本合同一式两份，供需双方各执一份，自签订之日起生效。

供方（盖章）：北京恒达卫浴有限公司　　需方（盖章）：石家庄腾兴商贸有限公司
税号：91130121756000184131　　税号：91130103250793765X
开户银行名称：中国工商银行　　开户银行名称：中国农业银行石家庄分行
开户银行账号：6520151572819199　　开户银行账号：50985600400351098
地址：北京市东城区光明路156号　　地址：石家庄市裕华区体育南路55号-1001
法定代表人：林达　　法定代表人：王海军
公司联系电话：010-81561899　　公司联系电话：0311-82622528

图 1-5-1　购销合同

销售单

客户名称：石家庄腾兴商贸有限公司　　2024年05月05日　　No：63017803

品名	规格	单位	单价	数量	金额
双把浴缸龙头	SB001	套	395.50	1200	474600.00
双把浴缸龙头	SB002	套	361.60	1200	433920.00
折扣5%					-45426.00
总计金额（大写）： 捌拾陆万叁仟零玖拾肆元整					￥863094.00

信用审批：林达　　业务主管：肖恒来　　经办人：林彪彪

第一联：存根（白）第三联：客户（红）

图1-5-2　销售单

仓库租赁合同

合同编号：ZL2150505

出租方（甲方）：北京恒达卫浴有限公司
承租方（乙方）：北京同聚工贸有限公司

根据国家有关规定，甲、乙双方在自愿、平等、互利的基础上就甲方将其合法拥有的仓库租赁给乙方使用的有关事宜，双方达成协议并签订租赁合同如下：

一、出租仓库情况

甲方租赁给乙方的仓库座落在北京市东城区光明路156号，租赁建筑面积为100平方米。

二、仓库起付日期和租赁期限

1. 仓库租赁自2024年05月05日起，至2025年05月04日止。
2. 租赁期满，甲方有权收回出租仓库，乙方应如期归还，乙方需继续承租的应于租赁期满前三个月，向甲方提出书面要求，经甲方同意后重新签订租赁合同。

三、租金及保证金支付方式

甲、乙双方约定，该仓库租赁每月不含税租金为人民币贰万元整（小写：￥20000.00），乙方应在收到甲方开具的增值税专用发票后5天内将租金付给甲方。

四、仓库的转租和归还

1. 乙方在租赁期间，如将该仓库转租，需事先征得甲方的书面同意，如果擅自中途转租转让，甲方造成损失要赔偿。
2. 租赁期满后，该仓库归还时，应当符合正常使用状态。

五、租赁期间其他有关规定

1. 仓库租赁期间，甲、乙双方都应遵守国家的法律法规，不得利用仓库进行非法活动。
2. 仓库租赁期满后，甲方如继续出租该房时，乙方享有优先权；如期满后不再出租，乙方应如期搬迁，否则由此造成一切损失和后果，都由乙方承担。

六、其他条款

仓库租赁期间，如甲方提前终止合同而违约，应赔偿乙方三个月租金。租赁期间，如乙方提前退租而违约，应赔偿甲方三个月租金。

七、本合同未尽事宜，甲、乙双方必须依法共同协商解决。

八、本合同壹式肆份，双方各执贰份，合同经盖章签字后生效。

出租方：北京恒达卫浴有限公司　　　承租方：北京同聚工贸有限公司
日期：2024年05月05日　　　　　　日期：2024年05月05日

图1-6　租赁合同

7．5月7日，零星销售产品一批，收款收据及销售单如图1-7-1和图1-7-2所示。

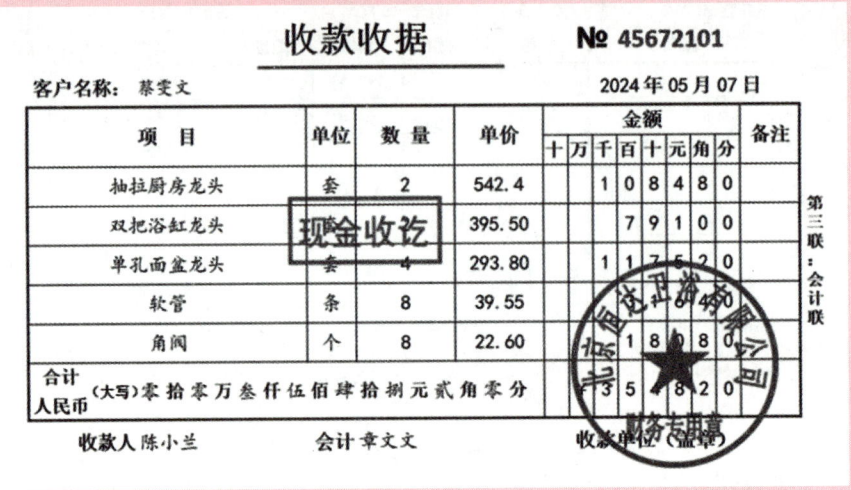

图1-7-1　收款收据

图1-7-2　销售单

8．5月8日，与北京鑫东科技有限公司签订新产品设计合同，合同标明设计费为20万元，在合同签定时需先预付项目总额的50%，即壹拾万元整，取得发票如图1-8所示。

9．5月9日，收到北京环球阳光影视文化传媒有限公司的广告费发票如图1-9所示。

10．5月9日，收到两张北京宏顺物流有限公司的运费发票如图1-10-1和图1-10-2所示。

11．5月10日，向北京诚亚五金贸易有限公司出售边料，销售单如图1-11所示（购销合同略）。

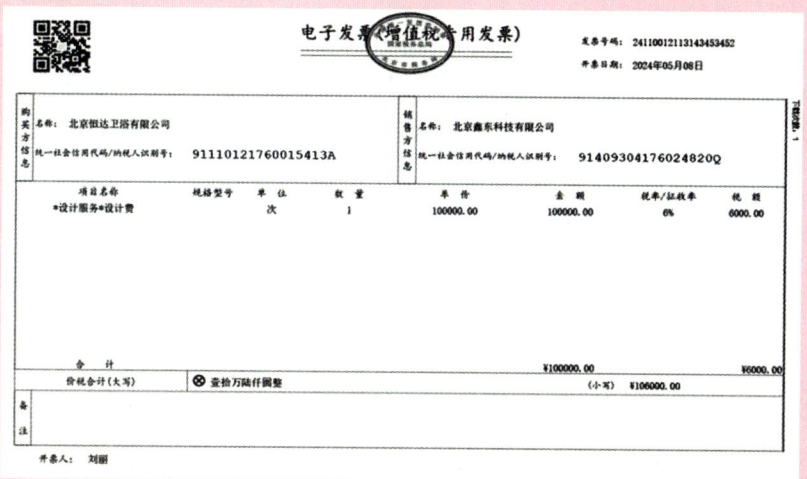

图 1-8 设计费发票

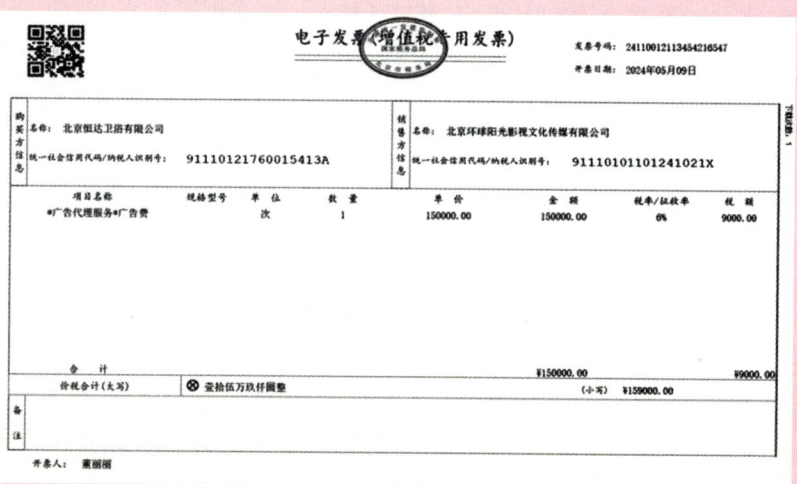

图 1-9 广告费发票

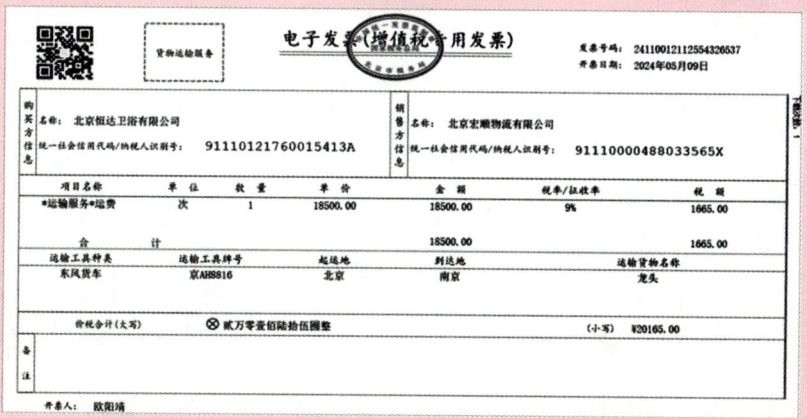

图 1-10-1 运费发票

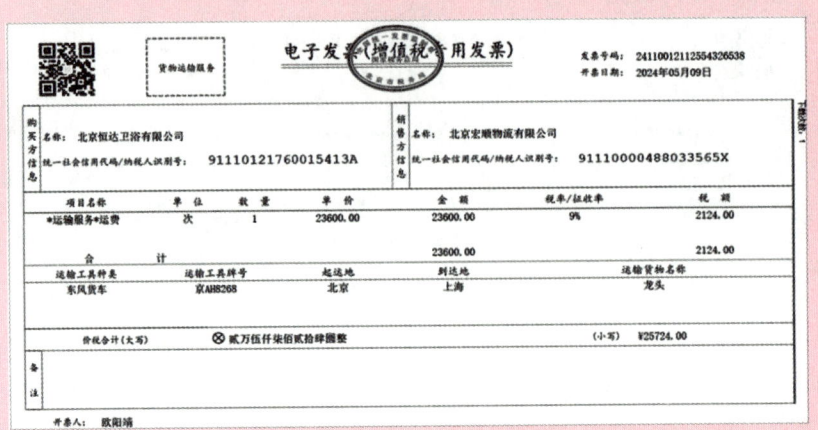

图1-10-2 运费发票

图1-11 销售单

12. 5月11日，与北京智信科技有限公司签订压铸机安装合同，合同约定，安装费用为每台含税安装费5 450元，共10台，合计总价54 500元，乙方应在甲方安装完毕后信用期限内支付全部费用。取得发票如图1-12所示。

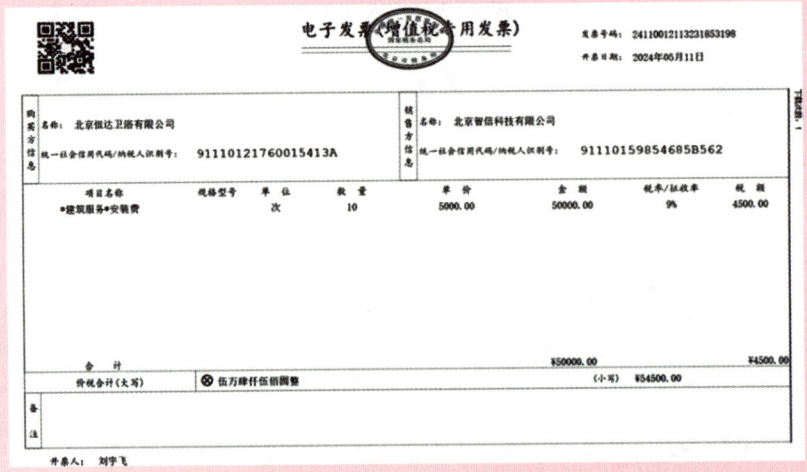

图1-12 安装费发票

13. 5月12日，向国外F. L. SMIDTH公司购进的阀芯验收入库，所有款项已付，取得海关进口增值税专用缴款书如图1-13所示。

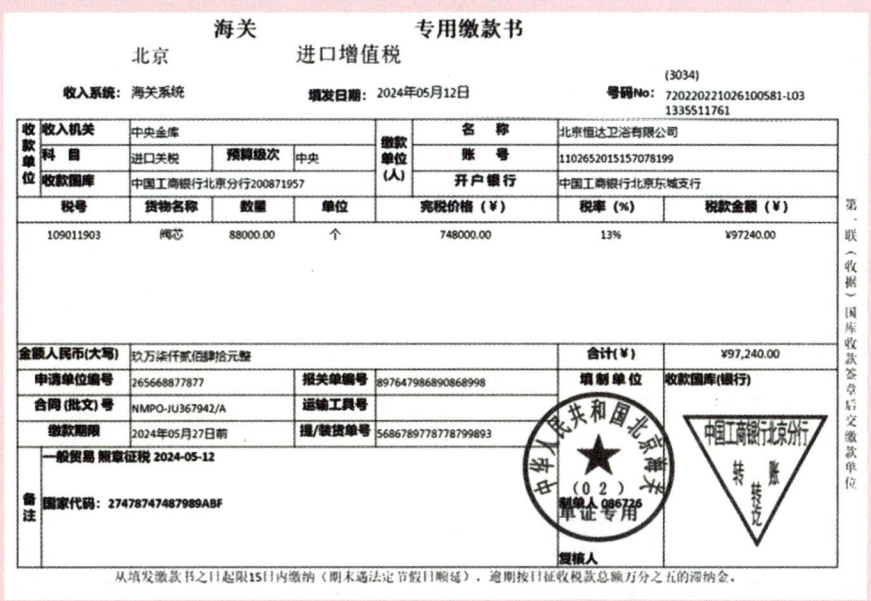

图1-13　海关专用缴款书

14. 5月14日，变卖废纸皮，收取现金，收据如图1-14所示。

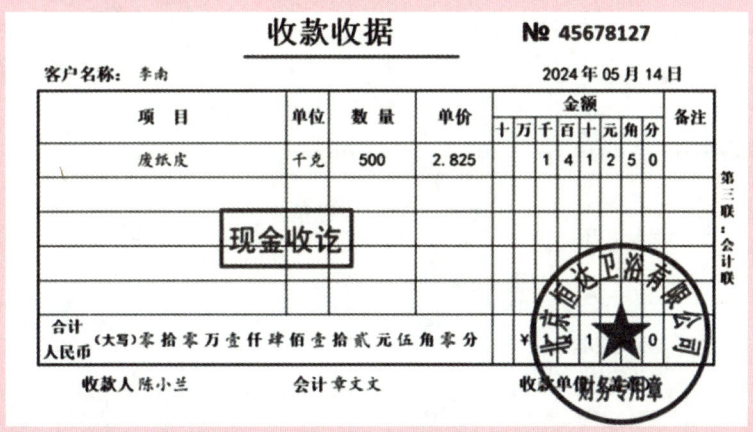

图1-14　收款收据

15. 5月16日，销售部林正峰报销差旅费，相关单据如图1-15-1、图1-15-2、图1-15-3、图1-15-4和图1-15-5所示。
16. 5月16日，收到国网北京市电力有限公司的电费发票如图1-16所示。
17. 5月16日，收到北京水务集团有限公司的水费发票如图1-17所示。
18. 5月17日，因维修机台收到北京红星机械维修有限公司开具的发票如图1-18所示。

差旅费报销单

部门：销售部　　　　日期：2024年05月16日

出差人	林正峰						出差事由		拜访客户				
出发			到达				交通		出差补助			其他费用	
月	日	地点	月	日	地点	人数	工具	金额	天数	补助标准	金额	项目	金额
05	14	北京	05	14	广州		飞机	1850.00				住宿费用	954.00
05	16	广州	05	16	北京		飞机	1850.00				市区交通	432.00
合计								3700.00	—	——		——	1386.00
报销总额	人民币（大写）	伍仟零捌拾陆元整						¥5086.00	预借金额			支付方式	网银转账
									退/补金额				

银行付讫

财务主管 刘海洋　　部门主管 张青海　　会计 章文文　　出纳 李冰冰　　领款人 林正峰

图 1－15－1　差旅费报销单

航空运输电子客票行程单

ITINERARY/RECEIPT OF E-TICKET FOR AIR TRANSPORT

印刷序号：90196436717 SERIAL NUMBER:

姓名 NAME OF PASSENGER	有效身份证件号码 ID.NO.	签注 ENDORSEMENTS/RESTRICTIONS(CARBON)
林正峰	350583199007053471	不得签转

机票记录编号	承运人 CARRIER	航班号 FLIGHT	座位等级 CLASS	日期 DATE	时间 TIME	客票级别/客票类别 FARE BASIS	客票生效日期 NOTVAID BEFORE	有效截止日期 NOTVAID AFTER	免费行李 ALLOW
自 FROM 北京BEIJING		HU7901	P	14MAY	08:15	YAB003L2	14MAY	14MAY	20KG
至 TO 广州GUANGZHOU		VOID							
至 TO VOID									
至 TO VOID									
至 TO VOID									

票价 FARE	机场建设费 AIRPORT TAX	燃油附加费 FUEL SURCHARGE	其他税费 OTHER TAXES	合计 TOTAL
CNY 1680.00	CNY CN 50.00	EXEMPT YQ 120.00	0.00	CNY 1850.00

电子客票号码 E-TICKET NO.	8802184845925	验证码 CK.	6519	提示信息 INFORMATION		保险费 INSURANCE	
销售单位代号 AGENT CODE	83908982	填开单位 ISSUED BY	北京航空股份有限公司			填开日期 DATE OF ISSUE	2024-05-14

付款凭证 RECEIPT　　手写无效 INVAID IN HANDWRITING

保安全印务公司 电话：010-63543596

中国民航电子客票行程单发票专用章

验真网址：WWW.TRAVELSKY.COM　服务热线：400-815-8888　短信验真：发送JP至10669018　请旅客乘机前认真阅读《旅客须知》及承运人的运输总条件内容

图 1－15－2　行程单

航空运输电子客票行程单

ITINERARY/RECEIPT OF E-TICKET FOR AIR TRANSPORT

印刷序号：90196810652 SERIAL NUMBER:

姓名 NAME OF PASSENGER	有效身份证件号码 ID.NO.	签注 ENDORSEMENTS/RESTRICTIONS(CARBON)
林正峰	350583199007053471	不得签转

机票记录编号	承运人 CARRIER	航班号 FLIGHT	座位等级 CLASS	日期 DATE	时间 TIME	客票级别/客票类别 FARE BASIS	客票生效日期 NOTVAID BEFORE	有效截止日期 NOTVAID AFTER	免费行李 ALLOW
自 FROM 广州GUANGZHOU		HU7821	P	16MAY	08:00	YAB003L2	16MAY	16MAY	20KG
至 TO 北京BEIJING		VOID							
至 TO VOID									
至 TO VOID									
至 TO VOID									

票价 FARE	机场建设费 AIRPORT TAX	燃油附加费 FUEL SURCHARGE	其他税费 OTHER TAXES	合计 TOTAL
CNY 1680.00	CNY CN 50.00	EXEMPT YQ 120.00	0.00	CNY 1850.00

电子客票号码 E-TICKET NO.	8802184844310	验证码 CK.	1910	提示信息 INFORMATION		保险费 INSURANCE	
销售单位代号 AGENT CODE	76483920	填开单位 ISSUED BY	广州航新航空科技股份有限公司			填开日期 DATE OF ISSUE	2024-05-16

付款凭证 RECEIPT　　手写无效 INVAID IN HANDWRITING

保安全印务公司 电话：010-63543596

中国民航电子客票行程单发票专用章

验真网址：WWW.TRAVELSKY.COM　服务热线：400-815-8888　短信验真：发送JP至10669018　请旅客乘机前认真阅读《旅客须知》及承运人的运输总条件内容

图 1－15－3　行程单

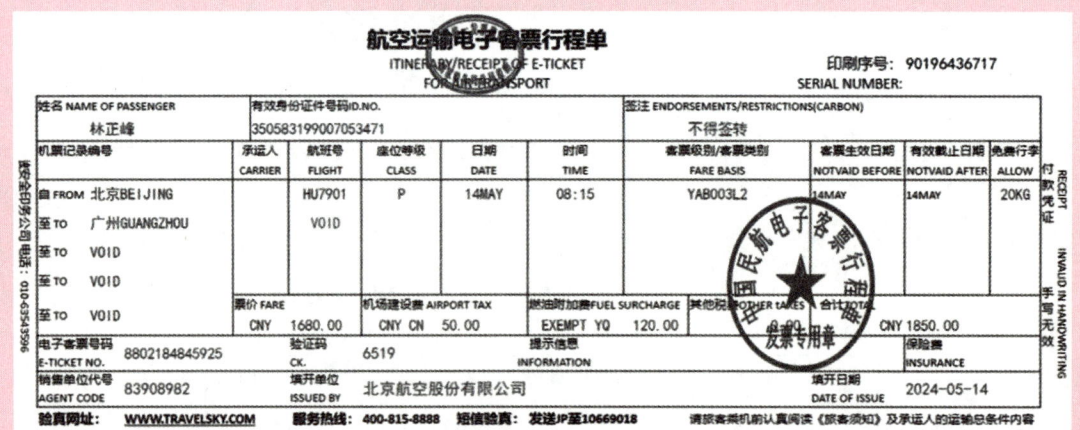

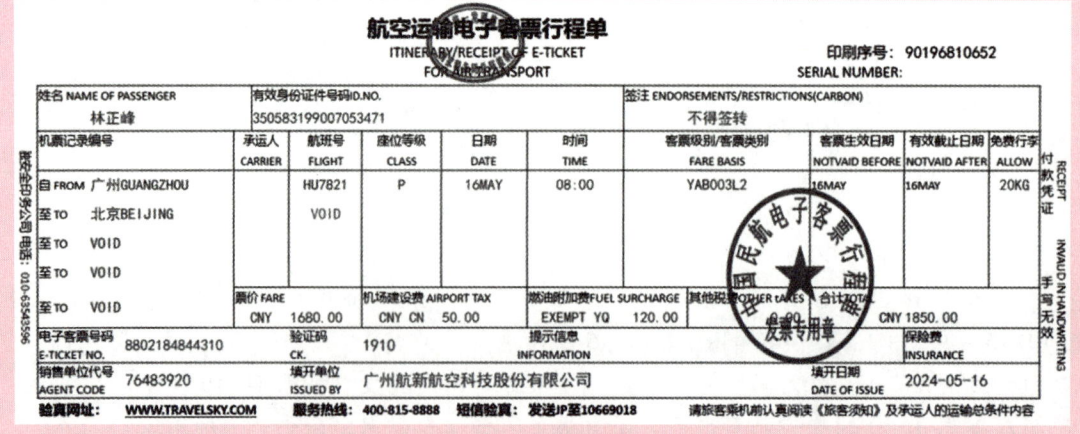

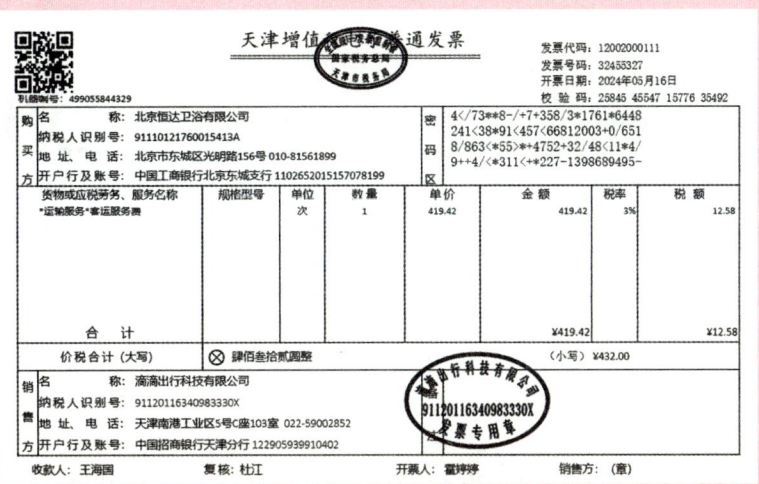

图1-15-4 客运发票

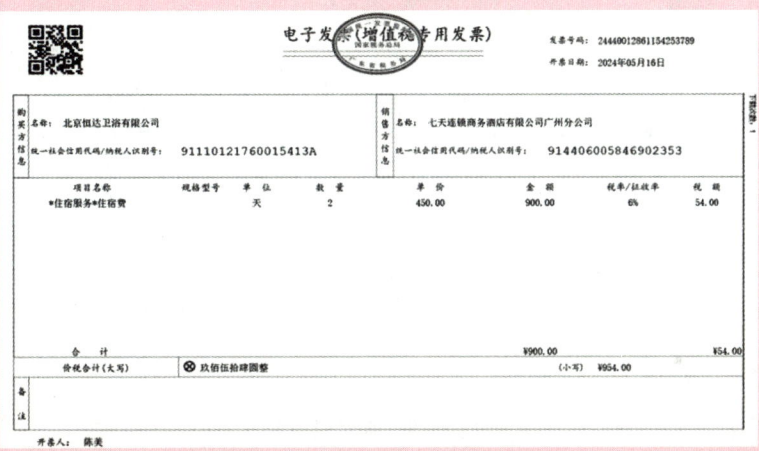

图1-15-5 住宿费发票

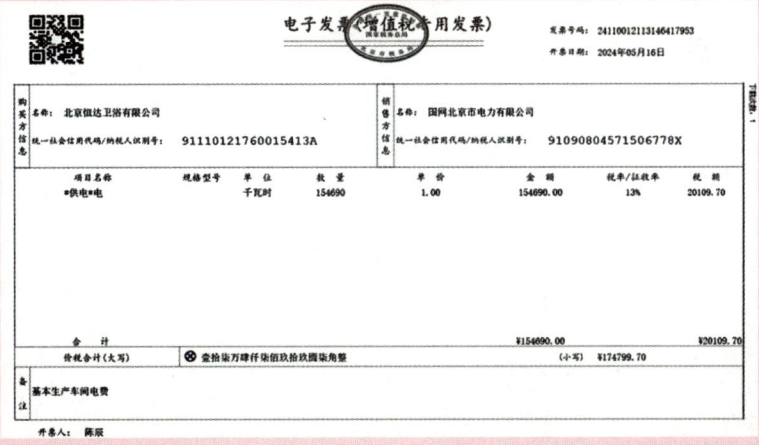

图1-16 电费发票

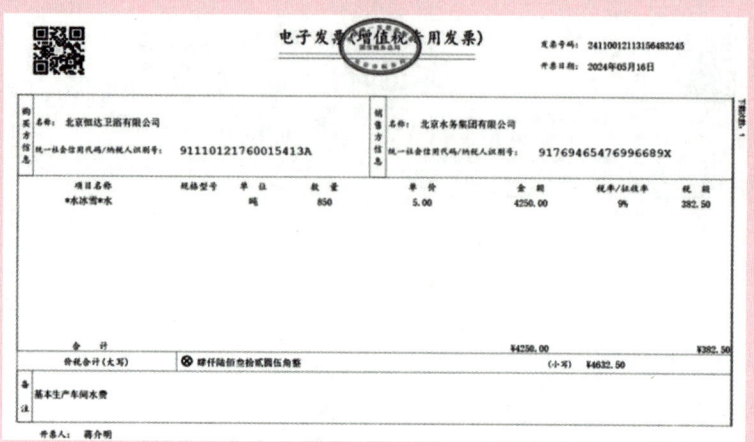

图 1-17 水费发票

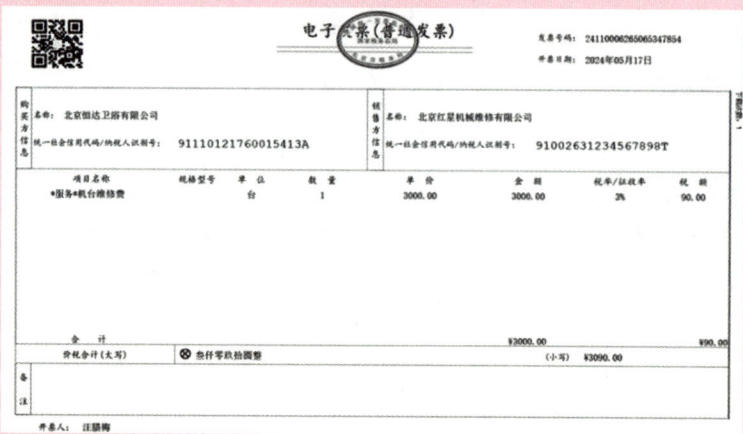

图 1-18 维修费发票

19. 5月17日，收到北京艾美酒店有限公司的会议展览服务费发票如图 1-19 所示。

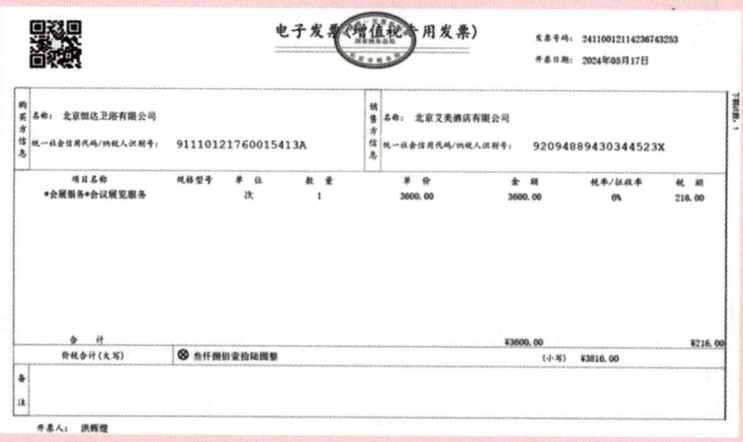

图 1-19 会展发票

20. 5月18日，销售部林正峰报销差旅费，相关单据如图1-20-1、图1-20-2、图1-20-3和图1-20-4所示。

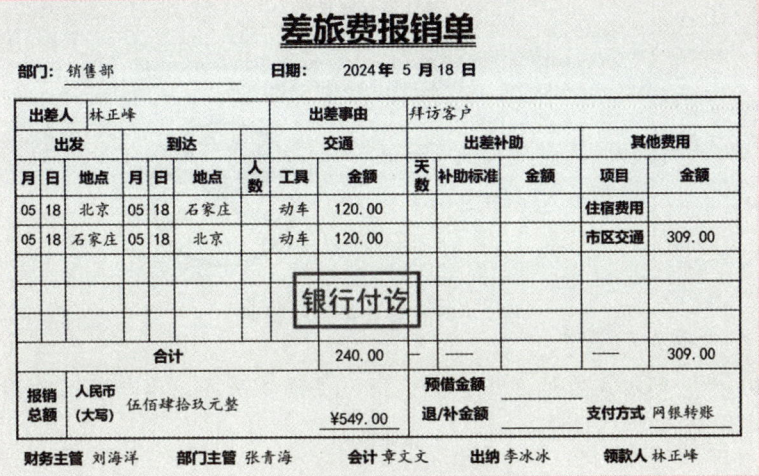

图1-20-1　差旅费报销单

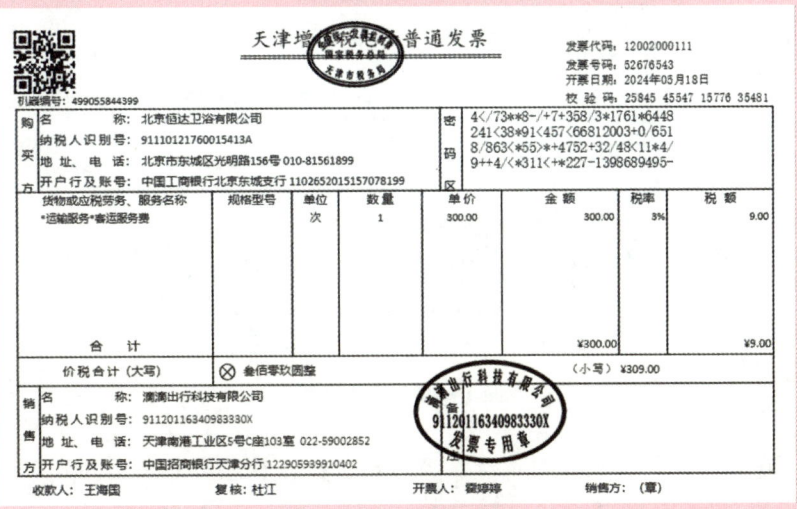

图1-20-2　客运发票

图1-20-3　火车票　　　　　　图1-20-4　火车票

21. 5月20日，向北京信拓商贸有限公司转让商标权，转让商标权说明如图1-21所示（购销合同略）。

图1-21　转让商标权说明

22. 5月20日，为北京米可家居有限公司提供维修服务，维修合同如图1-22所示。

图1-22　维修合同

23. 5月20日，向北京顺和制造有限公司出售抛光机，出售说明如图1-23所示（购销合同略）。

图1-23　抛光机出售说明

24. 5月21日，由于收到的商品表面有刮痕等，质量达不到合同规定，北京润安园林绿化有限公司将2024年5月5日购入的软管和角阀部分退回，产品已入库，销售退货协议及退货单如图1-24-1和图1-24-2所示（原购销合同略）。

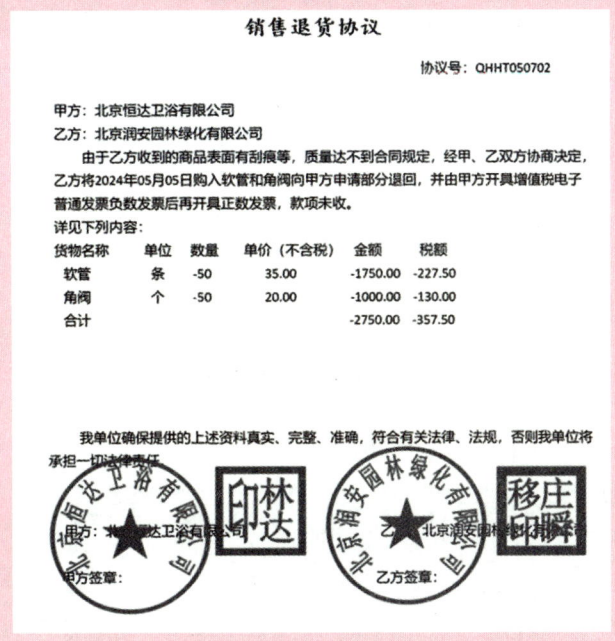

图1-24-1　退货协议

图1-24-2　退货单

25. 5月22日，委托北京毅然制造有限公司加工单把浴缸龙头，委托加工合同约定，乙方为甲方加工单把浴缸龙头5000套，加工费用为不含税价30元/套，合计加工费总价169 500元。取得发票如图1-25所示。

26. 5月25日，向北京艾美酒店有限公司销售产品并提供安装服务，销售单如图1-26所示（购销合同略）。

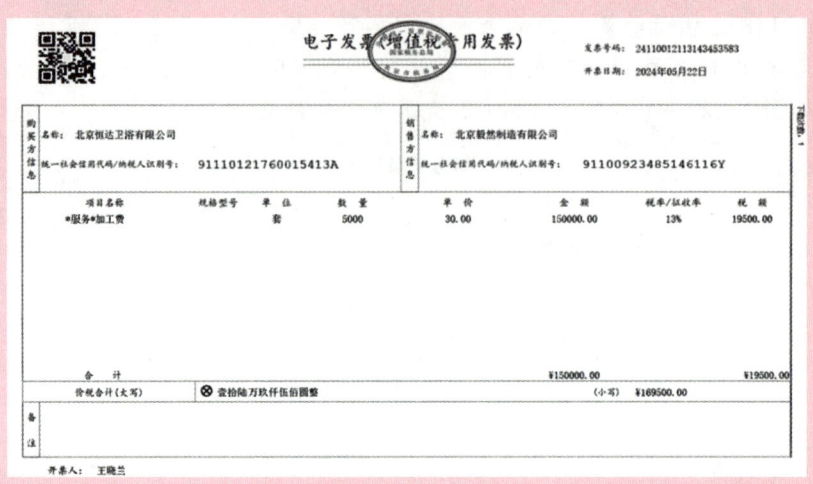

图 1-25　加工费发票

图 1-26　销售单

27. 5月25日，以"以旧换新"方式向北京鑫荣贸易有限公司销售产品，协议约定，鑫荣公司以同数量旧龙头（含税单价作价50元）以及银行存款89 200元换取公司250套双孔面盆龙头SK002（含税单价406.8元）。相关单据如图1-27-1、图1-27-2和图1-27-3所示。

图 1-27-1　收款回单

销售单

客户名称：北京鑫荣贸易有限公司　　2024年 05月25日　　№：63017816

品名	规格	单位	单价	数量	金额
双孔面盆龙头	SK002	套	406.80	250	101700.00
总计金额（大写）：壹拾万零壹仟柒佰元整					¥101700.00

第一联：存银（白）第二联：客户（红）

信用审批：林达　　业务主管：肖恒来　　经办人：林彪彪

图 1－27－2　销售单

电子发票（普通发票）

发票号码：24110006265009618385
开票日期：2024年05月25日

购买方信息		销售方信息	
名称：	北京恒达卫浴有限公司	名称：	北京鑫荣贸易有限公司
统一社会信用代码/纳税人识别号：	91110121760015413A	统一社会信用代码/纳税人识别号：	91110908045728068X

项目名称	规格型号	单位	数量	单价	金额	税率/征收率	税额
*阀门龙头*旧龙头		套	250	48.5437	12135.92	3%	364.08
合计					¥12135.92		¥364.08
价税合计（大写）	⊗壹万贰仟伍佰圆整				（小写）¥12500.00		
备注							

开票人：蒐宇轩

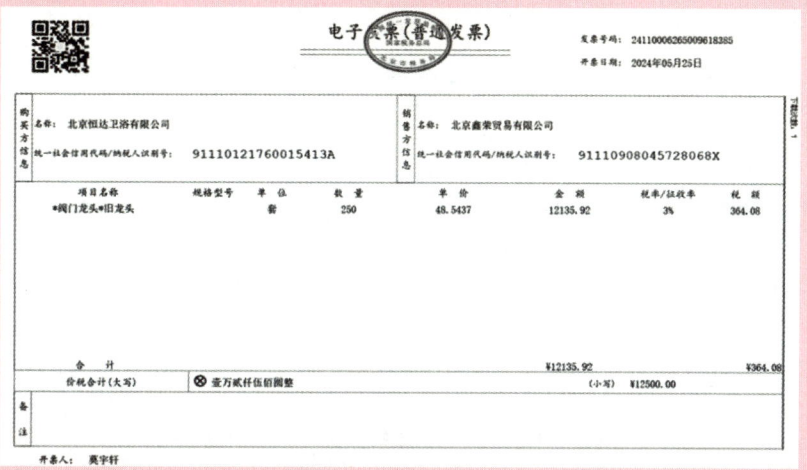

图 1－27－3　旧龙头发票

28. 5月27日，以自产产品发放职工福利，发放对象已签收产品，相关单据如图 1－28－1 和图 1－28－2 所示。

物资类别：库存商品

出库单　　NO00501021

2024年 05月 27日

提货单位或部门	行政部	发票号码或销售单号		发出仓库	成品库	出库日期	2024年05月27日

编号	名称及规格	单位	数量		单价	金额
			要数	实发		
SP010	单孔面盆龙头DK002	套	120	120		
合计						

第二联 记账

部门主管：肖梅兰　　会计：章文文　　仓库：李智贤　　制表：李智贤

图 1－28－1　产品出库单

智能化税费核算与管理

商品价格表

单位：北京恒达卫浴有限公司　　　　　　　　　　　　　　　　金额：元

商品名称	规格型号	成本单价	最高售价（不含税）	平均价（不含税）
单孔面盆龙头	DK002	180.00	285.00	260.00
双孔面盆龙头	SK001	245.00	420.00	390.00
双孔面盆龙头	SK002	255.00	390.00	360.00
--				

图 1-28-2　商品价格表

29. 5 月 28 日，以自产产品对希望小学学生公寓建设进行公益性捐赠，相关单据如图 1-29-1 和图 1-29-2 所示。

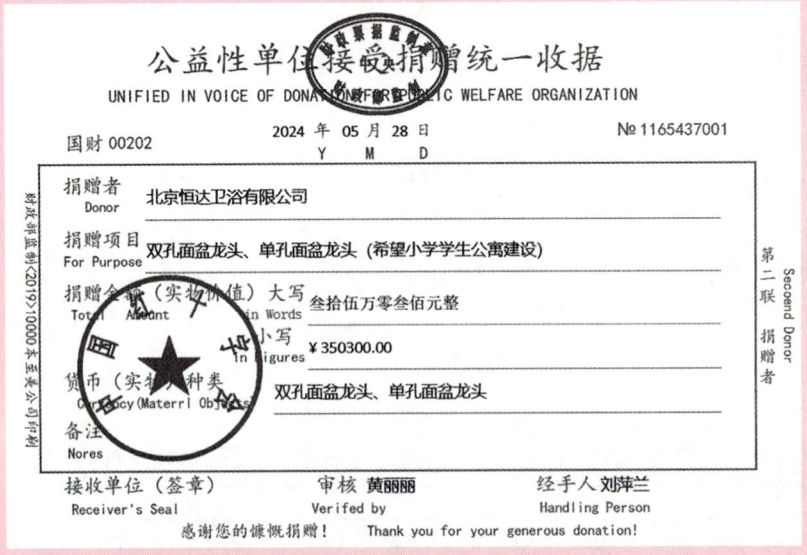

图 1-29-1　产品出库单

图 1-29-2　捐赠收据

30. 5月31日，没收客户押金，原因如图1-30所示。

图1-30 没收客户押金说明

31. 5月31日，盘亏材料，盘点表如图1-31所示。

图1-31 盘点表

32. 5月31日，销售部门报销通行费，款项以现金支付，发票如图1-32-1和图1-32-2所示。

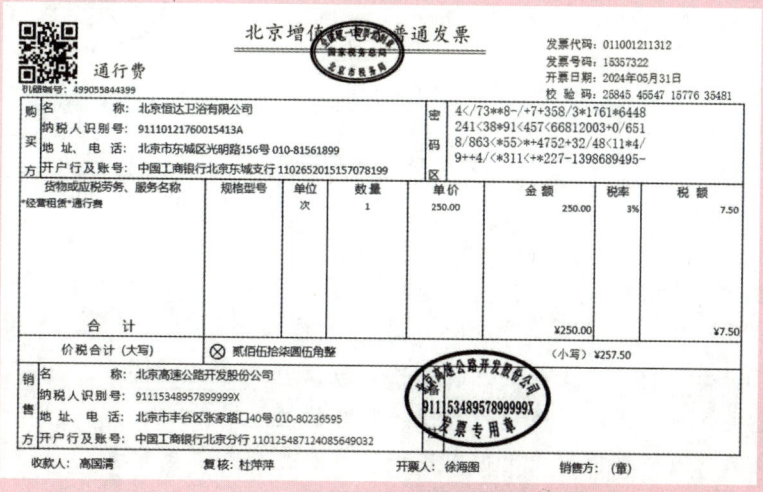

图1-32-1 通行费发票

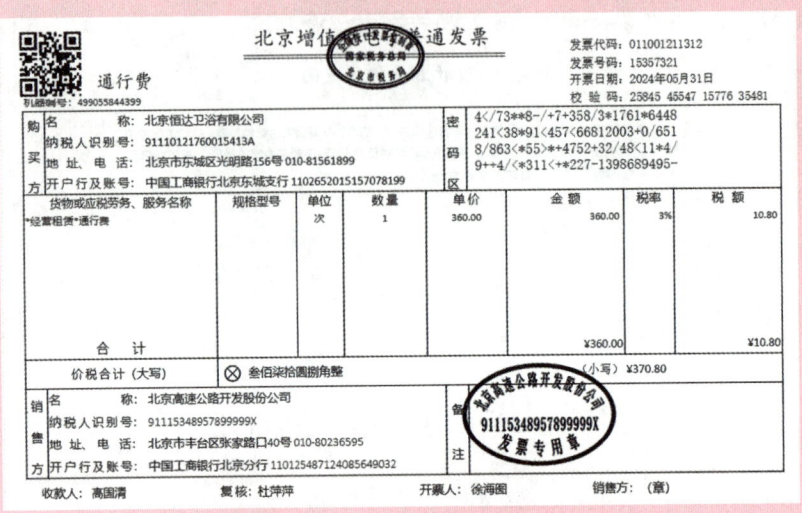

图1-32-2 通行费发票

33. 5月31日,与北京顺和制造有限公司签订设备租赁合同,向公司租入型号C2201003的高级冲压机床1台,租赁期拟定为2024年6月1日至2024年11月30日。在合同签订时,预收全部租金67 800.00元。设备租赁期共6个月,每月含税租金为11 300元/月。于租赁期内每月月末确认租赁收入,并开具发票。收到银行收款回单如图1-33所示。

图1-33 收款回单

任务清单:
1. 判断该公司的纳税人身份,判断该公司相关业务适用的征税范围、税率和会计核算科目
2. 对该公司5月的销售业务进行智能核算与管理
3. 对该公司5月的进项业务进行智能核算与管理
4. 对该公司5月的增值税及附加税费进行风险管控及申报管理
5. 结合该公司的经营业务提出合理的纳税筹划建议

模块一　增值税法的基本内容

增值税是对在我国境内销售货物、服务、无形资产、不动产（以下称应税交易）以及进口货物的单位和个人（包括个体工商户），就其销售货物、服务、无形资产、不动产的增值额和货物进口金额为计税依据而课征的一种商品劳务税。

【温馨提示】

在境内销售应税交易具体指：（1）销售货物的起运地或者所在地在境内；（2）在境内销售或租赁不动产、转让自然资源使用权的，不动产和自然资源所在地在境内；（3）销售金融商品的，金融商品在境内发行，或者销售方为境内单位和个人；除（2）和（3）规定外，销售服务和无形资产的，服务、无形资产在境内消费，或者销售方为境内单位和个人。

一、增值税的纳税人和扣缴义务人

（一）增值税的纳税人

微课：增值税纳税人的分类及管理

在我国境内发生应税交易以及进口货物的单位和个人，为增值税的纳税人。单位是指企业、行政单位、事业单位、军事单位、社会团体及其他单位；个人是指个体工商户和其他个人。

增值税纳税人按其经营规模大小及会计核算健全与否，划分为小规模纳税人和一般纳税人。小规模纳税人实行简易计税方法，一般纳税人实行一般计税方法。

1. 小规模纳税人

小规模纳税人的认定标准为：

（1）年应税销售额为 500 万元及以下且会计核算不健全，不能按规定报送有关税务资料的纳税人。

（2）年应税销售额超过 500 万元的其他个人。

（3）年应税销售额超过 500 万元的非企业性单位、不经常发生应税行为的企业、单位和个体工商户可选择按小规模纳税人纳税。

【温馨提示】

年应税销售额是指纳税人在连续不超过 12 个月或 4 个季度的经营期内累计应征增值

■ **智能化税费核算与管理**

税不含税销售额，包括纳税申报销售额（包括免税销售额和税务机关代开发票销售额）、稽查查补销售额、纳税评估调整销售额（查补销售额和调整销售额计入查补税款申报当月或当季的销售额，不计入税款所属期销售额）。纳税人偶然发生的销售无形资产、转让不动产的销售额，不计入年应税销售额；销售服务、无形资产或者不动产有扣除项目的纳税人，其年应税销售额按未扣除之前的销售额计算。

2. 一般纳税人

小规模纳税人以外的增值税纳税人，为增值税一般纳税人。但应税销售额未超过规定标准的纳税人，会计核算健全，能够提供准确税务资料的，可以向主管税务机关办理一般纳税人登记。

【勤思善悟】

你能结合具体实例详细解释一下一家企业如何做到会计核算健全吗？

【温馨提示】

纳税人年应税销售额超过规定标准的月份（或季度）的所属申报期结束后 15 日内，应向其机构所在地主管税务机关办理资格登记手续，或向主管税务机关提交书面说明按小规模纳税人纳税。未按规定时限办理的，主管税务机关会在规定期限结束后 5 个工作日内制作《税务事项通知书》，通知纳税人在 5 日内向主管税务机关办理相关手续。逾期仍不办理的，次月起按销售额依照增值税税率计算应纳税额，不得抵扣进项税额，也不得使用增值税专用发票（含税控机动车销售统一发票），直至纳税人办理相关手续为止。

除国家税务总局另有规定外，一经登记为一般纳税人后，不得转为小规模纳税人。

税收筹划

纳税人身份选择的筹划

小规模纳税人和一般纳税人实行不同的增值税计征方式。

1. 一般纳税人在一般计税方法下可以抵扣进项税额，而小规模纳税人不得抵扣进项税额，因此小规模纳税人的税负可能会重于一般纳税人，可考虑通过合并其他小规模纳税人转化为一般纳税人，从而享有一般纳税人可以抵扣进项税额的税收待遇。

2. 如果企业具有较高的销项税额和较低的进项税额，这种情况下，若作为小规模纳税人，虽不能抵扣进项税额，但整体增值税税负较低，已达到一般纳税人标准的企业可以考虑分立成为小规模纳税人开展业务，在一定程度上可以降低增值税税负。

3. 当企业发生特定应税交易在增值税纳税方式上具有一定的选择权及转变权，企业可以测算不同计税方式的税负大小，选择最优的计税方法，或适时转变为最优的计税方法。

（二）增值税的扣缴义务人

境外单位和个人在境内发生应税交易，以购买方为扣缴义务人；按照国务院的规定委托境内代理人申报缴纳税款的除外。

二、增值税的征税范围

（一）征税范围的一般规定

增值税的征税范围包括应税交易和进口货物，具体规定如下。

1. 销售货物

货物是指除土地、房屋和其他建筑物等不动产以外的各种有形动产，包括水、电力、热力、气体在内。

2. 销售服务

服务包括提供加工、修理修配服务，交通运输服务，邮政服务，电信服务，建筑服务，金融服务，现代服务和生活服务。具体征税范围如下。

（1）加工服务是指受托加工货物，即委托方提供原料及主要材料，受托方按照委托方的要求制造货物并收取加工费的业务；修理修配服务是指受托对损伤和丧失功能的货物进行修复，使其恢复原状和功能的业务。

> 【勤思善悟】
>
> 对房屋、建筑物的修缮行为，是否属于提供修理修配服务的范畴？

（2）交通运输服务是指使用运输工具将货物或者旅客送达目的地，使其空间位置得到转移的业务活动。包括陆路运输服务、水路运输服务、航空运输服务和管道运输服务。

（3）邮政服务是指中国邮政集团公司及所属邮政企业提供邮件寄递、邮政汇兑和机要通信等邮政基本服务的业务活动。包括邮政普通服务、邮政特殊服务和其他邮政服务。

（4）电信服务是指利用有线、无线的电磁系统或者光电系统等各种通信网络资源，提供语音通话服务，传送、发射、接收或者应用图像、短信等电子数据和信息的业务活动。包括基础电信服务和增值电信服务。

（5）建筑服务是指各类建筑物、构筑物及其附属设施的建造、修缮、装饰，线路、管道、设备、设施等的安装以及其他工程作业的业务活动。包括工程服务、安装服务、修缮服务、装饰服务和其他建筑服务。

固定电话、有线电视、宽带、水、电、燃气、暖气等经营者向用户收取的安装费、初装费、开户费、扩容费以及类似收费，按照安装服务缴纳增值税。

（6）金融服务是指经营金融保险的业务活动，包括贷款服务、直接收费金融服务、保

智能化税费核算与管理

险服务和金融商品转让。

（7）现代服务是指围绕制造业、文化产业、现代物流产业等提供技术性、知识性服务的业务活动，包括研发和技术服务、信息技术服务、文化创意服务、物流辅助服务、租赁服务、鉴证咨询服务、广播影视服务、商务辅助服务和其他现代服务。

> **【勤思善悟】**
>
> 出租汽车时，如果连带配司机，应按什么业务缴纳增值税？不配司机时，又如何缴税？

（8）生活服务是指为满足城乡居民日常生活需求提供的各类服务活动。包括文化体育服务、教育医疗服务、旅游娱乐服务、餐饮住宿服务、居民日常服务和其他生活服务。

3. 销售无形资产

销售无形资产，是指有偿转让无形资产所有权或者使用权的业务活动。无形资产，是指不具实物形态，但能带来经济利益的资产，包括技术、商标、著作权、商誉、自然资源使用权和其他权益性无形资产。

4. 销售不动产

销售不动产，是指转让不动产所有权的业务活动。不动产，是指不能移动或者移动后会引起性质、形状改变的财产，包括建筑物、构筑物等。

> **【勤思善悟】**
>
> 停车场提供停车服务，应按什么业务缴纳增值税？

5. 进口货物

进口货物，是指通过申报进入我国海关境内的货物。确定一项货物是否属于进口货物，看其是否办理了进口报关手续。通常境外产品要输入境内，必须向我国海关申报进口，并办理有关报关手续。只要是进口报关的应税货物，均属于增值税征税范围，在进口环节缴纳增值税。

> **【温馨提示】**
>
> 有下列情形之一的，不属于应税交易，不征收增值税：
> （1）员工为受雇单位或者雇主提供取得工资、薪金的服务；
> （2）收取行政事业性收费、政府性基金；
> （3）依照法律规定被征收、征用而取得补偿；
> （4）取得存款利息收入。

（二）征税范围的特殊规定

1. 视同应税交易

有下列情形之一的，应视同应税交易，应当依法缴纳增值税：
（1）单位和个体工商户将自产或者委托加工的货物用于集体福利或者个人消费；
（2）单位和个体工商户无偿转让货物；
（3）单位和个人无偿转让无形资产、不动产或者金融商品。

> 【勤思善悟】
>
> 税法为什么要规定视同应税交易，其目的是什么？你认为现实中还有哪些行为也应考虑归入视同应税交易行为？

2. 混合销售行为

纳税人发生一项应税交易涉及两个以上税率、征收率的，为混合销售。例如，宜家家居在销售家具（税率为13%）的同时，还提供将家具运输到客户家中并帮助客户安装的服务（税率为6%）；德邦物流公司则在提供运输服务（税率为9%）的同时，也会销售给客户一些必要的包装物，如纸箱、泡沫垫等（税率为13%），以确保货物在运输过程中的安全。

3. 兼营行为

兼营是指纳税人的经营中包括销售货物、服务、无形资产或者不动产的行为。这些不同的业务活动之间通常没有直接的联系和从属关系，是独立进行的。以某大型商场为例，该商场既销售各种日常用品、服装、电子产品等货物，又提供钟表维修等劳务服务；同时，商场内的餐厅、咖啡厅等提供餐饮服务；此外，商场还可能出租或出售其拥有的不动产，如商铺、停车位等。

> 【勤思善悟】
>
> 混合销售和兼营行为在税务处理原则和纳税行为上有何本质区别？

（三）增值税免税项目

下列项目免征增值税，具体标准由国务院规定。
（1）农业生产者销售的自产农产品、农业机耕、排灌、病虫害防治、植物保护、农牧保险以及相关技术培训业务，家禽、牲畜、水生动物的配种和疾病防治；
（2）医疗机构提供的医疗服务；
（3）古旧图书，自然人销售的自己使用过的物品；
（4）直接用于科学研究、科学试验和教学的进口仪器、设备；
（5）外国政府、国际组织无偿援助的进口物资和设备；
（6）由残疾人的组织直接进口供残疾人专用的物品，残疾人个人提供的服务；

(7) 托儿所、幼儿园、养老机构、残疾人服务机构提供的育养服务,婚姻介绍服务,殡葬服务;

(8) 学校提供的学历教育服务,学生勤工俭学提供的服务;

(9) 纪念馆、博物馆、文化馆、文物保护单位管理机构、美术馆、展览馆、书画院、图书馆举办文化活动的门票收入,宗教场所举办文化、宗教活动的门票收入。

三、增值税的税率、征收率

(一)增值税税率

一般纳税人适用税率包括13%、9%、6%和零税率,具体适用范围如表1-1所示。

表1-1　　　　　　　　　　一般纳税人的适用税率

序号	税率形式	税率	适用范围
1	基本税率	13%	增值税一般纳税人销售或者进口货物,销售加工、修理修配服务,提供有形动产租赁服务,除适用低税率、零税率、征收率范围外,税率均为13%
2	低税率	9%	(1) 货物类:①农产品、食用植物油、食用盐;②自来水、暖气、冷气、热水、煤气、石油液化气、天然气、沼气、居民用煤炭制品、二甲醚;③图书、报纸、杂志、音像制品、电子出版物;④饲料、化肥、农药、农机、农膜 (2) 服务、无形资产、不动产类:①交通运输服务;②邮政服务;③基础电信服务;④建筑服务;⑤不动产租赁服务;⑥销售不动产;⑦转让土地使用权(不含转让补充耕地指标)
		6%	①现代服务(有形动产和不动产租赁服务除外);②增值电信服务;③金融服务;④生活服务;⑤销售无形资产(含转让补充耕地指标,不含转让土地使用权)
3	零税率	0	(1) 纳税人出口货物,但不包括国家禁止出口的货物(天然牛黄、麝香、铜和铜基合金等)和国家限制出口的部分货物(矿砂及精矿、钢铁初级产品、原油、车用汽油、煤炭、原木、尿素产品、山羊绒、鳗鱼苗、某些援外货物等) (2) 境内单位和个人提供国际运输服务;提供航天运输服务;向境外单位提供的完全在境外消费的相关服务[包括研发服务、合同标的物在境外的合同能源管理服务、设计服务、广播影视节目(作品)的制作和发行服务、软件服务、电路设计及测试服务、信息系统服务、业务流程管理服务、离岸服务外包业务及转让技术]及财政部和国家税务总局规定的其他服务

【勤思善悟】

（1）矿泉水公司销售的矿泉水或者纯净水是否按自来水征收增值税？

（2）零税率是不是等同于免税？

【温馨提示】

租赁服务属于现代服务，但其适用税率应区分三种情形：（1）一般纳税人销售有形动产租赁服务，税率为13%；（2）一般纳税人销售不动产租赁服务，税率为9%；（3）一般纳税人销售有形动产租赁服务和不动产租赁服务以外的租赁服务，税率为6%。

（二）征收率

小规模纳税人经营规模小，并且会计核算不健全，难以按上述税率计税和使用增值税专用发票抵扣进项税额，因此，实行按销售额与征收率计算应纳税额的简易办法。另外，一般纳税人的特定应税行为，也适用简易计税办法，适用征收率计税。具体适用范围如表1-2所示①。

表1-2　　　　　　　　　　征收率及其适用范围

序号	适用对象	征收率	适用范围
1	小规模纳税人	3%	小规模纳税人征收率为3%，国务院另有规定的除外
		5%	销售不动产；不动产经营租赁；土地租赁；提供劳务派遣服务、安全保护服务、转让2016年4月30日前取得的土地使用权选择差额计税的；中外合作油（气）田开采的原油、天然气按实物征收增值税的
		5%	（1）个人销售购买不足2年的住房，按5%的征收率全额征收增值税；个人销售购买2年及以上的住房免征增值税（不含"北上广深"），"北上广深"非普通住房按5%差额征税，普通住房免税 （2）个人出租住房，按5%征收率减按1.5%计算应纳税额，销售额=含税销售额/1.05。住房租赁企业中的增值税小规模纳税人向个人出租住房，按照5%的征收率减按1.5%计算缴纳增值税，按1.5%预征率预缴增值税
		3%减按2%	（1）小规模纳税人（除其他个人外）销售自己使用过的固定资产（有形动产），适用简易办法依照3%征收率减按2%征收增值税政策，可以放弃减税，按简易办法依照3%征收率缴纳增值税，并可自行开具或由主管税务机关代开增值税专用发票 （2）销售旧货，依照3%征收率减按2%征收增值税，不能放弃减税 （3）销售自己使用过的除固定资产以外的物品，按3%的征收率征收增值税

---

① 2026年1月1日起，适用简易计税方法计算缴纳增值税的，征收率为3%。

■ 智能化税费核算与管理

续表

序号	适用对象	征收率	适用范围
2	采用简易计税的一般纳税人	3%	一般纳税人销售特定货物和特定应税服务，适用或可选择3%征收率计税，具体见简易征税方法应纳税额内容
		5%	选择简易计税的下列项目： （1）出租或转让其2016年4月30日前取得的不动产及土地使用权 （2）房地产开发企业一般纳税人出租、销售自行开发的房地产老项目 （3）收取试点前开工的一级公路、二级公路、桥、闸通行费 （4）提供人力资源外包服务 （5）提供劳务派遣服务、安全保护服务选择差额计税的 （6）以2016年4月30日前取得的不动产提供的融资租赁服务 （7）2016年4月30日前签订的不动产融资租赁合同
2	采用简易计税的一般纳税人	5%	住房租赁企业中的增值税一般纳税人向个人出租住房取得的全部出租收入，可以选择适用简易计税方法，按照5%的征收率减按1.5%计算缴纳增值税（按1.5%预征率预缴增值税），或适用一般计税方法计算缴纳增值税
		3%减按2%	（1）一般纳税人销售自己使用过的不得抵扣且未抵扣进项税的固定资产，适用简易办法依照3%征收率减按2%征收增值税政策，可以放弃减税，按简易办法依照3%征收率缴纳增值税，并可以开具增值税专用发票 （2）销售旧货，依照3%征收率减按2%征收增值税，不能放弃减税

税收筹划

纳税人身份选择的筹划方法

选择以一般纳税人纳税还是小规模纳税人纳税，可以通过增值率与税负无差异平衡点的比较来判断。在某一增值率条件下，作为一般纳税人与小规模纳税人的税负是相同的，这个增值率就称为税负无差别平衡点。

增值率 =（不含税销售额 - 可抵扣购进项目金额）÷ 不含税销售额 × 100%

　　　 = 1 - 可抵扣购进项目金额 ÷ 不含税销售额 × 100% = 1 - 抵扣率

一般纳税人应纳增值税额 = 当期销项税额 - 当期进项税额 = 不含税销售额 × 增值率 × 增值税税率

小规模纳税人应纳增值税额 = 不含税销售额 × 征收率

当两者税负相等时，则有：增值率 = 征收率 ÷ 增值税税率，此值即为无差别平衡点增值率；或者，抵扣率 = 1 - 征收率 ÷ 增值税税率，此值即为无差别平衡点抵扣率。

例如，当税率 = 13%，征收率 = 3%时，增值率平衡点 = 3% ÷ 13% × 100% ≈ 23.08%。说明当增值率为23.08%时，两种纳税人税负相同；当增值率低于23.08%时，小规模纳税人税负重于一般纳税人，适宜选择一般纳税人；当增值率高于23.08%时，一般纳税人税负高于小规模纳税人，适宜选择小规模纳税人；无差别平衡点抵扣率 = 1 - 3% ÷ 13% ≈ 76.92%，当企业可抵扣的购进金额占销售额的比重大于76.92%时，一般纳税人税负轻于小规模纳税人，反之，则一般纳税人税负重于小规模纳税人。

> **【学以致用】**
>
> 　　北京荣兴电子有限公司，年不含税应征增值税销售额为485万元，现为小规模纳税人，适用3%的增值税征收率。由于其能够按照国家统一的会计制度设置账簿，根据合法、有效凭证核算，能够提供准确的税务资料，因此可登记为一般纳税人，若记为一般纳税人，销货适用13%的增值税税率；当期购进的原材料（不含税金额365万元，税率13%）对应进项税额则可抵扣。该公司应如何选择纳税人身份？
>
> （1）毛利率判别法
>
> 毛利率 =（不含税销售额 - 不含税可抵扣购进金额）÷ 不含税销售额
> 　　　　=（485 - 365）÷ 485 ≈ 24.74% > 23.08%
>
> 毛利率大于23.08%，选择小规模纳税人税负较轻。
>
> （2）可抵扣购进金额占销售额比重判别法
>
> 不含税购销金额比 = 不含税可抵扣金额 ÷ 不含税销售额 = 365 ÷ 485 ≈ 75.26% < 76.92%
>
> 不含税购销金额比小于76.92%，一般纳税人的税负重于小规模纳税人。
>
> 根据两种判别法的结果，此时选择作为小规模纳税人可节税。

四、增值税核算的会计科目

　　为了准确地反映企业增值税的应交、已交、欠交等情况，税务会计应当在"应交税费"科目下设置明细科目。但是不同的纳税人所设置的明细科目有所不同，一般有以下情况。

（一）小规模纳税人设置的明细科目

　　由于小规模纳税人采用简易办法征收增值税，因此，只在"应交税费"科目下设置"应交增值税""转让金融商品应交增值税""代扣代缴增值税"三个二级明细科目。

（二）一般纳税人设置的明细科目

　　由于一般纳税人采用购进扣税法核算增值税，其核算的内容较多，因此，企业不仅设置二级科目，还会设置三级科目核算相关业务内容，具体见表1-3。

智能化税费核算与管理

表1-3　　　　　　　　　　一般纳税人设置的明细科目

序号	二级科目	序号	三级科目	说明
1	应交增值税	1	进项税额	主要反映一般纳税人购进货物、服务、无形资产或不动产而负担的、准予从销项税额中抵扣的增值税税额等
		2	销项税额	反映一般纳税人销售货物、服务、无形资产或不动产应收取的增值税税额等
		3	进项税额转出	记录一般纳税人购进货物、服务、无形资产或不动产等发生非正常损失以及其他原因而不应从销项税额中抵扣，按规定转出的进项税额
		4	出口退税	记录一般纳税人出口货物、服务、无形资产按规定退回的增值税额
		5	出口抵减内销产品应纳税额	记录实行"免、抵、退"办法的一般纳税人按规定计算的出口货物的进项税抵减内销产品的应纳税额
		6	减免税款	按现行增值税制度规定准予减免的增值税额：（1）抵减税款部分：允许抵扣的税控设备价款和技术维护费；（2）税收优惠部分：鼓励创业类，就业类，即征即退等退返税款等
		7	销项税额抵减	在差额征税时，记录一般纳税人按照现行规定因扣减销售额而减少的销项税额
		8	已交税金	记录一般纳税人当月已交纳的应交增值税额
		9	转出多交增值税	记录一般纳税人月度终了转出多交的增值税额
		10	转出未交增值税	记录一般纳税人月度终了转出应交未交的增值税额
2	未交增值税			核算一般纳税人月度终了从"应交增值税"或"预交增值税"明细科目转入当月应交未交、多交或预缴的增值税额，以及当月交纳以前期间未交的增值税额
3	预交增值税			核算一般纳税人转让不动产、提供不动产经营租赁服务、提供建筑服务、采用预收款方式销售自行开发的房地产项目等，以及按其他规定应预缴的增值税额
4	待抵扣进项税额			核算一般纳税人已取得增值税扣税凭证并经税务机关认证，按规定准予以后期间从销项税额中抵扣的进项税额。具体是指实行纳税辅导期管理的一般纳税人取得的尚未交叉稽核比对的增值税扣税凭证上注明或计算的进项税额
5	待认证进项税额			核算一般纳税人由于未经税务机关认证而不得从当期销项税额中抵扣的进项税额
6	待转销项税额			核算一般纳税人销售货物、服务、无形资产或不动产，已确认相关收入（或利得）但尚未发生增值税纳税义务而需于以后期间确认为销项税额的增值税额
7	简易计税			核算一般纳税人采用简易计税方法发生的增值税计提、扣减、预缴、缴纳等业务
8	转让金融商品应交增值税			核算增值税纳税人转让金融商品发生的增值税额
9	代扣代缴增值税			核算纳税人购进在境内未设经营机构的境外单位或个人在境内的应税行为代扣代缴的增值税

【任务实施】

　　判断纳税人、征税范围和适用税率：北京恒达卫浴有限公司所经营卫生洁具制造与销售、洁具安装和维修服务、转让商标权、多余的设备租赁、闲置的仓库出租、以旧换新、出售废旧物资、对外捐赠产品、公司内部领用产品、没收押金等业务都需要缴纳增值税，纳税人均为北京恒达卫浴有限公司，其中，一般的产品销售、捐赠、自用、以旧换新，销售边角料及出售废旧物资等，按销售货物适用13%的税率；出售抛光机，按销售货物（出售旧固定资产）适用13%的税率；没收押金，按对应产品适用的税率13%计税；提供维修服务，按加工修理修配服务适用13%的税率；设备租赁按有形动产租赁适用13%的税率；转让商标权按销售无形资产适用6%税率；出租2016年营改增前取得的仓库，为租赁不动产，公司选择按5%征收率简易计税。

模块二　增值税销项的核算与管理

一、增值税销项税额的核算

　　纳税人发生应税交易，按照销售额和适用税率计算收取的增值税额，为销项税额。计算公式如下：

销项税额 = 销售额 × 适用税率

　　销售额是指纳税人发生应税交易取得的与之相关的价款，包括货币和非货币形式的经济利益对应的全部价款，不包括按照一般计税方法计算的销项税额和按照简易计税方法计算的应纳税额。全部价款包括价外向购买方收取的手续费、补贴、基金、集资费、返还利润、奖励费、违约金、滞纳金、延期付款利息、赔偿金、代收款项、代垫款项、包装费、优质费以及其他各种性质的收费。但不包括下列项目。

　　（1）受托加工应征消费税的消费品所代收代缴的消费税。

　　（2）同时符合以下条件的代垫运输费用：①承运部门的运输费用发票开具给购买方的；②纳税人将该项发票转交给购买方的。

　　（3）同时符合以下条件代为收取的政府性基金或者行政事业性收费：①由国务院或者财政部批准设立的政府性基金，由国务院或者省级人民政府及其财政、价格主管部门批准设立的行政事业性收费；②收取时开具省级以上财政部门印制的财政票据；③所收款项全额上缴财政。

　　（4）以委托方名义开具发票代委托方收取的款项。

　　（5）销售货物的同时代办保险等而向购买方收取的保险费，以及向购买方收取的代购

智能化税费核算与管理

买方缴纳的车辆购置税、车辆牌照费。

（一）直接收款销售业务销项税额的核算

直接收款方式销售货物，不论货物是否发出，均应在收到销售款或者取得索取销售款凭据的当天确认销项税额。纳税人采用销售额和销项税额合计定价的，在计算销项税额时应换算为不含税销售额。

不含税销售额＝含税销售额÷（1＋税率/征收率）

【温馨提示】

除了直接收款方式，纳税人还会采取托收承付、赊销或预收货款等方式销售，对于不同的收款方式，税法规定了具体的纳税义务发生时间。

（1）采取托收承付和委托银行收款方式销售货物的，为发出货物并办妥托收手续的当天。

（2）采取赊销和分期收款方式销售货物的，为书面合同约定的收款日期的当天，无书面合同的或者书面合同没有约定收款日期的，为货物发出的当天。

（3）采取预收货款方式销售货物，为货物发出的当天，但生产销售生产工期超过12个月的大型机械设备、船舶、飞机等货物，为收到预收款或者书面合同约定的收款日期的当天。

（4）提供应税服务，为收到款项或取得索取款项凭据的当天。

【任务实施】

【业务4、7、11、22】 均为直接销售业务，不管购买方是一般纳税人还是小规模纳税人，开具专票、普票还是不开票，企业都应确认收入和销项税额。

说明：北京恒达卫浴有限公司对于订单业务，只需采用建模的方法事先设置会计核算凭证，业务发生时通过智能税费核算系统便能智能生成记账凭证，因公司业务繁多，此处直接展示会计分录。

【业务4】 5月5日，销售商品，应确认收入和销项税额。

销售旋转厨房龙头的不含税销售额＝（244 080＋223 740）÷（1＋13%）＝414 000（元）

销售抽拉厨房龙头的不含税销售额＝（284 760＋325 440）÷（1＋13%）＝540 000（元）

销项税额＝（414 000＋540 000）×13%＝124 020（元）

借：应收账款——南京星辰电子商务有限公司　　　1 078 020.00
　　贷：主营业务收入——旋转厨房龙头　　　　　　414 000.00
　　　　主营业务收入——抽拉厨房龙头　　　　　　540 000.00
　　　　应交税费——应交增值税（销项税额）　　　124 020.00

【业务7】5月7日,零星销售,属于无票收入。

销项税额=3 548.20÷(1+13%)×13%=408.20(元)

借:库存现金　　　　　　　　　　　　　　　　　　　　　　　3 548.20
　　贷:主营业务收入——抽拉厨房龙头　　　960.00 (=1 084.80/1.13)
　　　　主营业务收入——双把浴缸龙头　　　700.00 (=791/1.13)
　　　　主营业务收入——单孔面盆龙头　　1 040.00 (=1 175.20/1.13)
　　　　主营业务收入——软管　　　　　　　280.00 (=316.40/1.13)
　　　　主营业务收入——角阀　　　　　　　160.00 (=180.80/1.13)
　　　　应交税费——应交增值税(销项税额)　　　　　　　　　408.20

【业务11】5月10日,销售边角料,确认其他业务收入。

销项税额=10 170÷(1+13%)×13%=1 170(元)

借:应收账款　　　　　　　　　　　　　　　　　　　　　　　10 170.00
　　贷:其他业务收入——边料收入　　　　　　　　　　　　　　9 000.00
　　　　应交税费——应交增值税(销项税额)　　　　　　　　　1 170.00

【业务22】5月20日,为客户提供维修服务,属于修理修配服务,确认其他业务收入。

销项税额=1 130÷(1+13%)×13%=130(元)

借:应收账款——北京米可家居有限公司　　　　　　　　　　　1 130.00
　　贷:其他业务收入——维修服务收入　　　　　　　　　　　　1 000.00
　　　　应交税费——应交增值税(销项税额)　　　　　　　　　130.00

(二)折扣折让销售业务销项税额的核算

1. 折扣销售

折扣销售,又称商业折扣,是按商品标明的价格扣减一定数额后销售。在发生商业折扣时,如果销售额和折扣额在同一张发票上注明,可按折扣后的销售额计税;如果将折扣额另开一张发票,则不论其在财务上如何处理,均不得从销售额中减除折扣额。另外,折扣销售的税收优惠仅适用于价格折扣,而不适用于实物折扣。

【任务实施】

【业务5】5月5日,折扣销售商品,销售额和折扣额在同一张发票上注明,按折后价格确认收入和计算销项税额。

销项税额=863 094÷(1+13%)×13%=763 800×13%=99 294(元)

借:应收账款——石家庄腾兴商贸有限公司　　　　　　　　　863 094.00
　　贷:主营业务收入——双把浴缸龙头　　　　　　　　　　　763 800.00
　　　　应交税费——应交增值税(销项税额)　　　　　　　　99 294.00

2. 销售折扣

销售折扣，又称现金折扣，是指在采用赊销方式销售商品时，为了鼓励购货方在一定期限内尽早偿还货款而协议许诺给予购货方的一种折扣优待。例如，现金折扣 2/10，1/20，N/30，表示如果债务方在 10 天内付款，可以享受 2% 的折扣，20 天内付款可以享受 1% 的折扣，30 天内应全额付清款项。这种折扣发生在销售货物之后，属于一种融资行为，折扣额不得从销售额中减除。

> 【学以致用】
>
> 文迪公司赊销产品 100 件，单位不含税售价为 2 000 元，为早日收回货款，文迪公司给出 2/10，N/20 的付款条件，现金折扣不考虑增值税，估计客户会在 10 天内付款。
>
> 分析：估计客户 10 天内付款，会给予 2% 的折扣，因此最可能的交易对价为 $2\,000 \times 100 \times (1-2\%) = 196\,000$（元），也即应确认的收入为 196 000 元。
>
> 折扣额不得从销售额中减除，应确认的销项税额 $= 2\,000 \times 100 \times 13\% = 26\,000$（元）
>
> 会计核算方法同上，此处略。

> 【勤思善悟】
>
> 签订合同时，现金折扣考虑增值税和不考虑增值税，对收入和增值税应纳税额有何影响？

税收筹划

销售方式的筹划

现实中存在多种销售方式，不同的销售方式对企业的纳税影响不同。企业在选择销售方式时，需充分考虑不同方式下的增值税税负，以实现合法节税的目的。

例如：1. 企业在运用折扣方式进行销售时，应当注意一个问题，如果销售者将自产、委托加工或购买的货物用于实物折扣，则该实物价款不仅不能从货物销售额中扣除，还应当按照"视同应税交易"中的"无偿转让货物"项目计征增值税。因此企业在选择折扣方式时，应当尽量不选择实物折扣。在必须采用实物折扣的销售方式时，企业可以变换一下折扣方式，符合税法中关于折扣销售的规定，以降低增值税税负。

2. 当企业采用销售折扣时，由于销售折扣不得从销售额中减除，因此这种折扣方式会加重企业的税收负担。企业可以尽量避免使用这种销售方式，或者变更销售方式，以便达到合法节税目的。

【学以致用】

北京百利商贸有限公司为增值税一般纳税人,适用增值税税率13%,7月为扩大销量,决定对商品山地自行车进行促销活动。该款商品的不含税单价为1 400元,成本为1 050元(可抵扣进项税额,适用增值税税率13%)。针对此次促销活动,公司拟订了以下三种促销方案。

方案一:将商品9折销售,开具发票时将销售额和折扣额在同一张发票的"金额"栏分别注明。

方案二:采取实物折扣的方式,凡购买一辆山地自行车赠送一个价值140元的无线骑行码表(成本为100元,可抵扣进项税额,适用增值税税率13%),并单独开具发票。

方案三:凡购买一辆山地自行车,返还140元现金。

上述单价和成本均不含税。

方案一:商品9折销售,为折扣销售,且销售额和折扣额在同一张发票的"金额"栏分别注明,应按扣除折扣后的销售额计征增值税。

应纳增值税 = 1 400 × 90% × 13% − 1 050 × 13% = 163.8 − 136.5 = 27.3(元)

方案二:采取实物折扣的方式,将赠送的商品单独开具发票,则不仅山地自行车要按原价计征增值税,赠送的商品视同应税交易也要计征增值税。

应纳增值税 = (1 400 × 13% − 1 050 × 13%) + (140 × 13% − 100 × 13%) = 45.5 + 5.2 = 50.7(元)

方案三:凡购买一辆山地自行车,返还140元现金,应按原价计征增值税。

应纳增值税 = 1 400 × 13% − 1 050 × 13% = 182 − 136.5 = 45.5(元)

仅从节税的角度出发且只考虑增值税,方案一缴纳的增值税税额是最少的,应选方案一。

3. 销售退回

销售退回,是指企业售出的商品由于质量、品种等不符合要求等原因而发生的退货。如果销售退回发生在确认收入之前,则直接将被退回的商品验收入库便可,无须记账,如已确认"发出商品",则转销"发出商品",借记"库存商品",贷记"发出商品";如果销售退回发生在确认收入之后,企业应在产品退回时冲减当期销售收入,同时冲减当期销售成本。

【任务实施】

【业务24】5月21日,销售退货,红冲原记账内容。

借:应收账款——北京润安园林绿化有限公司　　　　　　　　−3 107.50
　　贷:主营业务收入——软管　　　　　　　　　　　　　　−1 750.00
　　　　主营业务收入——角阀　　　　　　　　　　　　　　−1 000.00
　　　　应交税费——应交增值税(销项税额)　　　　　　　　−357.50

4. 销售折让

销售折让，是指销货之后，作为已售产品出现品种、质量问题而给予购买方的补偿，是原销售额的减少，折让额可以从销售额中减除。

（三）以旧换新销售业务销项税额的核算

以旧换新是指纳税人在销售自己的货物时，有偿收回货物的行为。

（1）一般货物"以旧换新"，销售额与收购旧货金额不得相互抵减。

微课：以旧换新销售销项税额计算

【任务实施】

【业务27】5月25日，"以旧换新"销售商品，按新货同期销售价格确定销售额，不得减除旧货收购价格。

借：银行存款——中国工商银行　　　　　　　　89 200.00
　　库存商品——旧龙头　　　　　　　　　　　12 500.00
　　贷：主营业务收入——双孔面盆龙头　　　90 000.00（=101 700/1.13）
　　　　应交税费——应交增值税（销项税额）　11 700.00

（2）金银首饰以旧换新，按销售方实际收到的不含增值税的全部价款确定销售额。

【学以致用】

某金店（央行批准的金银首饰经营单位）为增值税一般纳税人，采取以旧换新方式销售纯金项链5条，每条零售价为12 000元，收购旧项链的金额为每条8 000元，计算该笔交易的销项税额。

分析：由于是金银首饰，以实际收取的价款计征增值税。

收款金额 =（12 000 − 8 000）× 5 = 20 000（元）

销项税额 = 20 000 ÷（1 + 13%）× 13% ≈ 2 300.88（元）

应确认的收入 = 12 000 × 5 − 2 300.88 = 57 699.12（元）

（四）委托代销业务销项税额的核算

纳税人委托其他纳税人代销货物，应在收到代销单位的代销清单或者收到全部或者部分货款的当天，或者发出代销货物满180天的当天确认销项税额。委托代销包括支付手续费和视同买断两种方式，其中视同买断方式又有可退回和不可退回两种方式。

微课：将货物交付他人代销增值税的核算

1. 支付手续费方式委托代销

纳税人如果采用支付手续费方式委托其他纳税人代销货物，价格由委托方确定，受托方不可自定售价，其收入为双方约定的手续费收入。委托方在发出商品时不确认收入，也不确认增值税额，发出货物记为"委托代销商品"，在收到代销清单时才确认收入和增值税额，同时确认手续费用等，手续费用不可冲减计税销售额。

【学以致用】

宇通公司委托晨明公司销售产品100件，指定销售价格为1 000元/件，该产品成本为600元/件，增值税税率为13%。代销合同规定，宇通公司按售价的10%支付晨明公司手续费。晨明公司在当月售完全部产品100件。宇通公司在收到晨明公司的代销清单时，向晨明公司开具增值税专用发票，注明价款100 000元，增值税款13 000元。

(1) 发出产品。

借：委托代销商品　　　　　　　　　　　　　　　　　　　60 000.00
　　贷：库存商品　　　　　　　　　　　　　　　　　　　　60 000.00

(2) 收到代销清单，开具发票，确认收入，结转成本，承担的手续费用取得普通发票。

借：应收账款——晨明公司　　　　　　　　　　　　　　　113 000.00
　　贷：主营业务收入　　　　　　　　　　　　　　　　　100 000.00
　　　　应交税费——应交增值税（销项税额）　　　　　　 13 000.00
借：主营业务成本　　　　　　　　　　　　　　　　　　　 60 000.00
　　贷：委托代销商品　　　　　　　　　　　　　　　　　 60 000.00
借：销售费用——代销手续费　　　　　　　　　　　　　　 10 000.00
　　贷：应收账款——晨明公司　　　　　　　　　　　　　 10 000.00

(3) 收到晨明公司汇来的货款净额。

借：银行存款　　　　　　　　　　　　　　　　　　　　　103 000.00
　　贷：应收账款——晨明公司　　　　　　　　　　　　　103 000.00

2. 视同买断方式委托代销

纳税人如果采用视同买断方式委托其他纳税人代销货物，受托方可自定售价，其收入为进销差价，如果双方约定代销商品不可退回，则销售方在发出商品时即可确认收入和增值税税额，其处理与普通销售基本相同；如果双方约定，可退回没有代销出去的商品，则在发出商品时不能确认收入，而应在收到代销清单时确认收入和增值税税额。

（五）有融资性质的分期收款销售业务销项税额的核算

分期收款销售，应在合同约定的收款日确认销项税额。若按照国家统一的会计制度确认收入或利得的时点早于按照增值税制度确认增值税纳税义务发生的时点，应将相关销项税额计入"应交税费——待转销项税额"科目，待实际发生纳税义务时再转入"应交税费——应交增值税（销项税额）"或"应交税费——简易计税"科目。

【学以致用】

2024年1月1日，神舟公司采用分期收款方式向东方公司出售一套大型设备，合同约定不含税价款为2 000万元，分5年于每年年末收款，每年收取400万元。该设备的现销价格为1 600万元，成本为1 500万元，设备适用13%的税率。此项销售的收款期为5年，具有融资性质，测算的实际利率为7.93%。

分析：（1）销售成立，应确认收入。

借：长期应收款　　　　　　　　　　　　　　　　　22 600 000.00
　　贷：主营业务收入　　　　　　　　　　　　　　16 000 000.00
　　　　未实现融资收益　　　　　　　　　　　　　 4 000 000.00
　　　　应交税费——待转销项税额　　　　　　　　 2 600 000.00

（2）2024 年 12 月 31 日，开具增值税专用发票，收取款项。

借：银行存款　　　　　　　　　　　　　　　　　　 4 520 000.00
　　应交税费——待转销项税额　　　　　　　　　　　 520 000.00
　　贷：长期应收款　　　　　　　　　　　　　　　 4 520 000.00
　　　　应交税费——应交增值税（销项税额）　　　　 520 000.00

同时冲减财务费用
应确认的融资收益 = 1 600 × 7.93% × 1 = 126.88（万元）

借：未实现融资收益　　　　　　　　　　　　　　　 1 268 800.00
　　贷：财务费用　　　　　　　　　　　　　　　　 1 268 800.00

以后各年收取款项时，应按照应收款项的摊余成本与实际利率计算确定的金额确定融资收益，冲减财务费用。例如，第二年年末应确认的融资收益 = ［1 600 −（400 − 126.88）］× 7.93% = 105.22（元），其他年份依此类推。

（六）混合销售业务销项税额的核算

纳税人发生一项应税交易涉及两个以上税率、征收率的，按照应税交易的主要业务适用税率、征收率。

【任务实施】

【业务 26】 5 月 25 日，销售商品并安装，属于混合销售行为，安装费按该公司主要业务即销售货物缴纳增值税，安装费计入对应产品的收入。

借：应收账款——北京艾美酒店有限公司　　　　　　　111 870.00
　　贷：主营业务收入——双孔面盆龙头
　　　　　　　　　88 000.00（= 88 140/1.13 + 11 300/1.13）
　　　　主营业务收入——软管　　　　7 000.00（= 7 910/1.13）
　　　　主营业务收入——角阀　　　　4 000.00（= 4 520/1.13）
　　　　应交税费——应交增值税（销项税额）
　　　　　　　　　12 870.00（= 111 870/1.13 × 13%）

【勤思善悟】

顾客在酒店住宿，消费了酒店房间里提供的烟酒，酒店在给顾客开票时，应按什么税率开具发票？

需要注意的是，纳税人销售活动板房、机器设备、钢结构件等自产货物的同时，提供建筑、安装服务，应分别核算货物和建筑服务的销售额，分别适用不同的税率或者征收率，不属于混合销售；一般纳税人销售自产机器设备的同时提供安装服务，应分别核算机器设备和安装服务的销售额，在合同分签的情况下，安装服务可以按照甲供工程选择适用简易计税方法计税；一般纳税人销售外购机器设备的同时提供安装服务，如果已经按照兼营的有关规定，分别核算机器设备和安装服务的销售额，安装服务可以按照甲供工程选择适用简易计税法计税。

【学以致用】

盛华公司是一家具有生产销售和安装资质的大型机器设备的企业，某月销售自产产品给客户，其中货物的不含税金额为 200 万元，适用 13% 税率，不含税的安装金额为 5 万元，盛华公司与客户分别签订了销售和安装合同，已完成产品销售和安装，款项收存银行。

分析：此项销售，安装服务可以按照甲供工程选择适用简易计税方法依照 3% 征收率缴纳增值税。

货物的销项税额 = 2 000 000 × 13% = 260 000（元）
安装服务的税额 = 50 000 × 3% = 1 500（元）

借：银行存款　　　　　　　　　　　　　　　　　　2 311 500.00
　　贷：主营业务收入　　　　　　　　　　　　　　2 000 000.00
　　　　其他业务收入　　　　　　　　　　　　　　　 50 000.00
　　　　应交税费——应交增值税（销项税）　　　　 260 000.00
　　　　应交税费——简易计税　　　　　　　　　　　 1 500.00

（七）兼营业务销项税额的核算

纳税人兼营销售货物、服务、无形资产或者不动产，适用不同税率或者征收率的，应当分别核算适用不同税率或者征收率的销售额；未分别核算的，从高适用税率。

纳税人兼营免税、减税项目的，应当分别核算免税、减税项目的销售额；未分别核算的，不得免税、减税。

税收筹划

税率适用的筹划

纳税人应当尽量将不同税率或征收率的货物、服务、无形资产或者不动产分别核算，以适用不同的税率或征收率，从而规避从高适用率或征收率，进而减轻企业负担。

【学以致用】

北京中科烟叶有限公司（简称中科公司）为增值税一般纳税人，主要生产和销售烟叶、烟丝。2023年6月销售烟叶、烟丝共取得收入500万元（不含增值税），其中烟叶的销售额为300万元（不含增值税），适用的增值税税率为9%；烟丝的销售额为200万元（不含增值税），适用的增值税税率为13%。当月可抵扣的进项税额共50万元。未分别核算销售额和分别核算销售额需要交纳的增值税税额比较：

未分别核算销售额应纳税额 = 500 × 13% − 50 = 15（万元）

分别核算销售额应纳税额 = (200 × 13% + 300 × 9%) − 50 = 3（万元）

（八）包装物销售、出租、出借及押金没收销项税额的核算

包装物相关业务应按如下方式计征增值税。

（1）包装物随同产品出售并单独计价，应按销售处理，计征增值税。

（2）产品出售的同时出租包装物，收取的租金应作为价外费用计入销售额而计征增值税。

微课：包装物销售及没收押金销项税额计算

（3）单独出租包装物，按有形动产租赁服务计征增值税。

（4）免费出借包装物，则无须交税，包装物成本计入"销售费用"。

（5）企业为销售货物而出租或出借包装物收取的押金，应单独记账核算，若在规定的期限内（一般为1年）收回并退还押金的，则不计入销售额，不征收增值税；超过合同或双方协议约定的期限或者超过1年未收回包装物，并且押金不再退还的，则应按所包装货物的适用税率计算销项税额。但销售酒类产品（啤酒、黄酒除外）收取的包装物押金，无论是否返还，以及会计如何核算，都应并入当期销售额计税。由于逾期包装物押金为含税收入，需换算成不含税价再并入销售额，其计算公式如下。

逾期包装物押金销售额 = 逾期包装物押金 ÷ (1 + 适用税率)

【勤思善悟】

包装物押金与包装物租金在税务处理上有何区别？

【任务实施】

【业务30】5月31日，没收客户押金，逾期包装物押金，应视为含税收入，在征税时换算成不含税收入并入销售额计征增值税，应纳税额 = 5 000/(1 + 13%) × 13% ≈ 575.22（元）；没收逾期包装物押金不是日常生产经营业务，应确认为营业外收入。

借：其他应付款　　　　　　　　　　　　　　　　5 000.00
　　贷：营业外收入　　　　　　　　　　　　　　4 424.78
　　　　应交税费——应交增值税（销项税额）　　 575.22

（九）预收款租赁有形动产销项税额的核算

以预收款方式提供有形动产租赁服务，应在收到预收款的当天确认销项税额。

【任务实施】

【业务33】5月31日，预收设备租金，销项税额＝预收金额60 000×有形动产租赁税率13%＝7 800（元）。

借：银行存款——中国工商银行　　　　　　　　　　　　　　　67 800.00
　　　贷：预收账款——北京顺和制造有限公司　　　　　　　　60 000.00
　　　　　应交税费——应交增值税（销项税额）　　　　　　　　7 800.00

（十）转让无形资产销项税额的核算

转让无形资产的形式包括转让使用权（出租）和转让所有权（出售），在收到款项或取得索取款项收入凭据的当天，应确认纳税义务。

1. 转让使用权

企业在持有无形资产期间，可以让渡无形资产使用权并收取租金，收到租金收入时，借记"银行存款"等科目，贷记"其他业务收入""应交税费——应交增值税（销项税额）"等科目。期末，对无形资产成本进行摊销，借记"其他业务成本"科目，贷记"累计摊销"科目。

2. 转让所有权

转让无形资产，转让金额与资产账面价值差额确认为"资产处置损益"。

【任务实施】

【业务21】5月20日，转让商标权，属于销售无形资产，适用6%的税率。销项税额＝含税价款/（1+6%）×6%＝318 000/（1+6%）×6%＝18 000（元）
处置无形资产，转销无形资产账面相关记录，差额记"资产处置损益"。

借：应收账款——北京信拓商贸有限公司　　　　　　　　　　318 000.00
　　累计摊销　　　　　　　　　　　　　　　　　　　　　　 40 000.00
　　　贷：无形资产　　　　　　　　　　　　　　　　　　　240 000.00
　　　　　应交税费——应交增值税（销项税额）　　　　　　 18 000.00
　　　　　资产处置损益　　　　　　　　　　　　　　　　　100 000.00

（十一）销售不动产销项税额的核算

一般纳税人销售其2016年5月1日后取得（含自建）的不动产（以下称新项目），适用一般计税方法，以取得的全部价款和价外费用为销售额计算应纳税额；销售2016年4月30日前取得（含自建）的不动产（以下称老项目）可选择采用一般计税法或简易计税法。纳税人销售与机构所在地不在同一县（市）的不动产，纳税人应在不动产所在地预缴税款后，再向

智能化税费核算与管理

机构所在地主管税务机关进行纳税申报,具体预缴和申报纳税的计算方法见表1-4。

表1-4　　　　　　　　　　销售不动产增值税的计税方法

销售不动产类型	预缴	申报
新、老项目（一般计税）（非自建项目）	（全部价款和价外费用-不动产购置原价或者取得不动产时的作价）÷（1+5%）×5%	全额申报,9%税率,扣减预缴
新、老项目（一般计税）（自建项目）	全部价款和价外费用÷（1+5%）×5%	
老项目（简易计税）（非自建项目）	（全部价款和价外费用-不动产购置原价或者取得不动产时的作价）÷（1+5%）×5%	差额申报,5%征收率,扣减预缴
老项目（简易计税）（自建项目）	全部价款和价外费用÷（1+5%）×5%	全额申报,5%征收率,扣减预缴

企业预缴增值税,应通过"应交税费——预交增值税"核算,预缴时,记该科目的借方,期末将预缴金额结转进"应交税费——未交增值税"。

【学以致用】

2024年5月,君好公司（一般纳税人）将去年10月购进的一栋办公楼出售,购置原含税价为560万元,以含税价750万元出售。

分析：（1）计算应纳税额。

应交增值税=全部价款和价外费用÷（1+9%）×9%
　　　　　=7 500 000÷（1+9%）×9%≈619 266.06（元）

借：银行存款　　　　　　　　　　　　　　　　　　7 500 000.00
　　贷：固定资产清理　　　　　　　　　　　　　　6 880 733.94
　　　　应交税费——应交增值税（销项税额）　　　　619 266.06

（2）预缴增值税。

在不动产所在地应预交增值税=（全部价款和价外费用-不动产购置原价或者取得不动产时的作价）÷（1+5%）×5%=（7 500 000-5 600 000）÷（1+5%）×5%≈90 476.19（元）

借：应交税费——预交增值税　　　　　　　　　　　90 476.19
　　贷：银行存款　　　　　　　　　　　　　　　　90 476.19

（3）月末结转"预交增值税"明细科目。

借：应交税费——未交增值税　　　　　　　　　　　90 476.19
　　贷：应交税费——预交增值税　　　　　　　　　90 476.19

（十二）出租不动产销项税额的核算

一般纳税人出租2016年5月1日后取得的不动产适用一般计税法；出租2016年4月30日前取得的不动产,可选择采用一般计税法或简易计税法。纳税人出租与机构所在地不在同一县（市）的不动产，按规定需要在项目所在地或不动产所在地主管国税机关预缴税款。具体办法如表1-5所示。

表1-5　　　　　　　　　　　　出租不动产增值税的计税方法

出租不动产类型	预缴	申报
新、老项目（一般计税）	含税销售额÷(1+9%)×3%	全额申报，9%税率，扣减预缴
老项目（简易计税）（不含住房）	含税销售额÷(1+5%)×5%	全额申报，5%征收率，扣减预缴
出租住房（一般计税）	含税销售额÷(1+9%)×3%	全额申报，9%税率，扣减预缴
出租住房（简易计税）	含税销售额÷(1+5%)×1.5%	全额申报，5%征收率，扣减减征额（3.5%）
其他个人出租非住房	含税销售额÷(1+5%)×5%	全额申报，5%征收率，扣减预缴

【温馨提示】

表1-5中按照5%的征收率减按1.5%计算缴纳增值税仅适用于住房租赁企业向个人出租住房的情形。

（十三）视同销售业务销项税额的核算

1. 视同应税交易行为销售额的确定

纳税人发生应税交易销售额价格明显偏低或者偏高且不具有合理商业目的的，或视同应税交易但无实际销售额发生的，以及销售额为非货币形式的，主管税务机关有权按照下列顺序确定销售额：

（1）按纳税人最近时期同类平均价格确定；

（2）按其他纳税人最近时期同类平均价格确定；

（3）按组成计税价格确定，公式为：组成计税价格＝成本×(1+成本利润率)。

【温馨提示】

公式中的成本利润率为一般为10%。但属于应从价定率征收消费税的货物，则适用消费税规定的成本利润率，属于应征消费税的货物，其组成计税价格还应加计消费税税额，计算公式为：组成计税价格＝成本×(1+成本利润率)/(1-消费税税率)。

2. 视同应税交易业务的核算方法

货物视同应税交易的情形中，"单位和个体工商户无偿转让货物"，这一视同应税交易情形从税法角度看所有权发生改变，但并无经济利益流入，或者虽可能发生经济利益流入，但难以可靠计量，因此不符合收入确认条件；"将自产、委托加工的货物用于集体福利"，如果该福利的形式是以在建工程或固定资产体现的，那么，只是资产在内部角色的转换，产权并没有转移，也不确认收入。其余情形，要么引起资产增加，要么引起负债减少，这是经济利益流入的结果，符合会计收入确认条件，应在货物移送时，确认收入和纳税义务。

发生视同应税交易，纳税义务发生时间为完成视同应税交易的当日。

【任务实施】

【业务28、29】均为视同应税交易业务。

【业务28】5月25日，以自产产品发放职工福利，视同应税交易确认增值税，按最近时期同类平均价格确定计税销售价格，应纳税额＝260×120×13％＝31 200×13％＝4 056（元）；产品所有权已转移给职工个人，应确认收入。

借：应付职工薪酬——非货币性福利　　　　　　　　　　　　35 256.00
　　贷：主营业务收入——单孔面盆龙头　　　　　　　　　　31 200.00
　　　　应交税费——应交增值税（销项税额）　　　　　　　 4 056.00

【业务29】5月28日，以自产产品对外捐赠，视同应税交易确认增值税，按最近时期同类平均价格确定计税销售价格，应纳税额＝260×500×13％＋360×500×13％＝40 300（元）；产品所有权虽然发生了改变，但并无经济利益流入，因此不确认收入，直接减少库存商品。

借：营业外支出——捐赠支出　　　　　　　　　　　　　　　257 800.00
　　贷：库存商品——双孔面盆龙头SK002　　　　　　　　　127 500.00
　　　　库存商品——单孔面盆龙头DK002　　　　　　　　　 90 000.00
　　　　应交税费——应交增值税（销项税额）　　　　　　　 40 300.00

（十四）差额征税业务销项税额的核算

1. 差额征税项目销售额的确定

（1）金融商品转让。金融商品转让是指当事人转让外汇、有价证券、非货物期货和其他金融商品所有权的业务活动，以卖出价扣除买入价后的余额为销售额。买入价和卖出价都是指原价，是证券本身的价格，买入价不包括购进过程中支付的各种税金，不需要扣除取得金融商品时已宣告未发放的现金股利或已到付息期末领取的利息；卖出价不得扣除税金费用。转让金融商品出现正负差，以盈亏相抵后的余额为销售额。若相抵后出现负差，可结转下一纳税期与下期转让金融商品销售额相抵，但年末时仍出现负差的，不得转入下一个会计年度，因此，金融商品转让每年第一期申报表期初余额一定为零。

【温馨提示】

金融商品的买入价，可以选择按照加权平均法或者移动加权平均法进行核算，选择后36个月内不得变更。金融商品转让，不得开具增值税专用发票。

（2）经纪代理服务。以取得的全部价款和价外费用，扣除向委托方收取并代为支付的政府性基金或者行政事业性收费后的余额为销售额（可扣除的项目除列举外，其他一律不得扣除，且扣除项目不得开具专用发票）。

（3）融资租赁和融资性售后回租业务。提供融资租赁服务以收取的全部价款和价外费用，扣除支付的借款利息、发行债券利息和车辆购置税后的余额为销售额；提供融资性售后回租服务以取得的全部价款和价外费用（不含本金），扣除对外支付的借款利息、发行债券利息后的余额作为销售额。

（4）提供旅游服务。纳税人提供旅游服务，可以选择以取得的全部价款和价外费用，扣除向旅游服务购买方收取并支付给其他单位或者个人的住宿费、餐饮费、交通费、签证费、门票费和支付给其他接团旅游企业的旅游费用后的余额为销售额。选择上述办法计算销售额的纳税人，向旅游服务购买方收取并支付的上述费用，不得开具增值税专用发票。

（5）一般纳税人提供客运场站服务，其销售额为其取得的全部价款和价外费用扣除支付给承运方运费后的余额。

（6）航空运输企业的销售额不包括代收的机场建设费和代售其他航空运输企业客票而代收转付的价款。

（7）劳务派遣服务。以取得的全部价款和价外费用，扣除代用工单位支付给劳务派遣员工的工资、福利和为其办理社会保险及住房公积金后的余额为销售额（选择差额纳税：5%；一般纳税人也可选择一般计税：6%；小规模纳税人也可选择简易计税：3%）。

> 【温馨提示】
>
> 上述凭证中属于增值税扣税凭证的，其进项税额不得从销项税额中抵扣（不得一票两用）。

2. 差额征税业务的核算

（1）成本允许扣减销售额。企业应设置"应交税费——应交增值税（销项税额抵减）"科目核算按规定允许扣减销售额而减少的销项税额；设置"主营业务成本"科目等核算按实际支付或应付的金额与上述增值税额的差额。

> 【学以致用】
>
> 广东顺丰客运公司为一般纳税人，提供客运场站服务，2024年5月取得收入106万元（含税），当月支付承运方运费84.8万元（含税），款项均已通过银行收付。
>
> ①提供应税服务（物流辅助服务，适用6%税率），确认收入
>
> 借：银行存款　　　　　　　　　　　　　　　　　　1 060 000.00
> 　　贷：主营业务收入　　　　　　　　　　　　　　　1 000 000.00
> 　　　　应交税费——应交增值税（销项税额）　　　　　60 000.00
>
> ②支付承运方运费确认抵减税额
>
> 借：主营业务成本　　　　　　　　　　　　　　　　　800 000.00
> 　　应交税费——应交增值税（销项税额抵减）　　　　　48 000.00
> 　　贷：银行存款　　　　　　　　　　　　　　　　　　848 000.00

（2）销售金融商品。企业应在金融商品所有权转移时确认纳税义务，并设置"应交税费——转让金融商品应交增值税"核算转让金融商品应交增值税税额。

智能化税费核算与管理

【学以致用】

君好公司手持作为交易性金融资产的股票有三种，分别于10月、11月和12月进行转让，其中10月转让的股票购入时共支付了120 600元（其中600元为佣金等费用），卖出价是154 500元；11月转让的股票购入价是320 000元，卖出价是300 000元；12月转让的股票购入价是480 000元，卖出价是530 000元。这里的卖出价都不含其他费用，为了简化核算，11月和12月买入价也没考虑其他费用。

分析：① 10月取得转让收入

销售额 = 154 500 - (120 600 - 600) = 34 500（元）

应纳税额 = 34 500 ÷ (1 + 6%) × 6% ≈ 1 952.83（元）

借：其他货币资金——存出投资款	154 500.00
贷：交易性金融资产	120 000.00
投资收益	32 547.17
应交税费——转让金融商品应交增值税	1 952.83

② 缴纳增值税

借：应交税费——转让金融商品应交增值税	1 952.83
贷：其他货币资金——存出投资款	1 952.83

③ 11月取得转让收入

借：其他货币资金——存出投资款	300 000.00
投资收益	20 000.00
贷：交易性金融资产	320 000.00

④ 计算可抵扣税额

销售额 = 300 000 - 320 000 = -20 000.00（元）

则可结转下月抵扣税额为：20 000/(1 + 6%) × 6% ≈ 1 132.08（元）

借：应交税费——转让金融商品应交增值税	1 132.08
贷：投资收益	1 132.08

⑤ 12月取得转让收入

销售额 = 530 000 - 480 000 = 50 000.00（元）

应纳税额 = 50 000 ÷ (1 + 6%) × 6% ≈ 2 830.19（元）

借：其他货币资金——存出投资款	530 000.00
贷：交易性金融资产	480 000.00
投资收益	47 169.81
应交税费——转让金融商品应交增值税	2 830.19

⑥ 缴纳增值税

实际缴纳增值税额 = 2 830.19 - 1 132.08 = 1 698.11（元）

借：应交税费——转让金融商品应交增值税	1 698.11
贷：其他货币资金——存出投资款	1 698.11

> 如果12月的转让还是亏损或者12月没有转让金融商品，按规定不能留到下一年度再抵扣，需结转投资收益。假设本例中12月没有转让商品，则年末时
> 借：投资收益　　　　　　　　　　　　　　　　　　　1 132.08
> 　　贷：应交税费——转让金融商品应交增值税　　　　　1 132.08
> 结转后"应交税费——转让金融商品应交增值税"账户，下一年初没有余额。

二、销项业务的智能管理

（一）销项发票的开具与管理

微课：都是开票惹的祸

纳税人发生应税销售业务，也就产生了销项税额，而记录销项税额的最主要单据为销售发票。发票是经济活动中最重要、出现频率最高的原始凭证，记录了企业的收入与支出，也是增值税税额计算及登记入账最重要的原始凭证。

纳税人常用的增值税发票有增值税专用发票和增值税普通发票。专用发票只能开具给除自然人外的增值税纳税人，而增值税普通发票可以开具给所有的受票对象。纳税人发生应税交易，应当向索取增值税专用发票的购买方开具增值税专用发票，并在增值税专用发票上分别注明销售额和销项税额，它是销售方的记账凭证，也是购买方支付增值税额并可按照增值税有关规定据以抵扣增值税进项税额的凭证。但下列情形不得开具增值税专用发票：①向消费者销售应税项目；②销售免税项目；③销售报关出口的货物、在境外销售应税服务；④将货物用于非应税项目；⑤将货物用于集体福利或个人消费；⑥将货物无偿赠送他人等。

国家税务总局不断地创新和改革发票管理方法和手段，目前已经实现了全面数字化，截至2023年底，已实现了36个省市数电发票的受票全覆盖。发票不再以纸质形式存在，无须申请领用、无须再盖发票专用章。纸质发票的票面信息全面数字化，多个票种集成归并为电子发票这一单一票种。数电发票全国统赋码、实行开具金额总额度管理并自动流转交付，与纸质发票具有同等的法律效力。使用数电发票，纳税人不再需要预先购置专用税控设备，通过网络可信身份体系的"身份认证+授权关联+访问控制"识别操作穿透到人，实现"认人不认盘"，确保开票用票全程留痕，销售方一开票，采购方和税务局立刻就能收到这张发票的数据文件；开具的发票以数据电文形式交付，有效降低了发票使用成本。

1. 开票平台

登录电子税务局，如图1-34所示，点击【我要办税】-【开票业务】，进入电子发票服务平台。开票业务功能包括蓝字发票开具、红字发票开具、开票信息维护，如图1-35所示。

2. 授信额度

税务机关对试点纳税人开票实行开具金额总额度管理。开具金额总额度，是指一个自然月内，试点纳税人发票开具总金额（不含增值税）的上限额度。通过电子发票服务平台开具数电发票，在开具金额总额度内，没有发票开具份数和单张开票限额限制。

智能化税费核算与管理

图 1-34 电子税务局界面

图 1-35 开票功能界面

3. 开票信息维护

为了后续开票时可根据需求选择预设的项目信息及客户信息来填写开票信息，便捷完成发票开具，在开票前需要对开票项目、客户信息等进行维护。

【任务实施】

【业务6】5月5日，向北京同聚工贸有限公司出租仓库，税务局系统中未有该仓库信息，在开具发票前，需要进行项目信息维护：项目名称：仓库出租，单位：月，商品和服务税收分类编码搜索关键字：其他情况不动产经营租赁服务，按5%简易征收。

(1) 点击【项目信息维护】，进入信息维护界面，因仓库不是商品，因此，选择【其他】，点击【添加】，如图 1-36 所示。

(2) 在弹出的【添加】窗口，录入项目信息，其中，商品和服务税收分类编码要搜索关键字"其他情况不动产经营租赁服务"，弹出相关信息后，选择对应内容，左边的商品和服务税收分类编码和简称都会自动生成，录入其他信息后，点击【保存】即可完成信息维护。

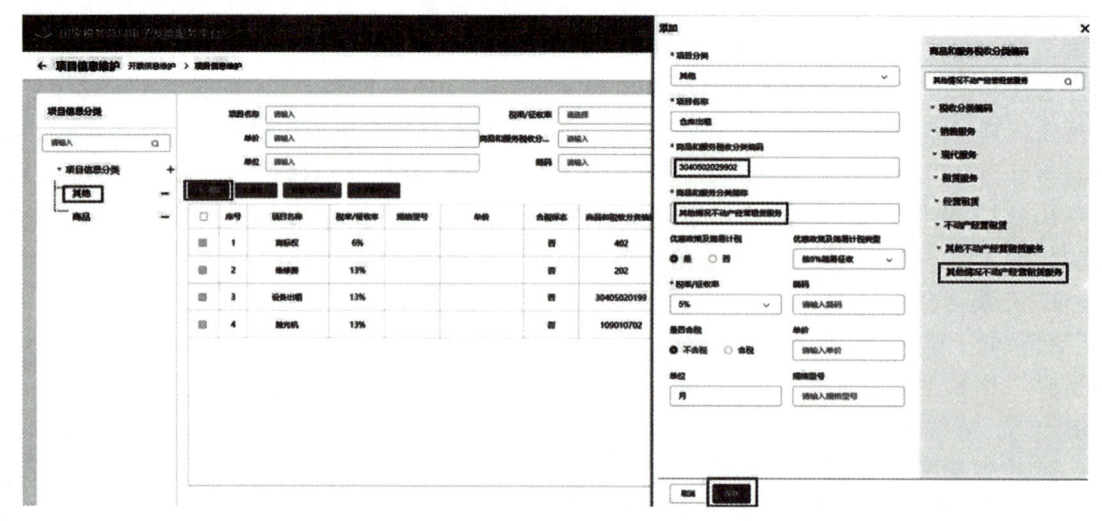

图 1-36 项目信息维护界面

4. 蓝字发票开具

（1）手动开票。企业发生销售业务，如果是订单式业务，企业可通过智能平台批量开票，但对于非订单式的特殊业务，需要录入的信息元素类型多样且各有不同，智能平台可通过手动开票完成发票开具业务，系统可进行开票资料归集。比如以旧换新，不同种类的以旧换新开票金额需要按照税法规定来判断计税依据，若设置使用 RPA 机器人开具此类特殊业务发票，需要设置较多的程序。此类业务发生的次数不多，可选择手工开票。

【任务实施】

【业务6】 5月5日，出租仓库，面积单位：平方米，租赁仓库不动产权证号：京（2020）北京市不动产权第0033058号。

①选择【开票业务】-【蓝字发票开具】，进入蓝字发票开具的二级功能页面。

②点击【发票填开】的【立即开票】功能，弹出立即开票页面，选择发票类型、票种标签信息。此处，对方要求开具增值税专用发票，由于是不动产经营租赁，还需要选择特定业务里面的"不动产经营租赁服务"，如图1-37所示。

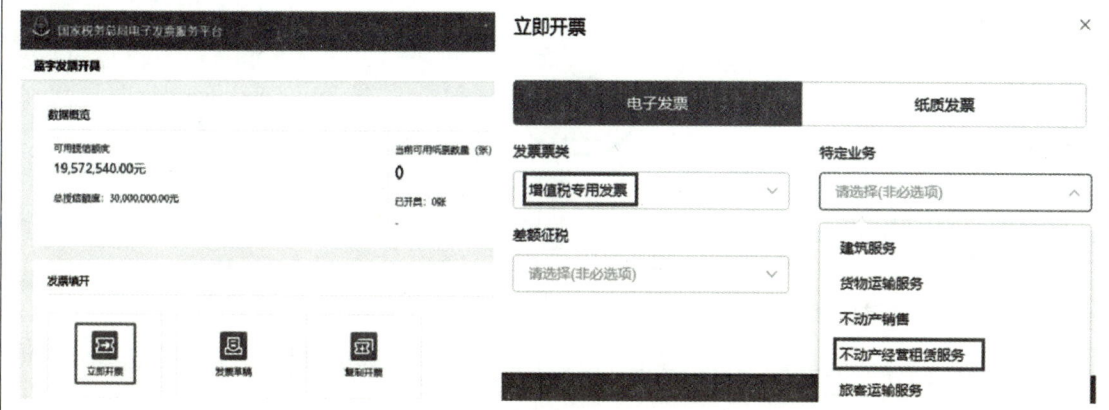

图 1-37 蓝字发票开具界面

③选择发票类型、票种标签等信息后，点击【确定】，进入蓝字发票开具表单视图界面，依次填写购买方信息、项目信息、数量、单价、金额、税额等信息。若该发票属于特定业务，纳税人还需填写特定业务对应的特定要素，如此处的不动产需添加如图1-38所示的信息。

④点击【发票开具】，系统将对发票填写规范、业务逻辑进行校验，校验通过，系统自动进行发票赋码，加盖电子印章并生成电子发票，显示开票成功提示。

⑤点击【查看发票】，可查看所开具的发票信息内容，如图1-39所示。

智能化税费核算与管理

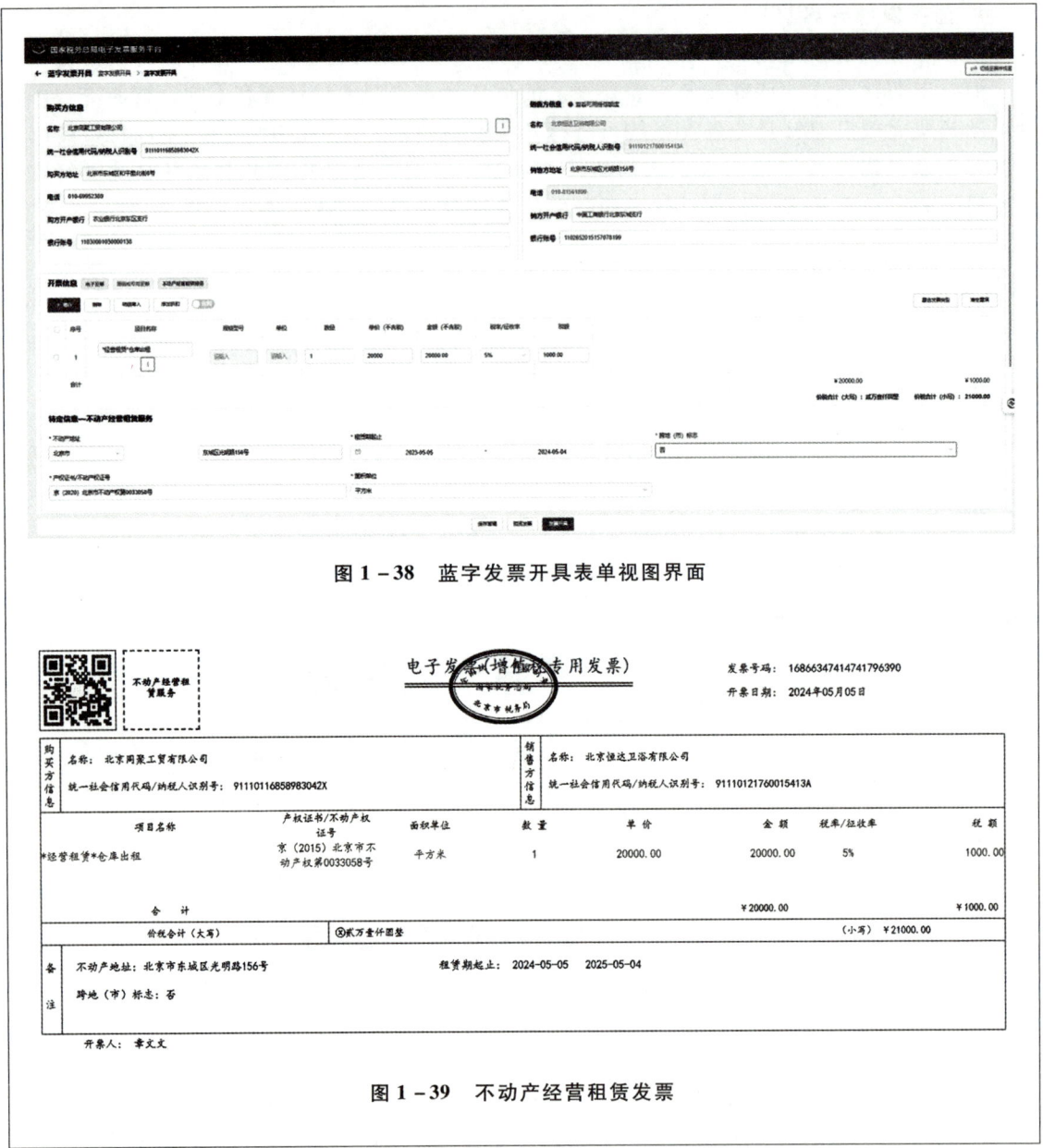

图1-38 蓝字发票开具表单视图界面

图1-39 不动产经营租赁发票

（2）RPA财务机器人批量自动开票。企业如果使用智慧平台，可根据客户销售订单，采用RPA财务机器人技术，能够根据所需要素，进行智能批量自动开票。

【任务实施】

北京恒达卫浴有限公司2024年5月业务中，5日、10日各有4份销售订单，20日有6份销售订单，这14份订单可由RPA批量自动完成开标。以5日订单为例，操作如下。

①进入【销项管理】-【销售订单】，选择订单日期，会自动显示待开票的订单内容，点击【发票预制】，如图1-40所示。

图1-40 销售订单发票预制界面

②进入发票预制界面，可看到预制好的发票信息，点击【提交开票】，如图1-41所示。

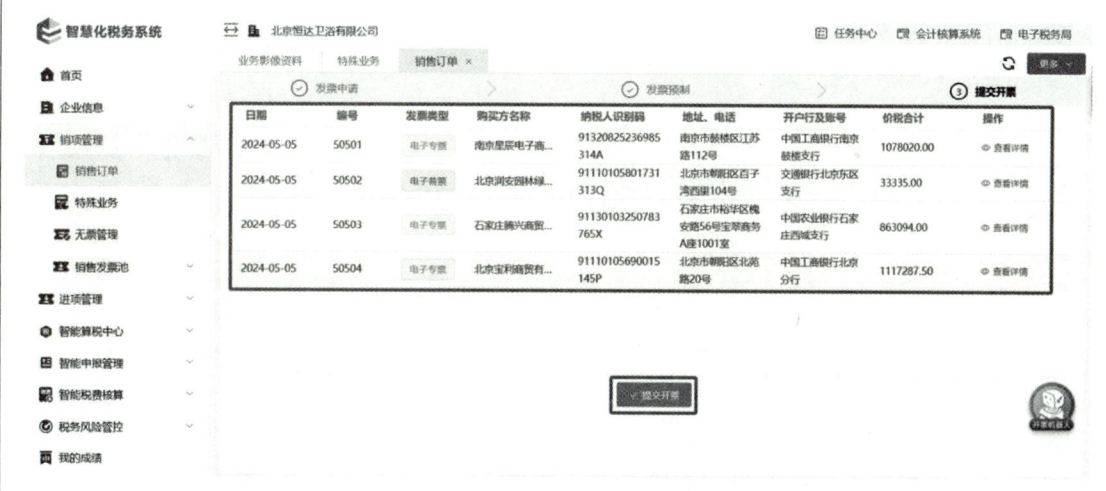

图1-41 销售订单发票提交开票界面

③提交开票后，财务机器人会自动开票，开票完成会显示"您本次发票已成功开具"。

④返回订单界面，可发现当日有"0"份销售订单待开票，亦即发票已开具完毕。照此操作方法，可完成余下所有日期的销售订单的开票业务。如图1-42所示，发票开具界面直接关联相关业务资料，点击【票据链接】，可直接查看开具发票。智慧发票开具，使业务影像资料、会计核算系统、发票平台形成了有效关联。

图1-42 销售订单发票已开票界面

⑤点击【查看发票】下面的相关票据，可查看开票的具体内容，如5月5日销售给南京星辰电子商务有限公司产品所开具的增值税专用发票，如图1-43所示。

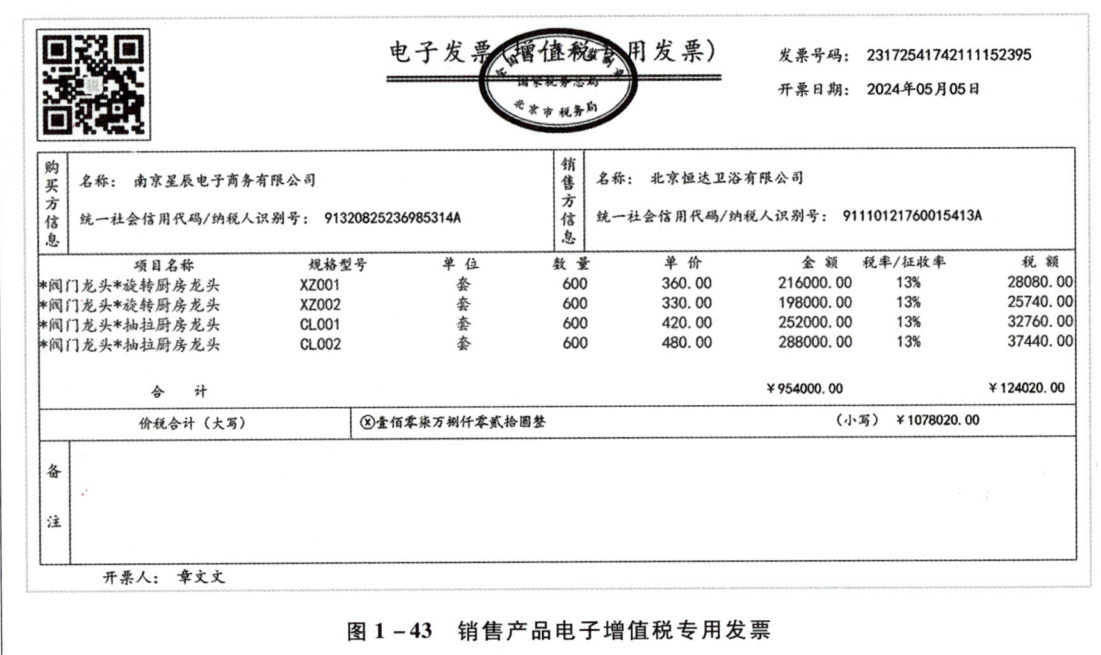

图1-43 销售产品电子增值税专用发票

5. 红字发票开具

情形一：受票方未作增值税用途确认及入账确认

这种情况下，无须受票方确认，直接由开票方填开《确认单》并全额开具红字发票。

操作讲解视频：红字发票开具

【任务实施】

【业务24】5月21日，因质量问题，与客户协议退回本月5日销售的部分货物，原蓝字发票受票方未做增值税用途确认及入账确认。

（1）选择【开票业务】-【红字发票开具】，进入红字发票开具的二级功能页面。

（2）填开《确认单》。因受票方未做增值税用途确认及入账确认，因此，直接由开票方填开《确认单》并全额开具红字发票：点击【红字发票确认信息录入】，按步骤完成红字发票确认信息录入：选择票据－信息确认－提交成功。

①选择票据：找到需要退货的业务发票，可先预览，确定后点击【选择】，如图1－44所示。

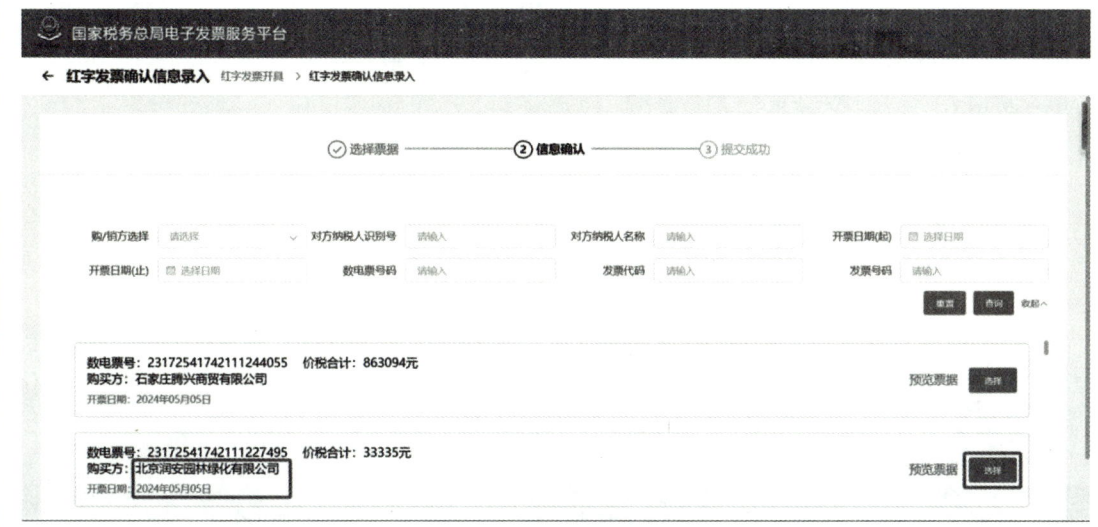

图1－44 红字发票确认信息选择

②信息确认：确定业务内容及开具红字发票的原因，无误后点击【提交】，如图1－45所示。

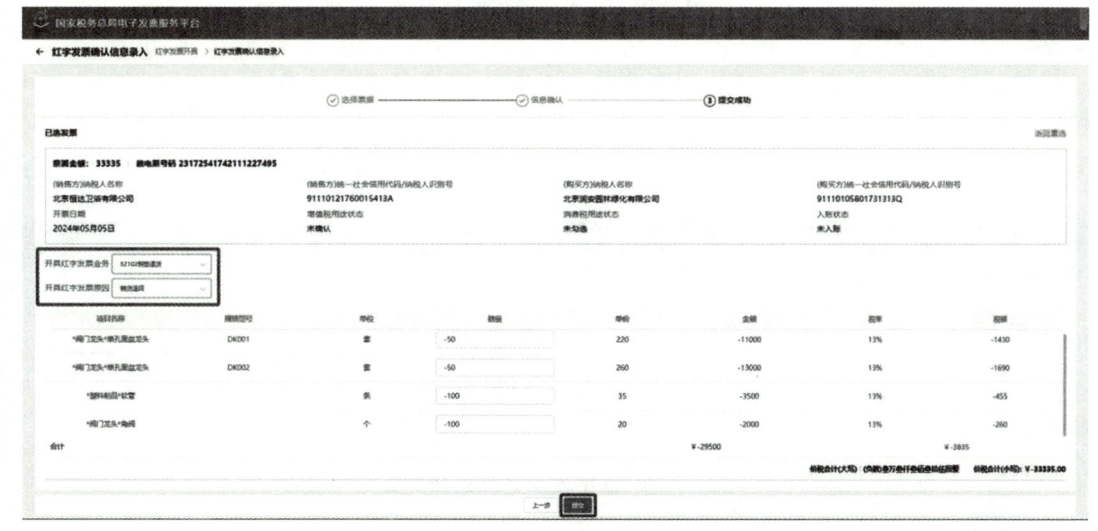

图1－45 红字发票确认信息录入

（3）红字发票确认信息处理：纳税人对接收到的"红字发票信息确认单"，同意红冲选择【确认】，不同意红冲选择【拒绝】。【业务24】因是直接由开票方填开《确认单》并全额开具红字发票，可跳过此步骤。

情形二：受票方已做增值税用途确认及入账确认

这种情况下，可由开票方填开《确认单》，由受票方确认，再由开票方开具红字发票；也可由受票方填开《确认单》，由开票方确认并开具红字发票。

【学以致用】

2024年8月1日，北京宝利商贸有限公司发现7月10日购买的真丝连衣裙出现部分抽丝的情况不符合收货标准，因此退回真丝连衣裙500件，原蓝字发票受票方已做增值税用途确认及入账确认。请全额开具全面数字化增值税退货发票，并按照正确数量开具全面数字化增值税普通发票。

（1）在完成"红字发票确认信息录入"步骤后，点击进入"红字发票信息确认单"，可见需要确认的单据，点击【查看】按钮，便可完成确认步骤，如图1-46所示。

图1-46 红字发票信息确认单

（2）红字发票开具：经过购销双方确认后的红字确认单，销售方可在红字发票开具模块开具红票，点击查询到的需要开具红字发票的单据，点击【去开票】，如图1-47所示。

图1-47 红字发票开具选择界面

（3）确认信息无误，点击【开具发票】，便可开票成功，如图1-48所示。

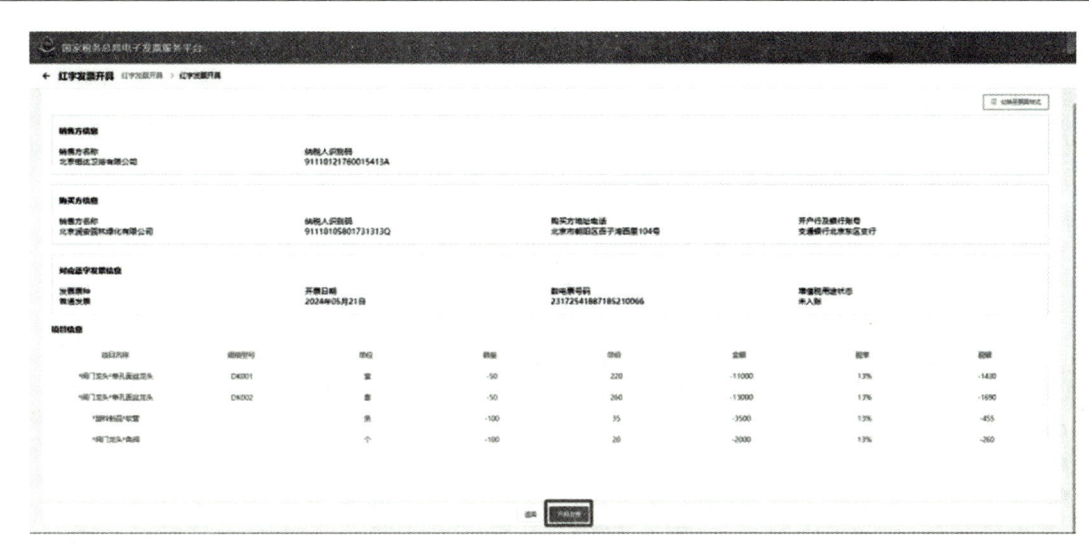

图 1-48　红字发票开票界面

（4）点击【查看】，可查看所开具的红字发票，如图 1-49 所示。完成红字发票开具后，还需要再行开具实际销售业务的蓝字发票，此处不再展开。

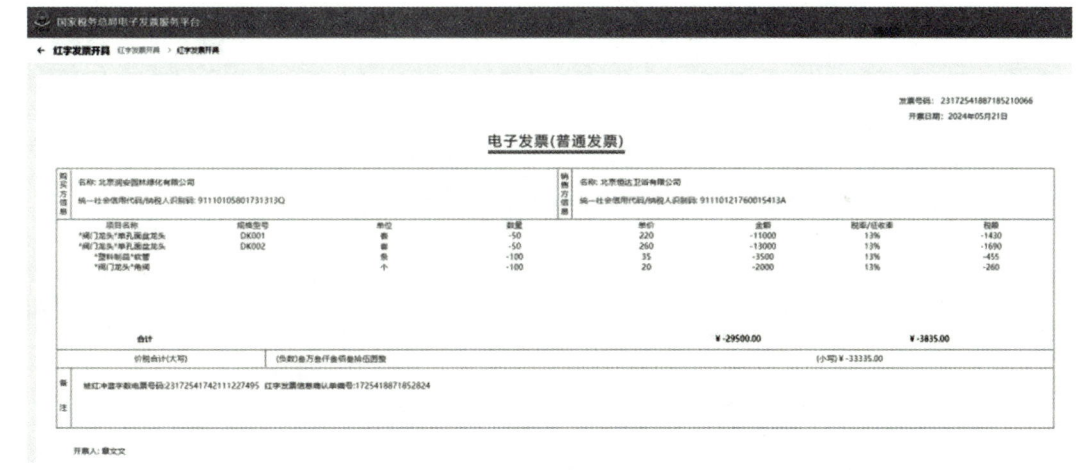

图 1-49　开具的红字发票

【温馨提示】

红字数电发票开具的注意事项：

①试点纳税人需要开具红字发票的，可以在所对应的蓝字发票金额范围内开具红字发票；

②试点纳税人开具蓝字数电发票的当月开具红字发票，电子发票服务平台同步增加其当月剩余可用额度；跨月开具红字发票的，电子发票服务平台不增加其当月剩余可用额度。

6. 无票管理

企业有些销售业务，客户并未索取发票，但有销售便需纳税，为更好地管理这些业务，可通过智慧平台设计无票管理台账，用于归集未开具发票业务资料，为纳税申报做准备，解决传统无票管理缺乏对应信息载体的缺点。

【任务实施】

【业务7】5月7日，零星销售产品，未开具发票。进入【无票管理】界面，在选择相关业务编号后，输入相关数据，可进行台账登记，如图1-50所示。

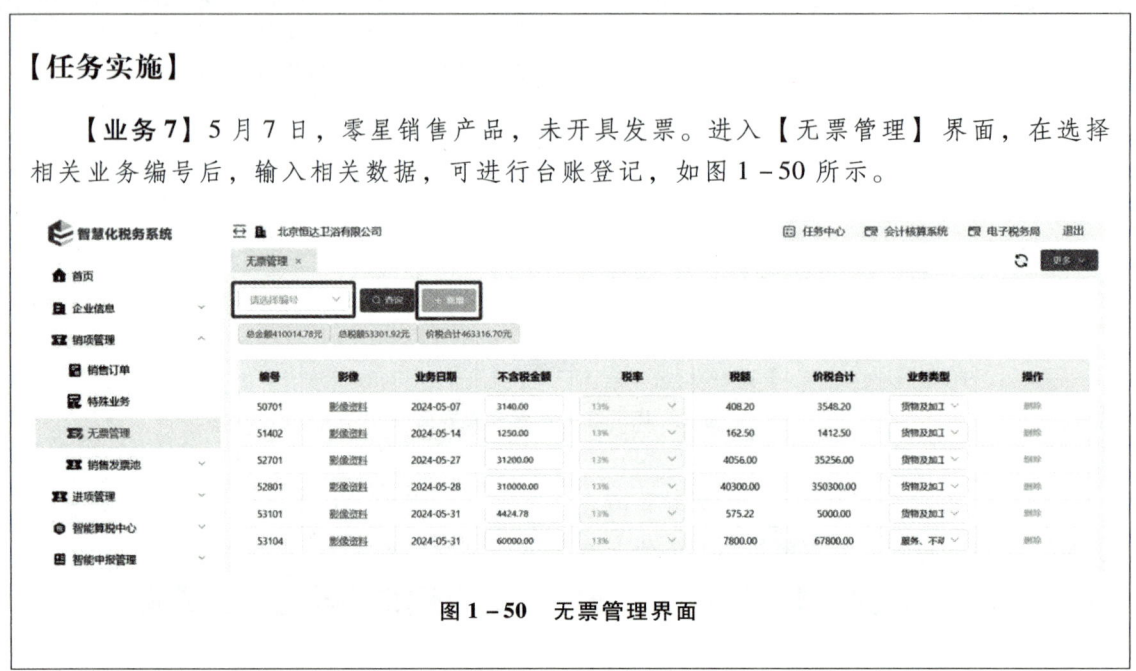

图1-50 无票管理界面

7. 销售发票查询与统计

通过销售发票池，纳税人可查询销项发票并对发票进行统计分析。

销项发票查询功能具备筛选功能，可以快速查询发票，如图1-51所示。

图1-51 销项发票查询界面

通过智慧化平台可进行发票统计分析，包括销项发票汇总、销项发票趋势分析、前五名客户信息等。图1-52为销项发票的汇总分析情况。

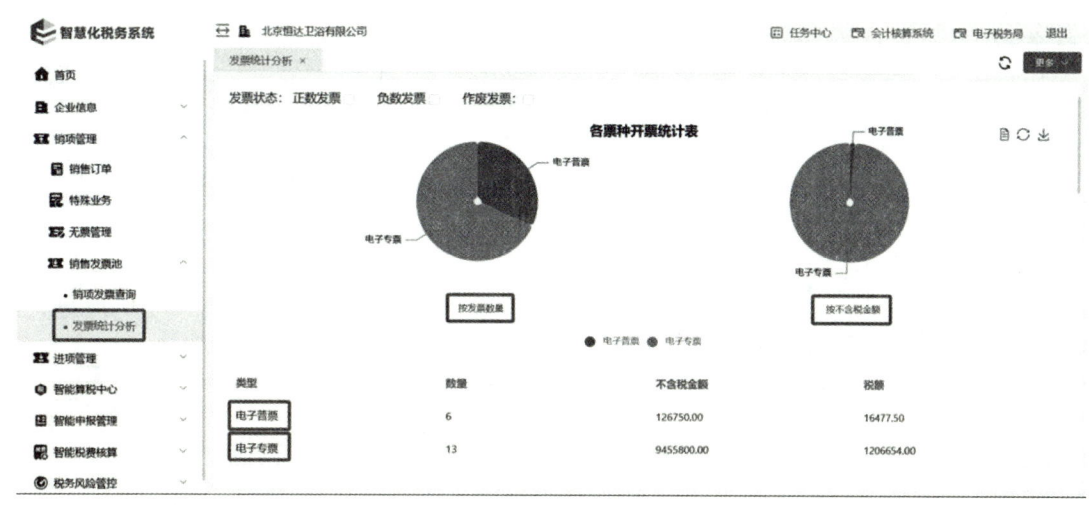

图1-52 销项发票统计分析界面

(二) 销售业务的智能核算

企业发生销售业务，作为税务会计，对业务进行核算也是其重要任务。点击【会计核算系统】，以管理员或者会计主管身份进入系统，可进行基础设置、业务票据建模或者审核凭证等操作。

1. 设置凭证模板

对于企业的日常业务，会计核算的科目、记账的方向是一样的，可预先设置凭证模板，以便日后智能生成凭证。

（1）以税务会计身份进入【会计核算系统】-【业务票据建模】-【凭证模板】，进行凭证模板的设置。

（2）按步骤完成凭证模板的设置，如销售商品，需要完成①凭证头设置-②分录设置-③辅助核算-④合并及排序等步骤，如图1-53所示。

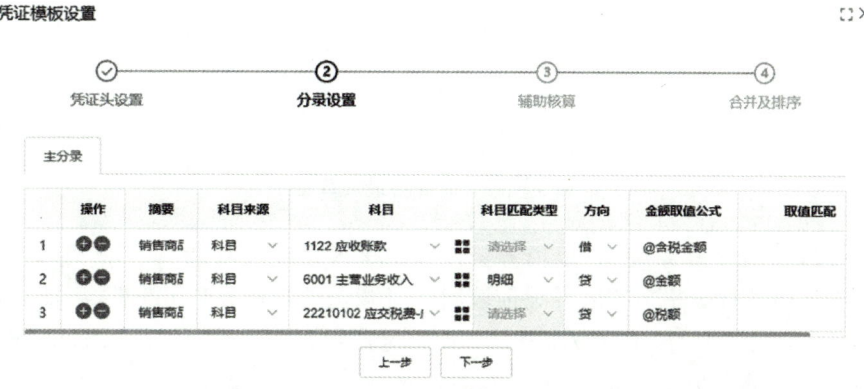

图1-53 凭证模板设置界面

2. 智能核算

【任务实施】

北京恒达卫浴有限公司2024年5月业务内容，大部分可通过预先设置的模板进行智能会计核算。

（1）点击进入【销项业务核算】-【记账状态检测】，可以查询到未生成凭证的单据，如图1-54所示。

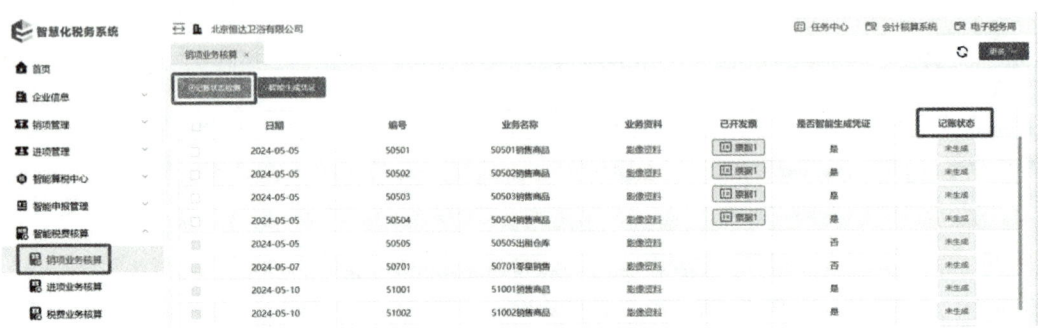

图1-54 记账状态检测界面

（2）点击【智能生成凭证】便可完成记账业务，同理，可完成【进项业务核算】的智能记账。

3. 手动录入记账

对于部分非日常业务，平台并未预先设置凭证模板，在点击【智能生成凭证】后，系统并未完成该部分业务的记账，此时可手动操作完成记账。

（1）查询未自动记账单据，如图1-55所示。

图1-55 未自动记账单据

（2）点击【会计核算系统】，以税务会计身份进入系统。

（3）在会计电化算云平台下的【凭证填制】-【双击选择业务】，出现未智能记账的业务内容，点击【绑定】，此处以绑定企业本月发生的一笔出租仓库业务为例，如图1-56所示。

（4）点击【绑定】后，可看到未记账的该笔业务所附单据，打开单据，进行业务识别并按步骤完成相关账务处理。

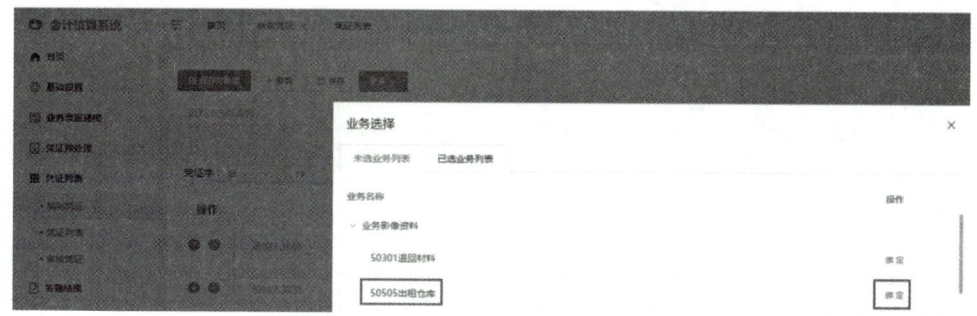

图1-56 未记账业务凭证绑定界面

4. 凭证排序、审核、打印等

点击【凭证列表】,可查询智慧平台自动生成或者手工录入的凭证,凭证可重新排序,也可导出 Word 版的凭证,还可批量打印凭证。以管理员或会计主管身份进入核算系统,还可在【凭证审核】中完成凭证的审核或取消审核等操作。

5. 查看凭证详情、编辑凭证等

点击【凭证列表】中某一凭证的"详情",可详细查看该凭证记录的业务内容。如查看公司 2024 年 5 月 5 日销售商品业务,其凭证具体内容,如图1-57所示。

图1-57 5月5日销售商品凭证记录内容

模块三 增值税进项的核算与管理

一、增值税进项税额的核算

进项税额,是指纳税人购进货物、服务、无形资产、不动产支付或者负担的增值税额。在同一项购销业务中,销售方收取的销项税额,就是购买方支付的进项税额。购进扣税法的核心就是用纳税人收取的销项税额抵扣其支付的进项税额,其余额为纳税人实际应缴纳的增

智能化税费核算与管理

值税税额。

（一）准予从销项税额中抵扣的进项税额

一般纳税人因支付购进款项而取得的增值税扣税凭证上记载的增值税额，在符合条件的情况下，可抵减销项税额。可抵扣进项税额具体包括如下几种情况。

1. 凭票抵扣

（1）增值税专用发票（含税控机动车销售统一发票，下同）上注明的增值税额可抵扣。

一般纳税人发生购进业务，应设置"应交税费——应交增值税（进项税额）"科目核算经税务机关认证的进项税额；设置"应交税费——待认证进项税额"科目核算当月未认证的可抵扣增值税额。

【任务实施】

【业务1、2、8、9、10、12、16、17、19、25】均为购进业务，取得增值税专用发票，认证后增值税税额可抵扣。

【业务1】5月1日，采购材料，货物适用13%的税率。

借：原材料——主要材料——电解铜　　　　　　918 000.00
　　原材料——主要材料——锌　　　　　　　　563 000.00
　　应交税费——应交增值税（进项税额）　　　192 530.00
　　　贷：应付账款——北京宏达股份有限公司　　　　1 673 530.00

【业务2】5月2日，采购需要安装的设备，货物适用13%的税率。

借：在建工程——机器设备类　　　　　　　　1 680 000.00
　　应交税费——应交增值税（进项税额）　　　218 400.00
　　　贷：应付账款——北京智信科技有限公司　　　　1 898 400.00

【业务8】5月8日，新产品设计费，属于现代服务中的文化创意服务，适用6%的税率。

借：管理费用——设计费　　　　　　　　　　100 000.00
　　应交税费——应交增值税（进项税额）　　　6 000.00
　　　贷：应付账款——北京鑫东科技有限公司　　　　106 000.00

【业务9】5月9日，广告费，属于现代服务中的文化创意服务，适用6%的税率。

借：销售费用——广告费　　　　　　　　　　150 000.00
　　应交税费——应交增值税（进项税额）　　　9 000.00
　　　贷：应付账款——北京恒达卫浴有限公司　　　　159 000.00

【业务10】5月9日，运输费，适用9%的税率。

借：销售费用——运费　　　　　　　　　　　42 100.00
　　应交税费——应交增值税（进项税额）　　　3 789.00
　　　贷：应付账款——北京宏顺物流有限公司　　　　45 889.00

【业务12】5月11日，设备安装费，属于建筑服务，适用9%的税率。

借：在建工程——机器设备类　　　　　　　　50 000.00

　　　　应交税费——应交增值税（进项税额）　　　　　　　4 500.00
　　　　　贷：应付账款——北京智信科技有限公司　　　　　　54 500.00

【业务16】 5月16日，车间电费，适用13%的税率。
　　借：制造费用——水电费　　　　　　　　　　　　　　154 690.00
　　　　应交税费——应交增值税（进项税额）　　　　　　20 109.70
　　　　　贷：应付账款——国网北京市电力有限公司　　　　174 799.70

【业务17】 5月16日，车间水费，自来水适用9%的税率。
　　借：制造费用——水电费　　　　　　　　　　　　　　4 250.00
　　　　应交税费——应交增值税（进项税额）　　　　　　382.50
　　　　　贷：应付账款——北京水务集团有限公司　　　　　4 632.50

【业务19】 5月17日，会议展览服务费，属于现代服务里的文化创意服务，适用6%的税率。
　　借：管理费用——会议展览费　　　　　　　　　　　　3 600.00
　　　　应交税费——应交增值税（进项税额）　　　　　　216.00
　　　　　贷：应付账款——北京艾美酒店有限公司　　　　　3 816.00

【业务25】 5月22日，委托加工费，加工属于服务，适用13%的税率。
　　借：委托加工物资　　　　　　　　　　　　　　　　　150 000.00
　　　　应交税费——应交增值税（进项税额）　　　　　　19 500.00
　　　　　贷：应付账款——北京毅然制造有限公司　　　　　169 500.00

　　纳税人如果取得增值税专用发票，但当月未进行认证，应通过"应交税费——待认证进项税额"科目核算可抵扣的增值税额。

【学以致用】

　　广州富光公司从其供应商处购进一批生产材料，收到对方开具的增值税专用发票，标明材料价款为100 000元，税款13 000元，材料采用实际成本法计价，已验收入库，款项已通过银行付讫，发票尚未通过增值税发票查询平台查询、选择用于抵扣。

　　分析：发票尚未认证，暂时不能抵扣
　　借：原材料——主要原料　　　　　　　　　　　　　　100 000.00
　　　　应交税费——待认证进项税额　　　　　　　　　　13 000.00
　　　　　贷：银行存款　　　　　　　　　　　　　　　　　113 000.00

　　（2）海关进口增值税专用缴款书上注明的增值税额。

【任务实施】

　　【业务13】 5月12日，进口材料，取得海关进口增值税专用缴款书，经税务机关稽核比对相符后，进口增值税税额可抵扣，货物适用13%的税率。

借：原材料——辅助材料——阀芯	748 000.00
应交税费——应交增值税（进项税额）	97 240.00
贷：应付账款	845 240.00

（3）完税凭证上注明的增值税额。企业从境外单位或者个人处购进服务、无形资产或者不动产，从税务机关或者扣缴义务人处取得的解缴税款的完税凭证上注明的增值税额。

（4）公路通行费增值税电子普通发票上注明的增值税额。

增值税一般纳税人支付的道路通行费，按照收费公路通行费增值税电子普通发票上注明的增值税额抵扣进项税额。其中，高速公路通行费的计税率为3%，一级、二级公路通行费的计税率为5%。

【温馨提示】

可抵税的通行费发票为左上角标识"通行费"字样，且税率栏次显示适用税率或征收率的通行费电子发票（征税发票）；左上角无"通行费"字样，且税率栏次显示"不征税"的通行费电子发票（不征税发票）不可以抵扣进项税额。

【任务实施】

【业务32】5月31日，销售部门报销通行费，取得增值税电子普通发票，发票上的税额可抵扣，可抵扣税额＝7.5＋10.8＝18.3（元）。

借：销售费用——通行费	610.00
应交税费——应交增值税（进项税额）	18.30
贷：应付账款——北京高速公路开发股份公司	628.30

2. 计算抵扣

（1）购进农产品的计算扣除。

①纳税人购进农产品，取得一般纳税人开具的增值税专用发票或海关进口增值税专用缴款书的，以增值税专用发票或海关进口增值税专用缴款书上注明的增值税额为进项税额；

②从按照简易计税方法依照3%征收率计算缴纳增值税的小规模纳税人取得增值税专用发票的，以增值税专用发票上注明的不含税金额和9%的扣除率计算进项税额；

③取得（开具）农产品销售发票或收购发票的，以农产品销售发票或收购发票上注明的农产品买价和9%的扣除率计算进项税额。

进项税额＝买价×扣除率

其中，

买价＝纳税人购进农产品在农产品收购发票或者销售发票上注明的价款＋按规定缴纳的烟叶税

烟叶税应纳税额＝烟叶收购金额×税率（20%）

烟叶收购金额＝收购价款×（1＋10%）

④加计扣除。纳税人购进用于生产或者委托加工 13% 税率货物的农产品，按照 10% 的扣除率计算进项税额。纳税人购进农产品既用于生产销售或委托受托加工 13% 税率货物又用于生产销售其他货物服务的，应当分别核算用于生产销售或委托受托加工 13% 税率货物和其他货物服务的农产品进项税额。未分别核算的，统一以增值税专用发票或海关进口增值税专用缴款书上注明的增值税税额为进项税额，或以农产品收购发票或销售发票上注明的农产品买价和 9% 的扣除率计算进项税额。

> **【温馨提示】**
>
> 纳税人从批发、零售环节购进适用免征增值税政策的蔬菜、部分鲜活肉蛋而取得的普通发票，不得作为计算抵扣进项税额的凭证。另外，根据现行规定，对部分生产销售液体乳及乳制品、酒及酒精、植物油以及各省市依据规定扩大试点范围的农产品实行核定扣除计算可抵扣进项税额。

> **【学以致用】**
>
> 大通公司（一般纳税人）从按照 3% 征收率缴纳增值税的小规模纳税人处购进一批农产品，取得增值税专用发票，价税合计金额为 10 300 元，农产品验收入库，货款通过银行转账支付。公司准备将该批农产品深加工后再出售，深加工货物适用 13% 的税率。
>
> ①农产品验收入库。
>
> 不含税金额 = 10 300 ÷ (1 + 3%) = 10 000（元）
>
> 进项税额 = 10 000 × 9% = 900（元）
>
> 材料入库成本 = 10 300 - 900 = 9 400（元）
>
> 借：原材料　　　　　　　　　　　　　　　　　　　　　　9 400.00
> 　　应交税费——应交增值税（进项税额）　　　　　　　　　900.00
> 　　贷：银行存款　　　　　　　　　　　　　　　　　　　10 300.00
>
> ②领用农产品用于加工适用 13% 税率的货物，加计 1% 抵扣进项税额。
>
> 加计抵扣的税额 = 10 000 × 1% = 100（元）
>
> 生产成本 = 9 400 - 100 = 9 300（元）
>
> 借：生产成本　　　　　　　　　　　　　　　　　　　　　9 300.00
> 　　应交税费——应交增值税（进项税额）　　　　　　　　　100.00
> 　　贷：原材料　　　　　　　　　　　　　　　　　　　　9 400.00

（2）购进国内旅客运输服务的计算扣除。纳税人购进国内旅客运输服务未取得增值税专用发票的，暂按照以下规定确定进项税额。

①增值税电子普通发票：以发票上注明的税额为进项税额；

②航空运输电子客票行程单：（票价 + 燃油附加费）/(1 + 9%) × 9%；

③注明旅客身份信息的铁路车票：票面金额/(1 + 9%) × 9%；

④注明旅客身份信息的公路、水路等其他客票：票面金额/(1 + 3%)。

智能化税费核算与管理

纳税人购进国内旅客运输服务，其进项税额允许从销项税额中抵扣。所称"国内旅客运输服务"，限于与本单位签订了劳动合同的员工，以及本单位作为用工单位接受的劳务派遣员工发生的国内旅客运输服务。

通过旅行社或网上订的飞机票，取得电子发票，如果发票税收编码属于"旅客运输"同时税率栏是9%、3%的，可以抵扣发票上注明的税额；如果发票税收编码属于"旅游服务"或税率栏是6%，不属于旅客运输，不属于合规的抵扣凭证，不能抵扣进项税额。

【温馨提示】

自2023年11月1日起，实行数电票开票试点改革的大部分省市对火车票和飞机票的抵扣方式作出了新规定：开票系统可开具"电子发票（航空运输电子客票行程单）"和"电子发票（铁路电子客票）"。带有"航空运输电子客票行程单""铁路电子客票"字样的数电票包含"购买方名称"及"统一社会信用代码"，如需将其用于抵扣税款、税前扣除和财务报销的，应当在"购买方名称"及其"统一社会信用代码"处填写将该发票用于抵扣税款、税前扣除和财务报销的单位信息，开票后直接交付到对应单位的税务数字账户。相关出行人信息在旅客信息栏（区）展示。意即航空运输电子客票行程单和注明旅客身份信息的铁路车票不能再凭旅客实名信息计算抵扣了，而且火车票和飞机票也无须另外打印，开票后将直接交付到对应单位的税务数字账户。

【任务实施】

【业务15】5月16日，销售部林正峰因拜访客户报销差旅费，取得航空运输电子客票行程单，可抵扣的进项税额＝（票价＋燃油附加费）/(1＋9%)×9%＝(1 680＋120)/(1＋9%)×9%×2≈297.24（元）；滴滴打车取得增值税电子普通发票，以发票上注明的税额为进项税额12.58元；住宿费为生活服务，适用6%税率，取得专用发票，发票上注明的税额为进项税额54元可抵扣。合计可抵扣进项税额＝297.24＋12.58＋54＝363.82（元）。

借：销售费用——差旅费　　　　　　　　　　　　　　4 722.18
　　应交税费——应交增值税（进项税额）　　　　　　　363.82
　　贷：银行存款——中国工商银行　　　　　　　　　　5 086.00

【任务实施】

【业务20】5月18日，销售部林正峰因拜访客户报销差旅费，取得注明旅客身份信息的铁路车票，可抵扣的进项税额＝票面金额/(1＋9%)×9%×2＝120/(1＋9%)×9%×2≈19.82（元）；滴滴打车取得增值税电子普通发票，对应税额9元可抵扣。可抵扣进项税额＝19.82＋9＝28.82（元）。

借：销售费用——差旅费	520.18
应交税费——应交增值税（进项税额）	28.82
贷：银行存款——中国工商银行	549.00

（3）道路通行费的计算扣除。纳税人支付的桥、闸通行费，暂凭取得的通行费发票上注明的收费金额，按照下列公式计算可抵扣的进项税额：

桥、闸通行费可抵扣进项税额 = 桥、闸通行费发票上注明的金额 ÷ (1 + 5%) × 5%

【温馨提示】

　　纸质通行费发票只有过桥、过闸费用可以继续计算抵扣。如果取得的是盖有财政票据监制章的通行费发票，则不得抵扣增值税。

（4）资产用途发生改变的计算扣除。按规定不得抵扣且未抵扣进项税额的固定资产、无形资产、不动产，发生用途改变，用于允许抵扣进项税额的应税项目，可在用途改变的次月按照下列公式计算可以抵扣的进项税额：

可以抵扣进项税额 = 固定资产、无形资产、不动产净值 ÷ (1 + 适用税率) × 适用税率

或：可以抵扣进项税额 = 增值税扣税凭证注明或计算的进项税额 × 不动产净值率

【温馨提示】

　　上述可以抵扣的进项税额应取得合法有效的增值税扣税凭证。

（二）不得从销项税额抵扣的进项税额

1. 取得的票据不符合抵扣规定的进项税额

纳税人购进业务，取得的增值税扣税凭证不符合法律、行政法规或者国务院税务主管部门有关规定的，其进项税额不得从销项税额中抵扣，应直接计入所购货物的成本。

微课：不得从销项税额中抵扣的进项税额

【任务实施】

【业务18】5月17日，机台维修费，取得增值税普通发票，承担的增值税不能抵扣。

| 借：制造费用——维修费 | 3 090.00 |
| 贷：应付账款——北京红星机械维修有限公司 | 3 090.00 |

2. 用于简易计税方法计税项目、免征增值税项目对应的进项税额，购进并用于集体福利或者个人消费的货物、服务、无形资产和不动产对应的进项税额

其中涉及的固定资产、无形资产、不动产，仅指专用于上述项目的固定资产、无形资产（不包括其他权益性无形资产）、不动产。发生兼用于增值税应税项目和上述项目情况的，

■ 智能化税费核算与管理

该进项税额准予全部抵扣。

纳税人购进其他权益性无形资产无论是专用于简易计税方法计税项目、免征增值税项目、集体福利或者个人消费，还是兼用于上述项目，均可以抵扣进项税额。其他权益性无形资产，包括基础设施资产经营权、公共事业特许权、配额、经营权（包括特许经营权、连锁经营权、其他经营权）、经销权、分销权、代理权、会员权、席位权、网络游戏虚拟道具、域名、名称权、肖像权等。

【温馨提示】

纳税人既经营一般计税项目，又经营简易计税项目和免税项目，用于简易计税项目和免税项目的进项税额不得抵扣。但对于无法明确区分用于简易计税、免税项目或者一般计税项目的公共部分进项税额（如原材料、差旅费、办公用品、水电物业费等），需要按照一定公式计算不得抵扣的进项税额。具体公式为：

不得抵扣的进项税额 = 当期无法划分的全部进项税额 ×（当期简易计税方法计税项目销售额 + 免征增值税项目销售额）÷ 当期全部销售额

【学以致用】

广州某制药厂为增值税一般纳税人，2024年5月购进一批生产原料，税控发票注明价款40 000元，增值税5 200元，材料已验收入库；当月销售应税药品20箱，取得不含税收入200 000元；销售免税药品21 060元，所有款项均已通过银行收付。

（1）购料。

借：原材料	40 000.00
应交税费——应交增值税（进项税额）	5 200.00
贷：银行存款	45 200.00

（2）销售应税产品。

借：银行存款	226 000.00
贷：主营业务收入	200 000.00
应交税费——应交增值税（销项税额）	26 000.00

（3）销售免税产品。

借：银行存款	21 060.00
贷：主营业务收入	21 060.00

（4）核定免税药品不可抵扣进项税额。

不可抵扣进项税额 = 5 200 ÷（200 000 + 21 060）× 21 060 ≈ 495.39（元）

借：主营业务成本	495.39
贷：应交税费——应交增值税（进项税额转出）	495.39

【勤思善悟】

（1）业务招待活动中所耗用烟、酒等，可不可以抵扣进项税额？

（2）为职工饭堂购买炊具等设备，可不可以抵扣进项税额？

3. 非正常损失项目对应的进项税额

非正常损失，是指因管理不善造成货物被盗、丢失、霉烂变质，以及因违反法律法规造成货物或者不动产被依法没收、销毁、拆除的情形。这些情形是由纳税人自身原因造成导致征税对象实体的灭失，为保证税负公平，其损失不应由国家承担，因而纳税人无权要求抵扣进项税额。具体情况如下：

（1）非正常损失的购进货物，以及相关的加工修理修配服务和交通运输服务；

（2）非正常损失的在产品、产成品所耗用的购进货物（不包括固定资产）、加工修理修配服务和交通运输服务；

（3）非正常损失的不动产，以及该不动产所耗用的购进货物、设计服务和建筑服务；

（4）非正常损失的不动产在建工程所耗用的购进货物、设计服务和建筑服务；

纳税人新建、改建、扩建、修缮、装饰不动产，均属于不动产在建工程。

已抵扣进项税额的固定资产、无形资产、不动产，发生非正常损失，或者改变用途，专用于简易计税方法计税项目、免征增值税项目、集体福利或者个人消费的，按照下列公式计算不得抵扣的进项税额，并从当期进项税额中扣减：

不得抵扣的进项税额＝资产净值×适用税率

【任务实施】

【业务31】5月31日，原材料盘亏，因管理不善造成货物非正常损失，对应进项税额不能抵税，应作进项税额转出。

借：待处理财产损溢——待处理流动资产损溢　　　　　13 342.48

贷：原材料——主要材料——镍　　　　　　　　　　　11 807.50

应交税费——应交增值税（进项税额转出）　　　　1 534.98

【勤思善悟】

（1）购进的易过期物资，过期了属非正常损失吗？其已经抵扣了的进项税额要转出吗？

（2）因自然灾害而毁损的存货，其对应的进项税额要转出吗？

4. 购进并直接用于消费的餐饮服务、居民日常服务和娱乐服务对应的进项税额

【勤思善悟】

员工出差发生住宿费，可以抵扣进项税吗？公司为接待客户、组织员工旅游发生的住宿费可以抵扣进项税吗？

智能化税费核算与管理

5. 发生退货、销售折让和应税服务终止的进项税额

因进货退出、折让，应税服务终止等原因而使所购货物、服务减少，其所对应的已抵扣的进项税额亦应转出，不再进行抵扣。发生退货或折让等，如原增值税专用发票已认证抵扣，应根据开具的红字增值税专用发票作"应交税费——应交增值税（进项税额转出）"。

【任务实施】

【业务3】5月3日，退回上月采购的材料，已认证抵扣的进项税额要转出。

借：应付账款　　　　　　　　　　　　　　　　　　　　　9 605.00
　贷：原材料——辅助材料——全套拉杆　　　　　　　　8 500.00
　　　应交税费——应交增值税（进项税额转出）　　　　1 105.00

6. 国务院规定的其他进项税额

需要说明的是，小规模纳税人购进货物、服务、无形资产和不动产，无论是否取得增值税专用发票，都不能抵扣进项税额，进项税额直接计入所购货物的成本。

【学以致用】

雷汉公司为增值税小规模纳税人，从某一增值税纳税人处购进一批生产材料，其中价款为10 000元，税款为1 300元，材料已验收入库，货款已通过银行支付。

借：原材料　　　　　　　　　　　　　　　　　　　　　11 300.00
　贷：银行存款　　　　　　　　　　　　　　　　　　　11 300.00

税收筹划

微课：锦囊妙计——采购中的纳税筹划

供应商选择的筹划

采购行为的纳税筹划主要是考虑供应商纳税人身份选择。供应商可以是一般纳税人，也可以是小规模纳税人，取得专票可以抵扣，取得普票一般不能抵扣。

【学以致用】

北京正明电器有限公司为增值税一般纳税人，适用增值税税率13%，企业所得税税率为25%，城市维护建设税税率为7%，教育费附加征收率为3%。本月决定购买原材料用于生产空调扇，该空调扇含税销售额为1 808元，其他相关费用为180元。公司以税后利润最大化为目标。现有以下三种方案可供选择。

方案一：从一般纳税人北京富光工贸有限公司购买，含税价格为1 130元，可取得由北京富光工贸有限公司开具的税率为13%的增值税专用发票。

方案二：从小规模纳税人北京琳琅贸易有限公司购买，含税价格为927元，只能取得由北京琳琅贸易有限公司开具的税率为3%的增值税普通发票。

> 方案三：从小规模纳税人北京宝利贸易有限公司购买，含税价格为978.5元，可以取得由北京宝利贸易有限公司开具的税率为3%的增值税专用发票。

方案一：一般纳税人采购材料，取得增值税专用发票可以抵扣进项税额。

应纳增值税 = 1 808 ÷ (1 + 13%) × 13% − 1 130 ÷ (1 + 13%) × 13% = 208 − 130 = 78（元）

应纳城建税和教育费附加 = 78 × (7% + 3%) = 7.8（元）

应纳企业所得税 = [1 808 ÷ (1 + 13%) − 1 130 ÷ (1 + 13%) − 7.8 − 180] × 25% = 103.05（元）

税后利润 = 1 808 ÷ (1 + 13%) − 1130 ÷ (1 + 13%) − 7.8 − 180 − 103.05 = 309.15（元）

方案二：一般纳税人采购材料，取得增值税普通发票不可以抵扣进项税额。

应纳增值税 = 1 808 ÷ (1 + 13%) × 13% = 208（元）

应纳城建税和教育费附加 = 208 × (7% + 3%) = 20.8（元）

应纳企业所得税 = [1 808 ÷ (1 + 13%) − 927 − 20.8 − 180] × 25% = 472.2 × 25% = 118.05（元）

税后利润 = 1 808 ÷ (1 + 13%) − 927 − 20.8 − 180 − 118.05 = 354.15（元）

方案三：一般纳税人向小规模纳税人采购材料，取得增值税专用发票可抵扣进项税额。

应纳增值税 = 1 808 ÷ (1 + 13%) × 13% − 978.5 ÷ (1 + 3%) × 3% = 208 − 28.5 = 179.5（元）

应纳城建税和教育费附加 = 179.5 × (7% + 3%) = 17.95（元）

应纳企业所得税 = [1808 ÷ (1 + 13%) − 978.5 ÷ (1 + 3%) − 17.95 − 180] × 25% = 113.01（元）

税后利润 = 1 808 ÷ (1 + 13%) − 978.5 ÷ (1 + 3%) − 17.95 − 180 − 113.01 = 339.04（元）

方案二的税后利润最大，应选方案二；其次是方案三，最后是方案一。

企业在采购材料的过程中，主要涉及增值税进项税额的抵扣问题，采购时要从供货方纳税人类型、货物的价格等方面进行考虑。从不同纳税人类型进货，将直接影响增值税税负。

上述案例是在"购买方以税后利润最大化为目标"的前提下进行的计算。事实上企业选择供应商时除了需要考虑税后利润大小以外，还应当考虑现金净流量、信用关系售后服务、购进运费等因素，以便做出全面、合理的决策。

二、进项业务的智能管理

进项税额抵扣，需完成抵扣单据的查验、签收、认证和计算抵扣等。

（一）数电发票查验

为确保发票的真实性，防止出现虚假发票，企业取得的增值税发票需通过官方查验平台进行核实，查询人对发票真伪负责。

智能化税费核算与管理

点击进入【电子税务局】选择【税务数字账户】-【发票查验】进入统一查验页面。录入查询条件，点击【查验】按钮，在查询结果区中显示对应的发票信息。

【任务实施】

【业务1】5月1日，北京恒达卫浴有限公司收到一张数电发票，在查询界面录入相关信息，便可查验，如图1-58所示。

图1-58 发票查验界面

（二）进项发票签收

在智慧平台中的【进项管理】-【进项发票】签收功能中，点击【风险检测】，系统会自动检查发票要素，进行风险检测，然后点击【发票签收】，可签收发票。对存在风险的发票不予签收。

【任务实施】

对北京恒达卫浴有限公司2024年5月的进项业务进行管理，按以上步骤操作完成该公司2024年5月发票的签收，如图1-59所示。

图1-59 发票签收界面

(三) 进项发票认证

增值税专用发票及部分普通发票需要通过电子税务局勾选认证后才能在当期申报纳税时进行抵扣。

操作讲解视频：发票勾选认证（示例2）

1. 电子税务局勾选认证

（1）抵扣类勾选。发票勾选确认功能是发票用途确认，提供用途勾选、用途确认等功能菜单。

①进入【税务数字账户】，可看到【发票勾选确认】，点击可进入勾选界面，可以进行抵扣类勾选和不抵扣类勾选，如图1-60所示。

图1-60 发票勾选确认界面

②选择【税务数字账户】-【发票勾选确认】-【抵扣类勾选】-【抵扣勾选】，选择要勾选的发票或海关缴款书信息，点击【查询】，可查询到未勾选抵扣的发票内容，点击【提交勾选】便可完成勾选任务，如图1-61所示。

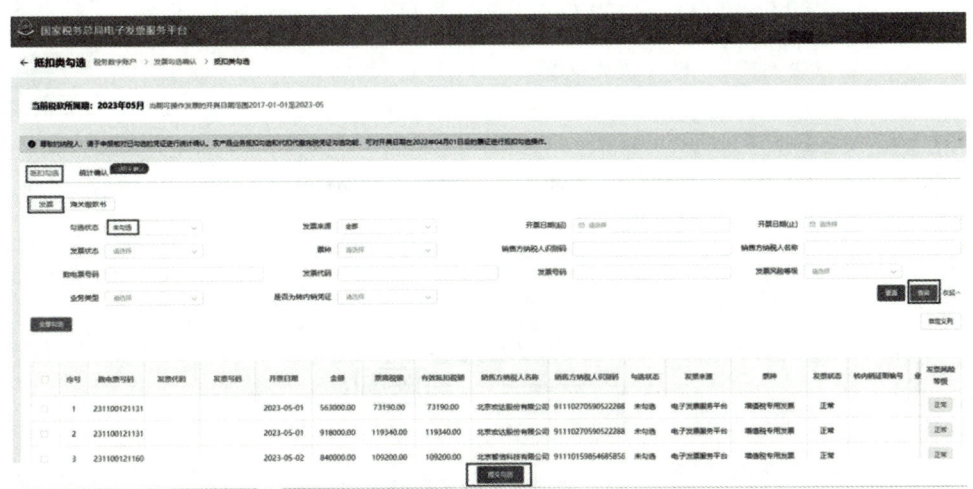

图1-61 发票抵扣勾选界面

智能化税费核算与管理

③选择【抵扣类勾选】-【统计确认】，点击【申请统计】按钮进行统计，核对统计数据无误后，需对统计表进行确认，如图1-62所示。

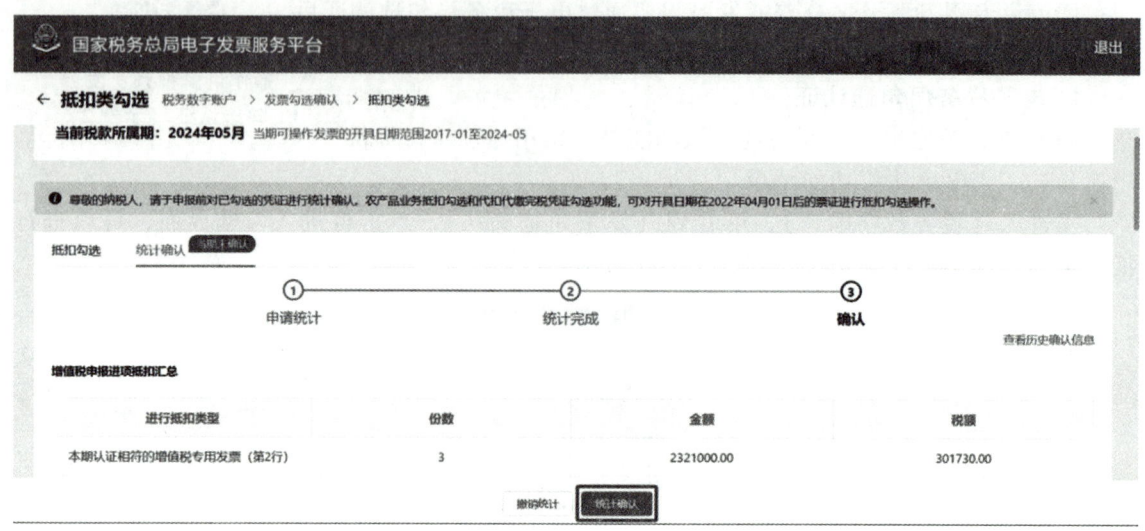

图1-62 发票抵扣统计界面

（2）不抵扣勾选。选择【税务数字账户】-【发票勾选确认】-【不抵扣勾选】，选择对应的发票进行不抵扣勾选操作，确认本次要勾选的发票勾选后，选择【不抵扣原因】，点击【确定】，再点击【提交】按钮，完成不抵扣勾选。

2. 智能平台智能认证

如果企业使用智能平台，发票的勾选认证也可直接"智能认证"完成相关操作。

（1）智慧平台的进项发票认证与传统的增值税发票认证平台功能相似。点击【发票勾选】-【抵扣勾选】，选择要勾选认证的发票，点击【保存】，进行抵扣统计，如图1-63所示。

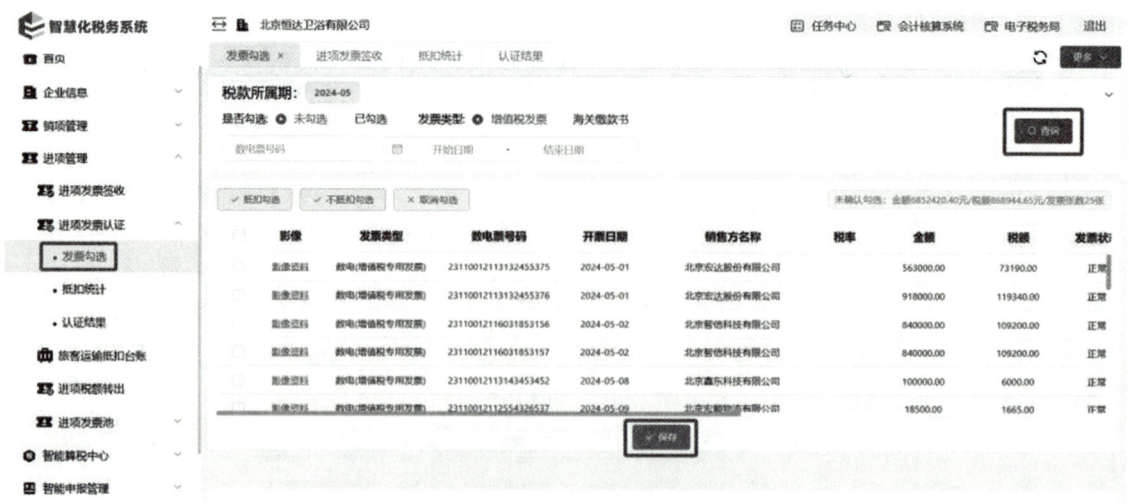

图1-63 智能平台发票勾选抵扣界面

（2）点击【抵扣统计】，可查看申请抵扣的发票类型、份数及抵扣金额等信息，如图 1-64 所示。

图 1-64　智能平台发票智能认证界面

（四）旅客运输服务的计算抵扣

旅客运输抵扣的进项税额需要计算抵扣，可通过智慧平台的台账功能登记相关信息。点击【旅客运输抵扣台账】，查看【影像资料】，将其中不可抵扣的金额录入【不可抵扣金额】栏，选择适用的税率或征收率，系统会自动计算相关税额，在【抵扣类型】中选择【允许抵扣】或【不可抵扣】，也可在全部信息录入完后，选择【批量允许抵扣】或【批量不可抵扣】，点击【保存】完成操作，如图 1-65 所示。

图 1-65　旅客运输抵扣台账界面

（五）进项税额转出

利用智能平台的台账功能记载需要转出进项税额的事项。点击【进项税额转出】，查看【影像资料】，填写进项税额转出原因，录入不含税金额及税率，系统会自动计算转出金额，录入完后，点击【保存】完成操作，如图 1-66 所示。

■ 智能化税费核算与管理

图 1-66　进项税额转出界面

（六）进项发票的查询和统计分析

进项发票池功能包括进项发票查询和发票统计分析。

（1）进项发票查询展示了各张进项发票的状态，包括管理状态、签收状态、风险状态、勾选状态、抵扣状态等。

（2）发票统计分析通过饼状图、折线图、柱状图来分别展示近三个月的各票种开票统计表、发票数量及金额、前五名供应商信息。

模块四　增值税简易计税及减免税的核算与管理

一、简易计税法应纳税额的核算

简易计税法按照销售额与征收率的乘积计算应纳税额，不得抵扣进项税额。税法规定，小规模纳税人采用简易计税法计缴增值税；一般纳税人销售自产的特殊货物，发生财政部和国家税务总局规定的特定应税行为，可选择按照简易办法计缴增值税，但一经选择，36个月内不得变更。

简易计税法应纳税额计算公式为：

应纳税额 = 销售额 × 征收率

此处销售额为不含增值税销售额，如果含税销售额，应换算为不含税销售额。

不含税销售额 = 含税销售额 ÷（1 + 征收率）

【勤思善悟】

小规模纳税人外购货物取得增值税专用发票，其进项税额应如何处理？

（一）小规模纳税人应纳税额的核算

小规模纳税人发生销售业务，应确认收入和应纳税额，借记"银行存款"科目等，贷记"主营业务收入""应交税费——应交增值税"或"应交税费——转让金融商品应交增值税"科目等。

小规模纳税人销售旧固定资产或旧货，均可减按2%征收率征收增值税，减征1%的税额作为政府补助通过"其他收益"核算。

操作讲解视频：小规模纳税人税费计算与申报（示例3）

操作讲解视频：案例演练——小规模纳税人增值税及附加税费申报与管理

【学以致用】

敏俊公司为增值税小规模纳税人，将一台已停用的生产设备出售，开具的普通发票注明含税售价为 4 120 元，款项已收存银行。

分析：销售额 = 4 120 ÷（1 + 3%）= 4 000（元）

应纳税额 = 4 000 × 2% = 80（元）

减免税款 = 120 - 80 = 40（元）

（1）取得价税款。

借：银行存款　　　　　　　　　　　　　　　　　　　4 120.00

　　贷：固定资产清理　　　　　　　　　　　　　　　　4 000.00

　　　　应交税费——应交增值税　　　　　　　　　　　　120.00

（2）确认减免税额。

借：应交税费——应交增值税　　　　　　　　　　　　　　40.00

　　贷：其他收益——政府补助　　　　　　　　　　　　　　40.00

（3）交纳税费。

借：应交税费——应交增值税　　　　　　　　　　　　　　80.00

　　贷：银行存款　　　　　　　　　　　　　　　　　　　80.00

【温馨提示】

对销售额未达到规定起征点的小规模纳税人，可以免缴增值税。

自 2023 年 1 月 1 日至 2027 年 12 月 31 日，小规模纳税人发生增值税应税交易，合计月销售额未超过 10 万元（以 1 个季度为 1 个纳税期的，季度销售额未超过 30 万元，下同）的，免征增值税；小规模纳税人发生增值税应税交易，合计月销售额超过 10 万元，但扣除本期发生的销售不动产的销售额后未超过 10 万元的，其销售货物、服务、无形资产取得的销售额免征增值税;适用增值税差额征税政策的小规模纳税人,以差额后的销售额确定是否可以享受上述免征增值税政策;其他个人采取一次性收取租金形式出租不动产取得的租金收入,可在对应的租赁期内平均分摊,分摊后的月租金收入未超过 10 万元的,免征增值税。

(二)一般纳税人适用简易计税法应纳税额的核算

(1)出售未抵扣过税款的旧固定资产和旧货。纳税人销售自己使用过的固定资产,应区分不同情形征收增值税。

①销售自己使用过的 2009 年 1 月 1 日以后购进或者自制的固定资产,按照适用税率征收增值税。

【任务实施】

【业务 23】 5 月 20 日,出售旧设备,但该固定资产为 2009 年以后购置,不适用简易计税,按照适用税率征收增值税。

借:应收账款——北京顺和制造有限公司　　　　　　　　　　33 900.00
　　贷:固定资产清理　　　　　　　　　　　　　　　　　　30 000.00
　　　　应交税费——应交增值税(销项税额)　　　　　　　 3 900.00

②为简易计税项目、免征增值税项目、集体福利或者个人消费购入的固定资产使用后再销售,按简易办法依 3% 征收率减按 2% 征收。

【温馨提示】

纳税人(含小规模纳税人和一般纳税人)销售自己使用过的固定资产,适用简易办法依照 3% 征收率减按 2% 征收增值税政策的,可以放弃减税,按照简易办法依照 3% 征收率缴纳增值税,并可以开具增值税专用发票。

【学以致用】

星源酒业公司因更新设备而将公司的一条旧生产线出售,该生产线购进时的初始成本为 351 万元,购置该生产线设备时,星源酒业公司为增值税小规模纳税人,当时按规定未抵税,至出售时,已提折旧累计 208 万元,按含税售价 103 万元成交,开具普通发票,款项已收存银行。

分析:①取得出售价款,不含税销售额 = 103÷(1 + 3%) = 100(万元)

应纳税额 = 100 × 3% = 3(万元)

借:银行存款　　　　　　　　　　　　　　　　　　　　1 030 000.00
　　贷:固定资产清理　　　　　　　　　　　　　　　　　1 000 000.00
　　　　应交税费——简易计税　　　　　　　　　　　　　　30 000.00

②确认减免税额。

减免税额 = 100×（3% − 2%） = 1（万元）

借：应交税费——简易计税　　　　　　　　　　　　　10 000.00
　　贷：其他收益——政府补助　　　　　　　　　　　　　　10 000.00

③一般纳税人销售自己使用过的除固定资产以外的物品，应当按照适用税率征收增值税。

【任务实施】

【业务14】5月14日，变卖废纸皮，属于销售自己使用过的除固定资产以外的物品。纳税人销售或进口图书、报纸、杂志，税率为13%，因此，应按13%缴纳增值税。

借：库存现金　　　　　　　　　　　　　　　　　　　1 412.50
　　贷：营业外收入　　　　　　　　　　　　　　　　　　1 250.00
　　　　应交税费——应交增值税（销项税额）　　　　　　　162.50

（2）一般纳税人销售自产的下列货物，可选择按照简易办法依照3%征收率计算缴纳增值税，可自行开具增值税专用发票，一经选择，36个月内不得变更：①县级及县级以下小型水力发电单位生产的电力；②建筑用和生产建筑材料所用的砂、土、石料；③以自己采掘的砂、土、石料或其他矿物连续生产的砖、瓦、石灰（不含黏土实心砖、瓦）；④用微生物、微生物代谢产物、动物毒素、人或动物的血液或组织制成的生物制品；⑤自来水；⑥商品混凝土（仅限于以水泥为原料生产的水泥混凝土）；⑦药品经营企业销售生物制品；⑧从事再生资源回收的增值税一般纳税人销售其收购的再生资源；⑨生产销售和批发、零售抗癌药品、罕见病药品。

（3）一般纳税人销售货物属于下列情形之一的，暂按简易办法依照3%征收率计算缴纳增值税，可自行开具增值税专用发票：①寄售商店代销寄售物品（包括居民个人寄售的物品在内）；②典当业销售死当物品；③提供物业管理服务的纳税人，向服务接受方收取的自来水水费（以扣除其对外支付的自来水水费后的余额为销售额）。

（4）一般纳税人发生下列特定应税服务，可选择简易计税方法按3%计税，一经选择，36个月内不得变更：①公共交通运输服务（不包含铁路旅客运输服务）；②经认定的动漫企业为开发动漫产品提供的服务；③电影放映服务、仓储服务、装卸搬运服务、收派服务和文化体育服务；④以清包工方式提供的建筑服务；⑤为甲供工程提供的建筑服务；⑥为建筑工程老项目提供的建筑服务；⑦纳入试点之日前取得的有形动产为标的物提供的经营租赁服务；⑧纳入试点之日前签订的尚未执行完毕的有形动产租赁合同；⑨提供非学历教育服务、教育辅助服务；⑩非企业性单位中的一般纳税人提供的研发和技术服务、信息技术服务、鉴证咨询服务，以及销售技术、著作权等无形资产。

一般纳税人应设置"应交税费——简易计税"科目核算其适用简易计税的销售行为。

智能化税费核算与管理

【任务实施】

【业务6】5月5日，出租仓库，简易计税，应纳税额=不含税收入×不动产租赁征收率=20 000×5%=1 000（元）。

借：应收账款——北京同聚工贸有限公司　　　　　　21 000.00
　　贷：其他业务收入——房屋租赁收入　　　　　　　20 000.00
　　　　应交税费——简易计税　　　　　　　　　　　 1 000.00

二、增值税税款减免的核算

减免增值税分直接免征、直接减征、即征即退、先征后返和先征后退等形式。

（一）直接免征的核算

企业生产销售初级农产品、避孕药品和用具、古旧图书等物品免征增值税，因此此类企业既无须反映进项税，也无须反映销项税，购物成本直接计入"原材料"等成本，销售直接确认"主营业务收入"，账上无"应交税费——应交增值税"相关记录。

（二）直接减征的核算

直接减征是指按应征税款的一定比例征收，目前一般是采用降低税率或按简易办法征收的方式给予优惠。如出售未抵过税的旧固定资产等。企业如果是按降低税率或按简易办法征收的方式享受优惠，在进行账务处理时，直接按低税率或简易计税法计税处理，如小规模纳税人的账务处理；当纳税人出售旧固定资产或旧货时，按减半征收，享受的优惠计入"其他收益"处理。

【学以致用】

华辉公司2024年新招用持《就业失业登记证》人员3人，与其签订1年以上期限劳动合同并依法缴纳社会保险费，按规定可享受在3年内按照实际招用人数予以定额依次扣减增值税、城市维护建设税、教育费附加和企业所得税优惠，增值税减免定额标准为每人每年4 000元，华辉公司2024年享受此优惠政策会计处理如下。

借：应交税费——应交增值税（减免税款）　　　　　　12 000.00
　　贷：其他收益——政府补助　　　　　　　　　　　12 000.00

（三）即征即退、先征后返（退）的核算

（1）即征即退是指按税法规定应缴纳的税款，由税务机关在征税时部分或全部退还纳税人的一种税收优惠。退税机关为税务机关。如纳税人的下列业务和行为。

①增值税一般纳税人销售其自行开发生产的软件产品，按13%税率征收增值税后，对其

增值税实际税负超过3%的部分实行即征即退政策，增值税一般纳税人将进口软件产品进行本地化改造后对外销售，其销售的软件产品可享受以上政策。其退税额按以下公式计算。

即征即退税额 = 当期软件产品增值税应纳税额 − 当期软件产品销售额 × 3%

②一般纳税人提供管道运输服务，对其增值税实际税负超过3%的部分实行即征即退政策。

③纳税人安置残疾人符合条件的享受即征即退优惠政策，本期应退增值税额按以下公式计算。

本期应退增值税额 = 本期所含月份每月应退增值税额之和

其中，月应退增值税额 = 纳税人本月安置残疾人员人数 × 本月月最低工资标准的4倍

月最低工资标准，是指纳税人所在区县（含县级市、旗）适用的经省（含自治区、直辖市、计划单列市）人民政府批准的月最低工资标准。

④纳税人销售自产符合规定的综合利用产品和提供符合规定的资源综合利用劳务，可享受增值税即征即退政策。退税比例有30%、50%、70%和100%四个档次。

（2）先征后退是指按税法规定缴纳的税款，由税务机关征收入库后，再由税务机关按规定的程序给予部分或全部退税的一种税收优惠。如出版社专为少年儿童出版发行的报纸和期刊、中小学学生的课本、少数民族文字出版物、盲文图书和盲文期刊等。

（3）先征后返是指税务机关正常将增值税征收入库，然后由财政机关按税收政策规定审核并返还企业所缴入库的增值税，返税机关为财政机关。

【勤思善悟】

　　从税收优惠的实施方式来看，直接免税与直接减税相较于即征即退、先征后返（退）操作更为简便。那么，为何在实际政策制定中，国家会选择采用不同的税收优惠形式？这些不同的优惠形式对进项税额的抵扣和增值税征税链条的完整性有何具体影响？这些影响又是如何进一步作用于企业的税收负担和资金流转的？

按照先征后返（退）、即征即退的办法退还的增值税，属于以税收优惠形式给予企业的一种政府补助，此类补助用于补偿企业已经发生的相关费用，所以，企业应该在收到时直接计入当期损益，借记"银行存款"，贷记"其他收益——政府补助"。如果在收到税款之前，企业先计提应收的增值税返还额，可通过"其他应收款"进行核算。但是，先征收后返回、即征即退增值税如果是按指定用途返回的，则所返还的增值税通过"实收资本——国家投入资本""专项应付款——××专项拨款"等进行核算，有关此部分内容，此处不展开阐述。

【学以致用】

　　广州特思丽软件开发公司主要经营业务为生产和销售计算机软件，所开发的软件均取得广东省版权局颁发的《计算机软件著作权登记证书》，符合即征即退条件，其主管税务机关为广州市越秀区税务局。2024年3月，该公司销售软件产品所获收入额为5 400 000元，软件产品销项税额为702 000元，软件产品可抵扣进项税额为520 000元。

分析：当期软件产品增值税应纳税额 = 702 000 – 520 000 = 182 000（元）

即征即退税额 = 182 000 – 5 400 000 × 3% = 20 000（元）

(1) 核算应退税额

借：其他应收款——越秀区税务局　　　　　　　　　　　20 000.00
　　贷：其他收益——政府补助　　　　　　　　　　　　　　20 000.00

(2) 收到增值税返还

借：银行存款　　　　　　　　　　　　　　　　　　　　20 000.00
　　贷：其他应收款——越秀区税务局　　　　　　　　　　　20 000.00

（四）进项税额加计抵减的核算

自2023年1月1日至2027年12月31日，先进制造业企业按照当期可抵扣进项税额加计5%抵减应纳增值税税额；集成电路设计、生产、封测、装备、材料企业按照当期可抵扣进项税额加计15%抵减应纳增值税税额；对生产销售先进工业母机主机、关键功能部件、数控系统（以下称先进工业母机产品）的增值税一般纳税人，按当期可抵扣进项税额加计15%抵减企业应纳增值税税额。

【学以致用】

先进制造业企业梅松公司2024年12月实现销项税额发生额为130万元，当期取得进项税额合计104.2万元。

分析：按照规定，纳税人应按照当期可抵扣进项税额的5%计提当期加计抵减额。

因此梅松公司加计抵减的发生额 = 当期进项税额 × 5% = 104.2 × 5% = 5.21（万元）

梅松公司2024年12月销项进项差额 = 销项税额 – 进项税额 = 130 – 104.2 = 25.8（万元）

实际应该缴纳的增值税为 25.8 – 5.21 = 20.59（万元）

(1) 转出未交增值税

借：应交税费——应交增值税（转出未交增值税）　　　　258 000.00
　　贷：应交税费——未交增值税　　　　　　　　　　　　258 000.00

(2) 计算加计抵减额

借：应交税费——未交增值税　　　　　　　　　　　　　 52 100.00
　　贷：其他收益　　　　　　　　　　　　　　　　　　　 52 100.00

(3) 缴纳税金

借：应交税费——未交增值税　　　　　　　　　　　　　205 900.00
　　贷：银行存款　　　　　　　　　　　　　　　　　　　205 900.00

模块五　增值税及附加税费的风险管控及申报管理

一、增值税及附加税费的纳税期间

（一）计税期间

增值税核算以增值税的纳税申报期间为会计期间，除按季纳税的纳税人以外，其他纳税人均为按月申报。增值税的计税期间分别为 10 日、15 日、1 个月或 1 个季度。其中，以 1 个季度为计税期间仅适用于小规模纳税人、银行、财务公司、信托投资公司、信用社，以及财政部和国家税务总局规定的其他纳税人。纳税人的具体计税期间，由主管税务机关根据纳税人应纳税额的大小分别核定；不能按照固定期间纳税的，可以按次纳税。

（二）缴纳期限

纳税人以 1 个月或者 1 个季度为 1 个计税期间的，自期满之日起 15 日内申报纳税；以 10 日或 15 日为 1 个计税期间的，自期满之日起 5 日内预缴税款，于次月 1 日起 15 日内申报纳税并结清上月应纳税款。

扣缴义务人解缴税款的期限，按照对纳税人的规定执行。

纳税人进口货物，应当自海关填发税款缴纳书之日起 15 日内缴纳税款。

纳税人出口适用税率为零的货物，可以按月向税务机关申报办理该项出口货物的退税。

二、增值税及附加税费的纳税地点

纳税人应向主管税务机关提交申报表及要求的相关资料，并向以下税务机关申报纳税。

（1）有固定生产经营场所的纳税人，应当向其机构所在地或者居住地主管税务机关申报纳税。总机构和分支机构不在同一县（市）的，应当分别向各自所在地主管税务机关申报纳税；经省级以上财政、税务主管部门批准，可由总机构汇总向总机构所在地主管税务机关申报纳税。

（2）无固定生产经营场所的纳税人，应当向其应税交易发生地主管税务机关申报纳税；未申报纳税的，由其机构所在地或者居住地主管税务机关补征税款。

（3）进口货物，应当由进口人或其代理人向报关地海关申报纳税。

（4）自然人销售或者租赁不动产，转让自然资源使用权，提供建筑服务，应向不动产所在地、自然资源所在地、建筑服务发生地主管税务机关申报纳税。

（5）扣缴义务人应当向其机构所在地或者居住地主管税务机关申报缴纳扣缴的税款，

三、增值税及附加税费的纳税申报

纳税申报是纳税程序的核心环节。纳税人无论有无销售额，均应按主管税务机关核定的纳税期限填报纳税申报表，并于次月1日至15日，向当地税务机关申报纳税并结清上月应纳税款。

1. 增值税一般纳税人

增值税一般纳税人纳税申报，需要填报的内容包括：1份主表、5份附列资料和1份增值税减免税申报明细表。主表为增值税及附加税费申报表（一般纳税人适用）；附列资料分别是本期销售情况明细，本期进项税额明细，服务、不动产和无形资产扣除项目明细，税额抵减情况表和附加税费情况表。

2. 增值税小规模纳税人

增值税小规模纳税人纳税申报，需要填报的内容包括：1份主表、2份附列资料和1份增值税减免税申报明细表。主表为增值税及附加税费申报表（小规模纳税人适用）；附列资料分别是服务、不动产和无形资产扣除项目明细及附加税费情况表。

四、增值税及附加税费的智能算税与纳税申报

操作讲解视频：案例演练——一般纳税人
增值税及附加税费申报与管理

（一）智能算税中心

一般纳税人当期的销项税额和当期的进项税额直接相抵即为当期应纳的增值税税额。如果相抵结果为负数，可以选择结转下期继续抵扣或者申请退还。选择结转下期抵扣的应纳税额的计算公式为：

应纳税额 = 当期销项税额 − 当期进项税额 − 上期留抵税额

当销项管理与进项管理任务都完成后，可通过智能算税中心进行智能算税，逐份点击申报表及各附表并保存，系统可自动算税，如果数据有误，便有突出颜色显示错误的数据，如果数据无误，申报表主表及各附表之间的数据都会保持一致；若业务数据有所更改，将可能影响到报税数据的准确性，此时，可选择重新算税，将业务数据变动联动到申报表中。

【任务实施】

对北京恒达卫浴有限公司2024年5月的业务进行智能算税。

（1）智能算税

点击【智能算税中心】-【增值税及附加税费】，进入【智能算税】模块，逐份点击纳税申报的附表及主表并保存，便可将当期所有业务关联并生成申报数据，如图1-67所示。

项目一 增值税及附加税费的智能化核算与管理

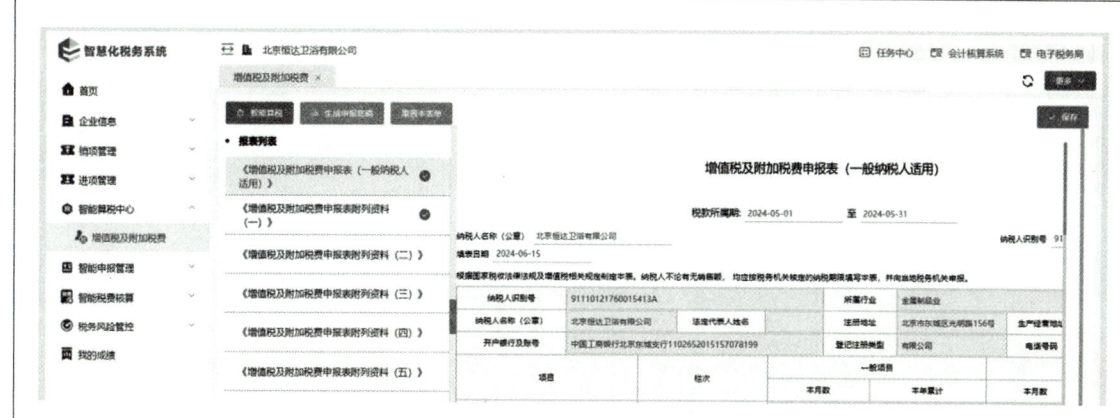

图 1-67 增值税智能算税界面

（2）生成申报底稿

确认申报数据无误后，选择【生成申报底稿】，为风险检测及财务机器人一键报税提供数据支持。

（3）重置本表单

如果申报时发现错误或希望重置表单数据，可选择【重置本表单】的选项，可批量重置申报表中的数据。

（二）风险管控

增值税及附加税费在进行纳税申报前，需要对企业的纳税申报信息进行风险检测，确保无风险后再进行纳税申报。

1. 增值税风险分析指标

增值税风险指标见表 1-6。

2. 增值税税务风险点识别

（1）销项税额相关风险。

①纳税义务发生时间确认错误风险：企业因增值税纳税义务发生时间的规定与会计确认收入时间的规定存在差异，纳税人未按照增值税纳税义务发生时间及时确认收入。

【勤思善悟】

2024 年 8 月佳艺建材公司发生如下经济业务，请判断是否存在风险？

向鑫晖公司销售一批建材，含税金额 160 万元，采用分期收款方式，合同约定当月收取 60% 货款，12 月收取 40% 货款。8 月鑫晖公司出现债务危机，货款尚未支付，佳艺建材公司未计提该笔业务的销项税额。

智能化税费核算与管理

表1-6 增值税风险分析指标汇总表

序号	指标名称	计算公式	指标预警值	风险指向	风险应对
1	增值税税负率低于同行业	增值税税负率＝本期增值税应纳税额/本期增值税应税收入×100%	与同行业、同类型的税负预警值对比，低于设定的预警值的幅度越大，税收风险程度越高	增值税税负明显低于行业预警值，可能存在隐瞒销售业务、货币资金、应收账款、存货等。同类型企业进行比较分析，以核实是否存在漏记、明细原因，有无将外购的货物用于职工福利、个人消费、对外投资、捐赠等情况	详细检查销售业务，从原始凭证到记账凭证、销售、应收账款、货币资金、存货等。与同行业、同类型企业进行比较分析，对异常情况进一步查明原因，以核实是否存在漏记、隐瞒或虚记收入、个人的行为，有无将外购的货物用于职工福利、个人消费、对外投资、捐赠等情况
2	增值税一般纳税人税负率变动异常	增值税税负变动率＝(本期增值税税负率－上期增值税税负率)/上期增值税税负率×100%	正常区间：-30%—30%	增值税税负变化过大，可能存在纳税义务已实现而未结转收入、取得进项不符合规定、购进货物用于免税、集体福利等不得抵扣进项未做进项转出或虚开发票等问题	增值税税负变动率异常，无论是同行业或者增值税一般纳税人，都应详细检查各时期进项比较分析，对异常变动进一步查明原因
3	运费发票抵扣进项占比异常	本期运费发票凭证抵扣进项税额占比＝本期运费发票抵扣进项税额/本期进项税额×100%	运费发票抵扣进项占本期抵扣进项税额比例过高或单笔抵扣进项超过20万元（含）	可能存在取得虚开、虚假或不符合规定的运费抵扣进项税额及虚列费用的风险	检查运费发票，找出异常运费发票对应的销售发票，核对被检查货运发票对应的货物物流
4	销售收入变动率与增值税应纳税额变动率配比异常	销售收入变动率＝(本期销售收入－上期销售收入)/上期销售收入×100%；增值税应纳税额变动率＝(本期增值税应纳税额－上期增值税应纳税额)/上期增值税应纳税额×100%；销售收入变动率与增值税应纳税额变动率配比＝销售收入变动率/增值税应纳税额变动率	正常情况下，指标值接近1	比值>1且两者都为正数时，可能存在企业将自产产品或外购货物用于免税项目、简易计税项目、集体福利、对外投资、赠送等未做进项税额转出等问题，可能存在比值<1且两者都为负数时，收入或未做进项税额转出等问题，比值为负数时，前者为正、后者为负可能存在上述问题	检查企业的主要经营范围、经营方式以及征管界定情况，查看营业执照，以及是否兼营不同税率的应税货物；查阅仓库存货物明细登记簿，了解材料购进、货物入库、发出数量及库存数量，并与申报情况进行比对；审核企业是否如实核算"应收账款""预付账款"等明细账，审核明细账，并与主营业务收入、应付账款"等明细核对，审核有无将未长期挂往来账、交易费用明细等项，并与主营业务收入、应付账款等核对，审核有无将购进货物用于免税项目、简易计税项目、集体福利等情况

续表

序号	指标名称	计算公式	指标预警值	风险指向	风险应对
5	进项税额与销项税额变动率配比异常	进项税额变动率＝（本期进项税额－上期进项税额）/上期进项税额×100% 销项税额变动率＝（本期销项税额－上期销项税额）/上期销项税额×100% 进项税额与销项税额变动率弹性系数＝进项税额变动率/销项税额变动率	正常情况下，指标值接近1	可能存在销售货物不开票而隐瞒销售收入；发出货物未收到货款不开票而迟计销售；取得虚开增值税专用发票虚假抵扣税款问题	查证企业是否由于新增在建工程或购入新固定资产而增加了进项税额，如有，属于正常；查证企业本期费用进项税额是否偏大，核实费用的购进货物等做进项税额转出，有无非正常损失类产品的进项税额未做进项税额转出，如免税项目、简易计税项目的购进货物等，有无用于不得抵扣项目的购进货物等未做进项税额转出，如免税项目、简易计税项目、集体福利等，有无非正常损失类产品的进项税额没有及时转出等问题；有无视同应税销售行为没有申报问题；核实销项税额计算的正确性，侧重查证有无漏报、迟报计销售问题，借用税率等问题
6	期末预收账款变动率与销售收入变动率配比异常	期末预收账款变动率＝（本期预收账款期末余额－上期预收账款期末余额）/上期预收账款期末余额×100% 销售收入变动率＝（本期营业收入－上期营业收入）/上期营业收入×100% 期末预收账款变动率与销售收入变动率弹性系数＝期末预收账款变动率/销售收入变动率	正常情况下，指标值接近1	当指标值大于1，且两者都为正时，可能存在实现销售收入而不计提销项税额或扩大抵扣范围多抵扣进项税金的问题；当指标值小于1，且两者都为负时，可能存在上述问题；当指标值为负数，前者为正后者为负时，可能存在上述问题	重点核查以下方面：一是通过预收账款核算的前提是否存在，如购销方有无必要预付货款，有无订立预付购销合同；二是通过检查有关销售合同、发货单、仓库发货凭证、货运单据、收款凭证、记账凭证等，分析已实现销售的商品是否及时转销预收账款，以确定预收账款的正确性和合理性；三是对税法规定必须确认销售收款，是否已及时、足额纳税

智能化税费核算与管理

②预收账款未及时确认纳税义务风险：纳税人采取预收款方式销售货物，货物已发出，不按规定确认纳税义务；纳税人提供租赁服务采取预收款方式的，未在收到预收款时确认增值税纳税义务，而是分期确认或延后确认。

【勤思善悟】

北京华科资产管理公司主要从事商铺租赁与管理服务，2024年1月发生如下经济业务，请判断是否存在风险？

1月，与百特商贸公司签订商铺租赁合同，租期一年（2024年1—12月），年含税租金54.5万元，租金按年收取，年末统一开票。北京华科资产管理公司于1月5日一次性收取一年的租金54.5万元，会计人员认为该业务尚未开具租赁发票，因此纳税义务时间尚未发生，账务处理如下，请判断这样处理是否存在风险？

借：银行存款　　　　　　　　　　　　　　　　545 000.00
　　贷：预收账款　　　　　　　　　　　　　　545 000.00

③视同应税交易行为未按规定确认收入申报纳税风险：企业将增值税应税产品用于集体福利或者个人消费、无偿转让货物等行为未作视同应税交易确认收入，未按政策规定申报纳税，存在少缴增值税的风险。

【勤思善悟】

2024年12月陆顺汽车配件生产公司发生如下经济业务，请判断是否存在风险？

陆顺公司将11月购入的一批配件无偿赠送给一些市区的维修站，配件购进时含税金额为1 130 000元，取得增值税专用发票，并进行勾选认证。赠送时公允价值与购入价格相同，且未开具发票。该公司账务处理如下：

借：销售费用——维修服务　　　　　　　　　1 000 000.00
　　贷：库存商品　　　　　　　　　　　　　1 000 000.00

④价外费用未按规定申报纳税风险：企业提供货物以及服务过程中，向购买方收取的各种性质的价外收费，未按规定并入销售额计征增值税。

【勤思善悟】

2024年12月北京腾筱工艺品制造有限公司发生如下经济业务，请判断这样处理是否存在风险？

北京腾筱工艺品制造有限公司销售一批装饰花篮，收取价款23 165元，其中包含随同价款收取的包装费租金565元，购货方以银行转账方式支付货款。企业账务处理为：

借：银行存款	23 165.00
贷：主营业务收入——装饰花篮	20 000.00
应交税费——应交增值税（销项税额）	2 600.00
其他业务收入	565.00

⑤未在同一张发票上分别注明价款和折扣额风险：折扣销售时，未在同一张发票上分别注明价款和折扣额，只能以价款为销售额，不得扣减折扣额。

⑥存在兼营行为未分别核算风险：存在兼营销售货物、服务、无形资产或者不动产，未分别核算适用不同税率或者征收率的销售额，导致从高适用税率。

⑦混合销售行为适用税率错误风险：存在混合销售行为错误按照兼营行为处理，或者混合销售税率适用错误。

⑧无正当理由低价销售商品或服务风险：关联方的应税交易价格明显偏低或者偏高，并且没有正当理由，税务机关会怀疑企业通过此种方式转移利润以达到少交税款的目的。

⑨处置自己使用过的固定资产，未计算缴纳增值税风险：处置使用过的固定资产未按规定确认收入；不符合按照简易办法依 3% 征收率减按 2% 征收增值税政策条件的，按照简易计税办法计税。

【勤思善悟】

　　北京鑫晖商贸有限公司为小规模纳税人，2024 年第 2 季度销售自己使用过的电脑等固定资产，该公司财务认为这些固定资产已达税法规定的最低折旧年限，取得的收益无须纳税，因此无须开具发票。经税务师税审认为，出售固定资产取得收益，应开具发票，申报缴纳增值税。你认为税务师这样说有道理吗？如果有，应如何开票和申报纳税呢？

⑩出售废品、废料未按规定计税风险：出售废品、废料未按适用税率计算增值税；错用简易计税方式或错用低税率。

【勤思善悟】

　　2024 年 7 月，税务机关对某机械设备有限公司 2023 年度的纳税情况进行检查。检查中，检查人员采用比较分析法对该公司的有关财务数据进行分析，发现其税收负担率明显低于行业平均税收负担率。于是，采用抽查法抽查"主营业务收入""其他业务收入"等账户以及相关的记账凭证、附件资料，发现在 2023 年 3 月 23 日第 20 号凭证上有这样一笔分录：

借：银行存款	200 000.00
贷：其他业务收入	200 000.00

记账凭证后附有"货物清单"，上面注明货物为废铝材、铜丝等。

请判断该公司这样处理是否存在风险？

(2) 进项税额相关风险。

①取得不符合规定的增值税扣税凭证风险：取得不符合规定的增值税扣税凭证，并用其抵扣了进项税额。

②不得抵扣进项税额项目未作进项转出风险：发生应做进项税额转出事项的，未按规定进行转出处理，导致少交增值税。

③发生进货退回或折让进项税额未转出风险：发生退货或取得折让未按规定做进项税额转出，多抵扣进项税额。

④收到返利进项税额未转出风险：不同形式返利涉税处理错误；收到返利未做进项税额转出处理。

【学以致用】

　　北京陆顺汽车经销企业为一般纳税人，2024 年 12 月收到供应商给予的现金返利 300 000 元。该公司财务并未对此项业务做任何涉税处理。

　　风险分析：当期应冲减进项税金 = 当期取得的返还资金/(1 + 所购货物适用增值税税率) × 所购货物适用增值税税率 = 300 000 ÷ (1 + 13%) × 13% = 34 513.27（元）

⑤固定资产、不动产进项税额处理错误风险：兼用于简易计税方法计税项目、免征增值税项目、集体福利的固定资产、不动产对应进项税额作进项税额转出处理，导致多交增值税；已抵扣进项税额的固定资产、不动产发生不得抵扣进项税额情形的，未计算或计算错误不得抵扣进项税额；原用于不得抵扣且未抵扣进项税额的固定资产，转用于允许抵扣进项税额的应税项目时，未按规定计算可以抵扣的进项税额，导致多交增值税。

【勤思善悟】

　　2021 年 6 月 5 日，鑫晖公司购置一层公寓专用于员工宿舍，价款共计 1 308 万元（含税），取得增值税专用发票 1 份，注明价款 1 200 万元，税额 108 万元。因用于职工福利，发票确认为不抵扣勾选，且账上未做进项税额。鑫晖公司次月开始计提折旧，折旧年限 20 年，不考虑残值。2024 年 6 月，鑫晖公司将该公寓进行改造，并用于经营租赁。对于这项改造，作为税务会计，应如何处理相关业务呢？

⑥农产品抵扣进项税额处理错误风险：购进农产品抵扣凭证不符合规定；购进农产品抵扣进项税额计算错误；纳税人购进农产品，既用于生产销售或委托受托加工 13% 税率货物，又用于生产销售其他货物服务的，未分别核算。

⑦运输服务抵扣进项税额风险：旅客运输服务抵扣进项税额风险分析：非本单位员工发生的国内旅客运输服务抵扣了进项税额；不符合规定的凭证抵扣了进项税额。货物运输服务抵扣进项税额风险分析：取得未按规定填写相关内容货物运输服务增值税专用发票，存在不能抵扣进项税额风险；货物运输发票项目与实际经营情况不符。

【勤思善悟】

北京成维广告宣发有限责任公司2024年12月取得国内旅客运输发票如下：①公司高管郑元丰到省会出差，取得注明本人身份信息的火车票，票面金额109元。②邀请外地讲师到公司进行员工培训，取得注明其身份信息的汽车票，票面价格103元。③收到本公司业务员陈礼德递交的注明个人身份信息的飞机票，票价总额为1 850元，其中，包括机场建设费50元。

财务人员在进行税费申报时，应如何计算可抵扣的旅客运输发票进项税额呢？

3. 增值税风险的智能管理

随着税务系统的愈发强大，企业正处于信息透明的时代，如果没有建立稳固的自身防控税务风险体系，将面临着多点涉税风险。因此，企业涉税风险管理成为企业日常经营中的重要工作。企业可结合税务局发布的涉税事项提示清单，组合风险指标因素，利用智慧平台，以数据分析的形式，对各项财务指标或风险指标进行计算并自动生成分析报告。在进行税务风险监测前，企业先进行风险模型配置，完成配置后，以后每月便可进行风险检测，以监测企业的税务风险。

【任务实施】

为北京恒达卫浴有限公司进行风险模型配置及检测该公司2024年5月增值税涉税业务是否存在风险。

1. 风险模型配置

在进行税务风险监控前，需要根据企业的实际情况进行风险模型配置。风险模型配置为指标因素的配置组合。

（1）在智慧化税务系统，进入【税务风险管控】-【风险模型配置】，先配置"发票风险"模型。如"增值税专用发票用量变动异常"风险指标配置，如图1-68所示。

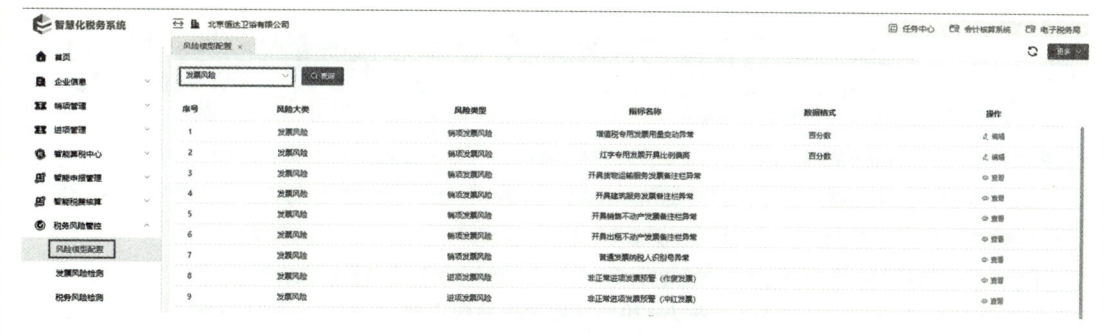

图1-68 增值税发票风险模型配置界面

(2) 点击【编辑】，进入"红字专用发票开具比例偏高"公式设置页面，完成公式编辑后，点击【确定】，完成公式设置，同理，完成其他发票风险的公式设置，如图1-69所示。

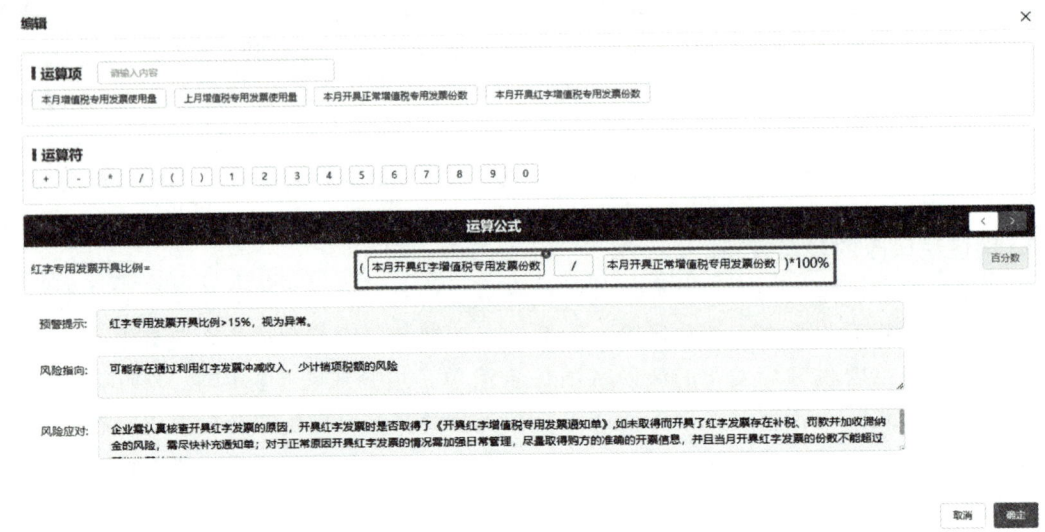

图1-69 红字发票开具比例风险配置公式界面

(3) 完成"增值税风险"公式的配置。在【风险模型配置】中进入【增值税风险】，设置相关公式，完成增值税风险的公式设置。

2. 发票风险检测

完成发票风险的风险模型配置后，在数据完善的情况下，可进行发票风险检测，如图1-70所示。

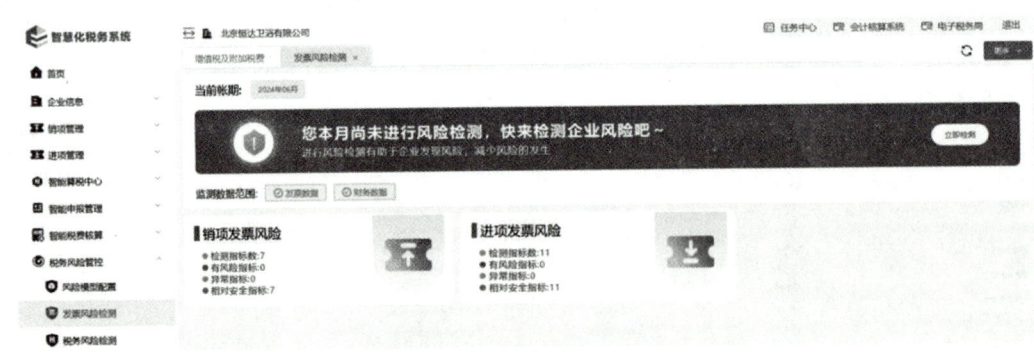

图1-70 发票风险检测界面

3. 税务风险监测

(1) 完成增值税风险的风险模型配置后，在数据完善的情况下，可进行增值税风险监测。税务风险监控依托数据分析功能，对本期的财务数据进行智能分析。

（2）点击风险指标图标，展示企业当前的税费风险指标数值、预警值和风险评估，如图1-71所示。

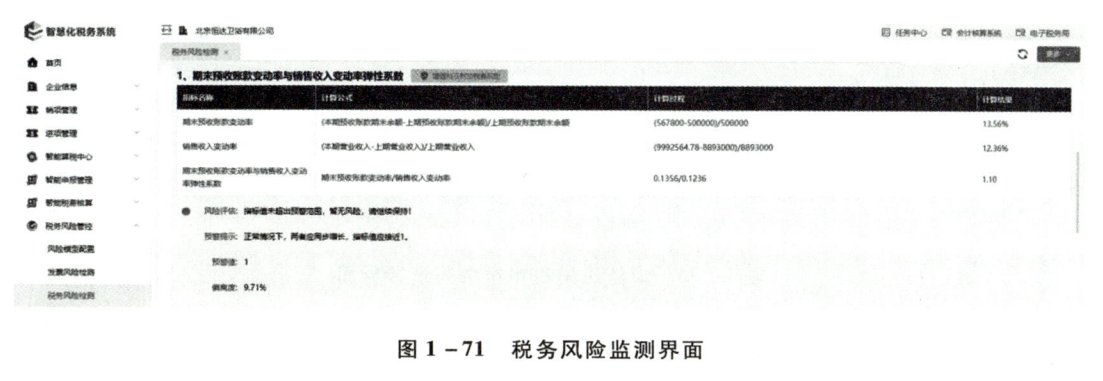

图1-71 税务风险监测界面

从监测情况看，北京恒达卫浴有限公司的增值税各项风险指标均未超出预警范围，可以正常进行纳税申报。

（三）增值税的纳税申报

1. 电子税务局申报

纳税人按规定期限进入当地电子税务局，可进行增值税的纳税申报。

【任务实施】

完成公司2024年5月增值税的纳税申报。

（1）进入电子税务局，点击【我要办税】，可看到有【我的待办】，显示增值税【未申报】，点击【办理】，即可进入增值税的纳税申报界面，如图1-72所示。

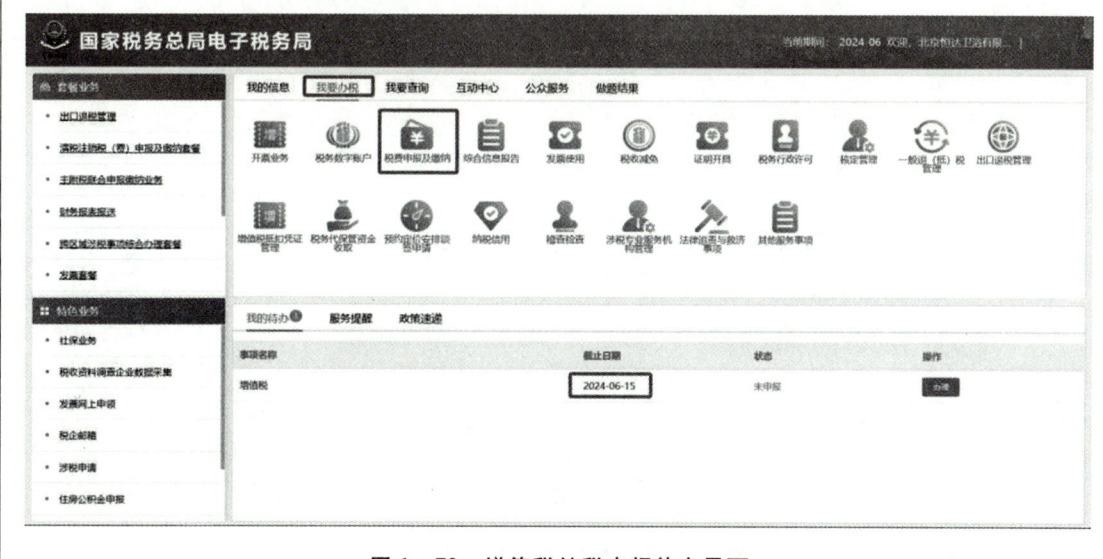

图1-72 增值税纳税申报待办界面

（2）进入申报系统，在"按期应申报"下面点击【填写申报表】，如图1-73所示。

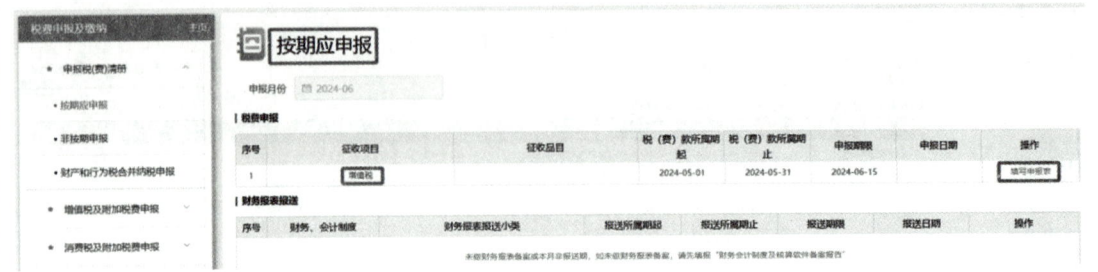

图1-73　增值税纳税申报填写选择界面

（3）逐一填写纳税申报的附表及主表，点出【保存】可保存当前填写的数据，当全部填写完毕，点击【申报】可完成纳税申报，如图1-74所示。

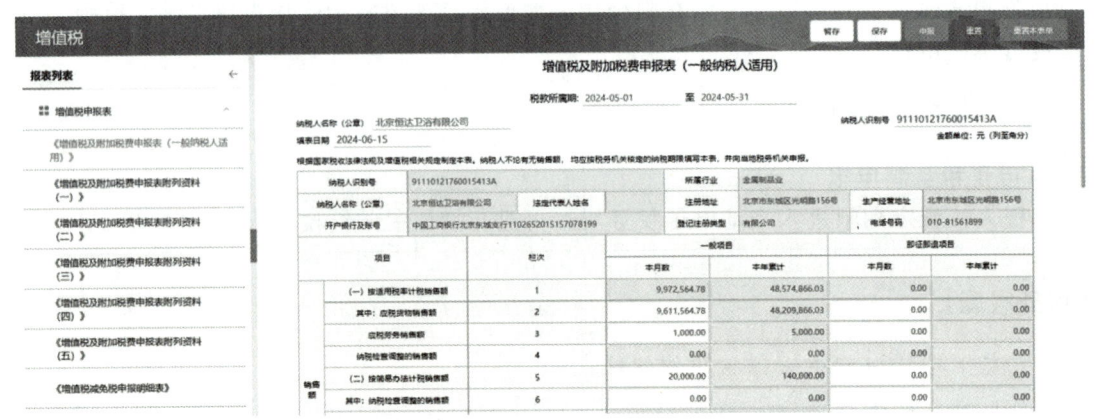

图1-74　增值税纳税申报填写界面

（4）完成申报后，会弹出"待缴款"的界面，如需立刻缴纳，点出【缴款】便可进入缴款界面，如图1-75所示。

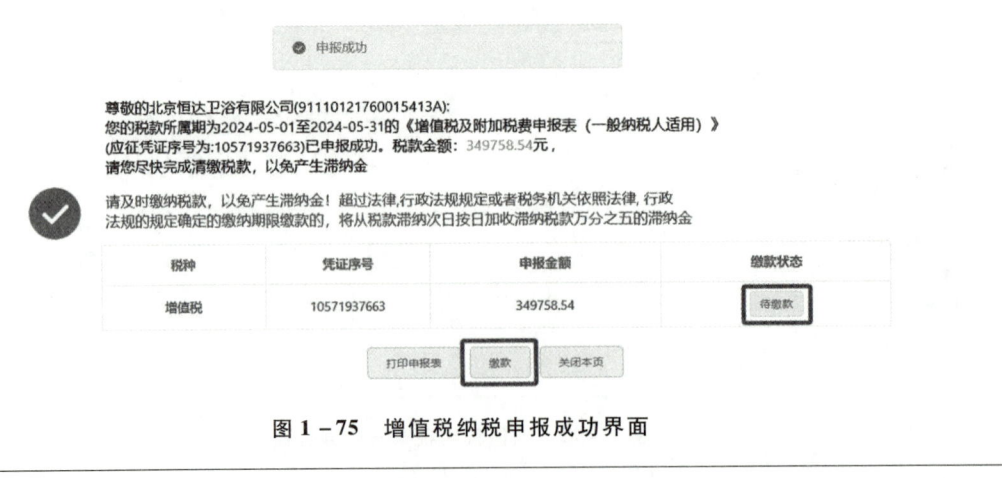

图1-75　增值税纳税申报成功界面

（5）在"清缴税款"界面，可查看未缴款的税种及税额，选择后点击【立即缴款】可完成税款的清缴。

（6）申报结果查询。

申报结果查询与传统的税费申报查询功能相同，点击【查看】可查询申报表的各项内容。

2. 智能申报系统智能申报

如果企业有智能平台，可通过该平台直接进行申报，在申报前，需要进行风险检测。如北京恒达卫浴有限公司利用该公司的智慧平台，每月通过系统智能算税后，进入【智能申报管理】模块，点击【风险检测】，进行增值税风险检测，若风险状态处于正常状态，通过智能申报，系统通过 RPA 报税机器人报税功能一键完成申报，此处不再展开。

五、增值税及附加税费的核算

微课：附加税家族的故事

国家对缴纳增值税、消费税（以下简称"两税"）的单位和个人以其实际缴纳的"两税"税额为计税依据征收附加税费，包括城市维护建设税、教育费附加和地方教育费附加。

（一）城市维护建设税

城市维护建设税是 1985 年设置的一个税种，目的是加强城市的维护建设，扩大和稳定城市维护建设资金的来源，属于特定目的税。对缴纳"两税"的单位和个人，按增值税、消费税实际缴纳税额的 7%（纳税人所在地为市区的），或 5%（纳税人所在地为县城、镇的），或 1%（纳税人所在地不在市区、县城或镇）征收城市维护建设税。按照城市维护建设税法的规定，纳税人所在地，是指纳税人住所地或者与纳税人生产经营活动相关的其他地点，具体地点由省、自治区、直辖市确定。具体计算公式如下：

应纳税额 =（实纳增值税 + 实纳消费税）× 税率

对"两税"实行先征后返、先征后退、即征即退办法的，除另有规定外，对随"两税"附征的城市维护建设税和教育费附加，一律不予退（返）还；对"两税"补征时，城市维护建设税也要补征，但"两税"的滞纳金和罚款不作为城市维护建设税的计税依据；纳税人在被查补"两税"和被处以罚款时，应同时对其城市维护建设税进行补税、征收滞纳金和罚款；对于因减免税而需要进行"两税"退库的，城市维护建设税也可同时退库。

另外，出口退还增值税、消费税的，不退还已缴纳的城市维护建设税；对进口货物或者境外单位和个人向境内销售服务、无形资产缴纳的增值税、消费税税额，不征收城市维护建设税（进口不征，出口不退）。

（二）教育费附加

教育费附加是对缴纳增值税、消费税的单位和个人，以其实际缴纳的"两税"税额为计税依据而征收的一种附加费，其征收目的是扶持教育事业发展。自 2010 年 12 月 1 日起，内外资企业和个人，统一按增值税、消费税实际缴纳税额的 3% 征收教育费附加；统一按增

智能化税费核算与管理

值税、消费税实际缴纳税额的2%征收地方教育费附加。具体计算公式如下：

教育费附加=（实纳增值税+实纳消费税）×3%

地方教育费附加=（实纳增值税+实纳消费税）×2%

（三）增值税及附加税费的核算

企业应设置"应交税费——应交城市维护建设税"核算城市维护建设税的计提和缴纳；设置"应交税费——应交教育费附加"核算教育费附加的计提和缴纳；设置"应交税费——应交地方教育费附加"核算地方教育费附加的计提和缴纳。计提的城市维护建设税、教育费附加及地方教育费附加应计入"税金及附加"。

【任务实施】

【业务34】5月31日，计提增值税及附加税费。查询纳税申报结果，当月销项税额为1 275 433.42元，进项税额为966 788.99元，进项税额转出为2 639.98元，简易计税办法计算的应纳税额1 000元，企业位于北京市东城区，适用7%的城市维护建设税税率，教育费附加征收率为3%，地方教育费附加征收率为2%。

应纳税额=1 275 433.42－（966 788.99－2 639.98）=311 284.41（元）（当期销项＞进项的差额应从增值税明细账上转为未交增值税）

应纳税额合计=311 284.41+1 000=312 284.41（元）

应交城市维护建设税=312 284.41×7%≈21 859.91（元）

应交教育费附加=312 284.41×3%≈9 368.53（元）

应交地方教育附加=312 284.41×2%≈6 245.69（元）

借：应交税费——应交增值税（转出未交增值税）	311 284.41
税金及附加	37 474.13
贷：应交税费——未交增值税	311 284.41
应交税费——应交城市维护建设税	21 859.91
应交税费——应交教育费附加	9 368.53
应交税费——应交地方教育附加	6 245.69

【任务实施】

【业务35】6月，缴纳增值税及相关附加税费

借：应交税费——未交增值税	311 284.41
应交税费——简易计税	1 000.00
应交税费——应交城市维护建设税	21 859.91
应交税费——应交教育费附加	9 368.53
应交税费——应交地方教育附加	6 245.69
贷：银行存款	349 758.54

模块六　增值税出口退税的核算与管理

出口货物、服务和跨境应税行为退（免）增值税是指在国际贸易业务中，对我国报送出口的货物、服务和跨境应税行为退还或免征其在国内各生产和流通环节按税法规定缴纳的增值税。

这实际上是增值税出口货物、服务和跨境应税行为实行零税率政策的重要组成部分。具体而言，零税率包含两层含义：一是对本道环节生产或销售货物、服务和跨境应税行为的增值税部分免征增值税；二是对出口货物、服务和跨境应税行为前道环节所含的进项税额进行退还。这样的政策安排旨在促进国际贸易，鼓励出口，并确保不会重复征税。

一、政策类型及适用范围

（一）出口免税并退税

出口免税是指对出口货物、服务和跨境应税行为在出口销售环节免征增值税，这是把出口货物、服务和跨境应税行为出口环节与出口前的销售环节都同样视为一个征税环节；出口退税是指对出口货物、服务和跨境应税行为在出口前实际承担的税收负担，按规定的退税率计算后予以退还。

下列出口货物和服务，除另有规定外，给予免税并退税：①出口企业出口货物；②出口企业或其他单位视同出口货物；③出口企业对外提供加工修理修配服务；④融资租赁货物出口。

（二）出口免税不退税

出口免税不退税是指适用这个政策的出口货物、服务和跨境应税行为因在前一道生产、销售环节或进口环节是免税的，因此，出口时该出口货物、服务和跨境应税行为的价格中本身就不含税，也无须退税。

（三）出口不免税也不退税

出口不免税是指对国家限制或禁止出口的某些货物、服务和跨境应税行为的出口环节视同内销环节，照常征税；出口不退税是指对这些货物、服务和跨境应税行为不退还出口前其所负担的税款。

二、增值税出口货物退税率

出口货物退税率，是出口货物的实际退税额与退税计税依据的比例。具体规定如下。

■ 智能化税费核算与管理

（1）除财政部和国家税务总局根据国务院决定而明确的增值税出口退税率（以下称退税率）外，出口货物的退税率为其适用税率。

（2）国家会根据对外贸易的实际情况对退税率做出及时的调整，在申报出口退税时应查询国家税务总局发布的出口退税率文库，按照当时的有关规定执行。

（3）外贸企业购进按简易办法征税的出口货物、从小规模纳税人购进的出口货物，其退税率分别为简易办法实际执行的征收率、小规模纳税人征收率。上述出口货物取得增值税专用发票的，退税率按照增值税专用发票上的税率和出口货物退税率孰低的原则确定。

三、增值税退免税办法

适用增值税退（免）税政策的出口货物、服务和跨境应税行为，按照下列规定实行增值税"免、抵、退"税或"免、退"税办法。

（一）"免、抵、退"税办法

"免、抵、退"政策适用范围包括：（1）增值税一般计税方法的生产企业出口自产货物与视同自产货物；（2）列名的生产企业出口非自产货物；（3）生产企业对外提供加工修理修配服务；（4）对外提供适用增值税零税率的服务和无形资产。

增值税"免、抵、退"税额的具体的计算公式如下：

当期应纳税额 = 当期内销货物销项税额 –（当期进项税额 – 当期不得免征和抵扣的税额）– 上期期末留抵税额

其中，

当期不得免征和抵扣的税额 = 当期出口货物离岸价 × 汇率 ×（出口货物适用税率 – 出口货物退税率）– 当期不得免征和抵扣税额抵减额

当期不得免税和抵扣税额抵减额 = 当期免税购进原材料价格 ×（出口货物适用税率 – 出口退税率）

当期"免、抵、退"税额 = 离岸价 × 汇率 × 出口退税率 – 当期"免、抵、退"税额抵减额

当期"免、抵、退"税额抵减额 = 当期免税购进原材料价格 × 出口货物适用税率

若当期应纳税额 < 0，当期应纳税额的绝对数为当期期末留抵税额。

当期期末留抵税额 ≤ 当期"免、抵、退"税额，则

当期应退税额 = 当期期末留抵税额

当期免抵税额 = 当期"免、抵、退"税额 – 当期应退税额

当期期末留抵税额 > 当期"免、抵、退"税额，则

当期应退税额 = 当期"免、抵、退"税额

当期免抵税额 = 0

（二）"免、退"办法

"免、退"政策适用范围包括：（1）外贸企业出口外购货物；（2）外贸企业外购并对

外提供加工修理修配服务；（3）外贸企业出口外购适用零税率的服务或无形资产。

外贸企业出口货物（委托加工修理修配货物除外）应退税额的计算公式如下：

增值税应退税额＝购进出口货物的增值税专用发票注明的金额或海关进口增值税专用缴款书注明的计税价格×出口货物退税率

四、出口退（免）税的会计核算

为核算企业出口退（免）税业务，企业应设置"应交税费——应交增值税（出口退税）""其他应收款——应收出口退税款""应交税费——应交增值税（出口抵减内销应纳税额）"等账户。具体的会计核算方法及内容如下。

（一）外贸企业出口

对外贸易企业在出口货物、服务和应税行为时，按出口销售额确认收入、应收款或已收款，将计算确认的出口退税额借记"其他应收款——应收出口退税款（或应收补贴款）"科目，贷记"应交税费——应交增值税（出口退税）"科目，在收到退税款时转销"其他应收款——应收出口退税款（或应收补贴款）"。

【学以致用】

202×年4月，某进出口公司报关出口销售商品20万美元，该商品国内购进价格为85万元，适用退税率为13%，美元汇率为6.23，该退税款于6月8日收到。其会计处理如下。

（1）确认收入

借：应收账款——美元户（USD 200 000）　　　　　1 246 000
　　贷：主营业务收入　　　　　　　　　　　　　　　　　1 246 000

（2）确认退税额＝850 000×13%＝110 500（元）

借：其他应收款——应收出口退税款　　　　　　　110 500
　　贷：应交税费——应交增值税（出口退税）　　　　　　110 500

（3）202×年6月8日收到退税款

借：银行存款　　　　　　　　　　　　　　　　　110 500
　　贷：其他应收款——应收出口退税款　　　　　　　　　110 500

（二）生产企业出口

生产企业在货物出口并确认收入实现时，根据出口销售额（FOB价）确认收入、应收款或已收款，月末根据《免抵退税汇总申报表》中计算出的"免抵退税不予免征和抵扣税额"借记"主营业务成本"科目，贷记"应交税费——应交增值税（进项税额转出）"科

智能化税费核算与管理

目,根据《免抵退税汇总申报表》中计算出的"应退税额"借记"其他应收款——应收出口退税款"科目,贷记"应交税费——应交增值税(出口退税)"科目,根据《免抵退税汇总申报表》中计算出的"免抵税额"借记"应交税费——应交增值税(出口抵减内销应纳税额)"科目,贷记"应交税费——应交增值税(出口退税)"科目,收到出口退税款时借记"银行存款"科目,贷记"其他应收款——应收出口退税款"科目。

【学以致用】

某生产型外商投资企业,适用的销售货物的征税税率为13%,退税率适用9%,某月有关经营业务如下。8日,用银行存款购进原材料专用发票注明价款为200万元,进项税额26万元通过认证可抵扣;13日,出口货物25万美元,款项未收,汇率为6.82;20日,内销货物不含税销售额为100万元,款项已收。

(1) 8日,国内购进材料

借:原材料　　　　　　　　　　　　　　　　　　2 000 000.00
　　应交税费——应交增值税(进项税额)　　　　　 260 000.00
　　贷:银行存款　　　　　　　　　　　　　　　　2 260 000.00

(2) 13日,确认外销收入

借:应收账款——美元户(USD 250 000)　　　　 1 705 000.00
　　贷:主营业务收入　　　　　　　　　　　　　　1 705 000.00

(3) 20日,确认内销收入

借:银行存款　　　　　　　　　　　　　　　　　 1 130 000.00
　　贷:主营业务收入　　　　　　　　　　　　　　1 000 000.00
　　　　应交税费——应交增值税(销项税额)　　　　 130 000.00

(4) 月末,计算不得免征和抵扣税额

应交税费 = 250 000 × 6.82 × (13% − 9%) = 68 200(元)

借:主营业务成本　　　　　　　　　　　　　　　　　68 200.00
　　贷:应交税费——应交增值税(进项税额转出)　　　68 200.00

(5) 月末,计算免抵退税额、应退税额

免抵退税额 = 250 000 × 6.82 × 9% = 153 450(元)

当期应纳税额 = 130 000 − (260 000 − 68 200) = −61 800(元)

∵ 期末留抵税额 < 当期免抵退税额

∴ 当期应退税额 = 期末留抵税额 = 61 800(元)

借:其他应收款——应收出口退税款　　　　　　　　　61 800.00
　　贷:应交税费——应交增值税(出口退税)　　　　 61 800.00

(6) 月末,计算免抵税额

免抵税额 = 153 450 − 61 800 = 91 650(元)

借:应交税费——应交增值税(出口抵减内销应纳税额)　 91 650.00
　　贷:应交税费——应交增值税(出口退税)　　　　 91 650.00

项目小结

本项目通过六个核心模块的学习与实践，实现了对增值税基本内容的全面认知。我们不仅掌握了增值税的销项税款、进项税额和应纳税额等的计算与核算方法以及纳税筹划的技巧。同时，深入探讨了增值税的风险管控策略，学习了如何有效识别、评估及应对税务风险，确保税务合规。最后，强化了增值税的申报管理能力，提升了运用智能化工具进行税务处理与申报的实操技能，为未来适应数字化税务管理趋势打下了坚实基础。通过学习本项目，将有效提升同学们在增值税领域的专业知识与实践能力，为日后的工作奠定坚实基础。

项目二
消费税及附加税费的智能化核算与管理

知识学习目标

1. 熟悉消费税的含义与基本要素
2. 掌握消费税的计税方法与会计核算方法
3. 掌握消费税纳税筹划与风险防控方法

技能训练目标

1. 能对企业的消费税进行核算与管理
2. 能完成消费的税务风险自查，发现并纠正可能的错误
3. 能准确计算企业消费税及附加税费并完成纳税申报，确保合规性
4. 能通过合法手段优化消费税税收负担，提高纳税效率

素养培育目标

1. 了解国家绿色税收、节能环保政策在推动经济社会发展全面绿色转型、实施可持续发展中的引导作用
2. 理解税收对经济、消费的调节作用，培养节能环保意识和合理消费观念

项目案例

公司基本信息：

北京佰佳木业有限公司
统一社会信用代码：91350603062056089R
经营范围：高档木地板加工、制造及销售、木制一次性筷子制造及销售
基本户开户银行：中国工商银行北京分行
基本存款账户：1110304528133033698

业务协同信息：

公司2024年5月发生如下经济业务（同类业务不展示）。

1. 5月5日，向北京万和制造有限公司购入素橡木地板，取得增值税专用发票及入库单如图2-1-1和图2-1-2所示。

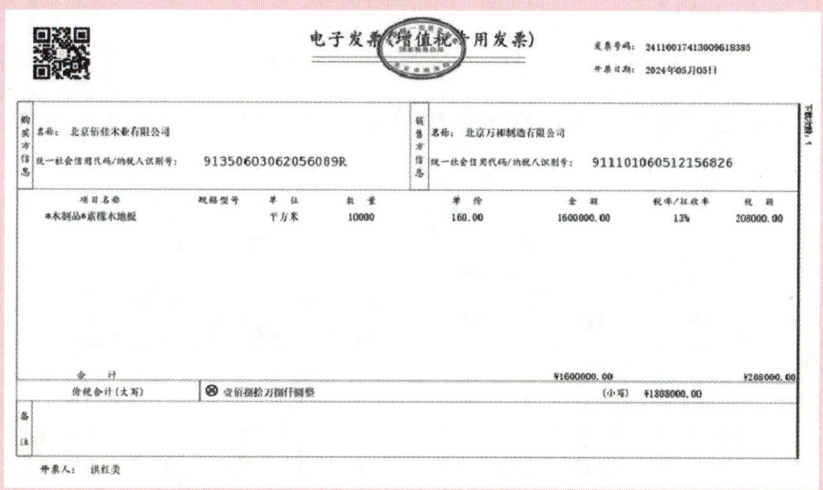

图2-1-1 购货发票

图2-1-2 入库单

2. 5月6日，向北京同达贸易有限公司销售产品，开具销售发票如图2-2所示。

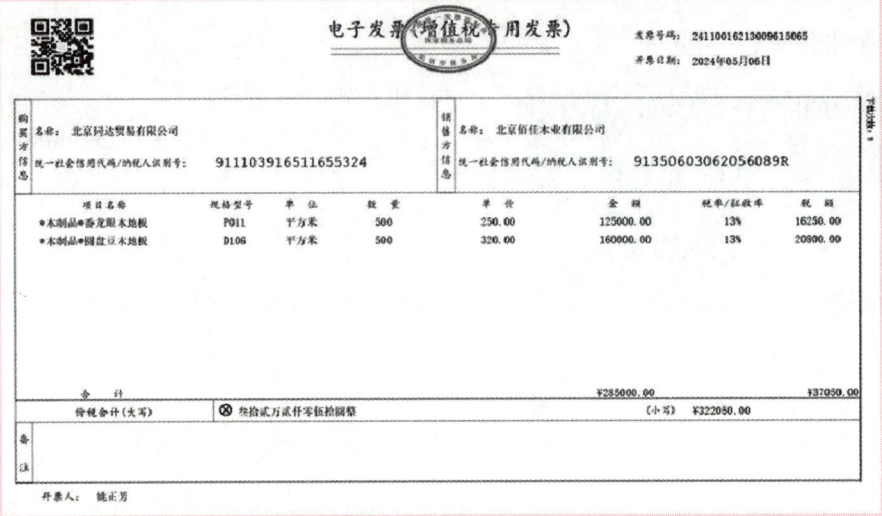

图2-2 销售发票

3. 5月7日，生产领用外购素橡木地板用于加工成漆饰橡木地板。期初素橡木地板2 500平方米，价值387 500元。领料单如图2-3所示。

图2-3 领料单

4. 5月11日，向北京毅然制造有限公司发出原木尾木原料，委托其加工成一次性木筷2 000万双。原材料不含税总价为100 000元，含税加工费单价为67.80元，共计135 600元。领料单如图2-4所示。

5. 5月15日，向福州建华装饰材料有限公司销售产品，开具销售发票如图2-5所示。

6. 5月20日，向北京安斯贸易有限公司销售产品，开具销售发票如图2-6所示。

7. 5月21日，向北京米可家居有限公司无偿提供漆饰橡木地板用于装修样板间。协议约定，北京米可家居有限公司在收到漆饰橡木地板后为公司提供宣传服务。已知漆饰橡木地板成本价为每平方米240元，加权平均单价为每平方米365元。材料出库单如图2-7所示。

图2-4 领料单

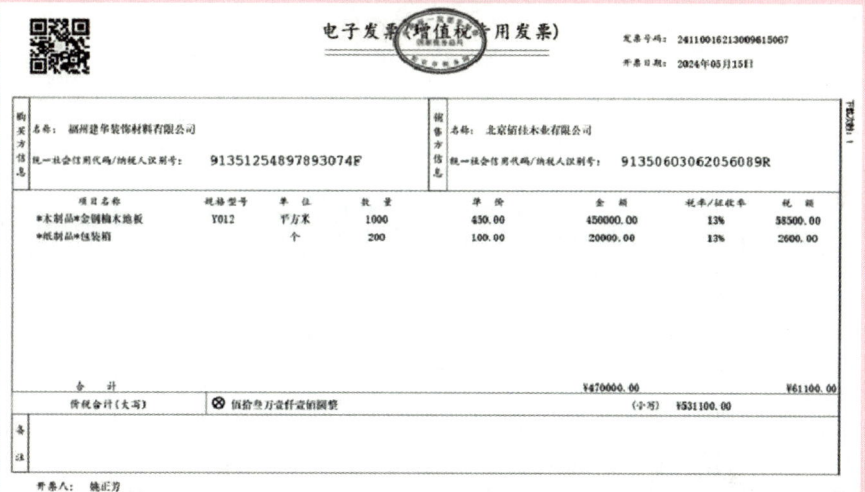

图2-5 销售发票

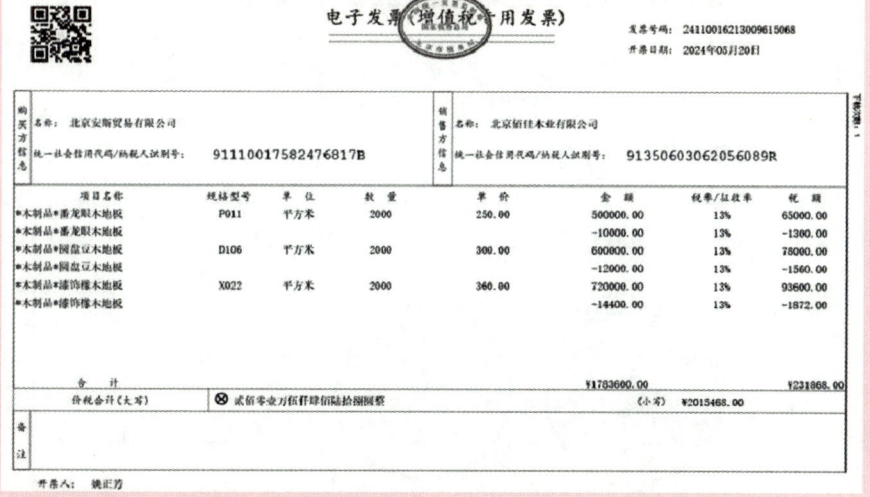

图2-6 销售发票

物资类别	库存商品			出库单				NO00501097	
				2024年 5月21日					
提货单位或部门	北京米可家居有限公司	发票号码或销售单号		发出仓库	成品仓		出库日期	2024年5月21日	
编号	名称及规格	单位	数量 要数	数量 实发	单价	金额			
103	漆饰橡木地板	m²	500	500	240	120000			
	合　计								

部门主管：吴浩　会计：张一铭　仓库：李思思　制表：陈明

第二联　记账

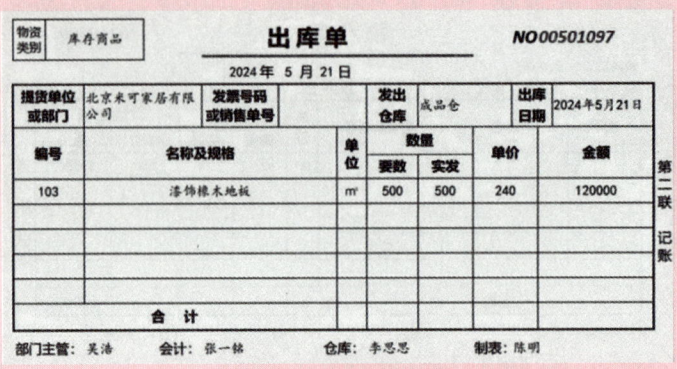

图 2－7　出库单

8. 5月25日，收回委托加工一次性木筷。相关单据如图2－8－1和图2－8－2所示。

入库单　№ 07032302

交货单位：北京毅然制造有限公司　　2024年05月25日

品名	单位	规格	数量	单价	金额（千百十万千百十元角分）
木制一次性筷子	万双		2000		
合计大写	仟　佰　拾　万　仟　佰　拾　元　角　分¥				

记账：郑元德　保管：肖俊宁　制票：姚正芳

第二联　会计联

图 2－8－1　入库单

A06479《中华人民共和国税收缴款书（代扣代收专用）》

国

中华人民共和国

税收缴款书（代扣代收专用）

税收缴款书号：00653525

填发日期：2024 年 05 月 25 日

纳税人	识别号	91350603062056089R		扣缴义务人	识别号	91100923485146116Y
	名称	北京佰佳木业有限公司			名称	北京毅然制造有限公司
	登记注册类型	一般纳税人			税款所属时期	2024-05
税种	品目名称	课税数量	计税金额	税率或单位税额	扣除额	实缴金额
消费税	*木制品*一次性筷子	2000万双	231578.95	0.05		11578.95
金额合计	（大写）壹万壹仟伍佰柒拾捌元玖角伍分					
税务机关（盖章）	扣缴义务人（盖章）		填票人	备注		

国家税务总局北京市朝阳区税务局　北京毅然制造有限公司

图 2－8－2　税收缴款书

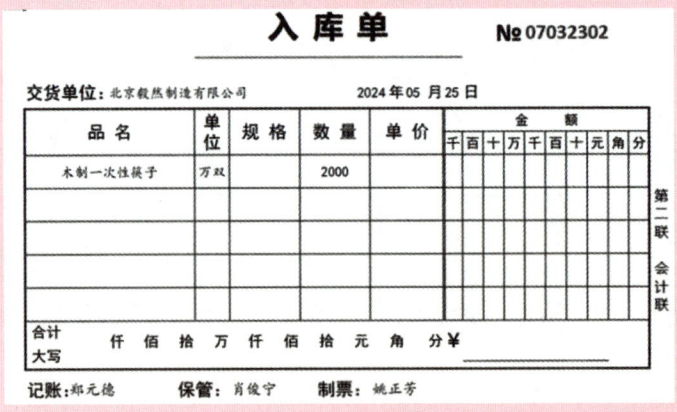

9. 5月26日，向北京友邦日用品有限公司销售产品。期初无库存委托加工一次性筷子，期末库存委托加工一次性筷子已纳消费税税额为8 683.95元，销售发票如图2-9所示。

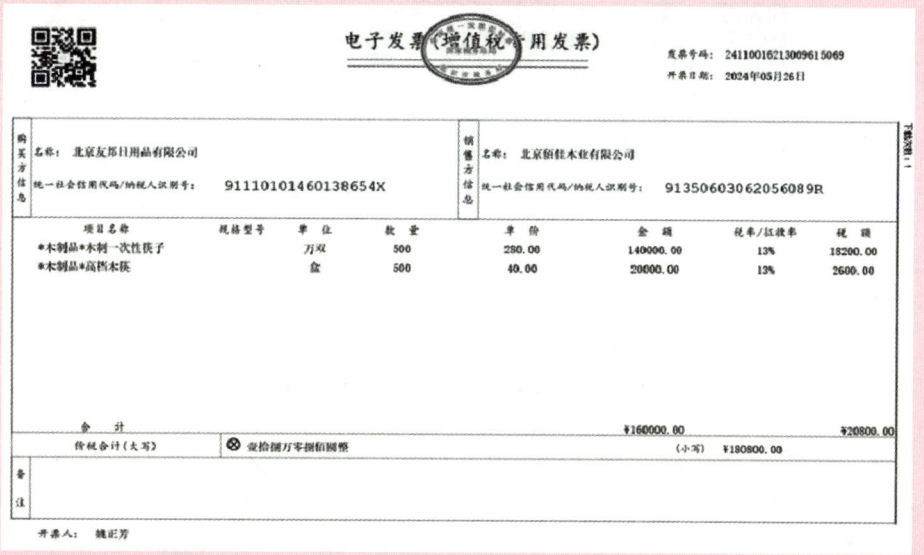

图2-9　销售发票

10. 用圆盘豆木地板换取原木。以物易物合同显示，公司换出圆盘豆木地板1 100平方米（含税单价339元/平方米），等价换入山西圣凯木业有限公司原木500平方米（含税单价745.8元/平方米），双方均开具增值税专用发票（此处略），公司产品销售价格如图2-10所示。

序号	商品名称	单位	产品属性	加权平均价	最高销售价	成本价	成本利润率
1	番龙眼木地板	平方米	自产	258	265		
2	圆盘豆木地板	平方米	自产	310	320		
3	漆饰橡木地板	平方米	外购素橡木地板进行漆饰	365	380	240	
4	金钢柚木地板	平方米	自产	460	480		
5	亚花梨木地板	平方米	新研制，尚未对外销售			280	5%
6	木制一次性筷子	万双	委托加工	30	35		
7	高档木筷	盒	自产	42	45		
8	素橡木地板	平方米	外购	160	180		

图2-10　商品价格表

11. 5月30日，领用自产亚花梨木地板装修办公室。该产品新研制，尚未对外销售。产品出库单如图2-11所示，商品价格如图2-10所示。

12. 5月31日，没收北京同达贸易有限公司金钢柚木地板逾期包装物押金，资料如图2-12-1和图2-12-2所示。

图 2-11 出库单

图 2-12-1 没收包装物押金业务决定

图 2-12-2 收款收据

任务清单：
1. 判断该案例的消费税纳税人及征税税目、适用税率
2. 对该公司 5 月的销售业务进行消费税智能核算与管理
3. 对该公司 5 月的消费税及附加税费进行风险管控及申报管理
4. 结合该公司的经营业务提出合理的消费税纳税筹划建议

模块一　认知消费税法的基本内容

消费税是指对特定消费品和消费行为按流转额征收的一种间接商品税。消费税随价格转嫁给消费者，消费者是税款的实际负担者，是一种价内税。消费税的征收范围具有较强的选择性，可以在保证国家财政收入的同时，调节消费行为，引导消费需求，间接调节收入分配和引导产业结构，因而在保证国家财政收入、体现国家经济政策等方面具有十分重要的意义。消费税的征收是国家贯彻消费政策、引导消费结构从而引导产业结构的重要手段。

一、消费税的纳税人和代收代缴义务人

（一）消费税的纳税人

在中华人民共和国境内生产、委托加工和进口《消费税暂行条例》规定的消费品的单位和个人，以及国务院确定的销售《消费税暂行条例》规定的消费品的其他单位和个人，为消费税的纳税人。

在中华人民共和国境内，是指生产、委托加工和进口应税消费品的起运地或者所在地在我国境内。

（二）消费税代收代缴义务人

委托加工的应税消费品，除受托方为个人外，由受托方在向委托方交货时代收代缴税款，该受托方为消费税的代收代缴义务人。

> 【温馨提示】
>
> 现行消费税征收以生产环节为主，除金银、铂金、钻石饰品在零售环节征收，卷烟在生产和批发环节征收、豪华乘用车在生产及零售环节征收，其他品类商品均在生产环节征收。因此，消费税纳税人具体包括：
>
> （1）生产（含视为生产[①]）应税消费品（金银首饰、铂金首饰、钻石及钻石饰品除外）的单位和个人；
>
> （2）进口应税消费品（金银首饰、铂金首饰、钻石及钻石饰品除外）的单位和个人；

[①] 视为生产：工业企业以外的单位和个人的下列行为视为应税消费品的生产行为，按规定征收消费税：
将外购的消费税非应税产品以消费税应税产品对外销售；
将外购的消费税低税率应税产品以高税率应税产品对外销售。

(3) 委托加工应税消费品（金银首饰、铂金首饰、钻石及钻石饰品除外）的单位和个人；

(4) 零售超豪华小汽车、金银首饰、铂金首饰、钻石及钻石饰品的单位和个人；

(5) 从事卷烟、电子烟批发业务的单位和个人。①

二、消费税的征税范围

消费税主要针对某些特定的消费品征税，但征税范围并非一成不变，而是会根据国家经济发展、环境保护、社会政策等国家大政方针进行调整。依据《消费税暂行条例》及相关法规规定，目前消费税征税范围仅包括15种特殊消费品。

（一）烟

凡是以烟叶为原料加工生产的产品，不论使用何种辅料，均属于本税目的征收范围。包括卷烟（进口卷烟、白包卷烟、手工卷烟和未经国务院批准纳入计划的企业及个人生产的卷烟）、雪茄烟、烟丝和电子烟。

"卷烟"又分"甲类卷烟"和"乙类卷烟"。其中，甲类卷烟是指每标准条（200支，下同）调拨价格在70元及以上（不含增值税）的卷烟；乙类卷烟是指每标准条调拨价格在70元以下的卷烟。

（二）酒

酒是指酒精度在1度以上的各种酒类饮料，包括白酒、黄酒、啤酒和其他酒。

啤酒每吨出厂价（含包装物及包装物押金，不含增值税）在3 000元（含）以上的是甲类啤酒，每吨出厂价在3 000元以下的是乙类啤酒。包装物押金不包括重复使用的塑料周转箱的押金。

【温馨提示】

对饮食业、商业、娱乐业举办的啤酒屋（啤酒坊）利用啤酒生产设备生产的啤酒，应当征收消费税。果啤属于啤酒，按啤酒征收消费税。葡萄酒、药酒消费税适用"酒"税目下设的"其他酒"子目。

（三）高档化妆品

本税目征税范围包括：高档美容、修饰类化妆品、高档护肤类化妆品和成套化妆品。高档美容、修饰类化妆品和高档护肤类化妆品是指生产（进口）环节销售（完税）价

---

① 纳税人（卷烟或电子烟批发商）销售给纳税人以外的单位和个人于销售时纳税，纳税人（批发商）之间销售的卷烟和电子烟不缴纳消费税。

格（不含增值税）在10元/毫升（克）或15元/片（张）及以上的美容、修饰类化妆品和护肤类化妆品。

美容、修饰类化妆品是指香水、香水精、香粉、口红、指甲油、胭脂、眉笔、唇笔、蓝眼油、眼睫毛以及成套化妆品。舞台、戏剧、影视演员化妆用的上妆油、卸妆油、油彩，不属于本税目的征收范围。

（四）贵重首饰及珠宝玉石

贵重首饰及珠宝玉石包括以金、银、白金、宝石、珍珠、钻石、翡翠、珊瑚、玛瑙等高贵稀有物质以及其他金属、人造宝石等制作的各种纯金银首饰及镶嵌首饰和经采掘、打磨、加工的各种珠宝玉石。对出国人员免税商店销售的金银首饰也征收消费税。金条银锭、金银纪念币等收藏类金银制品，不在消费税征收范围。

（五）鞭炮、焰火

鞭炮、焰火包括各种鞭炮、焰火。体育上用的发令纸、鞭炮药引线，不按本税目征收。

（六）成品油

成品油包括汽油、柴油、石脑油、溶剂油、航空煤油、润滑油、燃料油7个子目。航空煤油暂缓征收消费税。

（七）小汽车

小汽车是指由动力驱动，具有4个或4个以上车轮的非轨道承载的车辆。本税目征收范围包括下列内容。

（1）乘用车：含驾驶员座位在内最多不超过9个座位（含）的，在设计和技术特性上用于载运乘客和货物的各类乘用车。

（2）中轻型商用客车：含驾驶员座位在内的座位数在10~23座（含23座）的，在设计和技术特性上用于载运乘客和货物的各类中轻型商用客车。

（3）超豪华小汽车：每辆零售价格为130万元（不含增值税）及以上的乘用车和中轻型商用客车。

【温馨提示】

"小汽车"税目不包括大型商用客车、大货车、大卡车。用排气量小于1.5升（含）的乘用车底盘（车架）改装、改制的车辆属于乘用车征收范围。用排气量大于1.5升的乘用车底盘（车架）或用中轻型商用客车底盘（车架）改装、改制的车辆属于中轻型商用客车征收范围。含驾驶员人数（额定载客）为区间值的（如8~10人；17~26人）小汽车，按其区间值下限人数确定征收范围。电动汽车、沙滩车、雪地车、卡丁车、高尔夫车不属于消费税征收范围，不征收消费税。

(八) 摩托车

摩托车包括轻便摩托车和摩托车两种。气缸容量 250 毫升（不含）以下的小排量摩托车不征收消费税。

(九) 高尔夫球及球具

高尔夫球及球具是指从事高尔夫球运动所需的各种专用装备，包括高尔夫球、高尔夫球杆及高尔夫球包（袋）等。高尔夫球杆的杆头、杆身和握把属于本税目的征收范围。

(十) 高档手表

高档手表是指销售价格（不含增值税）每只在 10 000 元（含）以上的各类手表。

(十一) 游艇

游艇是指长度大于 8 米小于 90 米，内含发动机，一般为私人或团体购置，主要用于水上运动和休闲娱乐等非营利活动的各类机动艇。

(十二) 木制一次性筷子

木制一次性筷子，又称卫生筷子，是指以木材为原料经过锯段、浸泡、旋切、刨切、烘干、筛选、打磨、倒角、包装等环节加工而成的各类供一次性使用的筷子。未经打磨、倒角的木制一次性筷子属于本税目征税范围。

(十三) 实木地板

实木地板是指以木材为原料，经锯割、干燥、刨光、截断、开榫、涂漆等工序加工而成的块状或条状的地面装饰材料。未经涂饰的素板也属于本税目征税范围。

(十四) 电池

电池，是一种将化学能、光能等直接转换为电能的装置，一般由电极、电解质、容器、极端，通常还有隔离层组成的基本功能单元，以及用一个或多个基本功能单元装配成的电池组。本税目征收范围包括原电池、蓄电池、燃料电池、太阳能电池和其他电池。对无汞原电池、金属氢化物镍蓄电池（又称氢镍蓄电池或镍氢蓄电池）、锂原电池、锂离子蓄电池、太阳能电池、燃料电池、全钒液流电池免征消费税。

(十五) 涂料

涂料是指涂于物体表面能形成具有保护、装饰或特殊性能的固态涂膜的一类液体或固体材料的总称。对施工状态下挥发性有机物（Volatile Organic Compounds，VOC）含量低于 420 克/升（含 420 克/升）的涂料免征消费税。

【勤思善悟】

以上产品在流通环节已经征收了增值税，为什么还要再征收消费税？国家对这些产品加征消费税的原因是什么？

三、消费税税率

消费税采用比例税率和定额税率两种形式。其中，比例税率适用于除卷烟以外的烟，除白酒、黄酒和啤酒以外的应税酒，高档化妆品，鞭炮，焰火，贵重首饰及珠宝玉石，摩托车，小汽车，高尔夫球及球具，高档手表，游艇，木制一次性筷子，实木地板。定额税率适用于啤酒、黄酒、成品油。复合税率适用于白酒和卷烟。消费税税目、税率（额）如表 2-1 所示。

表 2-1　　　　　　　　　消费税税目、税率（额）表

税目	税率（额）		
	生产（进口）环节	批发环节	零售环节
一、烟			
1. 卷烟			
（1）甲类卷烟	56% 加 0.003 元/支	11% 加 0.005 元/支	
（2）乙类卷烟	36% 加 0.003 元/支	11% 加 0.005 元/支	
2. 雪茄烟	36%		
3. 烟丝	30%		
4. 电子烟	36%	11%	
二、酒			
1. 白酒	20% 加 0.5 元/500 克（或 500 毫升）		
2. 黄酒	240 元/吨		
3. 啤酒			
（1）甲类啤酒	250 元/吨		
（2）乙类啤酒	220 元/吨		
4. 其他酒（如葡萄酒、药酒）	10%		
三、高档化妆品	15%		
四、贵重首饰及珠宝玉石			
1. 金银首饰、铂金首饰和钻石及钻石饰品			5%
2. 其他贵重首饰和珠宝玉石（含宝石坯、人造宝石）	10%		
五、鞭炮、焰火	15%		
六、成品油（不含进口成品油）			
1. 汽油	1.52 元/升		
2. 石脑油	1.52 元/升		
3. 溶剂油	1.52 元/升		
4. 润滑油	1.52 元/升		
5. 柴油（符合标准的纯生物柴油免征）	1.2 元/升		
6. 航空煤油（暂缓征收）	1.2 元/升		
7. 燃料油	1.2 元/升		

续表

税目	税率（额）		
	生产（进口）环节	批发环节	零售环节
七、摩托车			
1. 气缸容量（排气量，下同）250毫升的	3%		
2. 气缸容量在250毫升以上的	10%		
八、小汽车			
1. 乘用车			
（1）气缸容量（排气量，下同）在1.0升（含）以下的	1%		
（2）气缸容量在1.0升以上至1.5升（含）的	3%		
（3）气缸容量在1.5升以上至2.0升（含）的	5%		
（4）气缸容量在2.0升以上至2.5升（含）的	9%		
（5）气缸容量在2.5升以上至3.0升（含）的	12%		
（6）气缸容量在3.0升以上至4.0升（含）的	25%		
（7）气缸容量在4.0升以上的	40%		
2. 中轻型商用客车（23座以下）	5%		
3. 超豪华小汽车	按子税目1和子税目2的规定征收		10%
九、高尔夫球及球具	10%		
十、高档手表（进口环节后移至零售环节征收）	20%		
十一、游艇	10%		
十二、木制一次性筷子	5%		
十三、实木地板	5%		
十四、电池	4%		
十五、涂料	4%		

【温馨提示】

　　纳税人兼营不同税率的应税消费品，应当分别核算不同税率应税消费品的销售额、销售数量。未分别核算销售额、销售数量，或者将不同税率的应税消费品、应税消费品与非应税消费品组成成套消费品出售的，从高适用税率。

税收筹划

先销售后包装的筹划

　　纳税人兼营不同税率的应税消费品，应当分别核算不同税率的应税消费品，以避免从高适用税率征税。在涉及成套消费品的问题上，要考虑是否有必要组成成套的消费品。如确有必要,可以采用变"先包装后销售"为"先销售后包装"方式。具体操作方法:将各种产品先按品种和类别分别销售给零售商,再由零售商包装为成套消费品对外销售。这样在出厂销售环节对不同品种和类别的产品分别开具发票,在账务处理环节对不同的产品分别核算销售收入。

【学以致用】

　　北京葡浴有限公司盛产各类型葡萄酒。春节来临,该公司推出"组合装礼品酒"的促销活动,将白酒、白兰地酒和葡萄酒各一瓶组成价值115元的成套礼品进行销售。三种酒的出厂价分别为50元/瓶、40元/瓶、25元/瓶。白酒消费税税率是0.5元/斤加上出厂价的20%,白兰地酒和葡萄酒消费税税率是销售额的10%。假设这三种酒每瓶均为一斤装,该月共销售一万套礼品酒。

　　方案一:先包装后销售。此种行为属于混合销售行为,应当按照较高的税率计算消费税。因此,应缴纳消费税 = 10 000 × (3 × 0.5 + 115 × 20%) = 245 000(元)。

　　方案二:先销售后包装。此种行为可分别按不同税率计算消费税。

　　应缴纳消费税 = 10 000 × (1 × 0.5 + 50 × 20%) + 40 × 10 000 × 10% + 25 × 10 000 × 10% = 170 000(元)。

　　上述比较可得出,方案二即先销售后包装,可减轻企业负担:245 000 - 170 000 = 75 000(元)

　　如果当地税务机关对有关操作环节要求比较严格,可以采取分设机构的操作方法。即另外设立一个独立核算且专门从事包装业务的子公司,先按品种和类别将产品分别销售给该子公司,该子公司组成成套消费品后销售给零售商,最后由零售商对外销售。

【任务实施】

　　判断纳税人、征税范围和适用税率:北京佰佳木业有限公司经营高档木地板和木制一次性筷子、高档木筷子的生产销售,木地板和木制一次性筷子为消费税的征税范围,两种产品均适用5%的消费税税率。

模块二　一般情形消费税的核算与管理

　　为反映消费税的支出情况,企业应设置"税金及附加"科目核算应销售应税消费品需缴纳的消费税。为准确反映企业消费税应交、已交等情况,企业需在"应交税费"科目下

■ 智能化税费核算与管理

设置"应交消费税"明细科目进行会计核算。

一、直接收款销售的核算

（一）从价计征的核算

在从价定率计算方法下，应纳税额等于应税消费品的销售额乘以适用税率，计算公式为：

从价征收消费税应纳税额 = 销售额 × 税率

一般情况下，消费税的计税销售额与增值税一致，包括向买方收取的全部价款和价外费用，但不包括增值税销项税额。

【勤思善悟】

　　增值税和消费税在商品定价中的体现有何不同？为什么增值税被视为价外税，而消费税被视为价内税？

【任务实施】

　　【业务 2、6】均为直接销售应税消费品业务，在实现销售时，应确认收入和相关税额，其中，业务 5 因给予了客户 2% 的商业折扣，应按折后价确认收入和相关税费。消费税应纳税额可在实现销售时进行计提及确认，也可在月末一次性计提及确认，为更清晰地反映每笔销售业务应缴纳的消费税额，本教材按每笔业务进行计提及确认消费税。

　　【业务 2】5 月 6 日，销售商品，确认收入和税额。

应税木地板的计税价格 = 500 × 250 + 500 × 320 = 285 000（元）

应缴纳的消费税 = 285 000 × 5% = 14 250（元）

（1）确认销售收入

借：应收账款——北京同达贸易有限公司　　　　　　　　　322 050.00
　　　贷：主营业务收入——番龙眼木地板　　　　　　　　　125 000.00
　　　　　主营业务收入——圆盘豆木地板　　　　　　　　　160 000.00
　　　　　应交税费——应交增值税（销项税额）　　　　　　 37 050.00

（2）计提消费税

借：税金及附加　　　　　　　　　　　　　　　　　　　　 14 250.00
　　　贷：应交税费——应交消费税　　　　　　　　　　　　 14 250.00

　　【业务 6】5 月 20 日，销售商品，给予 2% 的商业折扣。

应税消费品木地板的计税价格 = (2 000 × 250 + 2 000 × 300 + 2 000 × 360) × (1 − 2%)
　　　　　　　　　　　　　 = 1 783 600（元）

应缴纳的消费税 = 1 783 600 × 5% = 89 180（元）

会计分录略。

(二) 从量计征的核算

在从量定额计算方法下，应纳税额等于应税消费品的销售数量乘以单位税额，应纳税额的多少取决于应税消费品的销售数量和单位税额两个因素。

应纳税额＝销售数量×单位税额

1. 销售数量的确定

销售数量是指纳税人生产、加工和进口应税消费品的数量，具体规定为：

（1）销售应税消费品的，为应税消费品的销售数量；

（2）自产自用应税消费品的，为应税消费品的移送数量；

（3）委托加工应税消费品的，为纳税人收回的应税消费品数量；

（4）进口应税消费品的，为海关核定的应税消费品进口征税数量。

2. 计量单位的换算标准

黄酒、啤酒是以吨为税额单位；汽油、柴油是以升为税额单位。但是考虑到实际销售过程中一些纳税人会把吨与升这两个计量单位混用，因此规范了不同产品的计税单位，以准确计算应纳税额，吨与升两个计量单位的换算标准如表 2-2 所示。

表 2-2　　　　　　　　　　　吨、升换算表

序号	名称	计量单位的换算标准
1	黄酒	1 吨 = 962 升
2	啤酒	1 吨 = 988 升
3	汽油	1 吨 = 1 388 升
4	柴油	1 吨 = 1 176 升
5	航空煤油	1 吨 = 1 246 升
6	石脑油	1 吨 = 1 385 升
7	溶剂油	1 吨 = 1 282 升
8	润滑油	1 吨 = 1 126 升
9	燃料油	1 吨 = 1 015 升

税收筹划

价格临界点筹划

价格临界点适用于采用全额累计税率的消费品。例如，每吨啤酒出厂不含增值税价格（含包装物及包装物押金）在 3 000 元（含 3 000 元）以上的，消费税单位税额为 250 元/吨；每吨啤酒出厂价格在 3 000 元（不含 3 000 元，不含增值税）以下的，消费税单位税额为 220 元/吨。啤酒消费税的税率实质上是一种全额累进性质的定额税率，其特点是：在临界点上下，税收负担变化较大。当每吨啤酒的销售价格稍微低于临界点时，将销售价格从临界点之下提高到临界点之上，会出现税收负担增加额大于销售价格增加额的情况。当每吨啤酒的销售价格稍微高于临界点时，适当降低销售价格至临界点之下，反而能够增加税后利润。

【学以致用】

胜达啤酒厂为增值税一般纳税人，2024年6月生产销售某品牌啤酒，每吨出厂价格为3 010元（不含增值税），与此相关的成本费用为2 500元，准予抵扣的进项税额为300元。城市维护建设税税率为7%，教育费附加征收率为3%。

方案一：将每吨啤酒的出厂价格定为3 010元。
销售每吨啤酒应缴纳增值税＝3 010×13%－300＝91.3（元）
销售每吨啤酒应缴纳消费税＝250（元）
应缴纳城市维护建设税和教育费附加＝（91.3＋250）×（7%＋3%）＝34.13（元）
销售每吨啤酒的税后利润＝（3 010－2 500－250－34.13）×（1－25%）＝169.40（元）
方案二：将每吨啤酒的出厂价格降至2 990元。
销售每吨啤酒应缴纳增值税＝2 990×13%－300＝88.7（元）
销售每吨啤酒应缴纳消费税＝220（元）
应缴纳城市维护建设税和教育费附加＝（88.7＋220）×（7%＋3%）＝30.87（元）
销售每吨啤酒的税后利润＝（2 990－2 500－220－30.87）×（1－25%）＝179.35（元）
方案二比方案一销售每吨啤酒少缴纳税款35.86元［（91.3－88.7）＋（250－220）＋（34.13－30.87）］，多获取税后利润9.95元（179.35－169.40）；若以实现税负最小化以及税后利润最大化为筹划目标，应选择方案二。

当每吨啤酒的销售价格稍微高于临界点时，将每吨啤酒的销售价格从临界点之上适当降至临界点之下，不仅可以降低消费税税负，多获得税后利润，而且可以增加产品在价格上的竞争力，使销售量得以提升。

（三）复合计征的核算

现行消费税的征税范围中，卷烟和白酒采用复合计征方法，计税公式如下：

应纳税额＝销售数量×单位税额＋销售额×税率

微课：卷烟应纳税额的计算

微课：消费税——酒应纳税额的计算

【学以致用】

杏苑林酒业公司是白酒生产企业，系增值税一般纳税人，2024年5月6日销售白酒5吨，取得的不含增值税的销售额为1 000 000元。请计算该白酒生产企业这批白酒应缴纳的消费税。

分析：白酒适用的比例税率为20%，定额税率为每500克0.5元。

应缴纳消费税＝5×2 000×0.5＋1 000 000×20%＝205 000（元）

二、用外购已税消费品生产应税消费品的核算

纳税人外购已税消费品生产应税消费品，仍应以纳税人的销售额为依据计税。但为了避免重复征税，现行消费税规定可从其应纳消费税额中扣除当期生产领用的外购已税消费品的已纳税款。可以扣除原料已纳消费税税款的范围包括：

（1）外购已税烟丝生产的卷烟；
（2）外购已税高档化妆品生产的化妆品；
（3）外购已税珠宝玉石生产的贵重首饰及珠宝玉石（但外购已税珠宝玉石生产改在零售环节征收消费税的金银镶嵌首饰除外）；
（4）外购已税鞭炮、焰火生产的鞭炮焰火；
（5）外购的已税杆头、杆身和握把为原料生产的高尔夫球杆；
（6）外购的已税木制一次性筷子为原料生产的木制一次性筷子；
（7）外购的已税实木地板为原料生产的实木地板；
（8）外购已税汽油、柴油、石脑油、燃料油、润滑油用为原料连续生产应税成品油；
（9）从葡萄酒生产企业购进、进口葡萄酒连续生产应税葡萄酒。

上述当期准予扣除外购应税消费品已纳消费税税额的计算方法分为以下两种。

1. 实行从价定率计算应纳税额的

当期准予扣除外购应税消费品已纳税款 = 当期准予扣除外购应税消费品买价 × 外购应税消费品适用税率

其中，当期准予扣除外购应税消费品买价 = 期初库存外购应税消费品买价 + 当期购进的外购应税消费品买价 − 期末库存的外购应税消费品买价

2. 实行从量定额计算应纳税额的

当期准予扣除的外购应税消费品已纳税款 = 当期准予扣除外购应税消费品数量 × 外购应税消费品单位税额

其中，当期准予扣除外购应税消费品数量 = 期初库存外购应税消费品数量 + 当期购进外购应税消费品数量 − 期末库存外购应税消费品数量

【任务实施】

【业务3】为生产领用外购应税消费品业务。

分析：根据【业务1】，可知本期购入素橡木地板10 000平方米，每平方米单价160元；再结合期初素橡木地板库存2 500平方米，价值387 500元，可得出本期生产领用的外购素橡木地板加权平均单价 =（387 500 + 10 000 × 160）/（2 500 + 10 000）= 159（元）

则当期准予扣除外购素橡木地板已纳税款 = 6 000 × 159 × 5% = 47 700（元）

准予抵扣的税数在交纳税款时，直接冲减当期应纳税额即可，此处不再展开。

三、委托加工应税消费品的核算

企业、单位或个人由于设备、技术、人力等方面的局限或其他方面的原因,需要委托其他单位代为加工应税消费品,然后将加工好的应税消费品收回,直接销售或自己使用,这是生产应税消费品的另一种形式,也需要纳入征收消费税范围。例

微课:委托加工应税消费品应纳税额的计算

如,某企业将购入的小客车底盘和零部件提供给某汽车改装厂,加工组装成小客车供自己使用,则加工、组装成的小客车就需要缴纳消费税。纳税人委托加工应税消费品,应在纳税人提货的当天确认纳税义务。

(一)计税依据的确定

委托加工应税消费品按照受托方的同类消费品的销售价格计算纳税,如果受托方当月同类消费品各期销售价格高低不同,应按销售数量加权平均计算,但销售的应税消费品有下列情况之一的不得列入加权平均计算:

(1)销售价格明显偏低又无正当理由的;
(2)无销售价格的。

如果没有同类消费品销售价格的,按照组成计税价格计算纳税。

实行从价定率办法计算纳税的组成计税价格计算公式为:

组成计税价格 = (材料成本 + 加工费) ÷ (1 - 比例税率)

实行复合计税办法计算纳税的组成计税价格计算公式为:

组成计税价格 = (材料成本 + 加工费 + 委托加工数量 × 定额税率) ÷ (1 - 比例税率)

(二)委托加工应税消费品收回后销售或继续加工的核算

1. 收回后以不高于受托方计税价格销售的核算

委托加工的应税消费品,受托方在交货时,已代收代缴消费税,委托方收回消费品后以不高于受托方计税价格销售的,不再缴纳消费税。委托方应将受托方代收代缴的消费税随同应支付的加工费一并计入委托加工应税消费品的成本,借记"委托加工物资"账户,贷记"应付账款""银行存款"等账户。

【学以致用】

迈达康高尔夫厂主要从事高尔夫球及球具的生产经营业务,系增值税一般纳税人。2024年7月1日将购进的100 000元碳素材料委托B企业加工高尔夫球杆的杆身100个,支付不含增值税加工费总额30 000元,取得对方开具的增值税专用发票,加工费适用增值税税率为13%。由B企业代收代缴消费税,B企业当月同类高尔夫球杆的杆身不含增

值税售价为 1 500 元/个。2024 年 7 月 15 日收回委托加工的 100 个高尔夫球杆的杆身，该批加工产品收回后以每个 1 499 元的价格直接对外销售。消费税税率 10%。该厂有关委托加工业务的会计处理如下：

(1) 向 B 企业发出碳素材料

借：委托加工物资　　　　　　　　　　　　　　　　100 000.00
　　贷：原材料　　　　　　　　　　　　　　　　　　　　　100 000.00

(2) 支付加工费

借：委托加工物资　　　　　　　　　　　　　　　　　30 000.00
　　应交税费——应交增值税（进项税额）　　　　　　　3 900.00
　　贷：银行存款等　　　　　　　　　　　　　　　　　　　33 900.00

(3) 支付受托方 B 企业代收代缴消费税

代收代缴消费税额 = 1 500 × 100 × 10% = 15 000（元）

借：委托加工物资　　　　　　　　　　　　　　　　　15 000.00
　　贷：银行存款　　　　　　　　　　　　　　　　　　　　15 000.00

(4) 收回委托加工物资

借：库存商品　　　　　　　　　　　　　　　　　　145 000.00
　　贷：委托加工物资　　　　　　　　　　　　　　　　　　145 000.00

(5) 对外销售时

借：应收账款　　　　　　　　　　　　　　　　　　169 387.00
　　贷：主营业务收入　　　　　　　　　　　　　　　　　　149 900.00
　　　　应交税费——应交增值税（销项税额）　　　　　　　19 487.00

此时，对外销售不需要缴纳消费税。

2. 收回后以高于受托方计税价格销售或用于连续生产应税消费品的核算

如果收回后以高于受托方计税价格销售或用于连续生产应税消费品，不属于直接出售，需按照规定申报缴纳消费税，在计税时准予扣除受托方已代收代缴的消费税，委托方按受托方代收代缴的消费税款，借记"应交税费——应交消费税"账户，待连续生产的最终消费品销售时，按最终应税消费品应缴纳的消费税税额，借记"税金及附加"账户，贷记"应交税费——应交消费税"账户。这样，在"应交税费——应交消费税"账户中这两笔借、贷发生额的差额即为委托方实际应缴纳的消费税。其中，

当期准予扣除的委托加工应税消费品已纳税款 = 期初库存的委托加工应税消费品已纳税款 + 当期收回的委托加工应税消费品已纳税款 − 期末库存的委托加工应税消费品已纳税款

【任务实施】

【业务 4、8、9】是委托加工物资材料发出、支付加工费、消费税以及以高于受托方计税价格销售收回的委托加工物资业务。

【业务4】向北京毅然制造有限公司发出委托加工物资材料。
  借：委托加工物资   100 000.00
   贷：原材料   100 000.00

【业务8】5月25日，收回委托加工一次性筷子，受托方代扣代收消费税。

分析：单位产品的计税价格=231 578.95÷2 000=115.79（元），委托方收回后以高于该价格对外出售，委托方对外出售时，需缴纳消费税，但受托方代扣代缴的消费税可以抵扣，应借记"应交税费——应交消费税"。支付受托方北京毅然制造有限公司代收代缴消费税时：

  借：应交税费——应交消费税   11 578.95
   贷：银行存款   11 578.95

【业务9】5月26日，向北京友邦日用品公司销售木制一次性筷子和高档木筷。期初无库存委托加工一次性筷子，期末库存委托加工一次性筷子已纳消费税税额为8 683.95元。

（1）确认销售收入
  借：应收账款——北京友邦日用品公司   180 800.00
   贷：主营业务收入——木制一次性筷子   140 000.00
     主营业务收入——高档木筷   20 000.00
     应交税费——应交增值税（销项税额） 20 800.00

（2）计提消费税

木制一次性筷子应计提的消费税=140 000×5%=7 000（元）

  借：税金及附加   7 000.00
   贷：应交税费——应交消费税   7 000.00

（3）当期准予扣除的委托加工应税消费品已纳税款=期初库存的委托加工应税消费品已纳税款+当期收回的委托加工应税消费品已纳税款-期末库存的委托加工应税消费品已纳税款=0+11 578.95-8 683.95=2 895（元）

（4）当期实际应缴纳消费税税额=7 000-2 895=4 105（元）

四、应税消费品包装物的核算

应税消费品连同包装物一并出售的，无论包装物是否单独计价核算，原则上均应并入应税消费品的销售额中缴纳增值税、消费税。若是实行从量计税，包装物只计增值税，不计消费税。若是实行从价计税，包装物两税都应计缴。而在复合计税时，对从价金额部分，包装物计缴消费税；对从量部分，包装物不计缴消费税。因逾期未收回包装物而没收的押金，也应计缴消费税。

（一）包装物随同产品销售而不单独计价

因为包装物收入已包括在产品销售收入中，因此其应纳消费税与产品销售一并进行会计处理。如包装物成本就构成产品一部分，包装物成本已并入产品成本，则其销售成本亦记"主营业务成本"，如包装物并不构成产品部分，其成本作"销售费用"处理。此业务与一般销售业务的处理类似，此处不再展开。

（二）包装物随同产品销售而单独计价

因为包装物收入计入"其他业务收入"账户，其应纳消费税则应计入"税金及附加"账户。包装物成本转入"其他业务成本"账户。

【任务实施】

【业务5】包装物随同产品销售而单独计价业务：

包装箱不含增值税价格20 000元应计入应税消费品木地板的计税价格。

应税消费品木地板的计税价格 = 1 000×450 + 20 000 = 470 000（元）

应缴纳的消费税 = 470 000×5% = 23 500（元）

(1) 确认销售收入

借：应收账款——福州建华装饰材料有限公司　　　　531 100.00
　　贷：主营业务收入——金钢柚木地板　　　　　　　　450 000.00
　　　　其他业务收入——包装箱　　　　　　　　　　　20 000.00
　　　　应交税费——应交增值税（销项税额）　　　　　61 100.00

(2) 计提消费税

借：税金及附加　　　　　　　　　　　　　　　　　　23 500.00
　　贷：应交税费——应交消费税　　　　　　　　　　　23 500.00

（三）包装物随同商品销售出租、出借收取押金，逾期没收

随同商品销售而收取的包装物押金，除啤酒、黄酒以外的其他酒类产品的包装物押金，如果单独记账核算，时间在1年以内，又未过期的，不并入销售额征税；因逾期（1年为限）未收回包装物不再退还的押金，应并入销售额征税。

逾期包装物押金为含税收入，需换算成不含税价再并入销售额；包装物的征税税率为所包装货物适用税率。逾期时，包装物押金还需要计征增值税。

【温馨提示】

销售啤酒、黄酒由于采用的是定额税率，包装物押金是否并入销售额并不会对其消费税税额产生影响，因此，出售啤酒、黄酒、成品油而收取的包装物押金，无论是否逾期，均不缴纳消费税，但押金计入销售额会影响啤酒适用的税率档次，在计算每吨啤酒出厂价格时，需要包括包装物押金。包装物押金不包括重复使用的塑料周转箱的押金。

【学以致用】

圣源酒业有限公司是一家生产啤酒的企业,系增值税一般纳税人。2024年10月,销售A型啤酒20吨给副食品公司,开具的增值税专用发票上注明不含税总价58 000元,收取包装物押金3 300元(含塑料周转箱押金300元);销售B型啤酒10吨给宾馆,取得价税合计收入31 640元,收取包装物押金1 500元。请计算该公司10月应缴纳的消费税并进行会计核算。

分析:计入销售价格的包装物押金不包括重复使用的塑料周转箱的押金,因此,销售的A型啤酒每吨出厂价 = 58 000 ÷ 20 + (3 300 − 300) ÷ (1 + 13%) ÷ 20 = 3 032.74元 > 3 000元,A型啤酒归属于甲类啤酒,适用的消费税定额税率为250元/吨;B型啤酒每吨出厂价 = (31 640 + 1 500) ÷ (1 + 13%) ÷ 10 = 2 932.74元 < 3 000元,B型啤酒属于乙类啤酒,适用的消费税定额税率为220元/吨。

该公司10月应缴纳的消费税 = 20 × 250 + 10 × 220 = 7 200(元)。

没收押金,按没收的押金借记"其他应付款"账户,按应缴纳的增值税贷记"应交税费——应交增值税(销项税额)"账户,按其差额贷记"其他业务收入"账户。这部分没收的押金收入应缴的消费税借记"税金及附加"账户,贷记"应交税费——应交消费税"账户。包装物成本转入"其他业务成本"账户。

【任务实施】

【业务12】 为包装物逾期,没收押金业务。

分析:包装物押金应换算为不含增值税价格 = 10 000 ÷ (1 + 13%) ≈ 8 849.56(元)
逾期没收的包装物押金应缴纳的增值税税额 = 10 000 − 8 849.56 = 1 150.44(元)
逾期没收的包装物押金应缴纳的消费税税额 = 8 849.56 × 5% ≈ 442.48(元)

(1)没收逾期包装物押金

借:其他应付款　　　　　　　　　　　　　　　　　　　　　　10 000.00
　　贷:其他业务收入　　　　　　　　　　　　　　　　　　　　8 849.56
　　　　应交税费——应交增值税(销项税额)　　　　　　　　　1 150.44

(2)计提消费税

借:税金及附加　　　　　　　　　　　　　　　　　　　　　　442.48
　　贷:应交税费——应交消费税　　　　　　　　　　　　　　442.48

啤酒、黄酒以外的其他酒类产品收取的押金,无论是否逾期,一律并入销售额征税。

【学以致用】

华光酒厂5月销售白酒500千克,不含税售价为20 000元,另收取包装物押金2 260元。其相关会计处理如下。

（1）确认收入与其他应付款

分析：因是白酒，所以包装物押金在收取时便应计交税款。

销项税额 = 20 000 × 13% + 2 260 ÷ (1 + 13) × 13% = 2 860（元）

借：银行存款	24 860.00
贷：主营业务收入	20 000.00
其他应付款	2 000.00
应交税费——应交增值税（销项税额）	2 860.00

（2）计提消费税

销售白酒应缴纳消费税额 = 20 000 × 20% + 500 × 2 × 0.5 = 4 500（元）

包装物押金应缴纳消费税额 = 2 260 ÷ (1 + 13%) × 20% = 400（元）

借：税金及附加	4 500.00
其他应付款	400.00
贷：应交税费——应交消费税	4 900.00

（3）如到期退还包装物押金

借：其他应付款	1 600.00
销售费用	660.00
贷：银行存款	2 260.00

（4）如到期没收押金

借：其他应付款	1 600.00
贷：其他业务收入	1 600.00

模块三　特殊情形消费税的核算与管理

纳税人自产自用应税消费品，如果是用于连续生产应税消费品的，不纳税；用于其他方面的，于移送使用时纳税。用于连续生产应税消费品，是指作为生产最终应税消费品的直接材料并购成最终产品实体的应税消费品，这体现了税法的不重复课税的原则。用于其他方面是指纳税人将自产自用的消费品用于生产非应税消费品和在建工程、管理部门、非生产机构、提供修理修配服务，以及用于馈赠、赞助、集资、广告、样品、职工福利、奖励等方面。

【勤思善悟】

卷烟厂用自产的烟丝连续生产卷烟，烟丝在移送时要不要计算缴纳消费税？

一、特殊情形消费税计税依据的确定

纳税人自产应税消费品，自用于生产非应税产品、在建工程等其他方面视同销售的，其销售额按以下顺序确定。

(1) 按纳税人当月销售同类消费品的销售价格计算；如果当月同类消费品当期销售价格高低不同，按销售数量加权平均计算。但销售价格明显偏低又无正当理由的、或者无销售价格的，不能列入加权平均计算。

(2) 如果当月无销售或当月未完结的，按照同类消费品上月或最近月份的销售价格计算。

(3) 如果没有同类消费品销售价格的，按组成计税价格计算。

其中，实行从价定率办法的计算公式为：

组成计税价格 =（成本 + 利润）÷（1 − 比例税率）

实行复合计税办法的计算公式为：

组成计税价格 =（成本 + 利润 + 自产自用数量×定额税率）÷（1 − 比例税率）

公式中，"成本"是指应税消费品的生产成本。"利润"是指应税消费品的全国平均成本利润率计算的利润，全国平均成本利润率由国家税务总局确定（见表2-3）。

表 2-3　　　　　　　　　　平均成本利润率表

货物名称	利润率	货物名称	利润率
1. 甲类卷烟	10%	10. 贵重首饰及珠宝玉石	6%
2. 乙类卷烟	5%	11. 摩托车	6%
3. 雪茄烟	5%	12. 高尔夫球及球具	10%
4. 烟丝	5%	13. 高档手表	20%
5. 粮食白酒	10%	14. 游艇	10%
6. 薯类白酒	5%	15. 木制一次性筷子	5%
7. 其他酒	5%	16. 实木地板	5%
8. 高档化妆品	5%	17. 乘用车	8%
9. 鞭炮、焰火	5%	18. 中轻型商用客车	5%

【温馨提示】

对于纳税人换取生产资料、消费资料、投资入股、偿还债务等方面的应税消费品，应当以纳税人同类应税消费品的最高销售价格为计税依据计算缴纳消费税。

二、特殊情形消费税的核算

（一）以自产应税消费品用于在建工程或非生产机构等的核算

将自产的应税消费品用于在建工程或非生产机构等，应于移送时计算缴纳消费税。按应税消费品的账面成本和按同类消费品售价或组成计税价格计算的应交消费税，借记"固定资产""在建工程"等科目；按应税消费品的账面成本，贷记"库存商品"等科目；按规定计算应缴纳的消费税，贷记"应交税费——应交消费税"科目。

【任务实施】

【业务11】领用自产亚花梨木地板装修办公室，属于将应税消费品用于管理部门、非生产机构。

分析：因亚花梨木地板为新研制尚未对外销售产品，无同类应税消费品的销售价格，成本每平方米280元，成本利润率为5%，消费税税率5%。因此，消费税的计税依据为组成计税价格。

组成计税价格 =（成本 + 利润）÷（1 - 比例税率）= 280 ×（1 + 5%）÷（1 - 5%）
            = 309.473684（元）

应缴纳的消费税 = 1 000 × 309.473684 × 5% = 15 473.68（元）

借：在建工程   295 473.68
    贷：库存商品   280 000.00
        应交税费——应交消费税   15 473.68

（二）将自产应税消费品用于职工福利的核算

将自产应税消费品作为职工福利、奖励等发放，应确认收入，同时于移送使用时计算消费税，并按应税消费品对外销售价格或组成计税价格计算缴纳增值税。

【学以致用】

洁丽日化厂为增值税一般纳税人，将自制的一批高档化妆品作为奖励发放给职工，该批高档化妆品对外销售价格为300 000元（不含增值税），其成本为120 000元。增值税税率13%，消费税税率15%。计算此项业务的增值税及消费税，并对其进行会计核算。

奖励职工发放的高档化妆品增值税销项税额 = 300 000 × 13% = 39 000（元）
奖励职工发放的高档化妆品应缴纳的消费税 = 300 000 × 15% = 45 000（元）
该日化厂会计分录如下。
(1) 视同销售，确认收入
借：应付职工薪酬——非货币福利   339 000.00

```
        贷：主营业务收入                                    300 000.00
             应交税费——应交增值税（销项税额）              39 000.00
    （2）计提消费税
    借：税金及附加                                         45 000.00
        贷：应交税费——应交消费税                           45 000.00
```

（三）将自产应税消费品用于对外宣传的核算

将自产应税消费品用于捐赠、赞助、广告、样品等对外宣传，应于移送使用时计算缴纳消费税，并按应税消费品对外销售价格或组成计税价格计算缴纳增值税。

【任务实施】

【业务9】 为应税消费品用于馈赠、赞助业务，应视同销售，按同类应税消费品加权平均销售价格为计税依据计算缴纳增值税及消费税。已知漆饰橡木地板加权平均单价为每平方米365元。

用于赞助的漆饰橡木地板应缴纳的增值税销项税额 = 500 × 365 × 13% = 23 725（元）
用于赞助的漆饰橡木地板应缴纳的消费税 = 500 × 365 × 5% = 9 125（元）

相关会计分录如下。

```
借：销售费用                                              152 850.00
    贷：库存商品                                          120 000.00
        应交税费——应交增值税（销项税额）                  23 725.00
        应交税费——应交消费税                               9 125.00
```

（四）将自产应税消费品用于换取生产、消费资料，投资入股和抵偿债务的核算

纳税人用于换取生产资料和消费资料、投资入股和抵偿债务等方面的应税消费品，应以纳税人同类应税消费品最高销售价格为计税依据。（需要注意的是，增值税没有以最高销售价格作为计税依据的规定，只有以平均销售价格作为计税依据的规定。）将自产应税消费品对外投资，按发出应税消费品的平均销售价格计算应缴纳的增值税销项税额；以纳税人同类应税消费品的最高售价为计税依据计提消费税。

【任务实施】

【业务10】 为应税消费品换取生产资料和消费资料业务。以应税消费品换取生产资料、消费资料的，应以同类应税消费品的最高销售价格为计税依据计算缴纳消费税，但增值税还是按加权平均销售价格为计税依据。已知圆盘豆木地板的交易价格为每平方米300元，加权平均单价为每平方米310元，最高销售价格为每平方米320元。

用于换取原木的圆盘豆木地板应缴纳的增值税销项税额 = 1 100 × 310 × 13% = 44 330（元）

用于换取原木的圆盘豆木地板应缴纳的消费税 = 1 100×320×5% = 17 600（元）

（1）视同销售，确定销售收入，收入按交易价确认

借：应付账款——山西圣凯木业有限公司　　　　　374 330.00
　　贷：主营业务收入——圆盘豆木地板　　　　　　　330 000.00
　　　　应交税费——应交增值税（销项税额）　　　　44 330.00

（2）计提消费税

借：税金及附加　　　　　　　　　　　　　　　　　17 600.00
　　贷：应交税费——应交消费税　　　　　　　　　　17 600.00

税收筹划

先销售以降低计税依据的纳税筹划

纳税人自产的应税消费品用于换取生产资料和消费资料、投资入股或抵偿债务等方面，应当按照纳税人同类应税消费品的最高销售价格作为计税依据。实际上，当纳税人用应税消费品换取生产资料和消费资料、投资入股或抵偿债务时，一般是按照双方的协议价或评估价确定，而协议价往往是市场的平均价。如果将同类应税消费品的最高销售价格作为计税依据，显然会加重纳税人的负担。可以考虑采取先销售应税消费品给对方，然后再以现金进行易物（入股、抵债）的方式，以降低消费税税负。

【学以致用】

易安摩托车有限公司是一家摩托车生产企业，为增值税一般纳税人，2024 年 5 月对外销售同型号的摩托车时共有三种价格：以 6 000 元的单价销售 500 辆；以 6 500 元的单价销售 200 辆；以 7 000 元的单价销售 100 辆。该摩托车生产企业当月以 300 辆同型号的摩托车对 C 公司进行投资，双方按当月的加权平均销售价格确定投资金额。此类摩托车的消费税税率为 10%。

方案一：易安摩托车有限公司直接以 300 辆摩托车对 C 公司进行投资。

方案二：易安摩托车有限公司先按照当月的加权平均价将这 300 辆摩托车销售给 C 公司，再以收到的现金对 C 公司进行投资。

方案一：应缴纳消费税 = 7 000×300×10% = 210 000（元）

方案二：应缴纳消费税 = (6 000×500 + 6 500×200 + 7 000×100)÷(500 + 200 + 100)×300×10% = 187 500（元）

方案二比方案一少缴纳消费税 22 500 元（210 000 - 187 500），若以实现税负最小化为纳税筹划目标，则应当选择方案二。

通过先销售后投资的方式，可以规避按照同类应税消费品的最高销售价格作为计税依据的规定。多了一道环节，却降低了计税依据，从而降低了消费税税负。

模块四　进出口消费税的核算与管理

一、进口应税消费品的核算

进口的应税消费品，于报关进口时由海关代征消费税。

（1）实行从价定率计征，计税依据为组成计税价格，应纳税额的计算公式如下：

应纳税额＝组成计税价格×消费税比例税率

组成计税价格＝（关税计税价格＋关税）÷（1－消费税比例税率）

（2）实行从量定额计征，计税依据为消费品数量，应纳税额的计算公式如下：

应纳税额＝应税消费品数量×消费税定额税率

（3）实行从价定率和从量定额复合计征，应纳税额的计算公式如下：

应纳税额＝组成计税价格×消费税比例税率＋应税消费品进口数量×消费税定额税率

组成计税价格＝（关税计税价格＋关税＋进口数量×消费税定额税率）÷（1－消费税比例税率）

进口环节消费税除国务院另有规定外，一律不得给予减税、免税。

【学以致用】

北京亚酿酒业有限公司进口葡萄酒，请根据所提供资料，计算葡萄酒的进口关税、消费税、增值税，并完成会计核算（款项已支付）。（注：葡萄酒关税税率为14%）相关海关进口货物报关单有关信息如图2－13所示。

许可证		起运国（地区） 美国		装运港 洛杉矶		境内 北京	目的地
批准文号		成交方式 FOB		运费 888.00		保费 112.00	杂费 0
合同协议号 China－TT－SAT30－09070		件数 20		包装种类 其他		毛重（公斤） 1 023.56	净重（公斤） 1 000
集装箱号 CAU0981898－1（2）		随附单据				用途	
标记唛码及备注							
备注：电子支付/自报自缴（关税税率14%，当期美元汇率1∶6.8）							
项号	商品编码	商品名称、规格型号	数量及单位	原产国（地区）	单价	总价	币制	征免
1	2208200090	进口葡萄酒	1吨	美国	58 000.00	58 000.00	USD	照章征税

图2－13　海关进口货物报关单

分析：进口葡萄酒组成计税价格=（关税计税价格+关税）÷（1-消费税比例税率）

根据海关进口货物报关单，可知关税计税价格=（888+112+58 000）×6.8=401 200（元）

关税=401 200×14%=56 168（元）

组成计税价格=（401 200+56 168）÷（1-10%）≈508 186.67（元）

应缴纳进口消费税=508 186.67×10%≈50 818.67（元）

应缴纳进口增值税=508 186.67×13%≈66 064.27（元）

消费税属于价内税，直接计入采购成本，会计分录如下：

借：库存商品　　　　　　　　　　　　　　　　　　508 186.67
　　应交税费——应交增值税（进项税额）　　　　　 66 064.27
　　贷：银行存款　　　　　　　　　　　　　　　　　574 250.94

二、出口货物消费税退（免）税的核算

对纳税人出口应税消费品，免征消费税；国务院另有规定除外。

（一）出口免税及退税

（1）适用对象：有出口经营权的外贸企业购进应税消费品直接出口，以及外贸企业受其他外贸企业委托代理出口应税消费品。

【温馨提示】

外贸企业只有受其他外贸企业委托，代理出口应税消费品才可办理退税，外贸企业受其他企业（主要是非生产性的商贸企业）委托，代理出口应税消费品是不予退（免）税的。

（2）退税的计税依据：属于从价定率计征消费税的，为已征且未在内销应税消费品应纳税额中抵扣的购进出口货物金额；属于从量定额计征消费税的，为已征且未在内销应税消费品应纳税额中抵扣的购进出口货物数量；属于复合计征消费税的，按从价定率和从量定额的计税依据分别确定。

出口货物的消费税应退税额的计税依据，按购进出口货物的消费税专用缴款书和海关进口消费税专用缴款书确定。

（3）生产企业将应税消费品销售给外贸企业，由外贸企业自营出口的，双方的会计处理。

生产企业销售时，计提消费税

借：税金及附加
　　贷：应交税费——应交消费税

外贸企业自营出口

①申请退税

借：其他应收款——应收出口退税款

贷：主营业务成本
②实际收到退税款
借：银行存款
   贷：其他应收款——应收出口退税款

【学以致用】

兴美木业有限公司是增值税一般纳税人，主要从事木制实木地板的生产、进口以及销售，本期委托本市某进出口贸易公司代理出口木地板15 000平方米。木地板的销售额为人民币3 000 000元，增值税税率为13%，增值税退税率为9%，消费税退税率为5%。公司委托出口木地板适用先税后退消费税政策。已在主管税务机关办理出口退税的审批手续。计算该木业公司应纳增值税、消费税及应退税额，并进行会计处理。

出口木地板应缴纳增值税 = 3 000 000 × 13% = 390 000（元）
出口木地板应退增值税税额 = 3 000 000 × 9% = 270 000（元）
不予退回的增值税 = 390 000 - 270 000 = 120 000（元）
出口木地板应退消费税 = 3 000 000 × 5% = 150 000（元）

（1）确认应缴纳消费税
借：应收账款   150 000.00
   贷：应交税费——应交消费税   150 000.00

（2）确认出口木地板的销售额
借：应收账款   3 000 000.00
   贷：主营业务收入   3 000 000.00

（3）报关出口办理退税手续后
借：其他应收款——应收出口退税款——增值税   270 000.00
   其他应收款——应收出口退税款——消费税   150 000.00
   贷：应交税费——应交增值税（出口退税）   270 000.00
      应收账款   150 000.00

（4）结转不予退还的增值税
借：主营业务成本   120 000.00
   贷：应交税费——应交增值税（进项税额转出）   120 000.00

（5）收到退税税额
借：银行存款   420 000.00
   贷：其他应收款——应收出口退税款——增值税   270 000.00
      其他应收款——应收出口退税款——消费税   150 000.00

（二）出口免税但不退税

有出口经营权的生产性企业自营出口或生产企业委托外贸企业代理出口自产的应税消费品，依据其实际出口数量免征消费税，不予办理退还消费税。免征消费税是指对生产性企业按其实际出口数量免征生产环节的消费税。不予办理退还消费税，因已免征生产环节的消费税，该应税消费品出口时，并不含有消费税，所以无须再办理退还消费税，也就不需要进行消费税的账务处理。

（三）出口不免税也不退税

除生产企业、外贸企业外的其他企业，具体是指一般商贸企业，这类企业委托外贸企业代理出口应税消费品一律不予退（免）税。

模块五　消费税及附加税费的风险管控与申报管理

一、消费税及附加税费的纳税期间

微课：时间的价值——延长
消费税的纳税期间

（一）计税期间

消费税的计税期间分别为 1 日、3 日、5 日、10 日、15 日、1 个月或者 1 个季度。纳税人的具体计税期间，由主管税务机关根据纳税人应纳税额的大小分别核定。不能按照固定期限纳税的，可以按次纳税。

（二）缴纳期限

纳税人以 1 个月或者 1 个季度为 1 个计税期的，自期满之日起 15 日内申报纳税；以 1 日、3 日、5 日、10 日或者 15 日为 1 个计税期的，自期满之日起 5 日内预缴税款，于次月 1 日起 15 日内申报纳税并结清上月应纳税款。

纳税人进口应税消费品，应当自海关填发海关进口消费税专用缴款书之日起 15 日内缴纳税款。

> **税收筹划**
>
> **合理延迟纳税义务发生时间**
>
> 应税消费品交易达成之时，不一定等同于纳税义务发生时间。税法对消费税纳税义务时间有着明确的规定。例如纳税人采用赊销和分期收款结算方式的，纳税义务发生时间为销售合同规定的收款日期的当天，书面合同没有约定收款日期或者无书面合同的，纳税义务发生时间为发出应税消费品的当天。这意味着纳税人在收到货款后至发出货物之间，有一段资金的时间价值。此外，消费税纳税义务发生时间和纳税期限之间也有一段间隔期。纳税人只要在规定期限内完成纳税即可，这段时间亦有资金的时间价值。因此，合理延迟纳税义务发生时间，充分利用资金的时间价值，是消费税纳税时机或方式的纳税筹划的要点之一。

智能化税费核算与管理

> **【学以致用】**
>
> 集美公司是一家化妆品生产企业,为增值税一般纳税人,现向A客户赊销高档化妆品一批,不含增值税价格为2 000万元,合同中约定的收款日期为本年7月31日。高档化妆品的消费税税率为15%,该公司的消费税纳税期限为1个月,同期银行贷款利率4.5%。假设只考虑消费税。
>
> 方案一:仍将合同中该笔款项的收款时间确定为本年7月31日,则集美公司本年7月发生纳税义务,须于本年8月15日之前缴纳税款。假设集美公司本年8月10日缴纳税款,则本年8月10日应缴纳消费税=2 000×15%=300(万元)
>
> 方案二:经与客户协商,将合同中该笔款项的收款时间确定为本年8月1日,则集美公司本年8月发生纳税义务,须于本年9月15日之前缴纳税款。假设本年9月10日缴纳税款,则折现到本年8月10日应缴纳消费税=300÷(1+4.5%÷12)=298.88(万元)
>
> 方案二比方案一消费税现值少1.12万元(300-298.88),若以实现涉税资金时间价值最大化为纳税筹划目标,则应当选择方案二。
>
> 将合同中赊销收款日期延迟一天,可以使纳税义务发生时间延迟一个月,从而充分利用资金的时间价值,这相当于从银行获取一笔一个月的无息贷款。如果同时考虑增值税、城市维护建设税和教育费附加,节税效果更加明显。

二、消费税及附加税费的纳税地点

纳税人销售应税消费品,以及自产自用的应税消费品,除国务院财政、税务主管部门另有规定外,应当向纳税人机构所在地或居住地的主管税务机关申报纳税。

三、消费税及附加税费的纳税申报表

消费税纳税申报表由主表《消费税及附加税申报表》及其附表组成。附表分别是《本期准予扣除税额计算表》《本期减(免)税额明细表》《本期委托加工收回情况报告表》《消费税附加税计算表》。

操作讲解视频:消费税及附加税的计算与申报(示例1)

四、消费税及附加税费的智能算税与纳税申报

(一)智能算税中心

消费税及附加税费在智能算税之前,需进行基础设置和数据采集。

操作讲解视频:案例演练——消费税及附加税费的申报与管理

项目二 消费税及附加税费的智能化核算与管理

【任务实施】

对北京佰佳木业有限公司2024年5月的业务进行智能算税。

1. 基础设置

点击【智能算税中心】，进入【消费税及附加税】，进入【基础设置】。

（1）商品价格管理。根据案例资料，在系统中设置各商品对应加权平均单价、最高销售单价、单位成本、利润率等基本信息。

①点击【任务中心】，获得该案例商品价格管理信息，如图2-14所示。

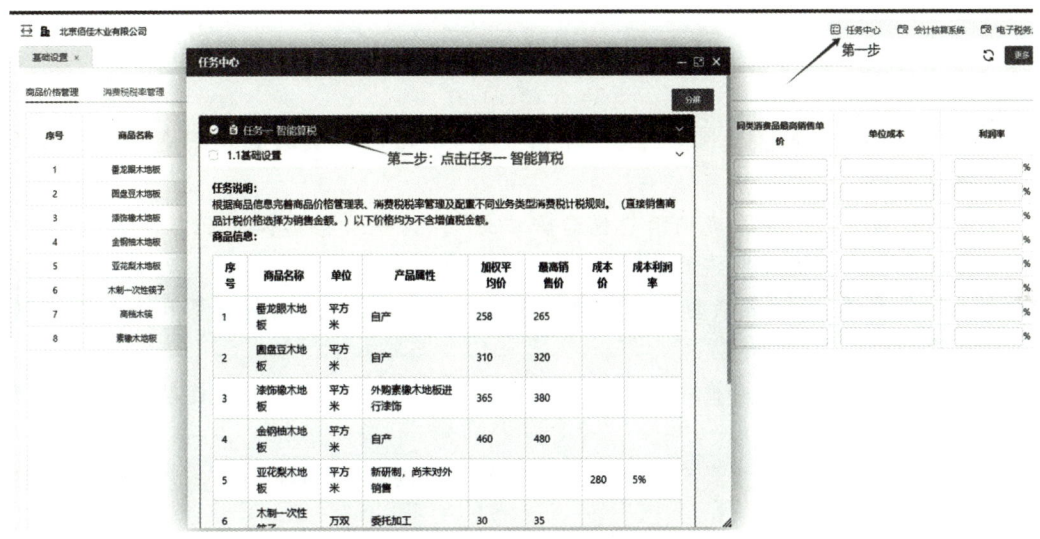

图2-14 公司商品价格信息

②将商品价格管理信息填入【基础设置】的"商品价格管理"，如图2-15所示。

图2-15 商品价格管理界面

（2）消费税税率管理。根据案例资料，选择是否消费税应税税目、是否减免、计税方式、应税消费品名称、换算标准等信息，如图2-16所示。

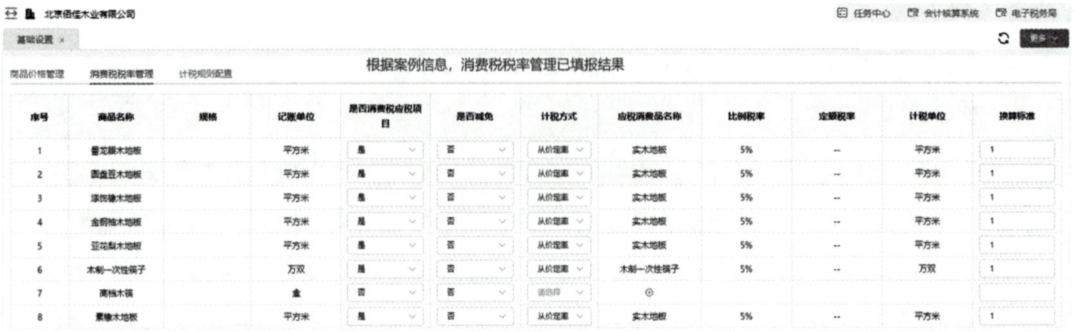

北京佰佳木业有限公司

基础设置 ×

任务中心　会计核算系统　电子税务局

更多

商品价格管理　消费税税率管理　计税规则配置

根据案例信息，消费税税率管理已填报结果

序号	商品名称	规格	记账单位	是否消费税应税项目	是否减免	计税方式	应税消费品名称	比例税率	定额税率	计税单位	换算标准
1	番龙眼木地板		平方米	是	否	从价定率	实木地板	5%	--	平方米	1
2	圆盘豆木地板		平方米	是	否	从价定率	实木地板	5%	--	平方米	1
3	漆饰橡木地板		平方米	是	否	从价定率	实木地板	5%	--	平方米	1
4	金钢柚木地板		平方米	是	否	从价定率	实木地板	5%	--	平方米	1
5	亚花梨木地板		平方米	是	否	从价定率	实木地板	5%	--	平方米	1
6	木制一次性筷子		万双	是	否	从价定率	木制一次性筷子	5%	--	万双	1
7	高档木筷		盒	否	否						
8	素橡木地板		平方米	是	否	从价定率	实木地板	5%	--	平方米	1

图 2－16　公司商品消费税税率管理界面

（3）计税规则配置。根据案例资料中的业务类型，选择是否缴纳消费税，并选择计税价格规则。

①直接销售商品。是否缴纳消费税选择“是”，计税价格选择“销售金额”。（本案例中直接销售金额在提供发票的情况下，设置取数于发票中的金额栏，因此计税价格直接选择“销售金额”，无须换算。如果提供的是别的类型单据，则需要判断是否换算为不含税金额。）

②用于连续生产应税消费品。企业自产自用的应税消费品，用于连续生产应税消费品的，不纳税。

③换取生产资料和消费资料、投资入股、抵偿债务。以同类消费品最高销售价格作为计税价格。

④用于生产非应税消费品、用于在建工程，用于管理部门、非生产机构，用于馈赠、赞助，用于广告、样品，用于职工福利、奖励，属于视同销售，以同类消费品加权平均销售价格/组成计税价格为依据。

⑤包装物押金。销售啤酒、黄酒及非酒类货物，在收取包装物押金时，单独核算且未逾期，不将包装物押金计入增值税、消费税的计税依据，而啤酒、黄酒以外的其他酒类货物，收取的押金无论是否逾期，在收取押金时就将其加入计税依据。因此，包装物押金（未逾期）不缴纳消费税，包装物押金（逾期）为价外费用，一般为含税的，在“是否缴纳消费税”选择“是”，“计税价格选择”选择“换算为不含税价格”，如图 2－17 所示。

2. 数据采集

数据采集是做好基础设置准备工作后的信息集中。数据采集包括销售商品/其他自用、外购、委托加工等三部分。

（1）销售商品/其他自用。完成基础设置后，需要对每项业务选择相应的业务类型。根据影像资料判断业务类型后，点击【生成计税信息】，自动带出“是否缴纳消费税”“计税价格选择”“应税消费品名称”等列的信息，进而得出应纳消费税。

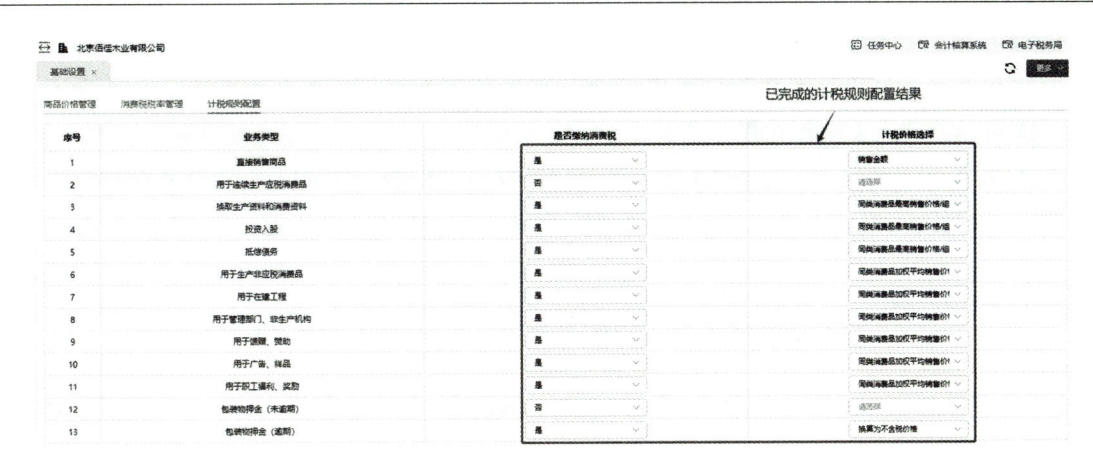

图 2-17 公司商品计税规则配置界面

根据发生的业务选择业务类型。

①"业务 7：无偿提供漆饰橡木地板给房地产公司装修样板间供客户参观"应选择业务类型"用于馈赠、赞助"。

②"业务 10：以圆盘豆木地板换取原木"应选择业务类型"换取生产资料和消费资料"。

③"业务 11：领用自产亚花梨木地板装修办公室"应选择业务类型"用于管理部门、非生产机构"。

④"业务 12：没收逾期包装物押金（金刚柚木地板）"应选择业务类型"包装物押金（逾期）"。

除此外，本例中其他业务均为销售商品业务，因此业务类型选择"直接销售商品"。

点击【保存】，生成计税信息，即可完成"销售商品/其他自用"的数据采集。根据案例资料，各项已采集的信息，如图 2-18 所示。

图 2-18 销售商品/其他自用数据采集界面

（2）外购应税消费品。填写外购应税消费品已纳税额情况。点击操作中的【+】，选择本期属于外购应税消费品的业务编号，选择商品名称，填写外购数量、不含税金额后，点击【保存】【生成计税信息】。

①查看【企业信息】中的【业务影像资料】，可判断本案例中，5月5日外购素橡木地板10 000平方米，并于5月7日领用外购素橡木地板6 000平方米业务。素橡木地板加权平均单价=（期初库存总额+本期外购总额）/（期初数量+本期外购数量）=（387 500+1 600 000）/（2 500+10 000）=159（元）。本期用于连续生产应税消费品可抵扣的已纳消费税税额=159×6 000×5%=47 700（元），如图2-19所示。

图2-19 外购应税消费品数据采集界面

②填写本期外购应税消费品领用存情况，如图2-20所示。

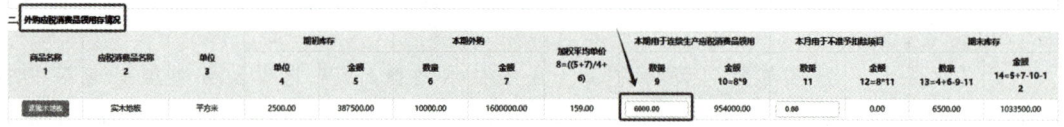

图2-20 本期外购应税消费品领用存情况

（3）委托加工应税消费品。填写委托加工收回应税消费品代收代缴税款情况。点击操作中的【+】，选择本期属于委托加工应税消费品的业务编号，选择商品名称，填写委托加工收回数量、材料成本、加工费、受托方名称、受托方识别码、税收缴款书码、税收缴款书开具日期，选择计税价格，点击【保存】【生成计税信息】。

根据"业务4.委托加工合同"可知，受托方无同类商品销售价格，代收代缴消费税应以组成计税价格为计税依据。根据"业务8.收回委托加工一次性木质筷子"中入库单及代收代缴消费税缴款凭证，可知已代扣代缴的消费税=[（原材料总价+加工费总价）/（1-5%）]×5%=[（100 000+120 000）/（1-5%）]×5%≈11 578.95（万元），如图2-21所示。

填写委托加工收回应税消费品领用存情况。根据平台设置，期末库存商品单位已纳税款=（期初库存已纳税款+本期委托加工收回入库已纳税款）/（期初库存数量+本期委托加工收回入库数量）=11 578.95/2 000≈5.79（元），当期准予扣除的委托加工应税消费品已纳税款=500×5.79=2 895（元），如图2-22所示。

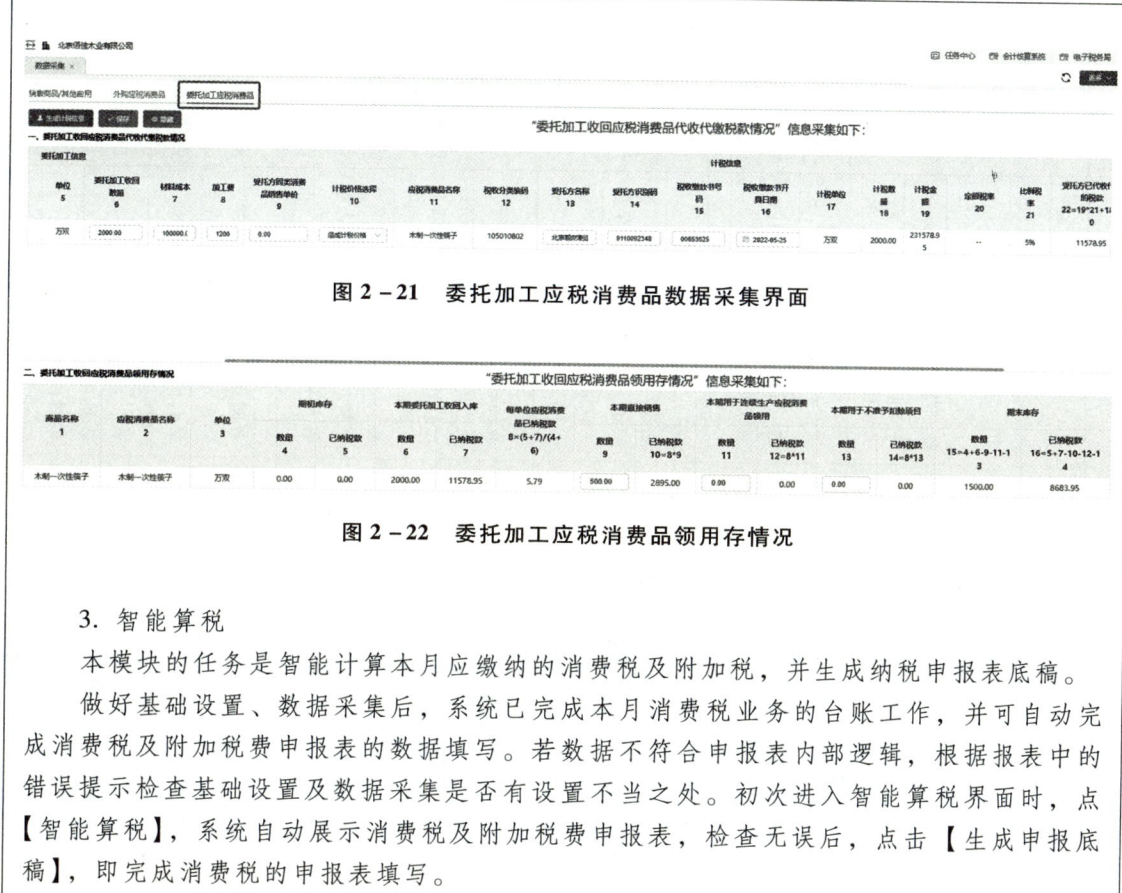

图 2–21 委托加工应税消费品数据采集界面

图 2–22 委托加工应税消费品领用存情况

3. 智能算税

本模块的任务是智能计算本月应缴纳的消费税及附加税，并生成纳税申报表底稿。

做好基础设置、数据采集后，系统已完成本月消费税业务的台账工作，并可自动完成消费税及附加税费申报表的数据填写。若数据不符合申报表内部逻辑，根据报表中的错误提示检查基础设置及数据采集是否有设置不当之处。初次进入智能算税界面时，点【智能算税】，系统自动展示消费税及附加税费申报表，检查无误后，点击【生成申报底稿】，即完成消费税的申报表填写。

（二）消费税的风险管控

消费税及附加税费在进行纳税申报前，需要对企业的纳税申报信息进行风险检测，确保无风险后再进行纳税申报。

1. 消费税风险分析指标

消费税风险分析指标汇总见表 2–4。

【学以致用】

北京至臻酒业有限公司为增值税一般纳税人，是一家白酒生产企业，主要从事白酒的生产与销售，公司拥有稳定的客户，产品销售价格实惠，品质优胜，在经销商中拥有良好口碑，公司按规定缴纳增值税及消费税，公司部分财报数据如表 2–5 所示，行业预警值如表 2–6 所示。

表 2-4　消费税风险分析指标汇总表

序号	指标名称	计算公式	指标预警值	风险指向	风险应对
1	消费税税负率	消费税税负率=(本期消费税应纳税额/本期营业收入)×100%	与行业预警指标比较,如果偏离度比较大,视为异常	税负明显低于行业预警值,可能存在隐瞒、少计收入,少缴消费税风险	详细检查销售业务,从原始凭证到记账凭证、销售、应收账款、货币资金、存货等,进一步查明原因,以核实企业是否存在漏记或虚记收入的行为,有无将外购的存货用于职工福利、个人消费、对外投资、捐赠等情况
2	毛利率	本期毛利率=[(本期营业收入-本期营业成本)/本期营业收入]×100%	本期毛利率与同行业毛利率比较,如果本企业毛利率偏离比较大,则本企业毛利率偏低,视为异常	本企业本期毛利率与同行业相比较,如果本企业本期毛利率偏低,则可能存在少计、隐瞒营业收入或多列成本费用扣除的风险	通过与同行业横向比较,进一步查找是否存在少计、隐瞒营业收入或多列成本费用扣除的问题
3	营业利润率	本期营业利润率=(本期营业利润/本期营业收入)×100%	本期营业利润率与同行业营业利润率比较,如果本企业营业利润率偏离比较大,则本企业营业利润率偏低,视为异常	本企业本期营业利润率与同行业相比较,如果本企业本期营业利润率偏低,则可能存在少计、隐瞒营业收入或多列成本费用扣除的风险	通过与同行业横向比较,发现毛利率偏低、营业利润率偏低、进一步查找是否存在少计、隐瞒营业收入或多列成本费用扣除的问题
4	销售收入变动率与消费税应纳税额变动率配比	销售收入变动率=(销售额变动率/消费税应纳税额变动率)×100% 销售收入变动率=[(本期营业收入-上期营业收入)/上期营业收入]×100% 消费税应纳税额变动率=[(本期消费税应纳税额-上期消费税应纳税额)/上期消费税应纳税额]×100%	正常情况下,指标值接近1	比值>1且两者都为正数时,可能存在企业将自产产品或外购货物用于免税项目、简易计税项目、集体福利等,不计收入,少交消费税;可能两者都为负数时,比值在上述同比;比值<1且两者都为正数时,前者为正数,后者为负数时,比值为负数,可能存在上述问题	查阅仓库货物收发登记簿,了解材料购进、货物入库、发出数量及库存数量,并与申报明细进行比对;审核企业明细分类账簿,重点核实"应收账款""预付账款""应交税费""主营业务收入""应交税金"等明细账,并与"主营业务收入"账核对,审核有无将收入长期挂往来账、少计收入等问题
5	销售数量变动率与消费税应纳税额变动率配比	销售数量变动率=(销售数量变动率/消费税应纳税额变动率)×100% 销售数量变动率=[(本期销售数量-上期销售数量)/上期销售数量]×100% 消费税应纳税额变动率=[(本期消费税应纳税额-上期消费税应纳税额)/上期消费税应纳税额]×100%	正常情况下,指标值接近1	比值>1且两者都为正数时,可能存在企业将自产产品或外购货物用于免税项目、简易计税项目、集体福利等,不计收入,对外投资、少交消费税;可能两者都为负数时,比值在上述同比;比值<1且两者都为正数时,前者为正数,后者为负数时,比值为负数,可能存在上述问题	查阅仓库货物收发登记簿,了解材料购进、货物入库、发出数量及库存数量,并与申报明细进行比对;审核企业明细分类账簿,重点核实"应收账款""预付账款""应交税费""主营业务收入""应交税金"等明细账,并与"主营业务收入"账核对,审核有无将收入长期挂往来账、少计消费税等问题

160

表 2-5　　　　　2023—2024 年部分财务报表数据及纳税申报数据

项目	2024 年	2023 年
销售数量（瓶）	165 430	131 650
平均不含税销售价格（元/瓶）	402.36	408.54
营业收入	66 562 414.80	53 784 291.00
营业成本	28 711 185.22	17 873 383.03
营业利润	26 071 685.77	24 559 655.95
应纳消费税额	11 475 447.96	10 822 683.20

备注：白酒规格为每瓶 500ml。

表 2-6　　　　　　　　　行业预警值

指标名称	行业预警值
消费税税负率	20.16%
毛利率	72.18%
营业利润率	50.54%
销售收入变动率与消费税应纳税额变动率	1
销售数量变动率与消费税应纳税额变动率	1

要求：请根据提供的北京至臻酒业有限公司 2024 年财务数据及纳税申报数据，计算本期消费税税负率、毛利率、销售收入变动率与消费税应纳税额变动率配比、销售数量变动率与消费税应纳税额变动率配比，并与行业预警值相比较，确定偏离率。（计算过程中，金额均保留小数点后 2 位，涉及百分号计算结果保留百分号前 2 位小数。）

（1）消费税税负率=（本期消费税应纳税额/本期营业收入）×100%=（11 475 447.96/66 562 414.80）×100%=17.24%

偏离行业预警值=17.24%-20.16%=-2.92%

偏离率=-2.92%/20.16%=-14.48%

该公司 2024 年消费税税负率偏低，存在异常，应进一步检查是否存在隐瞒收入或少计收入，少缴消费税。

（2）毛利率=[（本期营业收入-本期营业成本）/本期营业收入]×100%=[（66 562 414.80-28 711 185.22）/66 562 414.80]×100%=56.87%

偏离行业预警值=56.87%-72.18%=-15.31%

偏离率=-15.31%/72.18%=-21.21%

该企业 2024 年毛利率指标偏低，应进一步检查是否存在少计收入、隐瞒收入、多列成本费用扣除。

（3）营业利润率=（本期营业利润/本期营业收入）×100%=（26 071 685.77/66 562 414.80）×100%=39.17%

偏离行业预警值=39.17%－50.54%=－11.37%

偏离率=－11.37/50.54%=－22.50%

该企业2024年营业利润率指标偏低，应进一步检查是否存在少计收入、隐瞒收入、多列成本费用扣除。

（4）销售收入变动率与消费税应纳税额变动率配比

销售收入变动率=[（本期营业收入－上期营业收入）/上期营业收入]×100%
= [（66 562 414.80－53 784 291.00）/53 784，291.00]×100%=23.76%

消费税应纳税额变动率=[（本期消费税应纳税额－上期消费税应纳税额）/上期消费税应纳税额]×100%=[（11 475 447.96－10 822 683.20）/10 822 683.20]×100%=6.03%

销售收入变动率与消费税应纳税额变动率配比=（销售收入变动率/消费税应纳税额变动率）×100%=（23.76%/6.03%）=3.94

偏离行业预警值=3.94－1=2.94

偏离率=2.94/1=294%

销售收入变动率与消费税应纳税额变动率配比与行业预警值相比，偏离率为294%，偏离合理区间的幅度越大，税收风险越高，该企业消费税存在异常。

（5）销售数量变动率与消费税应纳税额变动率

销售数量变动率=（本期销售数量－上期销售数量）/上期销售数量×100%
=（165 430－131 650）/131 650×100%=25.66%

销售数量变动率与消费税应纳税额变动率配比=（销售数量变动率/消费税应纳税额变动率）×100%=25.66%/6.03%=4.26

偏离行业预警值=4.26－1=3.26

偏离率=3.26/1=326%

销售数量变动率与消费税应纳税额变动率配比与行业预警值相比，偏离率为326%，偏离合理区间的幅度越大，税收风险越高，该企业消费税存在异常。

2. 消费税税务风险点

（1）兼营不同税率应税消费品未分别核算，税率未从高。纳税人兼营不同税率的应当缴纳消费税的消费品（以下简称"应税消费品"），应当分别核算不同税率应税消费品的销售额、销售数量；未分别核算销售额、销售数量，或者将不同税率的应税消费品组成成套消费品销售的，从高适用税率。

【勤思善悟】

兴花林酒厂既生产税率为20%的粮食白酒，又生产税率为10%的药酒，还生产上述两种酒的小瓶装礼品套酒。该厂在核算这两类酒的销售额时应注意什么？

（2）视同销售行为未按规定确认收入缴纳消费税。视同销售行为未按规定确认收入缴纳消费税，主要发生在纳税人将自产的应税消费品用于非销售性活动或特定用途时，没有按照税法规定视同销售来缴纳消费税。

> **【勤思善悟】**
>
> 某化妆品生产企业自产了一批高档香水。企业决定将其中的一部分产品用于赞助一场即将举行的时尚活动，作为活动礼品赠送给与会嘉宾。该企业在税务处理上未将用于赞助的香水计入应税销售额，这样处理你认为对吗？

（3）未将价外费用确认为消费税的计税基数。现实中存在某些企业不把价外费用确认为销售收入，通过往来科目进行处理，减少计税基数，少缴消费税等其他税款。

（4）应税消费品连同包装物销售的，包装物未计入消费税计税基数。风险提示：企业销售应税消费品时通常连同包装物一起销售，如果包装物是单独计价的，企业通常将此部分计入往来或是冲减包装物成本，不计入销售收入，也就不作为消费税的计税基数，这样就存在少缴消费税的风险。

（5）"变名销售"或"变票销售"。统一消费品由于品种不同在税率上存在差异，如成品油、啤酒、乘用车等，因此一些企业为了降低税负，会采取"变名销售"或"变票销售"的方式。

> **【勤思善悟】**
>
> 某集团内 A 销售公司向 B 生产公司购进原油、原料油等消费税非应税产品或低税率应税产品，在对外销售时，将这些产品变换为燃料油、润滑油等消费税高税率应税产品开具发票，你能说出 A 销售公司这样处理存在的风险是什么吗？

（三）消费税及附加税费的智能申报

1. 电子税务局申报

纳税人按规定期限进入当地电子税务局，可进行消费税及附加税费的纳税申报。

> **【任务实施】**
>
> 完成北京佰佳木业有限公司 2024 年 5 月增值税的纳税申报。
> （1）进入电子税务局，点击"我要办税"，可看到有"我的待办"，显示消费税"未申报"，点击"办理"，可进入消费税的纳税申报界面。
> （2）进入申报系统，在"按期应申报"下面点击"填写申报表"。

（3）逐一填写纳税申报的附表及主表，点出"保存"可保存当前填写的数据，当全部填写完毕，点击"申报"可完成纳税申报。纳税申报数据，如图2-23至图2-26所示。

消费税及附加税费申报表

税款所属期：2024-05-01 至 2024-05-31

纳税人名称（公章）：北京佰佳木业有限公司　　纳税人识别号：91350603062056089R
填表日期：2024-06-10　　金额单位：元（列至角分）

项目 应税消费品名称	适用税率 定额税率	适用税率 比例税率	计量单位	销售数量	销售额	应纳税额	操作
	1	2	3	4	5	6=1×4+2×5	--
实木地板	--	5%	平方米	16,200.00	5,146,423.24	257,321.16	
木制一次性筷子	--	5%	万双	500.00	140,000.00	7,000.00	增加 删除
合计	--	--				264,321.16	

项目	栏次	本期税费额
本期减(免)税额	7	0.00
期初留抵税额	8	0.00
本期准予扣除税额	9	50,595.00
本期应扣除税额	10=8+9	50,595.00
本期实际扣除税额	11[10<(6-7),则为10,否则为6-7]	50,595.00
期末留抵税额	12=10-11	
本期预缴税额	13	0.00
本期应补（退）税额	14=6-7-11-13	213,726.16
城市维护建设税本期应补（退）税额	15	14,960.83
教育费附加本期应补（退）费额	16	6,411.78
地方教育附加本期应补（退）费额	17	4,274.52

图2-23　消费税及附加税费申报表

本期委托加工收回情况报告表

税款所属期：2024-05-01 至 2024-05-31

纳税人名称（公章）：北京佰佳木业有限公司　　纳税人识别号：91350603062056089R
填表日期：2024-06-10　　金额单位：元（列至角分）

一、委托加工收回应税消费品代收代缴税款情况

应税消费品名称	商品和服务税收分类编码	委托加工收回应税消费品数量	委托加工收回应税消费品计税价格	适用税率 定额税率	适用税率 比例税率	受托方已代收代缴的税款	受托方(扣缴义务人)名称	受托方(扣缴义务人)识别号	税收缴款书（代扣代收专用）号码	税收缴款书（代扣代收专用）开具日期	操作
1	2	3	4	5	6	7=3×5+4×6	8	9	10	11	12
木制一次性筷子	105010802	2,000.00	231,578.95		5%	11,578.95	北京毅然制造有	911009234851	00653525	2024-05-25	

二、委托加工收回应税消费品领用存情况

应税消费品名称	商品和服务税收分类编码	上期库存数量	本期委托加工收回入库数量	本期委托加工收回直接销售数量	本期委托加工收回用于连续生产数量	本期结存数量	操作
1	2	3	4	5	6	7=3+4-5-6	8
木制一次性筷子	105010802	0.00	2,000.00	500.00	0.00	1,500.00	

图2-24　本期委托加工收回情况报告表

项目二 消费税及附加税费的智能化核算与管理

本期准予扣除税额计算表

税款所属期：2024-05-01 至 2024-05-31

纳税人名称（公章）：北京佰佳木业有限公司 纳税人识别号：91350603062056089R

填表日期：2024-06-10 金额单位：元（列至角分）

准予扣除项目		应税消费品名称		木制一次性筷子	实木地板			合计
一、本期准予扣除的委托加工应税消费品已纳税款计算		期初库存委托加工应税消费品已纳税款	1	0.00	0.00	0.00	0.00	0.00
		本期收回委托加工应税消费品已纳税款	2	11,578.95	0.00	0.00	0.00	0.00
		期末库存委托加工应税消费品已纳税款	3	8,683.95	0.00	0.00	0.00	0.00
		本期领用不准予扣除委托加工应税消费品已纳税款	4	0.00	0.00	0.00	0.00	0.00
		本期准予扣除委托加工应税消费品已纳税款	5=1+2-3-4	2,895.00				
二、本期准予扣除的外购应税消费品已纳税款计算	（一）从价计税	期初库存外购应税消费品买价	6	0.00	387,500.00	0.00	0.00	387,500.00
		本期购进应税消费品买价	7	0.00	1,600,000.00	0.00	0.00	
		期末库存外购应税消费品买价	8	0.00	1,033,500.00	0.00	0.00	
		本期领用不准予扣除外购应税消费品买价	9	0.00	0.00	0.00	0.00	
		适用税率	10	5%	5%			—
		本期准予扣除外购应税消费品已纳税款	11=(6+7-8-9)×10	0.00	47,700.00	0.00	0.00	47,700.00
	（二）从量计税	期初外购应税消费品数量	12	0.00	0.00	0.00	0.00	
		本期外购应税消费品数量	13	0.00	0.00	0.00	0.00	
		期末外购应税消费品数量	14	0.00	0.00	0.00	0.00	
		本期领用不准予扣除外购应税消费品数量	15	0.00	0.00	0.00	0.00	
		适用税率	16					
		计量单位	17					
		本期准予扣除的外购应税消费品已纳税款	18=(12+13-14-15)×16	0.00	0.00	0.00	0.00	0.00
三、本期准予扣除税款合计			19=5+11+18	2,895.00	47,700.00			50,595.00

图2-25 本期准予扣除税额计算表

消费税附加税费计算表

税款所属期：2024-05-01 至 2024-05-31

纳税人名称（公章）：北京佰佳木业有限公司 纳税人识别号：91350603062056089R

填表日期：2024-06-10 金额单位：元（列至角分）

税（费）种	计税（费）依据 被冲红所属期起 消费税税额	税（费）率（征收率）（%）	本期应纳税（费）额	本期减免税（费）额 减免性质代码	减免额	增值税小规模纳税人"六税两费"减征政策 被冲红所属期止 减征比例（%）	减征额	本期已缴税（费）额	本期应补（退）税（费）额
	1	2	3=1×2	4	5	6	7=(3-5)×6	8	9=3-5-7-8
城市维护建设税	213,726.16	0.07	14,960.83	请选择	0.00		0.00	0.00	14,960.83
教育费附加	213,726.16	0.03	6,411.78	请选择	0.00		0.00	0.00	6,411.78
地方教育附加	213,726.16	0.02	4,274.52	请选择	0.00		0.00	0.00	4,274.52
合计	—	—	25,647.13		0.00		0.00	0.00	25,647.13

图2-26 消费税附加税费计算表

2. 智能申报系统智能申报

如果企业有智能平台，可通过该平台直接进行申报，在申报前，还可进行风险检测。如北京佰佳木业有限公司利用该公司的智慧平台，每月通过系统智能算税后，进入【智能申报管理】模块，点击【风险检测】，进行消费税风险检测，若风险状态处于正常状态，通过智能申报，系统通过RPA报税机器人报税功能一键完成申报，此处不再展开。

165

拓展认知：

烟叶税

烟叶税是以纳税人收购烟叶的金额为计税依据征收的一种税。目前，烟叶税适用的法律法规是自2018年7月1日起施行的《中华人民共和国烟叶税法》。

在中华人民共和国境内，依照《中华人民共和国烟草专卖法》的规定收购烟叶的单位为烟叶税的纳税人。烟叶税的征税范围包括晾晒的烟叶、烤烟叶。烟叶税的计税依据为纳税人收购烟叶实际支付的价款总额。烟叶实行比例税率，税率为20%。

应纳税额 = 实际支付价款 × 税率

纳税人收购烟叶实际支付的价款总额包括纳税人支付给烟叶生产销售单位和个人的烟叶收购价款和价外补贴。其中，价外补贴统一按烟叶收购价的10%计算。

实际支付价款 = 收购价款 × (1 + 10%)

【学以致用】

万宝卷烟厂系增值税一般纳税人，2024年10月收购烟叶120 000千克，烟叶收购价格为10元/千克，总计1 200 000元，货款均已全部支付。请计算万宝卷烟厂10月收购烟叶应缴纳的烟叶税。

应缴纳烟叶税 = 1 200 000 × (1 + 10%) × 20% = 264 000（元）

烟叶税的纳税义务发生时间为纳税人收购烟叶的当日。收购烟叶的当日是指纳税人向烟叶销售者付讫收购款项或开具收购烟叶凭据的当日。纳税地点应当向烟叶收购地的主管税务机关申报缴纳烟叶税。烟叶税按月计征，纳税人应当于纳税义务发生月终了之日起15日内申报并缴纳税款。

项目小结

本项目旨在全面提升消费税及附加税费的核算与管理水平，通过智能化手段实现高效、准确的税务处理，降低企业税务风险，提高税务申报的准确性。项目分为五个模块，涵盖了消费税法的认知、一般情形与特殊情形的核算与管理、进出口消费税的核算以及智能算税、风险管控与申报管理等方面。模块一，我们深入学习了《中华人民共和国消费税暂行条例》及相关法规，重点掌握了消费税的纳税人、税目、税率、计税方法和核算方法等基本内容；模块二，我们学习了一般情形下消费税的核算与管理，掌握了消费税从价计税、从量计税、复合计税方法和消费税的会计处理，了解了基本的纳税筹划方法；模块三，我们学习了自产自用应税消费品消费税的核算与管理；模块四，我们重点学习了进口环节消费税、消费税的出口退税的计税方法和会计处理；模块五，我们利用智能化手段完成了消费税及附加税费的自动计算、风险预警和申报管理。

项目三
企业所得税的智能化核算与管理

知识学习目标

1. 熟悉企业所得税的含义和基本要素
2. 掌握企业所得税应纳税所得额和应纳税额的计算
3. 掌握企业所得税纳税筹划和风险防控方法

技能训练目标

1. 能对企业各项应税收入、扣除项目进行会计核算
2. 能完成企业所得税的税务风险自查,发现并纠正可能的错误
3. 能准确计算企业所得税并完成纳税申报,确保合规性
4. 能通过合法手段优化企业所得税税收负担,提高纳税效率

素养培育目标

1. 理解企业所得税对促进技术进步和社会和谐的重要意义
2. 具备税收风险意识,严格控制企业所得税扣除范围和标准,依法诚信纳税

项目案例

公司基本信息：

北京鑫熠电子科技有限公司
统一社会信用代码：911109080429Q5166M
法人代表：王鑫熠　电话：010-65208668
企业地址：北京市石景山区鲁谷街39号
经营范围：电子产品生产、电子产品销售
基本户开户银行：中国工商银行北京分行
基本存款账户：1101118234346566169

业务协同信息：

（一）该公司2024年12月发生的经济业务如下：

（1）12月2日，向石家庄腾兴商贸有限公司销售激光打印机，开具增值税专用发票如图3-1所示（购销合同略）。

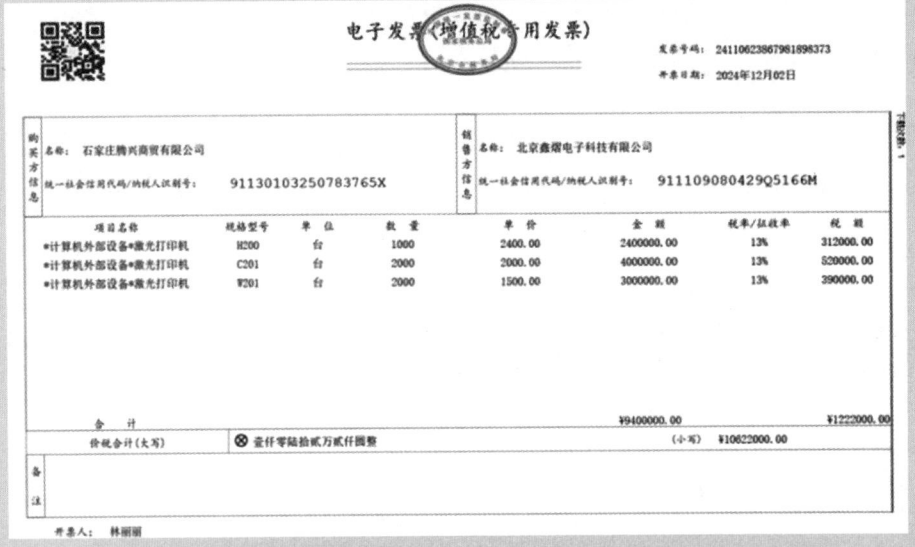

图3-1　增值税专用发票

（2）12月4日，向北京尚德贸易有限公司销售材料线路板，开具增值税专用发票如图3-2所示（购销合同略）。

（3）12月5日，收到北京鑫东科技有限公司的仓库租赁费用，增值税专用发票和银行回单如图3-3-1和图3-3-2所示。

（4）12月5日，收到员工交来的现金罚款，公司开具收款收据如图3-4所示。

（5）12月7日，公司核销确实无法收回的广东荣质设备制造有限公司的货款，核销说明如图3-5所示。

项目三 企业所得税的智能化核算与管理

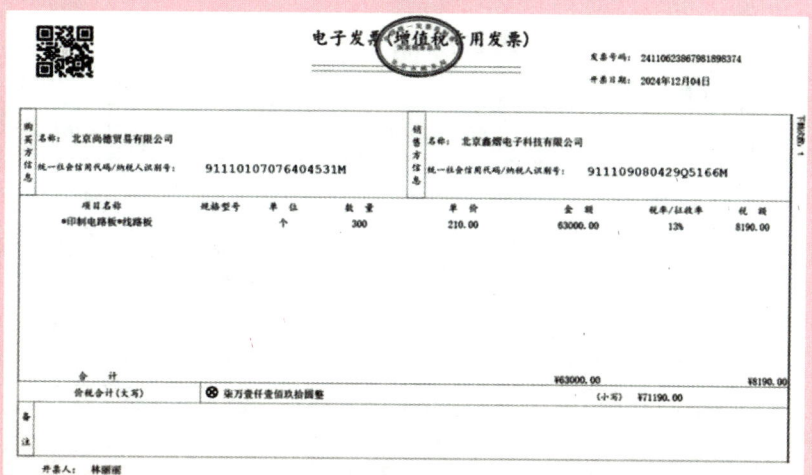

图3-2 增值税专用发票

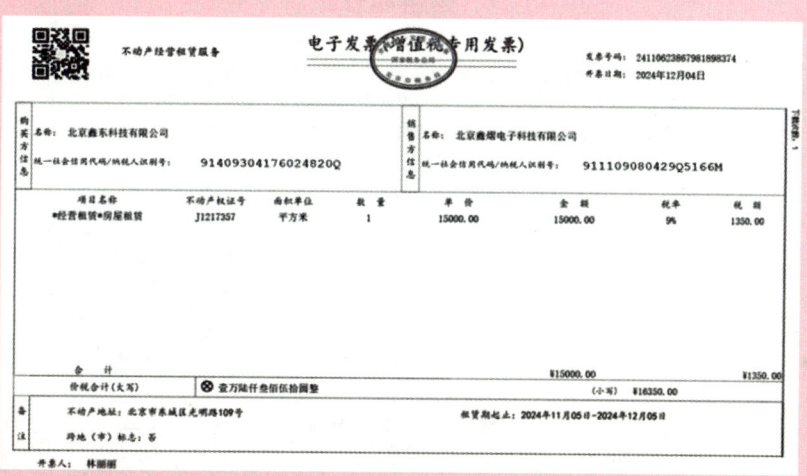

图3-3-1 增值税专用发票

图3-3-2 业务回单

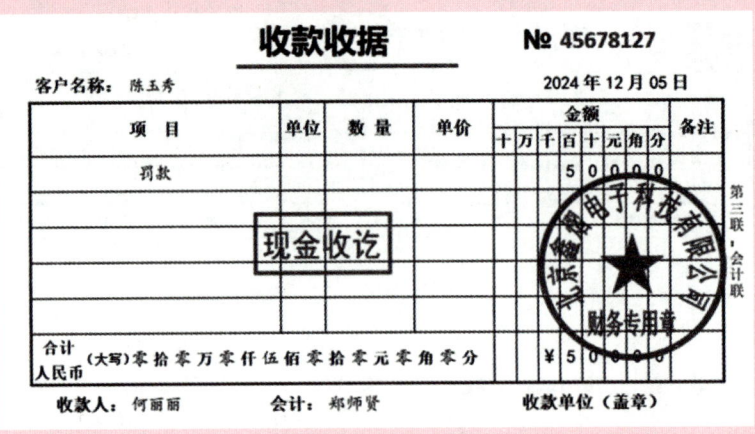

图3-4 收款收据

图3-5 核销说明

（6）12月9日，收到国债利息，回单如图3-6所示。

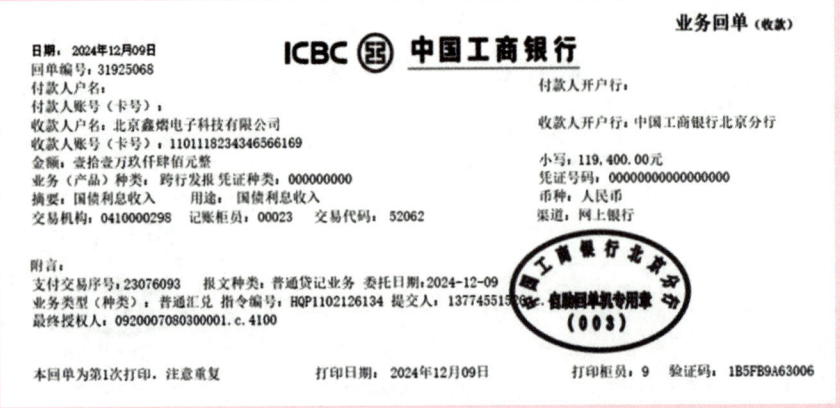

图3-6 业务回单

（7）12月13日，公司发放过节福利费，现金发放表如图3-7所示。

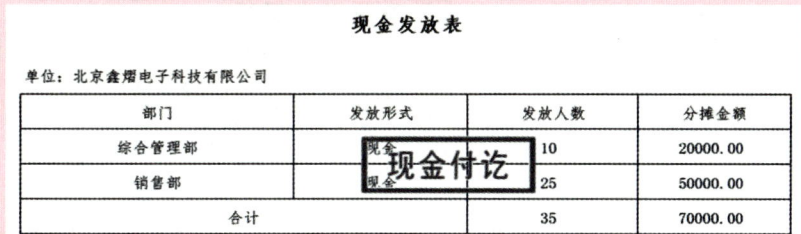

图3-7　现金发放表

（8）12月15日，报销业务招待费，相关单据如图3-8-1、图3-8-2和图3-8-3所示。

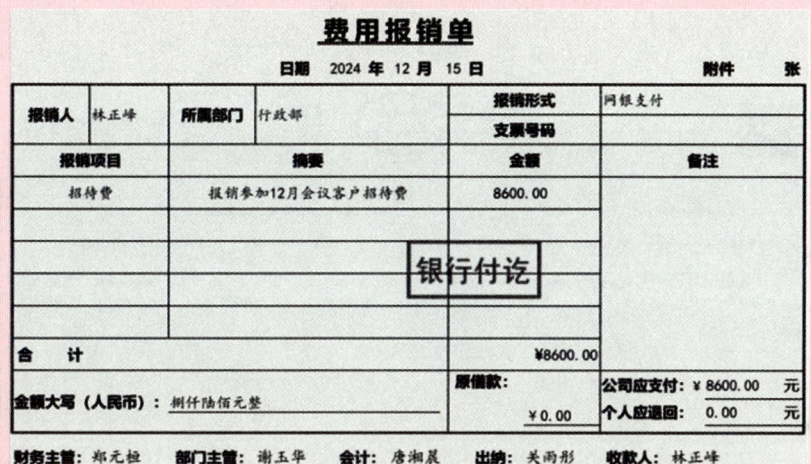

图3-8-1　费用报销单

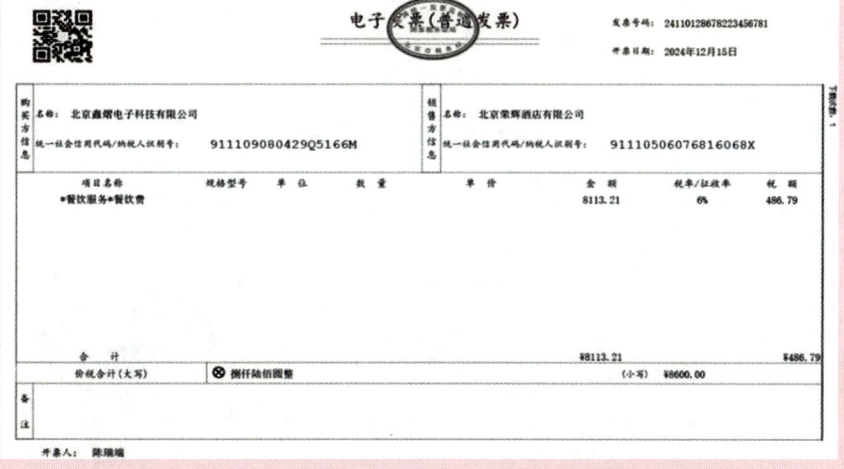

图3-8-2　电子发票

图 3-8-3　业务回单

（9）12月16日，公司支付广告费，发票和业务回单如图3-9-1和图3-9-2所示。

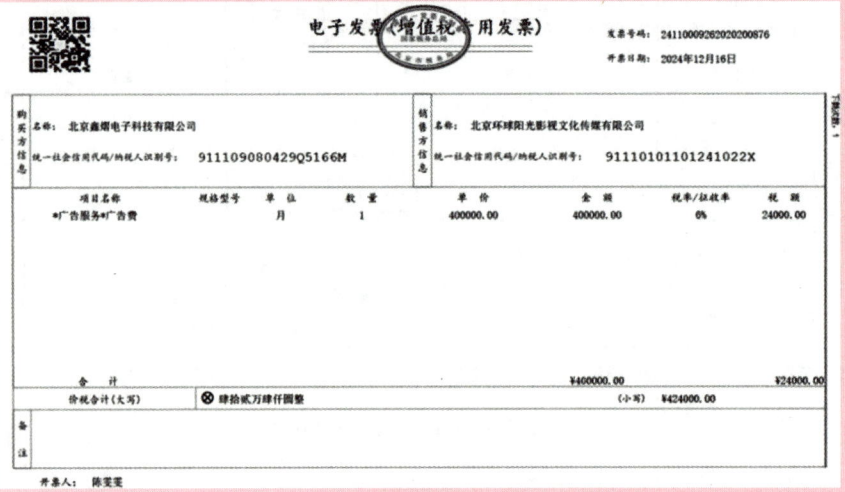

图 3-9-1　增值税专用发票

图 3-9-2　业务回单

（10）12 月 17 日，公司将自产的激光打印机通过公益性单位捐赠给希望小学，相关单据分别如图 3－10－1、图 3－10－2 和图 3－10－3 所示。

公益性单位接受捐赠统一收据
UNIFIED IN VOICE OF DONATION FOR PUBLIC WELFARE ORGANIZATION

国财 00202　　2024 年 12 月 17 日 Y M D　　№ 1165437001

捐赠者 Donor：北京鑫熠电子科技有限公司
捐赠项目 For Purpose：C201激光打印机
捐赠金额（实物价值）大写 Total Amount In Words：贰拾伍万柒仟陆佰肆拾元整
小写 in Figures：¥257640.00
货币（实物）种类 Currency(Materrl Objects)：
备注 Nores：

财政部监制〈2019〉10000本至某公司印制　　第二联 捐赠者 Second Donor

接收单位（签章） Receiver's Seal　　审核 黄丽丽 Verifed by　　经手人 刘萍兰 Handling Person
感谢您的慷慨捐赠！ Thank you for your generous donation!

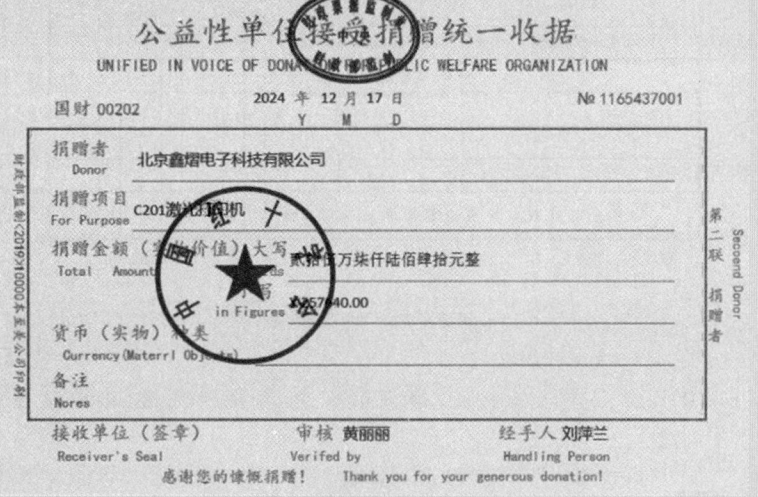

图 3－10－1　公益性单位接受捐赠统一收据

出库单

物资类别：库存商品　　NO00501097

2024年 12月 17日

提货单位或部门	综合管理部	发票号码或销售单号		发出仓库	商品二仓	出库日期	2024年12月17日
编号	名称及规格	单位	数量		单价	金额	
			要数	实发			
1	C201激光打印机	台	100	100			
合计							

第二联 记账

部门主管：边潇潇　会计：郑丽珍　仓库：陈宏顺　制表：陈宏顺

图 3－10－2　出库单

商品价格表

单位：北京鑫熠电子科技有限公司　　金额：元

商品名称	规格型号	成本单价	最高售价（不含税）	平均价（不含税）
激光打印机	H200	1930.20	2650.00	2400.00
激光打印机	C201	1616.94	2300.00	2280.00
激光打印机	W201	1210.85	1700.00	1500.00

审核：边潇潇　　制表：郑丽珍

图 3－10－3　商品价格表

（11）12 月 19 日，公司直接向贫困山区老人捐赠现金，收款收据如图 3－11 所示。

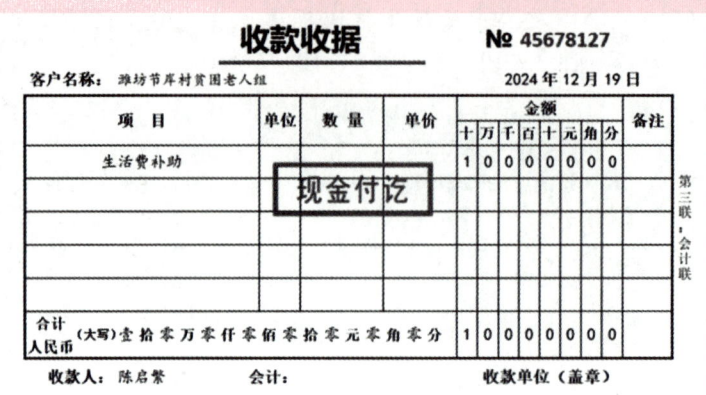

图 3-11　收款收据

（12）12月20日，公司支付职工培训费，增值税专用发票和业务回单分别如图 3-12-1 和图 3-12-2 所示。

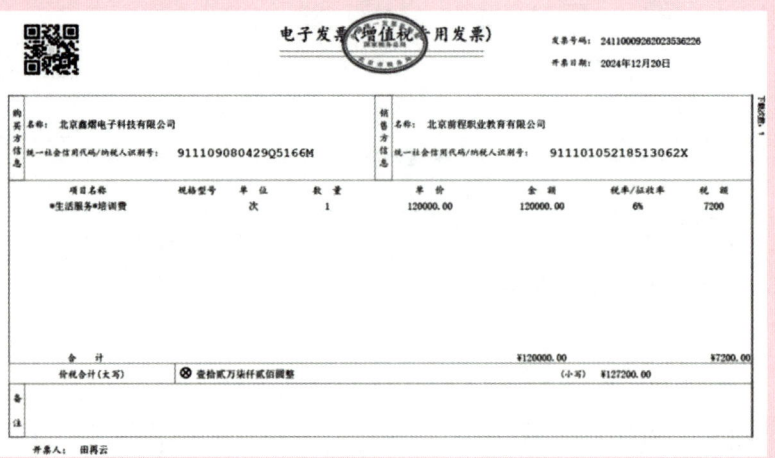

图 3-12-1　增值税专用发票

图 3-12-2　业务回单

（13）12月20日，公司缴纳税收滞纳金，付款凭证如图3-13所示。

图3-13 付款凭证

（14）12月21日，公司收到银行存款利息，业务回单如图3-14所示。

图3-14 业务回单

（15）12月22日，公司缴纳环保局罚款，业务回单如图3-15所示。
（16）12月23日，公司支付银行罚息，业务回单如图3-16所示。
（17）12月24日，公司支付广告合同违约金，业务回单如图3-17所示。
（18）12月24日，公司支付电子协会赞助费，业务回单如图3-18所示。
（19）12月27日，公司盘亏原材料，盘点表如图3-19所示。
（20）12月31日，公司确认交易性金融资产（该交易性金融资产为公司1月以每股10元的价格购入的佳美股票20万股，支付银行存款200万元，另支付相关交易费用5万元）公允价值的变动，损益计算表如图3-20所示。

智能化税费核算与管理

业务回单（付款）

中国工商银行 ICBC

日期：2024年12月22日
回单编号：56452696
付款人户名：北京鑫熠电子科技有限公司
付款人账号（卡号）：1101118234346566169
收款人户名：北京市石景山区非税收入管理局
收款人账号（卡号）：13001638508360007903
金额：叁万贰仟元整
业务（产品）种类：跨行发报　凭证种类：000000000
摘要：环保局罚款　用途：环保局罚款
交易机构：0410000298　记账柜员：00023　交易代码：52062

付款人开户行：中国工商银行北京分行
收款人开户行：中国建设银行北京分行
小写：32,000.00元
凭证号码：00000000000000000
币种：人民币
渠道：网上银行

附言：
支付交易序号：23076093　报文种类：普通贷记业务　委托日期：2024-12-22
业务类型（种类）：普通汇兑　指令编号：HQP1102126134　提交人：13774551526.c.4100
最终授权人：0920007080300001.c.4100

本回单为第1次打印，注意重复　　打印日期：2024年12月22日　打印柜员：9　验证码：1B5FB9A63006

（中国工商银行北京分行 自助回单机专用章 003）

图 3-15　业务回单

业务回单（付款）

中国工商银行 ICBC

日期：2024年12月23日
回单编号：35006523
付款人户名：北京鑫熠电子科技有限公司
付款人账号（卡号）：1101118234346566169
收款人户名：
收款人账号（卡号）：
金额：陆仟元整
业务（产品）种类：同行汇划　凭证种类：000000000
摘要：贷款逾期罚息　用途：贷款逾期罚息
交易机构：0410000298　记账柜员：00023　交易代码：52062

付款人开户行：中国工商银行北京分行
收款人开户行：
小写：6,000.00元
凭证号码：00000000000000000
币种：人民币
渠道：网上银行

附言：
支付交易序号：23076093　报文种类：普通贷记业务　委托日期：2024-12-23
业务类型（种类）：普通汇兑　指令编号：HQP1102126134　提交人：13774551526.c.4100
最终授权人：0920007080300001.c.4100

本回单为第1次打印，注意重复　　打印日期：2024年12月23日　打印柜员：9　验证码：1B5FB9A63006

（中国工商银行北京分行 自助回单机专用章 003）

图 3-16　业务回单

业务回单（付款）

中国工商银行 ICBC

日期：2024年12月24日
回单编号：56452306
付款人户名：北京鑫熠电子科技有限公司
付款人账号（卡号）：1101118234346566169
收款人户名：北京环球阳光影视文化传媒有限公司
收款人账号（卡号）：1103256090457078933
金额：叁万陆仟元整
业务（产品）种类：跨行发报　凭证种类：000000000
摘要：广告合同违约金　用途：违约金
交易机构：0410000298　记账柜员：00023　交易代码：52062

付款人开户行：中国工商银行北京分行
收款人开户行：中国工商银行北京东城支行
小写：36,000.00元
凭证号码：00000000000000000
币种：人民币
渠道：网上银行

附言：
支付交易序号：23076093　报文种类：普通贷记业务　委托日期：2024-12-24
业务类型（种类）：普通汇兑　指令编号：HQP1102126134　提交人：13774551526.c.4100
最终授权人：0920007080300001.c.4100

本回单为第1次打印，注意重复　　打印日期：2024年12月24日　打印柜员：9　验证码：1B5FB9A63006

（中国工商银行北京分行 自助回单机专用章 003）

图 3-17　业务回单

业务回单（付款）

日期：2024年12月24日　　中国工商银行
回单编号：35006567
付款人户名：北京鑫熠电子科技有限公司　　付款人开户行：中国工商银行北京分行
付款人账号（卡号）：1101118234346566169
收款人户名：北京电子仪器行业协会　　收款人开户行：中国建设银行北京海淀区支行
收款人账号（卡号）：11001018700056172593
金额：伍万元整　　小写：50,000.00元
业务（产品）种类：跨行发报　凭证种类：000000000　凭证号码：00000000000000000
摘要：电子协会赞助费　用途：赞助费　　币种：人民币
交易机构：0410000298　记账柜员：00023　交易代码：52062　　渠道：网上银行
附言：
支付交易序号：23076093　报文种类：普通贷记业务　委托日期：2024-12-24
业务类型（种类）：普通汇兑　指令编号：HQP1102126134　提交人：13774551526.c.4100
最终授权人：0920007080300001.c.4100
本回单为第1次打印，注意重复　　打印日期：2024年12月24日　打印柜员：9　验证码：1B5FB9A63006

图 3-18　业务回单

库存物品盘点表

单位：北京鑫熠电子科技有限公司　　仓库：粉盒一仓　　日期：2024年12月27日

编号	类别	库存物品名称	单位	单价	账存 数量	账存 金额	盘点 数量	盘点 金额	盘盈 数量	盘盈 金额	盘亏 数量	盘亏 金额	进项转出	合计损失
1	原材料	彩色粉盒	盒	240.00	350	84000.00	340	81600.00			10	2400.00	312.00	2712.00

监盘人：边潇潇　　盘点人：郑丽珍

图 3-19　库存物品盘点表

公允价值变动损益计算表

公司：北京鑫熠电子科技有限公司　　划分资产类别：交易性金融资产　　日期：2024年12月31日

序号	股票名称	代码	交易所	购买价	交易费用	12.31收盘价	股数	总金额	公允价值变动	前期累计公允价值变动	本期应调整公允价值变动
1	北京佳美制造股份有限公司	600302	北京银河证券交易所	10.00	50000.00	10.50	200000	2100000.00	100000.00	0.00	100000.00
	合计			10.00	50000.00	10.50	200000	2100000.00	100000.00	0.00	100000.00

审核人：陈源淼　　制表人：郑师贤

图 3-20　公允价值变动损益计算表

(21) 12月31日，公司结转销售成本，具体明细如图 3-21 所示。
(22) 12月31日，计提出租仓库折旧，折旧表如图 3-22 所示。
(23) 12月31日，计提公司12月工资，工资计算汇总表如图 3-23 所示。
(24) 12月31日，计提公司12月社会保险费，单据如业务23的工资汇总表。
(25) 12月31日，计提公司12月工会经费，工会经费分摊明细表如图 3-24 所示。
(26) 12月31日，计提公积金，单据如业务23的工资汇总表。

主营业务成本明细表

单位：北京鑫熠电子科技有限公司　　　日期：2024年12月31日　　　金额单位：元

项目	金额
H200激光打印机	1560000.00
C201激光打印机	2500000.00
W201激光打印机	1920000.00
合计	5980000.00

图 3-21　主营业务成本明细表

投资性房地产折旧表

单位：北京鑫熠电子科技有限公司　　　日期：2024年12月31日　　　金额单位：元

项目	用途	入账日期	原值	月折旧	累计折旧
仓库	出租	2024/5/5	960000.00	4000.00	108000.00

图 3-22　投资性房地产折旧表

工资汇总表

单位：北京鑫熠电子科技有限公司　　　2024年12月31日　　　金额单位：元

部门	应付工资	个人缴纳社保	个人缴纳住房公积金	个税	实发工资	公司缴纳社保	公司缴纳住房公积金	公司支付合计
综合管理部	250000.00	4000.00	6000.00	3325.50	236674.50	10000.00	6000.00	266000.00
销售部	250000.00	4000.00	6000.00	3280.90	236719.10	10000.00	6000.00	266000.00
研发部（柔性显示技术-费用化）	80000.00	1280.00	1920.00	858.30	75941.70	3200.00	1920.00	85120.00
研发部（新型存储技术-资本化）	120000.00	1920.00	2880.00	1500.00	113700.00	4800.00	2880.00	127680.00
车间管理部	80000.00	2400.00	2000.00	510.80	75089.20	6000.00	2000.00	88000.00
基本生产车间-H200激光打印机	223875.00	3800.00	5800.00	2200.50	212074.50	9500.00	5800.00	239175.00
基本生产车间-C201激光打印机	230025.00	3900.00	5900.00	2025.50	218199.50	9750.00	5900.00	245675.00
基本生产车间-W201激光打印机	262500.00	4200.00	6200.00	2358.80	249741.20	10500.00	6200.00	279200.00
合计	1496400.00	25500.00	36700.00	16060.30	1418139.70	63750.00	36700.00	1596850.00

图 3-23　工资汇总表

工会经费分摊明细表

单位：北京鑫熠电子科技有限公司　　　金额单位：元

部门	应付工资	结转科目	缴纳比例	确认分配金额
综合管理部	250000.00	管理费用	2%	5000.00
销售部	250000.00	销售费用	2%	5000.00
研发部	200000.00	管理费用	2%	4000.00
车间管理部	80000.00	制造费用	2%	1600.00
基本生产车间-H200激光打印机	223875.00	制造费用	2%	4477.50
基本生产车间-C201激光打印机	230025.00	制造费用	2%	4600.50
基本生产车间-W201激光打印机	262500.00	制造费用	2%	5250.00
合计	1496400.00	—	—	29928.00

图 3-24　工会经费分摊明细表

(27) 12月31日，计提附加税费，附加税计提表如图3-25所示。

附加税计提表

单位：北京鑫熠电子科技有限公司　　　2024年12月31日　　　金额单位：元

税种	计税基础	计税金额	税率	应缴税额
城建税	增值税	580000.00	7%	40600.00
教育费附加	增值税	580000.00	3%	17400.00
地方教育附加	增值税	580000.00	2%	11600.00
小计				69600.00

图3-25　附加税计提表

(28) 12月31日，结转12月20日支付的职工培训费，单据见业务12增值税专业发票。

(29) 12月31日，结转职工福利费，福利费汇总表如图3-26所示。

结转福利汇总表

单位：北京鑫熠电子科技有限公司

部门	发放形式	结转科目	分摊金额
综合管理部	现金	管理费用	20000.00
销售部	现金	销售费用	50000.00
合计		—	70000.00

图3-26　结转福利汇总表

(30) 12月31日，计提补充养老保险及医疗保险，具体计提表如图3-27所示。

补充保险计提表

单位：北京鑫熠电子科技有限公司

部门	项目	结转科目	分摊金额
综合管理部	补充养老保险	管理费用	10000.00
	补充医疗保险		5000.00
销售部	补充养老保险	销售费用	10000.00
	补充医疗保险		5000.00
合计		—	30000.00

图3-27　补充保险计提表

(31) 12月31日，计提本月贷款利息费用，借款利息计算表如图3-28所示。

(32) 12月31日，计提固定资产折旧费，固定资产折旧表如图3-29所示。

(33) 12月31日，计提无形资产摊销费（专利权Ⅰ和专利权Ⅱ为外购取得），无形资产摊销表如图3-30所示。

借款利息计算表

单位：北京鑫熠电子科技有限公司

序号	借款方	借款金额	年利率	月利率	月利息
1	中国工商银行北京分行	2000000.00	6%	0.5%	10000.00
2	中国建设银行北京分行	1780000.00	6%	0.5%	8900.00

备注：工商银行三年期一般借款200万元整，2025年9月30日到期，逐月计提利息，按季付息。建设银行三年期一般借款178万元，2025年12月31日到期，逐月计提利息，按季付息。

图3-28 借款利息计算表

固定资产折旧表

单位：北京鑫熠电子科技有限公司　　　　　　　　　　　　　　月份：2024年12月

部门	结转科目	本月折旧金额
管理部	管理费用	15762.61
销售部	销售部门	8099.29
研发部（柔性显示技术-费用化）	研发支出-费用化支出	8859.56
研发部（新型存储技术-资本化）	研发支出-资本化支出	7500.00
车间管理部	制造费用	754.20
基本生产车间	制造费用	72875.00
合计	—	113850.66

图3-29 固定资产折旧表

无形资产摊销表

单位：北京鑫熠电子科技有限公司　　　　　　　　　　　　　　　　　金额单位：元

资产名称	资产原值	购入时间	本月摊销	累计摊销
用友软件	252000.00	2018年10月	2100.00	157500.00
专利权Ⅰ	1020000.00	2018年8月	8500.00	654500.00
专利权Ⅱ	1920000.00	2022年8月	16000.00	464000.00
合计	3192000.00	—	26600.00	1276000.00

图3-30 无形资产摊销表

（34）12月31日，公司经审查，作出对12月27日（见业务19）材料盘亏的处理说明，具体如图3-31所示。

盘亏处理说明

经审查，2024年12月27日盘亏彩色粉盒10盒。初步查明原因是仓库管理员林立保管不善造成损失，经公司领导决定，由公司领导决定，由林立承担1000元赔偿，其余损失由公司承担。

北京鑫熠电子科技有限公司

日期：2024年12月31日

图 3－31 盘亏处理说明

（35）12 月 31 日，公司账面价值 640 000 元的彩色粉盒出现了减值，需要计提存货跌价准备，具体说明如图 3－32 所示。

存货跌价说明

近期，由于市场环境的复杂多变及特定材料供应与需求关系的失衡，我公司持有的彩色粉盒原材料的市场价格出现了显著波动，且持续下滑，鉴于上述情况，为了确保公司财务报表的真实性和准确性，根据《企业会计准则》的相关规定，我公司对该原材料的存货价值进行了全面评估。评估结果显示，当前该原材料的账面价值已高于其可变现净值。因此，基于谨慎性原则，我公司决定对该原材料的存货计提跌价准备63140.00元，特此说明！

日期：2024年12月31日

图 3－32 存货跌价说明

（36）12 月 31 日，公司计提坏账准备，坏账准备计算表如图 3－33 所示。

坏账准备计算表

单位：北京鑫熠电子科技有限公司　　　　日期：2024年12月31日

项目	估计坏账损失金额	坏账准备账户余额		本期应计提金额
		借方余额	贷方余额	
应收账款准备	365725.40		280001.29	85724.11
其他应收款	2000.00			2000.00
合　计	367725.40		280001.29	87724.11

审核：边潇潇　　　　制表：郑丽珍

图 3－33 坏账准备计算表

（二）北京鑫熠电子科技有限公司属于查账征收企业，企业所得税按季度实际利润额预缴，年终汇算清缴，2024 年全年平均资产总额 4 712.39 万元，全年平均从业人数 156 人，全年已预缴企业所得税 3 529 859.11 元。在完成公司 12 月经济业务的核算后，公司 2024 年全年经营情况如下：

（1）2024 年企业财务报表，如图 3-34 和图 3-35 所示。

利 润 表

会企02表

编制单位：北京鑫熠电子科技有限公司　　　2024 年　　　　　　　　　　　　　单位：元

项目	本期金额	上期金额
一、营业收入	123633200.00	112882774.40
减：营业成本	85540707.35	78674716.33
税金及附加	747153.15	725087.81
销售费用	13395213.90	11898503.21
管理费用	8538523.98	7879964.02
研发费用	1087078.22	800180.37
财务费用	109100.00	123628.38
其中：利息费用	226800.00	116416.00
利息收入	125500.00	2058.84
加：其他收益		107000.00
投资收益（损失以"-"号填列）	69400.00	9950.59
其中：对联营企业和合营企业的投资收益		
以摊余成本计量的金融资产终止确认收益（损失以"-"号填列）		
净敞口套期收益（损失以"-"号填列）		
公允价值变动收益（损失以"-"号填列）	100000.00	92822.50
信用减值损失（损失以"-"号填列）	-87724.11	-113955.00
资产减值损失（损失以"-"号填列）	-63140.00	-21400.00
资产处置收益（损失以"-"号填列）		
二、营业利润（亏损以"-"号填列）	14233959.29	12855112.38
加：营业外收入	301791.16	80000.00
减：营业外支出	416314.00	265500.00
三、利润总额（亏损总额以"-"号填列）	14119436.45	12669612.38
减：所得税费用	3529859.11	3167403.10
四、净利润（净亏损以"-"号填列）	10589577.34	9502209.28
（一）持续经营净利润（净亏损以"-"号填列）	10589577.34	9502209.28
（二）终止经营净利润（净亏损以"-"号填列）		
五、其他综合收益的税后净额		
（一）不能重分类进损益的其他综合收益		
1.重新计量设定受益计划变动额		
2.权益法下不能转损益的其他综合收益		
3.其他权益工具投资公允价值变动		
4.企业自身信用风险公允价值变动		
……		
（二）将重分类进损益的其他综合收益		
1.权益法可转损益的其他综合收益		
2.其他债权投资公允价值变动		
3.金融资产重分类计入其他综合收益的金额		
4.其他债权投资信用减值准备		
5.现金流量套期储备		
6.外币财务报表折算差额		
……		
六、综合收益总额	10589577.34	9502209.28
七、每股收益：		
（一）基本每股收益		
（二）稀释每股收益		

图 3-34　利润表

资产负债表

编制单位：北京鑫熠电子科技有限公司　　　　2024年　　　　　　　　　　　　　　　　　　　　会企01表
单位：元

资　产	期末余额	上年年末余额	负债和所有者权益（或股东权益）	期末余额	上年年末余额
流动资产：	—	—	流动负债：	—	—
货币资金	4267205.23	7180187.68	短期借款		2400000.00
交易性金融资产	2100000.00		交易性金融负债		
衍生金融资产			衍生金融负债		
应收票据			应付票据		
应收账款	7314508.09	5647750.00	应付账款	7487500.00	8170000.00
应收款项融资			预收款项		
预付款项			合同负债		
其他应收款	40000.00		应付职工薪酬	2152098.00	1915152.00
存货	15327069.85	13709471.20	应交税费	1447292.39	1213334.34
合同资产			其他应付款		
持有待售资产			持有待售负债		
一年内到期的非流动资产			一年内到期的非流动负债		
其他流动资产			其他流动负债		
流动资产合计	**29048783.17**	**26537408.88**	**流动负债合计**	**11086890.39**	**13698486.34**
非流动资产：	—	—	非流动负债：		
债权投资	2000000.00		长期借款	3600000.00	3600000.00
其他债权投资			应付债券		
长期应收款			其中：优先股		
长期股权投资			永续债		
其他权益工具投资			租赁负债		
其他非流动金融资产			长期应付款		
投资性房地产			预计负债		
固定资产	9359143.26	10373336.16	递延收益		
在建工程	2877621.78		递延所得税负债		
生产性生物资产			其他非流动负债		
油气资产			**非流动负债合计**	**3600000.00**	**3600000.00**
使用权资产			**负债合计**	**14686890.39**	**17298486.34**
无形资产	1916000.00	2235200.00	所有者权益（或股东权益）：	—	—
开发支出	1922378.22		实收资本（或股本）	15000000.00	15000000.00
商誉			其他权益工具		
长期待摊费用			其中：优先股		
递延所得税资产			永续债		
其他非流动资产			资本公积		
非流动资产合计	**18075143.26**	**12608536.16**	减：库存股		
			其他综合收益		
			专项储备		
			盈余公积	1743703.60	684745.87
			未分配利润	15693332.44	6162712.83
			所有者权益（或股东权益）合计	**32437036.04**	**21847458.70**
资产总计	**47123926.43**	**39145945.04**	**负债和所有者权益（或股东权益）总计**	**47123926.43**	**39145945.04**

图3-35　资产负债表

（2）公司2024年应付职工薪酬发生额明细表，如图3-36所示。

（3）公司2024年研发支出辅助账汇总表，如图3-37所示。

（4）公司2024年损益类科目明细表，如图3-38所示。

应付职工薪酬发生额明细表

单位：北京鑫熠电子科技有限公司　　　　　　　期间：2024年

科目代码	科目名称	借方发生额	贷方发生额	备注
2211	应付职工薪酬	21237829.80	21470129.80	
221101	工资	15267000.00	15499300.00	当月计提次月发放，汇算清缴前发放完毕
221102	社会保险费	747502.80	747502.80	
221103	住房公积金	474640.00	474640.00	
221104	职工福利	2257398.50	2257398.50	
221105	工会经费	309986.00	309986.00	
221106	职工教育经费	1347440.50	1347440.50	
221107	补充养老保险	555908.00	555908.00	
221108	补充医疗保险	277954.00	277954.00	

图 3-36　应付职工薪酬发生额明细表

汇总表

	项目	资本化	费用化	合计
人员人工费用	1. 研发活动人员工资薪金	1007000.00	600000.00	1607000.00
	2. 研发活动人员"五险一金"	78576.00	99600.00	178176.00
直接投入费用	1. 研发活动直接消耗材料费用	587100.00	203758.22	790858.22
	2. 用于研发活动的仪器、设备的运行维修等费用		60000.00	60000.00
折旧费用	用于研发活动的设备的折旧费	48852.22	31720.00	80572.22
其他相关费用	1. 技术图书资料费、资料翻译费、专家手存费、高新科技研发保险费		24000.00	24000.00
	2. 研发成果的检索、分析、评议、论证、鉴定、评审、评估、验收费用	8000.00		8000.00
	3. 职工福利费、补充养老保险费、补充医疗保险费	137875.00	68000.00	205875.00
	4. 差旅费、会议费	54975.00		54975.00
	合计	1922378.22	1087078.22	3009456.44

图 3-37　汇总表

损益类科目明细表

单位：北京鑫烟电子科技有限公司　　　　　期间：2024年

科目代码	科目名称	借方发生额	贷方发生额	备注
6001	主营业务收入	123390200.00	123390200.00	
600101	H200激光打印机	28845600.00	28845600.00	
600102	C201激光打印机	50410800.00	50410800.00	
600103	W201激光打印机	44133800.00	44133800.00	
6051	其他业务收入	243000.00	243000.00	
605101	出租收入	180000.00	180000.00	
605102	原材料销售收入	63000.00	63000.00	
6101	公允价值变动损益	100000.00	100000.00	
6111	投资收益	69400.00	69400.00	
6301	营业外收入	301791.16	301791.16	
630101	罚没收入	99791.16	99791.16	
630102	无法偿还的应付账款	202000.00	202000.00	
6401	主营业务成本	85440207.35	85440207.35	
640101	H200激光打印机	20373470.52	20373470.52	
640102	C201激光打印机	33867647.68	33867647.68	
640103	W201激光打印机	31199089.15	31199089.15	
6402	其他业务成本	100500.00	100500.00	
640201	出租成本	60000.00	60000.00	
640202	原材料销售成本	40500.00	40500.00	
6403	税金及附加	747153.15	747153.15	
6601	销售费用	13395213.90	13395213.90	
660101	折旧费	128398.90	128398.90	
660102	工资	2311000.00	2311000.00	
660103	社会保险费	104664.00	104664.00	
660104	住房公积金	53200.00	53200.00	
660105	职工福利	490095.00	490095.00	
660106	工会经费	46220.00	46220.00	
660107	职工教育经费	411435.00	411435.00	
660108	补充养老保险	109660.00	109660.00	
660109	补充医疗保险	53220.00	53220.00	
660110	水电费	65520.00	65520.00	
660111	办公费	9655.00	9655.00	
660112	差旅费	802560.00	802560.00	
660113	通讯费	66650.00	66650.00	
660114	广告宣传费	7800000.00	7800000.00	
660115	运输费	838500.00	838500.00	
660116	修理费	12336.00	12336.00	
660117	租赁费	92100.00	92100.00	
6602	管理费用	9625602.20	9625602.20	
660201	折旧费	216337.18	216337.18	
660202	无形资产摊销	127200.00	127200.00	
660203	工资	2522800.00	2522800.00	
660204	社会保险费	124708.80	124708.80	
660205	住房公积金	87440.00	87440.00	
660206	职工福利	891806.00	891806.00	
660207	工会经费	40456.00	40456.00	
660208	职工教育经费	612438.00	612438.00	
660209	补充养老保险	103368.00	103368.00	
660210	补充医疗保险	64456.00	64456.00	
660211	水电费	102550.00	102550.00	
660212	办公费	221560.00	221560.00	
660213	差旅费	623850.00	623850.00	
660214	通讯费	131500.00	131500.00	
660215	业务招待费	2174600.00	2174600.00	
660216	招聘费	78850.00	78850.00	
660217	咨询顾问费	75000.00	75000.00	
660218	保险费	35342.00	35342.00	
660219	修理费	76900.00	20250.00	
660220	租赁费	225650.00	225650.00	
660221	盘亏损失	1712.00	1712.00	
660222	研发费用	1087078.22	1087078.22	
6603	财务费用	109100.00	109100.00	
660301	手续费	7800.00	7800.00	
660302	利息收入	-125500.00	-125500.00	
660303	利息支出	226800.00	226800.00	
6701	资产减值损失	63140.00	63140.00	
670101	存货跌价准备	63140.00	63140.00	
6702	信用减值损失	87724.11	87724.11	
670201	坏账准备	87724.11	87724.11	
6711	营业外支出	416314.00	416314.00	
671101	捐赠支出	291334.00	291334.00	
671102	滞纳金	980.00	980.00	
671103	罚没支出	74000.00	74000.00	
671104	赞助支出	50000.00	50000.00	
6801	所得税费用	3529859.11	3529859.11	

图3-38　损益类科目明细表

注：营业外支出账户下的盘亏损失为12月末盘亏的存货损失；罚没支出为12月环保局罚款32 000元、合同违约金36 000元和银行罚息6 000元；公司2024年捐赠支出为12月对红十字会的捐赠和直接对贫困山区的捐赠。

5. 查账情况其他说明。

（1）股东信息

王鑫熠（国籍：中国；证件类型：居民身份证；证件号码：110234198303161559）；投资总额为900万元整。

刘丹（国籍：中国；证件类型：居民身份证；证件号码：110131198806152421）；投资总额为600万元整。

（2）企业的工资薪金计提合理，发放方式为当月计提，次月全部发放。职工福利费、职工教育经费均按实际发生数计提并支付；工会经费按2%计提，当月计提，次月拨缴。企业按照规定的范围和标准为职工缴纳社会保险费和住房公积金，并为职工建立补充养老保险和补充医疗保险。

（3）2024年新购入的回流焊设备和智能投影设备，享受500万元以下一次性税前扣除政策。无形资产不享受加速摊销。

（4）本期的利息支出均为向金融机构借款的利息支出。

任务清单：

（1）判断该公司企业所得税纳税人类型及适用的税率

（2）核算该公司12月收入项目业务

（3）核算该公司12月扣除项目业务

（4）计算该公司2024年应纳税所得额和应纳的企业所得税

（5）对该公司2024年的企业所得税进行风险管控及申报管理

（6）对该公司2024年的企业所得税进行智能核算与管理

（7）结合该公司的经营业务提出合理的纳税筹划建议

模块一 认知企业所得税法的基本内容

企业所得税是指对我国境内的企业和其他取得收入的组织的生产经营所得和其他所得征收的所得税。目前，企业所得税适用的法律法规包括：2007年第十届全国人民代表大会通过并经2017年和2018年两次修订的《中华人民共和国企业所得税法》和2007年第一百九十七次常务会议通过并经2019年修订的《中华人民共和国企业所得税法实施条例》。

一、企业所得税的纳税人

在我国境内，企业和其他取得收入的组织（以下统称企业）为企业所得税的纳税人，应按规定缴纳企业所得税，但不包括个人独资企业和合伙企业。

根据企业纳税义务范围的不同，企业所得税的纳税人分为居民企业和非居民企业。

居民企业是指依法在中国境内成立，或者依照外国（地区）法律成立但实际管理机构在中国境内的企业。

非居民企业，是指依照外国（地区）法律成立且实际管理机构不在中国境内，但在中国境内设立机构、场所的，或者在中国境内未设立机构、场所，但有来源于中国境内所得的企业。

二、企业所得税的征税对象

企业所得税的征税对象从内容上看包括企业的生产经营所得、其他所得和清算所得，从空间范围上看包括来源于中国境内的所得和境外的所得。

居民企业应就来源于中国境内、境外的所得缴纳企业所得税。这里的所得包括销售货物所得，提供劳务所得，转让财产所得，股息、红利等权益性投资所得，利息所得，租金所得，特许权使用费所得，接受捐赠所得和其他所得。

非居民企业在中国境内设立机构、场所的，应当就其所设机构、场所取得的来源于中国境内的所得，以及发生在中国境外但与其所设机构、场所有实际联系的所得，缴纳企业所得税。非居民企业在中国境内未设立机构、场所的，或者虽设立机构、场所但取得的所得与其所设机构、场所没有实际联系的，应当就其来源于中国境内的所得缴纳企业所得税。

【温馨提示】

企业所得来源按以下原则确定。

（1）销售货物所得，按照交易活动发生地确定。

（2）提供劳务所得，按照劳务发生地确定。

（3）转让财产所得，不动产转让所得按照不动产所在地确定；转让动产所得按照转让动产的企业或机构、场所所在地确定；权益性投资资产转让所得按照被投资企业所在地确定。

（4）股息、红利等权益性投资所得，按照分配所得的企业所在地确定。

（5）利息所得、租金所得、特许权使用费所得，按照负担、支付所得的企业或者机构、场所所在地确定，或者按照负担、支付所得的个人的住所地确定。

（6）其他所得，由国务院、税务主管部门确定。

智能化税费核算与管理

税收筹划

企业类型选择的筹划

在我国境内设立的企业，常见的类型有个人独资企业、合伙企业和公司制企业，企业类型不同，适用的所得税法不同，税费负担也不一样。

（1）公司制企业是具有法人资格的企业，通常分为有限责任公司和股份有限公司两种，适用于企业所得税法，应缴纳企业所得税。

（2）个人独资企业的投资人为一个自然人，适用个人所得税法，应缴纳个人所得税。

（3）合伙企业是以每个合伙人为纳税义务人，合伙人可能是自然人也可能是法人，一般实行先分后税。自然人合伙人应将其从合伙企业中分得的利润连同来自其他地方的所得一起申报缴纳个人所得税，法人合伙人从合伙企业中分得的利润应计入其应纳税所得额缴纳企业所得税。

企业类型不一样，缴纳的税费也不一样，个人独资企业和自然人合伙人不需要缴纳企业所得税，仅需缴纳个人所得税；但个人投资公司制企业需要缴纳两次所得税，公司所得先缴纳企业所得税，公司分配税后利润给投资者还需要缴纳个人所得税，税收负担往往比较重。

企业可以通过计算不同组织形式下整体税负的大小，来选择整体税负最小的企业组织形式。

三、企业所得税的税率

我国现行企业所得税税率包括基本税率、低税率和优惠税率，具体如表3-1所示。

表3-1 企业所得税税目税率表

级别	税率	适用范围
基本税率	25%	居民企业；在中国境内设立机构、场所的非居民企业
低税率	20%（减按10%征收）	非居民企业在中国境内未设立机构、场所的，或者虽设立机构、场所但取得的所得与其所设机构、场所没有实际联系的
优惠税率	20%	符合条件的小型微利企业（指年应纳税所得额不超过300万元，从业人数不超过300人，资产总额不超过5000万元的企业）
优惠税率	15%	国家重点扶持的高新技术企业
优惠税率	15%	经认定的技术先进型服务企业
优惠税率	15%	西部地区鼓励类产业企业和海南自由贸易港鼓励类企业（在2030年12月31日前享受）

【任务实施】

判断纳税人、适用税率：北京鑫熠电子科技有限公司是依法在中国境内成立的，为我国的居民企业，适用基本税率25%。

模块二　收入项目的核算与管理

一、收入总额的核算

企业以货币形式和非货币形式从各种来源取得的收入，为收入总额。具体包括销售货物收入，提供劳务服务收入，转让财产收入，股息、红利等权益性投资收益，利息收入，租金收入，特许权使用费收入，接受捐赠收入，其他收入。

【温馨提示】

企业以非货币形式取得的收入，应当按照公允价值确定收入额，公允价值即按照市场价格确定的价值。

在企业会计核算中，上述收入应分别按相关会计准则规定进行账务处理。

【任务实施】

【业务1、业务2、业务3、业务4、业务5、业务14、业务20】均为公司12月取得的收入，应按会计准则规定进行会计核算，确认为企业的收入。

【业务1】12月2日，销售激光打印机，应确认主营业务收入。

借：应收账款——石家庄腾兴商贸有限公司　　　　　　　10 622 000.00
　　贷：主营业务收入——H200 激光打印机　　　　　　　2 400 000.00
　　　　主营业务收入——C201 激光打印机　　　　　　　4 000 000.00
　　　　主营业务收入——H200 激光打印机　　　　　　　3 000 000.00
　　　　应交税费——应交增值税（销项税额）　　　　　　1 222 000.00

【业务2】12月4日，销售原材料，应确认为其他业务收入。

借：应收账款——北京尚德贸易有限公司　　　　　　　　　71 190.00
　　贷：其他业务收入——销售原材料　　　　　　　　　　　63 000.00
　　　　应交税费——应交增值税（销项税额）　　　　　　　　8 190.00

智能化税费核算与管理

【业务3】12月5日，收到仓库出租的租金，应确认为其他业务收入。
借：银行存款——中国工商银行北京分行　　　　　　　　16 350.00
　　贷：其他业务收入——出租收入　　　　　　　　　　　　　15 000.00
　　　　应交税费——应交增值税（销项税额）　　　　　　　　 1 350.00

【业务4】12月5日，收到员工罚款，应确认为营业外收入。
借：库存现金　　　　　　　　　　　　　　　　　　　　　 500.00
　　贷：营业外收入——罚款　　　　　　　　　　　　　　　　　 500.00

【业务5】12月7日，公司核销确认无法偿付的应付账款，应确认为营业外收入。
借：应付账款——广东荣质设备制造有限公司　　　　　　202 000.00
　　贷：营业外收入——转销应付账款　　　　　　　　　　　　202 000.00

【业务14】12月21日，收到银行存款利息，应冲抵财务费用。
借：银行存款——中国工商银行北京分行　　　　　　　　12 565.00
　　贷：财务费用——利息收入　　　　　　　　　　　　　　　12 565.00

【业务20】12月31日，确认交易性金融资产公允价值变动损益。
借：交易性金融资产——公允价值变动　　　　　　　　　100 000.00
　　贷：公允价值变动损益　　　　　　　　　　　　　　　　　100 000.00

【温馨提示】

　　交易性金融资产期末按公允价值计量，对资产期末的公允价值变动，按会计准则规定进行账务处理时，应计入当期损益影响企业的会计利润总额，但是按照税法规定，资产在持有期间公允价值的变动不计入当期损益，待处置时一并计入应纳税所得额。所以，企业在进行纳税申报时应根据资产公允价值变动的情况进行纳税调整。

二、不征税收入、免税收入和减计收入的核算

　　国家为了扶持和鼓励某些特殊的纳税人和特定的项目，或者避免因征税影响企业的正常经营，对企业取得的某些收入予以不征税或免税的特殊政策，或准予抵扣应纳税所得额，或者是对专项用途的资金作为非税收入处理，减轻企业的税负，增加企业可用资金，促进经济的协调发展。

（一）不征税收入

1. 财政拨款

　　财政拨款指各级人民政府对纳入预算管理的事业单位、社会团体等组织拨付的财政资金，但国务院和国务院财政、税务主管部门另有规定的除外。企业实际收到的财政拨款中的财政补贴和税收返还等，按照现行会计准则的规定，属于政府补助的范畴，与企业日常活动相关的政府补助，应当按照经济业务实质，计入其他收益或冲减相关成本费用，与企业日常活动无关的政府补助，应当计入营业外收支。除企业取得的所得税返还（退税）和出口退

税的增值税进项外，一般作为应税收入征收企业所得税。

2. 依法取得并纳入财政管理的行政事业性收费和政府性基金

行政事业性收费是指国家机关、事业单位、代行政府职能的社会团体及其他组织根据法律法规等有关规定，依照国务院规定程序批准，在实施社会公共管理以及在向公民、法人提供特定公共服务过程中，向特定对象收取的费用。

3. 国务院规定的其他不征税收入

其他不征税收入是指企业取得的，由国务院财政、税务主管部门规定专项用途并经国务院批准的财政性资金。

【勤思善悟】

企业的不征税收入用于支出所形成的费用或形成的资产计算的折旧、摊销，可以在计算应纳税所得额时扣除吗？

（二）免税收入

1. 国债利息收入

为鼓励企业积极购买国债，支援国家建设，企业购买并持有国务院财政部门发行的国债取得的利息收入免征企业所得税。但是，转让国债取得的收入需要征税。

2. 符合条件的居民企业之间的股息、红利等权益性投资收益

股息、红利是指居民企业直接投资于其他居民企业取得的投资收益，不包括连续持有居民企业公开发行上市流通的股票不足12个月取得的投资收益。

3. 符合条件的非居民企业取得的股息、红利等权益性投资收益

在中国境内设立机构、场所的非居民企业从居民企业取得与该机构、场所有实际联系的股息、红利等权益性投资收益。

4. 符合条件的非营利组织的收入

非营利组织从事公益性或非营利性活动所取得的收入，不包括从事营利性活动取得的收入，但国务院有规定的除外。

【温馨提示】

企业取得的各项免税收入用于支出所形成的各项成本费用，除另有规定者外，可以在计算企业应纳税所得额时扣除。

【任务实施】

【业务6】12月9日，收到国债利息收入，应确认为投资收益。

借：银行存款——中国工商银行北京分行　　　　　　119 400.00
　　贷：投资收益　　　　　　　　　　　　　　　　　　　119 400.00

(三) 减计收入

1. 综合利用资源生产产品取得的收入

企业综合利用资源，生产符合国家产业政策规定的产品所取得的收入，可以在计算应纳税所得额时减按90%计入收入总额。

2. 支持农村金融发展的小额贷款利息收入和保费收入

为支持农村金融发展，2027年12月31日前，对金融机构农户小额贷款的利息收入，在计算应纳税所得额时，按照90%计入收入总额。这里的小额贷款指单笔且该农户贷款余额总额在10万元（含）以下的贷款。

对保险公司为种植业、养殖业提供保险业务取得的保费收入，在计算应纳税所得额时，按照90%计入收入总额。这里的保费收入，是指原保险保费收入加上分保费收入减去分出保费后的余额。

3. 铁路债券利息收入

为支持国家铁路建设，对企业投资者持有2024—2027年发行的铁路债券取得的利息收入，减半征收企业所得税。

模块三　扣除项目的核算与管理

一、准予扣除项目的核算

微课：存货发出计价方法的纳税筹划

企业实际发生的与取得收入有关的、合理的支出，包括成本、费用、税金、损失和其他支出，准予在计算应纳税所得额时扣除。准予扣除的具体项目包括以下内容。

（一）成本

成本是指企业在生产经营活动中发生的销售成本、销货成本、业务支出以及其他耗费，即企业销售商品、提供劳务、转让固定资产、无形资产的成本。

（二）费用

费用是指企业每一纳税年度为生产、经营商品和提供劳务等所发生的销售费用、管理费用和财务费用。已经计入成本的有关费用（如制造费用）除外。

（三）税金

税金是指企业发生的除企业所得税和允许抵扣的增值税以外的各项税金及其附加，不包括不应由企业直接负担的税金，既不包括承担职工应负担的个人所得税，也不包括增值税和企业所得税。

（四）损失

损失是指企业在生产经营活动中发生的固定资产和存货的盘亏、毁损、报废损失，转让财产损失，呆账损失，坏账损失，自然灾害等不可抗力因素造成的损失以及其他损失。企业发生的损失，减除责任人赔偿和保险赔款后的余额，依照国务院财政、税务主管部门的规定扣除。企业已经作为损失处理的资产，在以后纳税年度又全部收回或者部分收回时，应当计入当期收入。

（五）其他支出

其他支出是指除成本、费用、税金、损失外，企业在生产经营活动中发生的与生产经营活动有关的、合理的支出。

企业在发生上述业务时，应按相应会计准则或制度的规定进行业务核算。

【任务实施】

【业务21、业务22、业务27】 均为企业发生的与取得收入有关的、合理的成本、费用支出，按照会计准则规定需要核算为当期损益，根据企业所得税法规定均可以在计算应纳税所得额时扣除。

【业务21】 12月31日，公司结转销售成本。

借：主营业务成本——H200激光打印机　　　　　　1 560 000.00
　　主营业务成本——C201激光打印机　　　　　　2 500 000.00
　　主营业务成本——W201激光打印机　　　　　　1 920 000.00
　贷：库存商品——H200激光打印机　　　　　　　1 560 000.00
　　　库存商品——C201激光打印机　　　　　　　2 500 000.00
　　　库存商品——W201激光打印机　　　　　　　1 920 000.00

【业务22】 12月31日，计提出租仓库租金。

借：其他业务成本——出租成本　　　　　　　　　　4 000.00
　贷：累计折旧　　　　　　　　　　　　　　　　　4 000.00

【业务27】 12月31日，计提附加税费。

借：税金及附加　　　　　　　　　　　　　　　　　69 600.00
　贷：应交税费——应交城市维护建设税　　　　　　40 600.00
　　　应交税费——应交教育费附加　　　　　　　　17 400.00
　　　应交税费——应交地方教育附加　　　　　　　11 600.00

二、限定扣除条件项目的核算

对上述准予扣除成本、费用、税金、损失和其他支出项目，企业所得税法还对其中部分项

■ 智能化税费核算与管理

目的扣除标准做了限制性或鼓励性的规定。企业发生该项业务时，应按会计准则或制度规定进行处理，在企业计算本年应纳税所得额时，对超标准列支的和加计扣除的金额做纳税调整。

（一）职工工资、薪金

企业发生的合理的职工工资、薪金准予据实扣除。工资、薪金支出指企业每一纳税年度支付给在本企业任职或者受雇的员工的所有现金形式或者非现金形式的劳动报酬，包括基本工资、奖金、津贴、补贴、年终加薪、加班工资，以及与员工任职或者受雇有关的其他支出。企业安置残疾人员，符合条件的，可在按照支付给残疾职工工资据实扣除的基础上，在计算应纳税所得额时按照支付给残疾职工工资的100%加计扣除。

企业税前扣除项目的工资薪金支出，是指企业在年度汇算清缴结束前向员工实际支付的已预提汇缴年度工资薪金。例如2024年企业"应付工资"账户全年贷方发生额600万元，全年借方发生额为500万元，截至企业汇算清缴日前尚未发放的2024年预提工资为20万元，当年可税前扣除的工资薪金应为汇算清缴日前实际发放的580万元。

【任务实施】

【业务23】12月31日，计提本月工资。

借：生产成本——H200激光打印机——直接人工　　　223 875.00
　　生产成本——C201激光打印机——直接人工　　　230 025.00
　　生产成本——W201激光打印机——直接人工　　　262 500.00
　　销售费用——工资　　　　　　　　　　　　　　250 000.00
　　管理费用——工资　　　　　　　　　　　　　　250 000.00
　　制造费用——工资　　　　　　　　　　　　　　 80 000.00
　　研发支出——费用化支出——工资　　　　　　　 80 000.00
　　研发支出——资本化支出——工资　　　　　　　120 000.00
　　贷：应付职工薪酬——工资　　　　　　　　　　　1 496 400.00

（二）职工福利费、工会经费和职工教育经费

企业发生的职工福利费支出，不超过工资薪金总额14%的部分，准予扣除。

企业拨缴的工会经费，不超过工资薪金总额2%的部分，准予扣除。

企业发生的职工教育经费支出，不超过工资薪金总额8%的部分，准予扣除；超过部分，准予在以后纳税年度结转扣除。软件生产企业和集成电路设计企业发生的职工培训费用，可全额扣除，但应和其他职工教育经费分开核算。

【任务实施】

【业务7、业务12、业务25、业务28、业务29】为企业职工福利费支出、教育经费支出和工会经费支出。

【业务7】12月13日，公司发放过节费。

借：应付职工薪酬——福利费——货币性福利费　　　　70 000.00
　　贷：库存现金　　　　　　　　　　　　　　　　　　　　70 000.00

【业务29】12月31日，结转职工福利费。

借：管理费用——福利费　　　　　　　　　　　　　20 000.00
　　销售费用——福利费　　　　　　　　　　　　　50 000.00
　　贷：应付职工薪酬——福利费——货币性福利费　　　　70 000.00

【业务12】12月20日，支付职工培训费。

借：应付职工薪酬——职工教育经费　　　　　　　120 000.00
　　应交税费——应交增值税（进项税额）　　　　　72 000.00
　　贷：银行存款——中国工商银行北京分行　　　　　　192 000.00

【业务28】12月31日，结转职工培训费。

借：管理费用——职工教育经费　　　　　　　　　120 000.00
　　贷：应付职工薪酬——职工教育经费　　　　　　　　120 000.00

【业务25】12月31日，计提工会经费。

借：管理费用——工会经费　　　　　　　　　　　　9 000.00
　　销售费用——工会经费　　　　　　　　　　　　5 000.00
　　制造费用——工会经费　　　　　　　　　　　　15 928.00
　　贷：应付职工薪酬——工会经费　　　　　　　　　　29 928.00

税收筹划

职工三项经费扣除的纳税筹划

企业发生的职工福利费支出、职工教育经费支出、工会经费实行限额扣除，企业应尽量将三项经费支出控制在限额以内，以充分利用扣除限额，减少纳税调增事项。在条件允许的情况下，可以将单项的经费支出分配成两项以上的经费，以达到节税的效果。

【学以致用】

北京彩奇科技有限公司是一家高新技术企业，适用15%的企业所得税税率，主营蓝牙耳机。年初公司编制财务预算时预计本年将支出125万元作为职工福利费或职工培训费，预计全年调整后利润总额为900万元（已扣除上述125万元的费用），预计全年发放给全体员工的工资为700万元。现有两种筹划方案可供选择。

方案一：将125万元全部作为职工福利费。

方案二：为了企业的长远发展，提高人才素质，为全体职工提供培训机会并承担全体职工的培训费30万元，95万元作为职工福利发放给职工，并单独核算。

■ 智能化税费核算与管理

> 方案一：企业发生的职工福利费支出，超过工资、薪金总额14%的部分不能税前扣除。职工福利费扣除限额为700×14%＝98（万元），实际支出为125万元，超过限额的部分不可以扣除，所以扣除的职工福利费为98万元，应调增应税所得额125－98＝27（万元）。应纳企业所得税＝(900＋27)×15%＝139.05（万元）。
>
> 方案二：职工福利费扣除限额为700×14%＝98（万元），实际支出为95万元，未超出扣除限额，所以可扣除的职工福利费为95万元，不需要调整应纳税所得额；职工教育经费扣除限额为700×8%＝56（万元），实际支出为30万元，未超出扣除限额，可扣除的职工教育经费为30万元，不需要调整应纳税所得额。企业应纳的企业所得税＝900×15%＝135（万元）。
>
> 对比两个方案，方案二比方案一节税4.05万元，应选方案二。

（三）社会保险费

企业依照国务院有关主管部门或者省级人民政府规定的范围和标准为职工缴纳的基本养老保险费、基本医疗保险费、失业保险费、工伤保险费、生育保险费等基本社会保险费和住房公积金，准予扣除。

企业为投资者或者职工支付的补充养老保险费、补充医疗保险费分别在不超过职工工资总额的5%标准以内的，准予扣除，超过部分不得扣除。企业职工因公出差乘坐交通工具发生的人身意外保险费支出和为特殊工种职工支付的人身安全保险费准予扣除。

企业参加财产保险，按照规定缴纳的保险费，准予扣除。但企业为投资者或者职工支付的商业保险费不得扣除。

【任务实施】

【业务24、业务26】为企业按规定为员工购买的社保和公积金支出，可以税前扣除；【业务30】为企业为职工购买的补充养老保险费和补充医疗保险费，准予限额扣除。

【业务24】12月31日，计提12月社会保险费。

借：生产成本——H200激光打印机——直接人工	9 500.00
生产成本——C201激光打印机——直接人工	9 750.00
生产成本——W201激光打印机——直接人工	10 500.00
销售费用——社会保险费	10 000.00
管理费用——社会保险费	10 000.00
制造费用——社会保险费	6 000.00
研发支出——费用化支出——社会保险费	3 200.00
研发支出——资本化支出——社会保险费	4 800.00
贷：应付职工薪酬——社会保险费	63 750.00

【业务26】12月31日，计提公积金。

借：生产成本——H200激光打印机——直接人工	5 800.00
生产成本——C201激光打印机——直接人工	5 900.00

生产成本——W201激光打印机——直接人工	6 200.00
销售费用——住房公积金	6 000.00
管理费用——住房公积金	6 000.00
制造费用——住房公积金	2 000.00
研发支出——费用化支出——住房公积金	1 920.00
研发支出——资本化支出——住房公积金	2 880.00
贷：应付职工薪酬——住房公积金	36 700.00

【业务30】12月31日，计提补充养老保险及医疗保险。

借：管理费用——补充养老保险	10 000.00
管理费用——补充医疗保险	5 000.00
销售费用——补充养老保险	10 000.00
销售费用——补充医疗保险	5 000.00
贷：应付职工薪酬——补充养老保险	20 000.00
应付职工薪酬——补充医疗保险	10 000.00

（四）利息费用

（1）非金融企业向金融企业借款的利息支出、金融企业的各项存款利息支出和同业拆借利息支出、企业经批准发行债券的利息支出，可据实扣除。

（2）非金融企业向非金融企业借款的利息支出，不超过按照金融企业同期同类贷款利率计算的数额的部分可据实扣除，超过部分不允许扣除。

（3）企业实际支付给关联方的利息支出，如果能够按照税法及其实施条例的有关规定提供相关资料，并证明相关交易活动符合独立交易原则的；或者该企业的实际税负不高于境内关联方的，其实际支付给境内关联方的利息支出，在计算应纳税所得额时准予扣除。企业实际支付给关联方的利息支出，除应符合第（2）点利率限制规定，还应符合本金限制，即其接受关联方债权性投资与其权益性投资比例为：金融企业为5∶1，其他企业为2∶1。

（4）企业向股东或者其他与企业有关联关系的自然人借款的利息支出，参照关联企业利息费用的扣除规定。企业向非关联关系的自然人借款的利息支出，其利息支出不超过按照金融企业同期同类贷款利率计算的数额的部分准予扣除，但需满足两个条件：一是企业与个人之间的借贷必须是真实、合法、有效的，并且不具有非法集资目的和其他违反法律、法规的行为；二是企业与个人须签订借款合同和提供同期同类贷款利息证明。

【任务实施】

【业务31】12月31日，计提本月贷款利息。

借：财务费用——利息支出	18 900.00
贷：银行存款——中国工商银行北京分行	10 000.00
银行存款——中国建设银行北京分行	8 900.00

(五) 业务招待费

企业实际发生的与经营活动有关的业务招待费,按实际发生额的60%扣除,但最高不得超过当年销售(营业)收入的5‰。这里的销售(营业)收入包括主营业务收入、其他业务收入和视同销售收入。

微课:业务招待费那些事——业务招待费税前扣除限额与简易节税筹划

【勤思善悟】

在企业筹建期间且没有营业收入的情况下,与筹办活动有关的业务招待费支出应如何计算其税前扣除额,并需遵循哪些相关规定和注意事项?

【任务实施】

【业务8】12月15日,报销业务招待费。

借:管理费用——业务招待费　　　　　　　　　　　　　　8 600.00
　　贷:银行存款——中国工商银行北京分行　　　　　　　　8 600.00

(六) 广告费和业务宣传费

企业发生的符合条件的广告费和业务宣传费支出,除国务院财政、税务主管部门另有规定外,不超过当年销售(营业)收入15%的部分,准予扣除;超过部分,准予在以后纳税年度结转扣除。

对签订广告费和业务宣传费分摊协议(以下简称"分摊协议")的关联企业,其中一方发生的不超过当年销售(营业)收入税前扣除限额比例内的广告费和业务宣传费支出可以在本企业扣除,也可以将其中的部分或全部按照分摊协议归集至另一方扣除;另一方在计算本企业广告费和业务宣传费支出企业所得税税前扣除限额时,可将按照上述办法归集至本企业的广告费和业务宣传费不计算在内。

烟草企业的烟草广告费和业务宣传费支出,一律不得在计算应纳税所得额时扣除。

【任务实施】

【业务9】12月16日,支付广告费。

借:销售费用——广告费　　　　　　　　　　　　　　400 000.00
　　应交税费——应交增值税(进项税额)　　　　　　　24 000.00
　　贷:银行存款——中国工商银行北京分行　　　　　　424 000.00

(七) 租赁费

(1) 以经营租赁方式租入固定资产而发生的租赁费,按租赁年限均匀扣除。

(2) 融资租赁发生的租赁费不得直接扣除,按规定构成融资租入固定资产价值的部分应当提取折旧费用，分期扣除。

（八）环境保护专项资金

企业依照法律、行政法规有关规定提取的用于环境保护、生态恢复等方面的专项资金，准予扣除。上述专项资金提取后改变用途的，不得扣除。

（九）劳动保护费

企业发生的合理的劳动保护支出，准予扣除。劳动保护支出是指确因工作需要为雇员配备或提供工作服、手套、安全保护用品、防暑降温用品等所发生的支出。

（十）公益性捐赠支出

公益性捐赠，是指企业通过公益性社会团体或者县级以上人民政府及其部门，用于《中华人民共和国公益事业捐赠法》规定的公益事业的捐赠，且必须取得中央或省级财政部门统一印制的捐赠票据。非公益性捐赠不得在税前扣除。

企业发生的公益性捐赠支出，在年度会计利润总额12%以内的部分，准予在计算应纳税所得额时扣除，超过年度利润总额12%的部分，准予结转以后三年内在计算应纳税所得额时扣除。企业在对公益性捐赠支出计算扣除时，应先扣除以前年度结转的捐赠支出，再扣除当年发生的捐赠支出。

【任务实施】

【业务10、业务11】 均为企业的捐赠支出，均应确认为营业外支出。

【业务10】 12月17日，公司将自产的激光打印机通过公益性单位捐赠给希望小学。

借：营业外支出——捐赠支出　　　　　　　　　　　　191 334.00
　　贷：库存商品——C201激光打印机　　　　　　　　161 694.00
　　　　应交税费——应交增值税（销项税额）　　　　 29 640.00

【业务11】 12月19日，向贫困山区老人捐赠。

借：营业外支出——捐赠支出　　　　　　　　　　　　100 000.00
　　贷：库存现金　　　　　　　　　　　　　　　　　100 000.00

【温馨提示】

根据企业所得税法规定，公司直接向贫困山区老人的捐赠在计算应纳税所得额时不能列支为费用进行税前扣除，通过公益性单位向希望小学的捐赠在企业纳税申报时，可以按会计利润总额的12%计算捐赠扣除限额并进行纳税调整。

（十一）资产的费用

1. 固定资产的折旧费

企业转让各类固定资产发生的费用，允许扣除。企业转让各类固定资产发生的费用包括

智能化税费核算与管理

清理费用。

固定资产按照直线法计算的折旧，准予扣除。企业应当自固定资产投入使用月份的次月起计算折旧；停止使用的固定资产，应当自停止使用月份的次月起停止计算折旧。

企业应当根据固定资产的性质和使用情况，合理确定固定资产的预计净残值。固定资产的预计净残值一经确定，不得变更。

固定资产计算折旧的最低年限如下：

（1）房屋、建筑物，为20年。

（2）飞机、火车、轮船、机器、机械和其他生产设备，为10年。

（3）与生产经营活动有关的器具、工具、家具等，为5年。

（4）飞机、火车、轮船以外的运输工具，为4年。

（5）电子设备，为3年。

如企业计提折旧时，年限短于上述规定，则多计提部分需要调增当期应纳税所得额；企业固定资产会计折旧年限已足，但税法规定的最低折旧年限尚未到期且税收折旧尚未足额扣除的，其未足额扣除的部分准予在剩余的税收折旧年限继续按规定扣除。

【任务实施】

【业务32】12月31日，计提本月固定资产折旧。

借：管理费用——折旧费　　　　　　　　　　　　15 762.61
　　销售费用——折旧费　　　　　　　　　　　　 8 099.29
　　研发支出——费用化支出——折旧费　　　　　 8 859.56
　　研发支出——资本化支出——折旧费　　　　　 7 500.00
　　制造费用——折旧费　　　　　　　　　　　　73 629.20
　　贷：累计折旧　　　　　　　　　　　　　　　　　　113 850.66

【温馨提示】

固定资产加速折旧的有关政策规定：

（1）对企业持有的单位价值不超过5 000元的固定资产，允许一次性计入当期成本费用在计算应纳税所得额时扣除，不再分年度计算折旧。

（2）对制造业企业新购进的研发和生产经营共用的仪器、设备，单位价值不超过100万元的，允许一次性计入当期成本费用在计算应纳税所得额时扣除，不再分年度计算折旧，单位价值超过100万元的，可缩短折旧年限或采取加速折旧的方法。

（3）对企业2014年1月1日后新购进的专门用于研发的仪器、设备，单位价值不超过100万元的，允许一次性计入当期成本费用在计算应纳税所得额时扣除，不再分年度计算折旧，单位价值超过100万元的，可缩短折旧年限或采取加速折旧的方法。

（4）企业在2027年12月31日前新购进的设备、器具（指除房屋、建筑物以外的固定资产），单位价值不超过500万元的，允许一次性计入当期成本费用在计算应纳税所得额时扣除，不再分年度计算折旧，单位价值超过 500 万元的，仍按相关规定执行。

（5）企业的固定资产由于技术进步等原因，确需加速折旧的，可以缩短折旧年限或者采取加速折旧的方法。此类固定资产是指由于技术进步，产品更新换代较快的固定资产及常年处于强震动、高腐蚀状态的固定资产。采取缩短折旧年限方法的，最低折旧年限不得低于规定折旧年限的 60%；采取加速折旧方法的，可以采取双倍余额递减法或者年数总和法。

2. 无形资产的摊销费

无形资产按直线法计算的摊销，准予扣除。无形资产的摊销年限不得低于 10 年。作为投资或者受让的无形资产，有关法律规定或者合同约定了使用年限的，可以按照规定或约定使用年限分期摊销。外购商誉的支出，在企业整体转让或者清算时，准予扣除。

【任务实施】

【业务32】12 月 31 日，计提本月无形资产摊销。
借：管理费用——无形资产摊销　　　　　　　　　　　　　　26 600.00
　　贷：累计摊销　　　　　　　　　　　　　　　　　　　　26 600.00

（十二）资产损失

企业发生的资产损失，如固定资产和存货的盘亏、毁损、报废损失，自然灾害等不可抗力造成的损失等，减除责任人赔偿和保险赔偿后的余额，依照相关规定可以扣除。

【勤思善悟】

企业由于存货盘亏、毁损、报废、被盗等原因不得从销项税额中抵扣的进项税额，应视同企业资产损失吗？是否可以与存货损失合并在企业所得税税前进行扣除？

【任务实施】

【业务19】12 月 27 日，公司盘亏原材料。
借：待处理财产损溢——待处理流动资产损溢　　　　　　　2 712.00
　　贷：原材料——彩色粉盒　　　　　　　　　　　　　　2 400.00
　　　　应交税费——应交增值税（进项税额转出）　　　　312.00

【业务34】12 月 31 日，盘亏材料处置。
借：管理费用——盘亏　　　　　　　　　　　　　　　　　1 712.00
　　其他应收款——林立　　　　　　　　　　　　　　　　1 000.00
　　贷：待处理财产损溢——待处理流动资产损溢　　　　　2 712.00

智能化税费核算与管理

（十三）手续费及佣金支出

企业发生与生产经营有关的手续费及佣金支出，不超过以下规定计算限额以内的部分，准予扣除；超过部分，不得扣除。

（1）保险企业发生与其经营活动有关的手续费及佣金支出，不超过当年全部保费收入扣除退保金等后余额的18%（含本数）的部分，在计算应纳税所得额时准予扣除；超过部分，允许结转以后年度扣除。

（2）房地产开发企业委托境外机构销售开发产品的，其支付境外机构的销售费用（含佣金或手续费）不超过委托销售收入10%的部分，准予据实扣除。

（3）其他企业按与具有合法经营资格中介服务机构或个人（不含交易双方及其雇员、代理人和代表人等）所签订服务协议或合同确认的收入金额的5%计算限额。

【温馨提示】

手续费、佣金的支付对象不能是本企业的人员（含雇员、代理人、代表人等），也不能是对方单位的人员，前者属于工资、薪金性质的奖金；后者属于回扣、返利等，甚至属于给对方当权者的职务贿赂，手续费、佣金的支付对象应该是具有合法经营资格的中介服务机构或个人；除委托个人代理外，企业以现金等非转账方式支付的手续费及佣金不得在税前扣除；企业为发行权益性证券支付给有关证券承销机构的手续费及佣金不得在税前扣除；企业不得将手续费及佣金支出计入回扣、业务提成、返利、进场费等费用。

【学以致用】

某房地产开发企业与某营销代理公司签订了《房屋委托代理销售合同》，合同中约定销售总金额为500万元，公司支付销售佣金30万元（占合同金额的6%）。

公司账务处理为：

借：销售费用——手续费及佣金　　　　　　　　　　　　　300 000
　　贷：银行存款　　　　　　　　　　　　　　　　　　　300 000

税前扣除限额为500×5%＝25（万元）

佣金及手续费纳税调整：账载金额30万元，税收金额25万元，调增应纳税所得额5万元。

三、不得扣除项目的核算

（一）向投资者支付的股息、红利等权益性投资收益款项

对以前年度未分配利润进行分配时，应借记"利润分配——未分配利润"账户，贷记

"应付股利"账户。计算会计利润总额时，不涉及利润分配科目，因此该项业务会计与税法的要求一致。

（二）企业所得税税款

在计提所得税税款时，借记"所得税费用"账户。会计利润总额计算时未包含该账户，因此会计在计算所得税费用时同样不扣除税款，此处会计处理与税法一致。

（三）税收滞纳金

【任务实施】

【业务13】12月20日，缴纳税收滞纳金。

借：营业外支出——滞纳金　　　　　　　　　　　　　　980.00
　　贷：银行存款——中国工商银行北京分行　　　　　　　　　980.00

（四）罚金、罚款和被没收财物的损失

【任务实施】

【业务15】为环保局的罚款，不能税前扣除；【业务16、业务17】属于经济活动中的罚没支出，可以税前扣除。

【业务15】12月22日，缴纳环保局罚款。

借：营业外支出——罚款　　　　　　　　　　　　　　32 000.00
　　贷：银行存款——中国工商银行北京分行　　　　　　　32 000.00

【业务16】12月23日，支付银行罚息。

借：营业外支出——罚没支出　　　　　　　　　　　　6 000.00
　　贷：银行存款——中国工商银行北京分行　　　　　　　6 000.00

【业务17】12月24日，支付广告违约金。

借：营业外支出——罚没支出　　　　　　　　　　　　36 000.00
　　贷：银行存款——中国工商银行北京分行　　　　　　　36 000.00

【温馨提示】

企业支付的银行罚息、广告违约金属于经济活动中正常的罚没支出，可以税前扣除，但企业违反环保法规缴纳的罚款，在计算应纳税所得额时不能扣除，企业在纳税申报时需要进行纳税调整。

（五）赞助支出

非广告性质的赞助支出一律不得扣除，不得扣除的赞助支出是指企业发生的与生产经营活动无关的各种非广告性质支出。

【任务实施】

【业务18】12月24日，支付电子协会赞助费。

借：营业外支出——赞助支出　　　　　　　　　　　　　50 000.00
　　贷：银行存款——中国工商银行北京分行　　　　　　　　　　　50 000.00

（六）未经核定的准备金支出

这是指不符合国务院财政、税务主管部门规定的各项资产减值准备、风险准备等准备金支出，不包括计提的环境保护和生态恢复方面的准备金。

【任务实施】

【业务35】12月31日，计提存货跌价准备。

借：资产减值损失——存货跌价准备　　　　　　　　　　63 140.00
　　贷：存货跌价准备　　　　　　　　　　　　　　　　　　　63 140.00

【业务36】12月31日，计提坏账准备。

借：信用减值损失——坏账准备　　　　　　　　　　　　87 724.11
　　贷：坏账准备——应收账款坏账准备　　　　　　　　　　　　85 724.11
　　　　坏账准备——其他应收款坏账准备　　　　　　　　　　　 2 000.00

（七）超过规定标准的捐赠支出

（八）企业之间支付的管理费、企业内营业机构之间支付的租金和特许权使用费，以及非银行企业内营业机构之间支付的利息

（九）与取得收入无关的其他支出，如为取得不征税收入而支付的费用等

四、加计扣除项目的核算

加计扣除是指对企业支出项目在按规定比例给予税前扣除的基础上再给予追加扣除。

（一）研究开发费用加计扣除

企业开展研发活动中实际发生的研发费用，未形成无形资产计入当期损益的，在按规定据实扣除的基础上，自2023年1月1日起，再按照实际发生额的100%在税前加计扣除；形成无形资产的，自2023年1月1日起，按照无形资产成本的200%在税前摊销。

上述所称企业是指除烟草制造业、住宿和餐饮业、批发和零售业、房地产业、租赁和商务服务业、娱乐业以外的企业。

允许扣除的研发费用的范围包括以下几项：

（1）企业的人员人工费用。包括直接从事研发活动人员的工资薪金、基本养老保险费、基本医疗保险费、失业保险费、工伤保险费、生育保险费和住房公积金，以及外聘研发人员的劳务费用。

（2）直接投入费。包括研发活动直接消耗的材料、燃料和动力费用；用于中间试验和产品试制的磨具、工艺装备开发及制造费，不构成固定资产的样品、样机及一般测试手段购置费，试制产品的检验费；用于研发活动的仪器、设备的运行维护、调整、检验、维修等费用。

（3）折旧费。包括用于研发活动的仪器、设备的折旧费。

（4）无形资产摊销。包括用于研发活动的软件、专利权、非专利技术的摊销费用。

（5）新产品设计费、新工艺规程制定费、新药研制的临床试验费、勘探开发技术的现场试验费。

（6）其他相关费用。包括与研发活动直接相关的其他费用。如资料翻译费、专家咨询费、差旅费、会议费、职工福利费、补充养老保险费和补充医疗保险费等，且此项费用总额不得超过可加计扣除研发费用总额的10%。

全部研发项目的其他相关费用限额 = 全部研发项目的人员人工等五项费用之和 × 10% ÷ (1 - 10%)

【任务实施】

北京鑫熠电子科技有限公司2024年研发费用支出情况见表3-2。

表3-2　　　　　　　　　　公司研发费用支出明细表　　　　　　　　　单位：元

项目	资本化支出	费用支出	合计
人员人工费用	1 085 576.00	699 600.00	1 785 176.00
直接投入费用	587 100.00	263 758.22	850 858.22
折旧费用	48 852.22	31 720.00	80 572.22
其他相关费用	200 850.00	92 000.00	292 850.00
合计	1 922 378.22	1 087 078.22	3 009 456.44

> 企业在研发过程中发生的费用，符合资本化条件的通过"研发支出——资本化支出"科目核算，不符合资本化条件的首先在"研发支出——费用化支出"科目归集，期末结转计入当期损益，转入"管理费用"账户。
>
> 其中的人员人工费、直接投入费用、折旧费可全额加计扣除。
>
> 全部研发项目的人员人工等费用 = 1 785 176 + 850 858.22 + 80 572.22 = 2 716 606.44（元）。
>
> 全部研发项目的其他相关费用限额 = 2 716 606.44 ÷ (1 - 10%) × 10% = 301 845.16（元）。
>
> 其他相关费用为 292 850 元，没有超出可加计扣除研发费用总额的 10%，可以全额加计扣除。
>
> 该公司 2024 年研发支出费用化的支出共计 1 087 078.22 元，期末会结转计入当期损益"管理费用"账户。在按规定据实扣除的基础上，还可以按实际发生额的 100% 加计扣除。
>
> 企业在进行纳税申报时，需要对该项研发费用进行纳税调整。企业账载金额为 1 087 078.22 元，税收金额 = 1 087 078.22 × 2 = 2 174 156.44（元），应调减应纳税所得额 1 087 078.22（元）。

（二）安置残疾人员就业的工资支出加计扣除

企业安置残疾人员的，在按照支付给残疾职工工资据实扣除的基础上，按照支付给残疾职工工资的 100% 加计扣除。

模块四　企业所得税应纳税额的核算与管理

微课：会计利润总额等于
应纳税所得额吗

一、应纳税所得额的计算

依据企业所得税法规定，企业应缴纳的所得税额等于应纳税所得额乘以适用税率，减除税收优惠规定的减免和抵免税额后的余额，计算公式为：

应纳税额 = 应纳税所得额 × 适用税率 - 减免税额 - 抵免税额

应纳税所得额可通过直接计算法和间接计算法获得。

在直接计算法下，企业每一纳税年度的收入总额减除不征税收入、免税收入、各项扣除以及允许弥补的以前年度亏损后的余额为应纳税所得额，计算公式为：

应纳税所得额 = 收入总额 - 不征税收入 - 免税收入 - 各项扣除金额 - 允许弥补的以前年度亏损

在间接计算法下，会计利润总额加上或减去按照税法规定调整的项目金额后，即为应纳税所得额。计算公式为：

应纳税所得额＝会计利润总额±纳税调整项目金额

在计算应纳税所得额时，根据现行汇算清缴的要求，一般采用间接计算法。根据企业所得税纳税申报表主表（A100000）的逻辑，应先计算纳税调整后所得。

（一）纳税调整后所得

纳税调整后所得的计算方法如下：

纳税调整后所得＝会计利润总额－境外所得±纳税调整额－免税、减计收入及加计扣除＋境外应税所得抵减境内亏损

其中，境外所得为境外投资汇回已确认为投资收益的所得。

纳税调整额包括纳税调整增加额和纳税调整减少额。对应收入类项目，账载金额少于税收金额为调增，反之则为减少；对应扣除项目，账载金额大于税收金额为调增，反之为调减。

【任务实施】

根据项目案例资料（二）计算北京鑫熠电子科技有限公司2024年纳税调整后所得。

1. 收入类纳税调整

（1）1月，公司购入美佳公司股票。按照会计准则规定，购入股票支付的相关交易费用50 000元，应计入当期损益，列支在"投资收益"借方，减少当期的会计利润；但按照税法规定，相关交易费用应作为购入资产的成本，在交易时与金融资产成本一并在税前列支，因此需要纳税调增50 000元。

（2）1月所购入的美佳公司股票收盘价为每股10.5元，根据会计准则，公司于12月31日确认了交易性金融资产公允价值变动所产生的损益100 000元；但税法上不予确认未实现的损失或收益，因此需要纳税调减100 000元。

（3）用自产产品H201打印机对外捐赠，按照会计准则要求不确认收入，但按照税法规定该笔业务应作视同销售处理，应按市场价确认收入228 000元，因此需要纳税调增228 000元。该笔业务同时应确认主营业务成本161 694元，详见表3－3第一行。

2. 扣除类纳税调整

公司各项扣除项目的纳税调整情况见表3－3。

表3－3　　　　　　　　　　扣除项目纳税调整计算表　　　　　　　　　　单位：元

序号	扣除项目	账载金额	扣除限额	限额计算或依据	纳税调整
1	视同销售成本	0	161 694		调减161 694
2	工资	15 499 300	15 499 300	本年实际列支并发放15 499 300	无须调整
3	福利费	2 257 398.5	2 169 902	15 499 300×14％＝2 169 902	调增87 496.50
4	职工教育经费	1347 440.50	1 239 944	15 499 300×8％＝1 239 944	调增107 496.50
5	工会经费	309 986	309 986	15 499 300×2％＝309 986	无须调整

智能化税费核算与管理

续表

序号	扣除项目	账载金额	扣除限额	限额计算或依据	纳税调整
6	社保	747 502.8	747 502.8	按规定标准缴纳，据实扣除	无须调整
7	住房公积金	474 640	474 640	按规定标准缴纳，据实扣除	无须调整
8	补充医疗保险	555 908	774 965	15 499 300×5%＝774 965	无须调整
9	补充养老保险	277 954	774 965	15 499 300×5%＝774 965	无须调整
10	贷款利息	226 800	226 800	向金融机构借款利息据实扣除	无须调整
11	业务招待费	2 174 600	619 306	（123 633 200＋228 000）×5‰＝619 306	调增 1 555 294
				2 174 600×60%＝1 304 760	
12	广告业务宣传费	7 800 000	18 579 180	（123 633 200＋228 000）×15%＝18 579 180	无须调整
13	盘亏损失	1 712	1 712	扣除责任人赔偿后按规定可据实扣除	无须调整
14	捐赠支出	100 000	0	直接捐赠不可以税前扣除	调增 100 000
		191 334	257 640	14 119 436.45×12%＝1 694 332.37	调减 66 306①
15	原有固定资产折旧费	1 330 456.32	1 330 456.32	按规定标准计提，据实扣除	无须调整
16	新购固定资产折旧费	5512.63	336 900	享受一次性费用加速折旧政策	调减 331 387.37
17	无形资产摊销费	294 000	294 000	按规定标准计提，据实扣	无须调整
18	税收滞纳金	980	0	税收滞纳金不允许税前扣除	调增 980
19	罚没支出	32 000	0	违反环保局罚款不允许税前扣除	调增 32 000
20	赞助支出	50 000	0	非广告性质赞助支出不能税前扣除	调增 50 000
21	资产减值准备金	150 864.11	0	资产减值准备金不能税前扣除	调增 150 864.11

3．免税、减税及加计扣除

（1）企业国债利息收入 119 400 元按会计准则要求确认为投资收益，但税法规定国债利息为免税收入，因此可确认免税收入 119 400 元。

（2）费用化研发支出为 1 087 078.22 元，符合加计扣除条件，可以加计 100% 扣除，因此可确认加计扣减 1 087 078.22 元。

综上，该公司全年纳税调整增加额 ＝ 50 000＋228 000＋87 496.50＋107 496.50＋1 555 294＋100 000＋980＋32 000＋50 000＋150 864.11＝2 362 131.11（元）；纳税调整减少额 ＝ 100 000＋161 694＋66 306＋331 387.37＝659 387.37（元）。

纳税调整后所得 ＝ 利润总额－境外所得＋纳税调整增加额－纳税调整减少额－免税、减计收入及加计扣除＋境外应税所得递减境内亏损 ＝ 14 119 436.45－0＋2 362 131.11－659 387.37－119 400－1 087 078.22＋0＝14 615 701.97（元）

---

① 用自产产品 H201 打印机对外捐赠，按会计准则确认的营业外支出为 191 334 元，但按照税法规定营业外支出应为 257 640 元［228 000＋228 000×13%＝257 640（元）］，因此需要纳税调减 66 306 元。

（二）应纳税所得额

应纳税所得额＝纳税调整后所得－所得减免－抵扣应纳税所得额－弥补以前年度亏损

1. 所得减免

（1）农、林、牧、渔业项目所得减免。企业从事蔬菜、谷物、薯类、油料、豆类、棉花、麻类、糖料、水果、坚果的种植，农作物新品种的选育，中药材的种植，林木的培育和种植，牲畜、家禽的饲养，林产品的采集，灌溉、农产品初加工、兽医、农技推广、农机作业和维修等农、林、牧、渔服务业项目，远洋捕捞等项目，以及"公司＋农户"经营模式从事农、林、牧、渔业项目生产的所得，免征企业所得税。

企业从事花卉、茶以及其他饮料作物和香料作物的种植，海水养殖、内陆养殖等项目的所得，减半征收企业所得税。

（2）国家重点扶持的公共基础设施项目。企业从事国家重点扶持的公共基础设施项目的投资经营的所得，自项目取得第一笔生产经营收入所属纳税年度起，第1年至第3年免征企业所得税，第4年至第6年减半征收企业所得税。

（3）符合条件的环境保护、节能节水项目。企业从事符合条件的环境保护、节能节水项目，包括公共污水处理、公共垃圾处理、沼气综合开发利用、节能减排技术改造、海水淡化等取得的所得，自项目取得第一笔生产经营收入所属纳税年度起，第1年至第3年免征企业所得税，第4年至第6年减半征收企业所得税。

（4）符合条件的技术转让项目。符合条件的技术转让所得可以免征、减征企业所得税，是指一个纳税年度内，居民企业技术转让所得不超过500万元，免征企业所得税；超过500万元的部分，减半征收企业所得税。

（5）集成电路生产项目。符合条件的集成电路生产企业或项目，可以享受"两免三减半""五免五减半""十免十减半"等税收优惠。

2. 抵扣应纳税所得额

创业投资企业采取股权投资方式投资于未上市的中小高新技术企业2年以上的，可以按照其投资额的70%在股权持有满2年的当年抵扣该创业投资企业的应纳税所得额；当年不足以抵扣的，可以在以后纳税年度结转抵扣。

3. 弥补以前年度亏损

企业纳税年度发生的亏损，准予向以后年度结转，结转年限最长不得超过5年。

自2018年1月1日起，当年具备高新技术企业或科技型中小企业资格的企业，其具备资格年度之前5个年度发生的尚未弥补完的亏损，准予结转以后年度弥补，最长结转年限由5年延长至10年。受疫情影响较大的交通运输业、餐饮、住宿、旅游这四个行业，2020年当年发生的亏损，最长结转年限由5年延长至8年。在计算本年应交所得税时，如以前年度有亏损，则按此项规定扣除后计算应交金额。亏损弥补的原则是，先到期亏损先弥补、同时到期亏损先发生的先弥补。

会计核算时，年末将"本年利润"账户的余额结转"利润分配——未分配利润"账户，如年初"利润分配——未分配利润"为负数，即为会计账面亏损。但企业所得税法规定的亏损是企业将每一纳税年度的收入总额减除不征税收入、免税收入和各项扣除后小于零的数额，即间接计算法下纳税调整后所得减去所得减免和抵扣应纳税所得额后小

智能化税费核算与管理

于零的数额。

【学以致用】

有一长亏不倒的企业，2015年成立，2020年取得了中小科技型企业资格，成立后一直亏损，其中2015年和2016年均亏损100万元，其他年份亏损情况略，直到2025年才获利200万元。请计算该企业2025年的亏损弥补额。

该企业各年亏损的弥补到期年度见表3–4。

表3–4　　　　　　　企业各年亏损的弥补到期年度　　　　　　　单位：万元

亏损年度	2015	2016	2017	2018	2019	2020	……	2025
所得	-100	-100				-80		200
弥补到期年度	2025	2026	2027	2028	2029	2025		

2025年办理所得税申报时，应该先弥补2015年度的亏损100万元，这种做法就是"同时到期亏损先发生的先弥补"，弥补完2015年亏损后还有所得100万元，2020年的亏损2025年到期，2016年的亏损2026年到期，根据"先到期的亏损先弥补"原则，剩余的100万元所得应先弥补先到期的2020年的亏损80万元，剩下的20万元再去弥补2016年的亏损，2016年剩余亏损80万元等下一年度再弥补。

【任务实施】

根据项目案例资料（二）计算北京鑫熠电子科技有限公司2024年应纳税所得额。

该公司2024年没有减免和抵扣税额的相关事项，且没有以前年度结转的亏损，所以

应纳税所得额 = 纳税调整后所得 – 所得减免 – 抵扣应纳税所得额 – 弥补以前年度亏损
= 14 615 701.97 – 0 – 0 – 0 = 14 615 701.97（元）

二、应纳税额的核算

（一）应纳税额的计算

应纳税额 = 应纳税所得额 × 适用税率 – 减免税额 – 抵免税额

1. 减免税额

减免税额是指企业按税收规定实际减免的企业所得税额，包括小微企业、高新技术企业、符合条件的集成电路生产企业等，其法定税率与实际执行税率的差额，以及其他享受企业所得税减免税的数额。

企业在汇算清缴时,按税务机关受理备案后的减免所得税额填报《企业所得税年度纳税申报主表》(A100000),按汇算清缴报告的补退税金额进行账务处理。如申报计缴时已跨年,借记"以前年度损益调整"账户,贷记"应交税费——应交企业所得税"账户。

2. 抵免税额

抵免税额是指企业购置用于环境保护、节能节水、安全生产等专用设备的投资额,其设备投资额的10%可以从企业当年的应纳所得税额中抵免;当年不足抵免的,可以在以后5个纳税年度结转抵免。

(二) 实际应纳税额的计算

实际应纳税额=应纳税额+境外所得应纳所得税额-境外所得抵免所得税额

企业取得的下列所得已在境外缴纳的所得税税额,可以从其当期应纳税额中抵免。

(1) 居民企业来源于中国境外的应税所得。

(2) 非居民企业在中国境内设立机构、场所,取得发生在中国境外但与该机构、场所有实际联系的应税所得。

公式中的境外所得应纳所得税额是指境外所得按照我国企业所得税法规定计算的应纳税额。抵免限额为该项所得在境外已纳税额但是不超出依照企业所得税法规定计算的应纳税额的部分。超过抵免限额的部分,可以在以后5个年度内,用每年度抵免限额抵免当年应抵税额后的余额进行抵补。

【学以致用】

A公司年度境内应纳税额为809万元。从泰国分公司汇回已税利润折合人民币108.74万元,泰国所得税税率为20%;从新西兰分公司汇回已税利润折合人民币72万元,新西兰所得税税率为30%;在两国已分别缴纳所得税27.16万元和30.86万元。

(1) 计算境外应纳税所得额。

来源于泰国的应纳税所得额=108.74÷(1-20%)≈135.93(万元)

来源于新西兰的应纳税所得额=72÷(1-30%)≈102.86(万元)

(2) 按照我国税法计算境外所得应纳税额。

泰国所得的应纳税额=135.93×25%≈33.98(万元)

新西兰所得的应纳税额=102.86×25%≈25.72(万元)

(3) 确定抵免税额。

在泰国实际缴纳税额为27.16万元,低于按照我国税法计算的应纳税额33.98万元,因此可以全额抵扣,抵免税额为27.16万元;在新西兰实际缴纳税额为30.86万元,高于按照我国税法计算的应纳税额,因此新西兰所得的抵免税额为25.72万元。

(4) 计算实际应纳税额。

实际应纳税额=应纳税额+境外所得应纳所得税额-境外所得抵免所得税额
=809+(33.98+25.72)-(27.16+25.72)=815.82(万元)

智能化税费核算与管理

【任务实施】

根据项目案例资料（二）计算北京鑫熠电子科技有限公司 2024 年实际应纳税额和应补（退）所得税额。

企业的所得税税率为 25%，本年已缴企业所得税为 3 529 859.11 元。

实际应纳税额 = 14 615 701.97 × 25% ≈ 3 653 925.49（元）

应补缴企业所得税 = 3 653 925.49 − 3 529 859.11 = 124 066.38（元）

对此补缴 124 066.38 元的会计处理，如企业进行汇算清缴时未跨年，应交需要补交的所得税借记"所得税费用"账户，贷记"应交税费——应交企业所得税"账户。

如企业进行汇算清缴时已跨年，完成纳税申报后补交企业所得税的账务处理应借记"以前年度损益调整"账户，贷记"应交税费——应交企业所得税"账户，并将"以前年度损益调整"账户结转进"利润分配——未分配利润"账户。

借：以前年度损益调整　　　　　　　　　　　　　　　124 066.38
　　　贷：应交税费——应交企业所得税　　　　　　　　124 066.38
借：利润分配——未分配利润　　　　　　　　　　　　　124 066.38
　　　贷：以前年度损益调整　　　　　　　　　　　　　　124 066.38

三、所得税费用的核算

（一）永久性差异与暂时性差异

永久性差异是指某一会计期间，由于会计制度和税法在计算收益、费用或损失时的口径不同，所产生的税前会计利润与应纳税所得额之间的差异。这种差异在本期发生，不会在以后各期转回。例如，北京鑫熠电子科技有限公司 2024 年业务招待费会计账面列支是 2 174 600 元，按税法规定税前扣除限额是 619 306 元，两者相差 1 555 294 元。在计缴本年所得税时，1 555 294 元不可以作为扣除项目，必须做纳税调增。即本年确实支付了该业务招待费用，且日后也不能在税前扣除，因此属于永久性差异。

暂时性差异是指企业的税前会计利润和纳税所得虽然计算的口径一致，但由于二者的确认时间不同而产生的差异。这种差异在某一时期产生以后，虽应按税法规定在当期调整，使之符合计税所得计算的要求，但可以在以后一期或若干期内转回，最终使得整个纳税期间税前会计利润和纳税所得相互一致。例如，【业务 35】资产减值损失中列支了存货跌价准备 63 140 元，从计算口径角度来看，存货的损耗不管是从会计还是税法的角度都可以在计算利润或应纳税所得额时扣除。按照会计准则的要求，存货跌价准备在计提时计入当期损益，在计算本期会计利润总额时扣除；但税法规定必须在该项损失实际发生时扣除，即当该存货出售时，售价低于成本的损失才能在计算应纳税所得额时列支。所以该项跌价准备属于暂时性差异。

对于上述差异，会计处理的方法主要有应付税款法和资产负债表债务法。

（二）应付税款法的核算

应付税款法是指将本期的账面会计利润与纳税所得之间的差异，直接计入当期损益，而不递延到以后各期的方法。对暂时性差异和永久性差异处理相同。应交所得税的金额即为所得税费用的金额。

设置"所得税费用"和"应交税费——应交企业所得税"账户进行核算。"所得税费用"科目核算企业按规定从本期损益中扣除的所得税。其借方反映企业计入本期损益的所得税额；其贷方反映转入"本年利润"账户的所得税额，期末结转后该账户无余额。

（三）资产负债表债务法

资产负债表债务法，从暂时性差异产生的本质出发，将资产和负债的账面价值与其计税基础之间的暂时性差异分为应纳税暂时性差异与可抵扣暂时性差异，确认相关的递延所得税负债与递延所得税资产。

我国所得税会计采用资产负债表债务法，在综合考虑当期应交所得税的基础上，确定每一会计期间利润表中的所得税费用，通过设置"所得税费用""递延所得税资产""递延所得税负债""应交税费——应交企业所得税"账户进行核算。

"所得税费用"用来核算企业根据会计准则确认的应从当期利润总额中扣除的所得税费用，"递延所得税资产"用来核算企业根据所得税法确认的可抵扣暂时性差异产生的所得税资产。"递延所得税负债"用来核算企业根据所得税会计准则确认的应纳税暂时性差异产生的所得税负债。"应交税费——应交企业所得税"用来核算企业应交未交的所得税税款。

1. 可抵扣暂时性差异

可抵扣暂时性差异，是指在确定未来收回资产或清偿负债期间的应纳税所得额时，将导致产生可抵扣金额的暂时性差异。该差异在未来期间转回时会减少转回期间的应纳税所得额，减少未来期间的应交所得税。在该暂时性差异产生当期，应当确认相关的递延所得税资产。

可抵扣暂时性差异一般产生于以下情况。

（1）资产的账面价值小于其计税基础。

（2）负债的账面价值大于其计税基础。

如【业务35】中，原材料期末会计账面价值为576 860元，但计税基础为640 000元，产生差异63 140元，本期计算应纳税所得额时未计入扣除，在未来出售该存货时，可抵扣当期应纳税所得额，属于可抵扣暂时性差异，所以本期应确认相关的递延所得税资产。

2. 应纳税暂时性差异

应纳税暂时性差异，是指在确定未来收回资产或清偿负债期间的应纳税所得额时，将导致产生应税金额的暂时性差异。该差异在未来期间转回时，会增加转回期间的应纳税所得额，即在未来期间不考虑该事项影响的应纳税所得额的基础上，由于该暂时性差异的转回，会进一步增加转回期间的应纳税所得额和应交所得税金额。在该暂时性差异产生当期，应当确认相关的递延所得税负债。

应纳税暂时性差异通常产生于以下情况。

（1）资产的账面价值大于其计税基础。

（2）负债的账面价值小于其计税基础。 如【业务20】中，交易性金融资产期末会计账面价值为 2 000 000×10.5＝21 000 000（元），但计税基础为 2 000 000×10＋50 000＝20 050 000（元），产生差异 950 000（元），本期计算应纳税所得额时未计入，在未来出售 A 股票时，则需增加当期应纳税所得额，所以属于应纳税暂时性差异，本期应确认相关的递延所得税负债。

3. 递延所得税的计算

递延所得税，是指按照企业会计准则规定应予确认的递延所得税资产和递延所得税负债在期末应有的金额相对于原已确认金额之间的差额，即递延所得税资产及递延所得税负债的当期发生额，但不包括直接计入所有者权益的交易或事项及企业合并的所得税影响。其计算公式如下：

递延所得税＝（递延所得税负债的期末余额－递延所得税负债的期初余额）－（递延所得税资产的期末余额－递延所得税资产的期初余额）

2024 年该公司暂时性差异如表 3－5 所示，期初递延所得税资产为 70 000.32 元，递延所得税负债为 0，则递延所得税＝1 281 387.37×25%－(538 361.90×25%－70 000.32)＝255 756.69（元）。

表 3－5　　　　　　　　　　　　暂时性差异计算表

2024 年 12 月 31 日　　　　　　　　　　　　　　　　　　单位：元

项目	账面价值	计税基础	暂时性差异	
			应纳税差异	可抵扣差异
存货	576 860	640 000		63 140
应收账款及其他应收款	6 986 782.69	7 354 508.09		367 725.40
交易性金融资产	21 000 000	20 050 000	950 000	
固定资产	331 387.37	0	331 387.37	
职工教育经费	1 347 440.50	1 239 944		107 496.50
总计			1 281 387.37	538 361.90

4. 所得税费用的计算

利润表中的所得税费用由两个部分组成：当期所得税和递延所得税。用公式表示如下：

所得税费用＝当期应交所得税＋递延所得税

【任务实施】

根据项目案例资料（二），北京鑫熠电子科技有限公司 2024 年企业全年应交企业所得税为 3 653 925.49 元，已计交 3 529 859.11 元，应补缴企业所得税 124 066.38 元，假设期初递延所得税资产为 70 000.32 元，递延所得税负债为 0。所得税费用计算表如表 3－6 所示。

表 3-6　　　　　　　　　　所得税费用计算表

2024 年 12 月 31 日

应纳税差异①	税率②	期末递延所得税负债 ③=①×②	期初递延所得税负债 ④	递延所得税负债增加额 ⑤=③-④
1 281 387.37	25%	320 346.84	0	320 346.84
可抵扣差异⑥		期末递延所得税资产 ⑦=⑥×②	期初递延所得税资产⑧	递延所得税资产增加额 ⑨=⑦-⑧
538 361.90		134 590.48	70 000.32	64 590.16
应交所得税 ⑩			所得税费用 =⑩+⑤-⑨	
3 653 925.49			3 909 682.17	
已计提所得税费用			补提所得税费用	
3 529 859.11			379 823.06	

会计处理如下：

借：所得税费用　　　　　　　　　　　　　　　　379 823.06
　　递延所得税资产　　　　　　　　　　　　　　 64 590.16
　　贷：应交税费——应交企业所得税　　　　　　 124 066.38
　　　　递延所得税负债　　　　　　　　　　　　 320 346.84

模块五　企业所得税的风险管控与申报管理

一、企业所得税的纳税期间与缴纳期限

（一）纳税期间

企业所得税按纳税年度计算，纳税年度自公历 1 月 1 日起至 12 月 31 日止。

企业在一个纳税年度中间开业或者终止经营活动，使该纳税年度的实际经营期不足 12 个月的，应当以其实际经营期为一个纳税年度。企业依法清算时，应当以清算期间作为一个纳税年度。

按照税法规定，企业所得税按年计算，按月或季预缴，年终汇算清缴，多退少补。

预缴，是指企业在还不能准确核算一个纳税年度应交所得税时，为了保证税款及时入库，先采取对一个月或一个季度内应纳税所得额的实际发生数计算缴纳税款，或以上一年度应纳税所得额按月或按季的平均数计算缴纳税款。

智能化税费核算与管理

汇算清缴,是指在年度终了后,对全年应纳税所得额进行结算,全年应纳税款如果小于预缴总数,多缴的就予以退还;如果大于预缴总款,少缴的就予以补缴。

(二)缴纳期限

企业应当自月份或者季度终了之日起 15 日内,向税务机关报送预缴企业所得税纳税申报表,预缴税款。

企业应当自年度终了之日起 5 个月内,向税务机关报送年度企业所得税纳税申报表,并汇算清缴,结清应缴应退税款。

如果企业在年度中间终止经营活动的,应当自实际经营终止之日起 60 日之内,向税务机关办理当期企业所得税汇算清缴。

二、企业所得税的纳税地点

(1)除税收法律、行政法规另有规定外,居民企业以企业登记注册地为纳税地点;但登记注册地在境外的,以实际管理机构所在地为纳税地点。

(2)非居民企业在中国境内设立机构、场所的,应当就其所设机构、场所取得的来源于中国境内的所得,以及发生在中国境外但与其所设机构、场所有实际联系的所得,以机构、场所所在地为纳税地点。非居民企业在中国境内设立两个或者两个以上机构、场所的,符合国务院税务主管部门规定条件的,可以选择由其主要机构、场所汇总缴纳企业所得税。

(3)非居民企业在中国境内未设立机构、场所的,或者虽设立机构、场所但取得的所得与其所设机构、场所没有实际联系的所得,以扣缴义务人所在地为纳税地点。

三、企业所得税的纳税申报表

企业所得税的申报分为月(季)度预缴纳税申报和年度纳税申报。

操作讲解视频:案例演练——企业所得税申报与管理(季度预缴)

(一)月(季)度预缴纳税申报表

企业按月或按季预缴的,应当向税务机构报送预缴企业所得税纳税申报表,预缴税款。企业在报送企业所得税纳税申报表时,应当按照规定附送财务会计报告和其他有关资料。

企业月(季)度预缴纳税申报表分为以下两种。

(1)《中华人民共和国企业所得税月(季)度预缴纳税申报表(A 类)》(见表 3-9),适用于实行查账征收方式的居民企业纳税人进行预缴申报。

【学以致用】

北京智信科技有限公司(统一社会信用代码:91110159854685B562)主要经营喷墨打印机、针式打印机、激光打印机的生产及销售。公司位于北京市丰台区长辛店大街 56 号,法人代表为陈智行。该公司2024年第二季度经营情况如表3-7和表3-8所示，该公司企业所得税按季度的实际利润额预缴并按实际预缴数计提企业所得税，请根据公司第二季度的经营情况完成第二季度企业所得税预缴申报。

表3-7   **公司2024年各季度相关数据**   单位：元

项目	一季度		二季度		三季度		四季度	
	季初	季末	季初	季末	季初	季末	季初	季末
从业人数	110	114	114	116				
资产总额	29 509 958.09	29 068 100	29 068 100	28 679 490.31				
应纳税所得额（累计值）	1 917 495.40		3 720 264.40					

表3-8   **利润表**   单位：元

编制单位：北京智信科技有限公司   2024年

项目	本期金额	本年累计
一、营业收入	12 089 000.00	24 584 800.00
减：营业成本	8 704 080.00	17 539 455.00
税金及附加	96 489.60	206 806.49
销售费用	506 789.30	1 109 921.29
管理费用	630 984.60	1 259 417.50
研发费用	304 890.50	560 708.35
财务费用	18 900.00	38 401.97
其中：利息费用	17 000.00	38 600.00
利息收入	500.00	1 200.00
加：其他收益		
投资收益（损失以"-"号填列）		
其中：对联营企业和合营企业的投资收益		
公允价值变动收益（损失以"-"号填列）		
信用减值损失（损失以"-"号填列）	-23 097.00	-48 825.00
资产减值损失（损失以"-"号填列）		
资产处置收益（损失以"-"号填列）		
二、营业利润（亏损以"-"号填列）	1 803 769.00	3 821 264.40
加：营业外收入	1 000.00	1 000.00
减：营业外支出	2 000.00	102 000.00
三、利润总额（亏损总额以"-"号填列）	1 802 769.00	3 720 264.40
减：所得税费用	270 415.35	558 039.66
四、净利润（净亏损以"-"号填列）	1 532 353.65	3 162 224.74
（一）持续经营净利润（净亏损以"-"号填列）	1 532 353.65	3 162 224.74
（二）终止经营净利润（净亏损以"-"号填列）		

智能化税费核算与管理

根据各季度相关数据表格可知，该公司第一季度符合小型微利企业的条件，可以享受小型微利企业所得税优惠政策。

小型微利企业是指从事国家非限制和禁止行业，且同时符合年度应纳税所得额不超过300万元、从业人数不超过300人、资产总额不超过5 000万元三个条件的企业。

从业人数，包括与企业建立劳动关系的职工人数和企业接受的劳务派遣用工人数。从业人数和资产总额指标，应按企业全年的季度平均值确定。具体计算公式如下：

季度平均值＝(季初值＋季末值)÷2

全年季度平均值＝全年各季度平均值之和÷4

政策规定，小型微利企业自2023年1月1日至2027年12月31日，减按25%计算应纳税所得额，按照20%的税率缴纳企业所得税。

小型微利企业无论是按查账征收方式还是按核定征收方式缴纳企业所得税，均可通过填写纳税申报表，享受小型微利企业所得税优惠政策。

小型微利企业预缴企业所得税时，资产总额、从业人数、年度应纳税所得额指标，暂按当年度截至本期预缴申报所属期末的情况进行判断。原不符合小型微利企业条件的企业，在年度中间预缴企业所得税时，按照相关政策标准判定符合小型微利企业条件的，应按照截至本期预缴申报所属期末的累计情况，计算减免税额。当年度此前期间如因不符合小型微利企业条件而多预缴的企业所得税税款，可在以后季度应预缴的企业所得税税款中抵减。企业预缴企业所得税时享受了小型微利企业所得税优惠政策，但在汇算清缴时发现不符合相关政策标准的，应当按照规定补缴企业所得税税款。

根据该公司各季度相关数据，第一季度平均从业人数＝(110＋114)÷2＝112(人)，第一季度平均资产总额＝(29 509 958.09＋29 068 100)÷2＝29 289 029.05(元)，第一季度应纳税所得额为1 917 495.40元，符合小型微利企业条件，可以享受企业所得税优惠政策。

第一季度需预缴企业所得税税额＝1 917 495.40×25%×20%＝95 874.77(元)，所以该公司第一季度已预缴计提了企业所得税95 874.77元。

截至第二季度，该公司应纳税所得额为3 720 264.40元，大于300万元，不符合小型微利企业条件，不能享受小型微利企业所得税优惠政策，需要按照25%的税率预缴所得税。该公司第二季度应预缴的企业所得税税额＝3 720 264.40×25%－95 874.77＝834 191.33(元)。

根据该公司第二季度经营情况及以上计算填写季度预缴纳税申报表如3－9所示。

表3－9　A200000　中华人民共和国企业所得税月(季)度预缴纳税申报表(A类)

税款所属期间：2024年4月1日至2024年6月30日

纳税人识别号(统一社会信用代码)：□□□□□□□□□□□□□□□□□□

纳税人名称：北京智信科技有限公司　　　　　　　　　　金额单位：人民币元(列至角分)

项目	一季度		二季度		三季度		四季度		季度平均值
	季初	季末	季初	季末	季初	季末	季初	季末	
从业人数	110	114	114	116					114
资产总额(万元)	2 951.00	2 906.81	2 906.81	2 867.95					2 908.14
国家限制或禁止行业		□是　☑否			小型微利企业				□是　☑否

优惠及附报事项有关信息

续表

	附报事项名称		金额或选项
事项1	（填写特定事项名称）		
事项2	（填写特定事项名称）		
	预缴税款计算		本年累计
1	营业收入		24 584 800.00
2	营业成本		17 539 455.00
3	利润总额		3 720 264.40
4	加：特定业务计算的应纳税所得额		
5	减：不征税收入		
6	减：资产加速折旧、摊销（扣除）调减额（填写A201020）		
7	减：免税收入、减计收入、加计扣除（7.1＋7.2＋…）		
8	减：所得减免（8.1＋8.2＋…）		
9	减：弥补以前年度亏损		
10	实际利润额（3＋4－5－6－7－8－9）/按照上一纳税年度应纳税所得额平均额确定的应纳税所得额		3 720 264.40
11	税率（25%）		25%
12	应纳所得税额（10×11）		930 066.10
13	减：减免所得税额（13.1＋13.2＋…）		
14	减：本年实际已缴纳所得税额		95 874.77
15	减：特定业务预缴（征）所得税额		
16	本期应补（退）所得税额（12－13－14－15）/税务机关确定的本期应纳所得税额		834 191.33
汇总纳税企业总分机构税款计算			
17	总机构	总机构本期分摊应补（退）所得税额（18＋19＋20）	
18		其中：总机构分摊应补（退）所得税额（16×总机构分摊比例___%）	
19		财政集中分配应补（退）所得税额（16×财政集中分配比例___%）	
20		总机构具有主体生产经营职能的部门分摊所得税额（16×全部分支机构分摊比例___%×总机构具有主体生产经营职能部门分摊比例___%）	
21	分支机构	分支机构本期分摊比例	
22		分支机构本期分摊应补（退）所得税额	
实际缴纳企业所得税计算			
23	减：民族自治地区企业所得税地方分享部分（□免征 □减征：减征幅度___%）	本年累计应减免金额［（12－13－15）×40%×减征幅度］	
24	实际应补（退）所得税额		

谨声明：本纳税申报表是根据国家税收法律法规及相关规定填报的，是真实的、可靠的、完整的。

纳税人（签章）：　　　年　月　日

经办人：	受理人：
经办人身份证号：	受理税务机关（章）：
代理机构签章：	受理日期：　　年　月　日
代理机构统一社会信用代码：	

国家税务总局监制

■ **智能化税费核算与管理**

> 完成第二季度企业所得预缴申报后，企业根据纳税申报表，计提企业所得税。
> 借：所得税费用　　　　　　　　　　　　　　　　834 191.33
> 　　贷：应交税费——应交企业所得税　　　　　　　　834 191.33

（2）《中华人民共和国企业所得税月（季）度和年度纳税申报表（B类）》，适用于实行核定应税所得率或核定税额方式核定征收的纳税人进行预缴申报。

（二）年度汇算清缴申报表

企业在纳税年度内无论盈利或者亏损，都应当在规定期限向税务机构报送预缴企业所得税纳税申报表、年度企业所得税纳税申报表、财务会计报告和税务机关规定应当报送的其他有关资料。

操作讲解视频：企业所得税汇算清缴-1

《企业所得税年度纳税申报主表》及其附表（以下简称"主表及其附表"），适用于实行查账征收方式的居民企业纳税人的年度申报。《中华人民共和国企业所得税年度纳税申报表》（B类），适用于实行核定应税所得率方式核定征收的纳税人年度申报。

其中，实行查账征收方式的居民企业纳税人年度申报的（A类）报表及其附表包括基础信息表1张、主表1张、基本财务情况表6张、纳税调整情况表13张、税收优惠情况表7张、弥补亏损情况表1张、境外税收情况表4张及汇总纳税情况表2张，共计35张表格，详见图3-42。

四、企业所得税的智能算税与纳税申报

（一）智能算税中心

智能算税中心包括企业基础信息填报、底稿维护、勾选填报表单和智能算税。

（1）企业基础信息填报，即填写企业所得税年度纳税申报基础信息表，填报内容包括基本经营情况、有关涉税事项情况、主要股东及分红情况三部分。

> 【任务实施】
>
> 根据项目案例资料（二），填报北京鑫熠电子科技有限公司2024年度纳税申报基础信息表。
>
> 根据项目案例所给资料注意填报企业的资产总额为4 712.39万元，企业全年平均从业人数为156人和企业的股东信息及持股比例，注意勾选企业为非小型微利企业且企业有从事股权投资业务，如图3-39所示。

企业所得税年度纳税申报基础信息表

基本经营情况（必填项目）

*101纳税申报企业类型（填写代码）	100非跨地区经营企业	102分支机构就地纳税比例（%）	0.00%
*103资产总额（填写平均值，单位：万元）	4712.39	*104从业人数（填写平均值，单位：人）	156.00
*105所属国民经济行业（填写代码）	3569	*106从事国家限制或禁止行业	○是 ●否
*107适用会计准则或会计制度（填写代码）	110企业会计准则_一般企业	*108采用一般企业财务报表格式（2019年版）	●是 ○否
*109小型微利企业	○是 ●否	*110上市公司	是（○境内 ○境外）●否

有关涉税事项情况（存在或者发生下列事项时必填）

201从事股权投资业务	☑是	202存在境外关联交易	□是
203选择采用的境外所得抵免方式	203-1 选择采用的境外所得抵免方式	○不分国不分项 ○分国不分项 ●否	
	203-2 新增境外直接投资信息	○是 （产业类别：○旅游业 ○现代服务业 ○高新技术产业）	
204有限合伙制创业投资企业的法人合伙人	□是	205创业投资企业	□是
206技术先进型服务企业类型（填写代码）	请选择	207非营利组织	请选择
208软件、集成电路企业类型（填写代码）	请选择	209集成电路生产项目类型	□130纳米 □130纳米 □130纳米
210科技型中小企业	210-1 0.0(年（申报所属年度）入库编号1 年（申报所属年度）入库编号1	210-2入库时间1	
	210-3 0.0(年（申报所属年度）入库编号2	210-4入库时间2	
211高新技术企业申报所属期年度有效的高新技术企业证书	211-1 证书编号1	211-2发证时间1	
	211-3 证书编号2	211-4发证时间2	
212重组事项税务处理方式	□一般性 □特殊性	213重组交易类型（填写代码）	请选择
214重组当事方类型（填写代码）	请选择	215政策性搬迁开始时间(YYYY-MM)	
216发生政策性搬迁且停止生产经营无所得年度	□是	217政策性搬迁损失分期扣除年度	□是
218发生非货币性资产对外投资递延纳税事项	□是	219非货币性资产对外投资转让所得递延纳税年度	□是
220发生技术成果投资入股递延纳税事项	□是	221技术成果投资入股递延纳税年度	□是
222发生资产（股权）划转特殊性税务处理事项	□是	223债务重组所得递延纳税年度	□是
224 研发支出辅助账样式	○2015版 ●2021版 ○自行设计		

主要股东及分红情况（必填项目）

*股东名称	证件种类	证件号码	*投资比例	当年（决议日）分配的股息、红利等权益性投资收益金额	国籍（注册地址）	操作
王鑫熠	201-居民身份证	1102341983031	60%	0.00	033-中国	增加 删除
刘丹	201-居民身份证	1101311988061	40%	0.00	033-中国	增加 删除
其余股东合计		投资比例	0	当年（决议日）分配的股息、红利等权益性投资收益金额		0.00

图3-39 企业所得税年度纳税申报基础信息表

（2）底稿维护，即根据固定资产和无形资产台账完成固定资产折旧测算和无形资产摊销测算的底稿维护。系统会将维护好的底稿数据自动联动到汇算清缴中的资产折旧、摊销情况及纳税调整明细表。

【任务实施】

根据项目案例资料（二），进行北京鑫熠电子科技有限公司2024年度纳税申报的底稿维护。

该公司原有固定资产正常折旧，按照往期公式，系统会智能计算，无须人工再计算，但需要补充维护今年新购入固定资产信息。因新购入的固定资产回流焊设备和智能投影设备，均享受 500 万元以下一次性税前扣除政策，所以按一次性扣除优惠填写相关数据，如图 3-40 的"固定资产折旧测算"所示；企业拥有的无形资产专利权Ⅰ和专利权Ⅱ为外购取得，均正常摊销，不享受加速摊销优惠，如图 3-41 中的"无形资产摊销测算"所示。

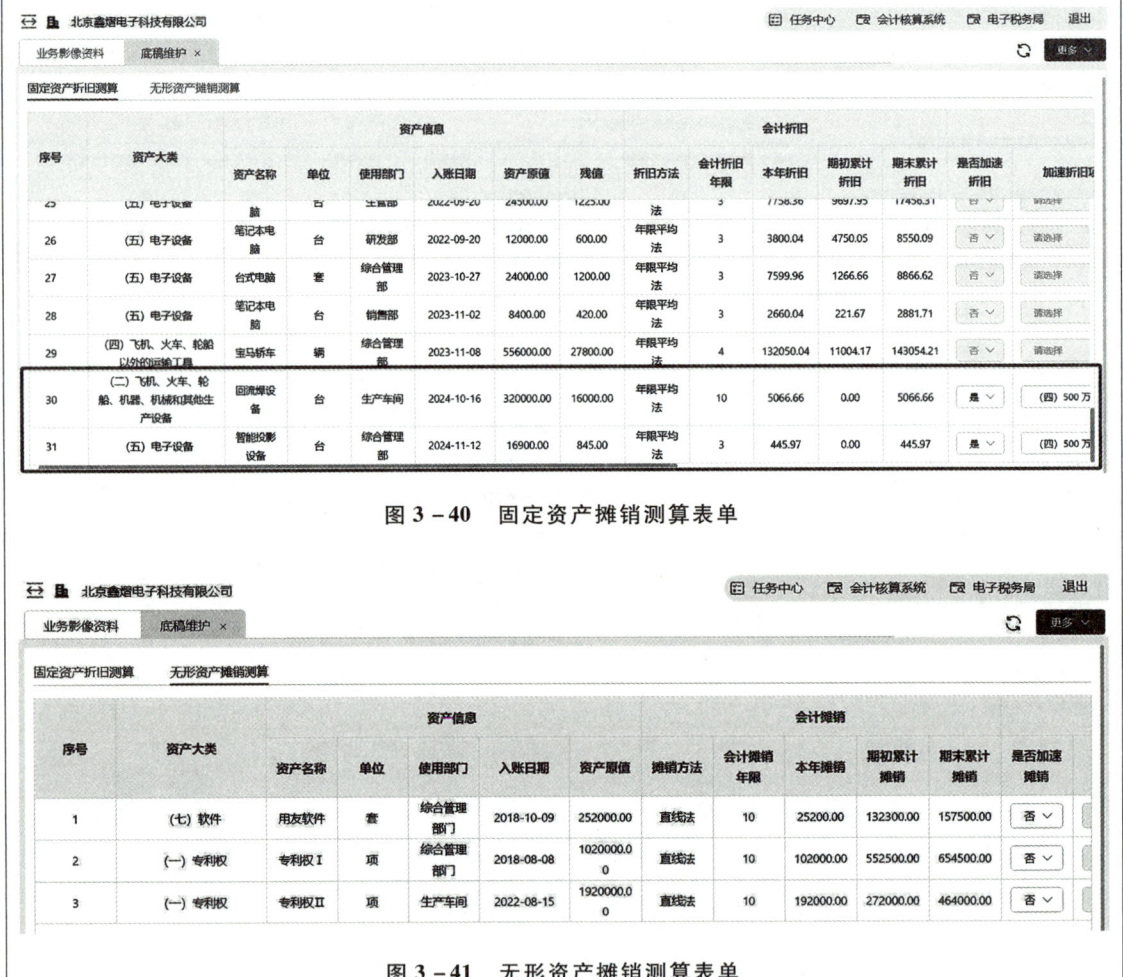

图 3-40　固定资产摊销测算表单

图 3-41　无形资产摊销测算表单

（3）勾选填报表单。一般由于每个持续经营的企业都会涉及收入、成本、期间费用、纳税调整、职工薪酬、资产折旧等表单，所以这些对应表单已默认勾选。需要操作的是根据纳税企业业务情况信息判断涉及哪些表单，进行补充勾选。

【任务实施】

根据项目案例资料，北京鑫熠电子科技有限公司的行业类型、2024 年企业经营业务情况，勾选公司 2024 年企业纳税申报的表单，具体内容如图 3-42 所示。

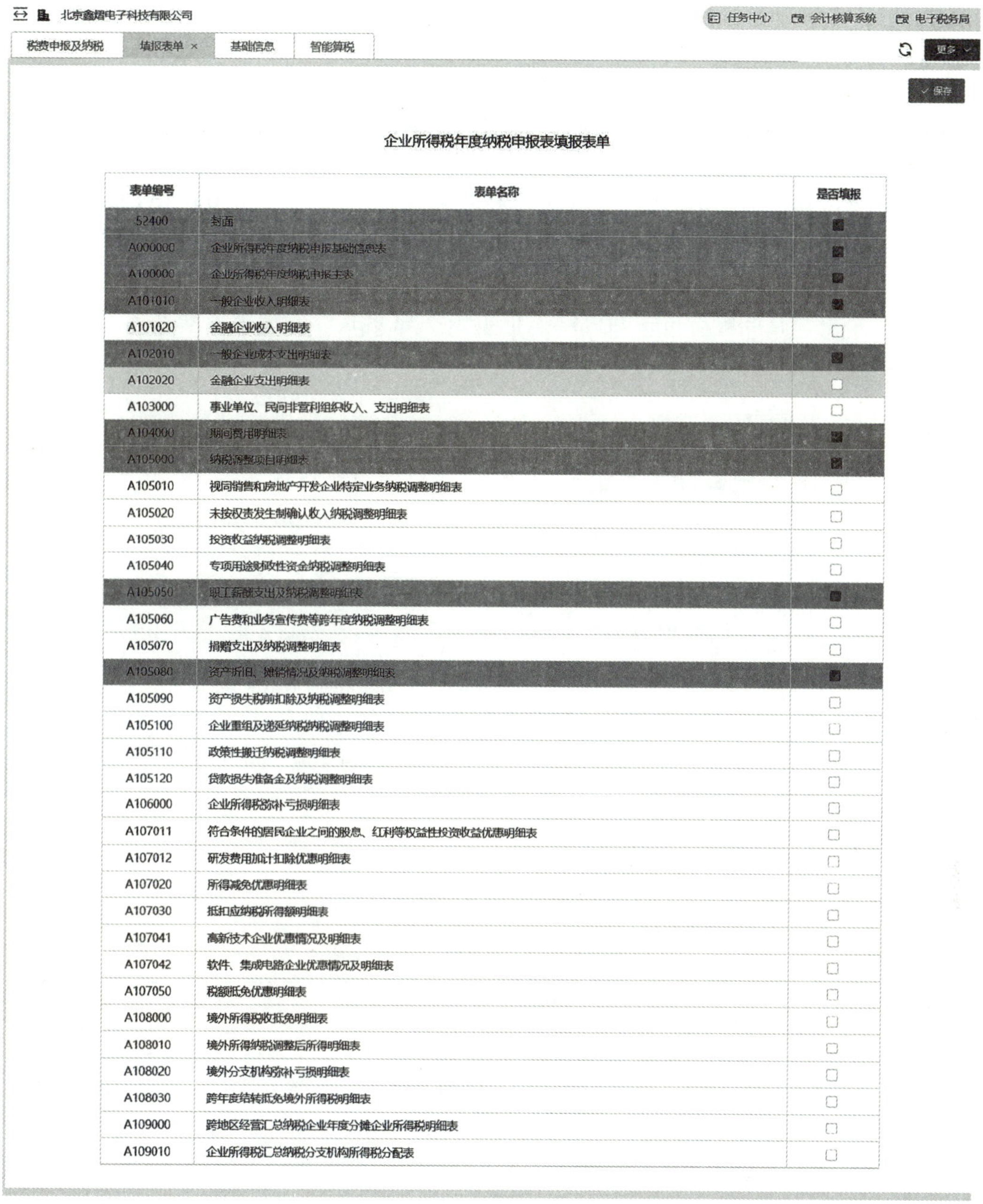

项目三 企业所得税的智能化核算与管理

表单编号	表单名称	是否填报
封面	封面	☑
A000000	企业所得税年度纳税申报基础信息表	☑
A100000	企业所得税年度纳税申报主表	☑
A101010	一般企业收入明细表	☑
A101020	金融企业收入明细表	☐
A102010	一般企业成本支出明细表	☑
A102020	金融企业支出明细表	☐
A103000	事业单位、民间非营利组织收入、支出明细表	☐
A104000	期间费用明细表	☑
A105000	纳税调整项目明细表	☑
A105010	视同销售和房地产开发企业特定业务纳税调整明细表	☐
A105020	未按权责发生制确认收入纳税调整明细表	☐
A105030	投资收益纳税调整明细表	☐
A105040	专项用途财政性资金纳税调整明细表	☐
A105050	职工薪酬支出及纳税调整明细表	☑
A105060	广告费和业务宣传费跨年度纳税调整明细表	☐
A105070	捐赠支出及纳税调整明细表	☐
A105080	资产折旧、摊销情况及纳税调整明细表	☑
A105090	资产损失税前扣除及纳税调整明细表	☐
A105100	企业重组及递延纳税事项纳税调整明细表	☐
A105110	政策性搬迁纳税调整明细表	☐
A105120	贷款损失准备金及纳税调整明细表	☐
A106000	企业所得税弥补亏损明细表	☐
A107011	符合条件的居民企业之间的股息、红利等权益性投资收益优惠明细表	☐
A107012	研发费用加计扣除优惠明细表	☐
A107020	所得减免优惠明细表	☐
A107030	抵扣应纳税所得额明细表	☐
A107041	高新技术企业优惠情况及明细表	☐
A107042	软件、集成电路企业优惠情况及明细表	☐
A107050	税额抵免优惠明细表	☐
A108000	境外所得税收抵免明细表	☐
A108010	境外所得纳税调整后所得明细表	☐
A108020	境外分支机构弥补亏损明细表	☐
A108030	跨年度结转抵免境外所得税明细表	☐
A109000	跨地区经营汇总纳税企业年度分摊企业所得税明细表	☐
A109010	企业所得税汇总纳税分支机构所得税分配表	☐

图3-42 企业所得税年度纳税申报表填报表单

（4）智能算税。在完成企业基础信息填报、底稿维护和填报表单勾选后，可以进入智能算税模块，通过智能算税完成纳税申报的补充填列，生成纳税申报底稿，为所得税风险检测及财务机器人一键报税提供数据支持。

操作讲解视频：企业所得税汇算清缴-2

智能化税费核算与管理

【任务实施】

根据项目案例资料，完成北京鑫熠电子科技有限公司的智能算税。

（1）进入智能算税模块，单击【智能算税】，系统会自动跳出报税列表，如图3-43所示。其中，52400封面系统默认，无须填写；系统会智能勾稽前面已经填报的基础信息表并自动带出数据；A101010《一般企业收入明细表》（见表3-10）、A102010《一般企业成本支出明细表》（见表3-11）、A104000《期间费用明细表》（见表3-12）和A105080《资产折旧、摊销及纳税调整明细表》（见表3-13）系统会根据企业报送的财报和前面步骤中维护好的底稿信息由财务机器人智能填报，在智能算税环节只需核对数据后保存即可。

图3-43 智能算税中心

表3-10　　　　A101010　　　一般企业收入明细表　　　　　　单位：元

行次	项目	金额
1	一、营业收入（2+9）	123 633 200.00
2	（一）主营业务收入（3+5+6+7+8）	123 390 200.00
3	1. 销售商品收入	123 390 200.00
4	其中：非货币性资产交换收入	
5	2. 提供劳务收入	
6	3. 建造合同收入	
7	4. 让渡资产使用权收入	
8	5. 其他	
9	（二）其他业务收入（10+12+13+14+15）	243 000.00
10	1. 销售材料收入	63 000.00
11	其中：非货币性资产交换收入	
12	2. 出租固定资产收入	180 000.00

续表

行次	项目	金额
13	3.出租无形资产收入	
14	4.出租包装物和商品收入	
15	5.其他	
16	二、营业外收入（17+18+19+20+21+22+23+24+25+26）	301 791.16
17	（一）非流动资产处置利得	
18	（二）非货币性资产交换利得	
19	（三）债务重组利得	
20	（四）政府补助利得	
21	（五）盘盈利得	
22	（六）捐赠利得	
23	（七）罚没利得	99 791.16
24	（八）确实无法偿付的应付款项	202 000.00
25	（九）汇兑收益	
26	（十）其他	

表3-11　　　　　A102010　　一般企业成本支出明细表　　　　　单位：元

行次	项目	金额
1	一、营业成本（2+9）	85 540 707.35
2	（一）主营业务成本（3+5+6+7+8）	85 540 707.35
3	1.销售商品成本	85 540 707.35
4	其中：非货币性资产交换成本	
5	2.提供劳务成本	
6	3.建造合同成本	
7	4.让渡资产使用权成本	
8	5.其他	
9	（二）其他业务成本（10+12+13+14+15）	100 500.00
10	1.销售材料成本	40 500.00
11	其中：非货币性资产交换成本	
12	2.出租固定资产成本	60 000.00
13	3.出租无形资产成本	
14	4.包装物出租成本	
15	5.其他	
16	二、营业外支出（17+18+19+20+21+22+23+24+25+26）	416 314.00
17	（一）非流动资产处置损失	
18	（二）非货币性资产交换损失	
19	（三）债务重组损失	
20	（四）非常损失	
21	（五）捐赠支出	291 334.00
22	（六）赞助支出	50 000.00

续表

行次	项目	金额
23	（七）罚没支出	74 000.00
24	（八）坏账损失	
25	（九）无法收回的债券股权投资损失	
26	（十）其他	980.00

表 3-12　　　　　A104000　期间费用明细表

行次	项目	销售费用	其中：境外支付	管理费用	其中：境外支付	财务费用	其中：境外支付
		1	2	3	4	5	6
1	一、职工薪酬	3 579 494.00	*	4 447 472.80	*	*	*
2	二、劳务费					*	*
3	三、咨询顾问费			75 000.00		*	*
4	四、业务招待费		*	2 174 600.00	*	*	*
5	五、广告费和业务宣传费	7 800 000.00	*		*	*	*
6	六、佣金和手续费					7 800.00	
7	七、资产折旧摊销费	128 398.90	*	343 537.18	*	*	*
8	八、财产损耗、盘亏及毁损损失		*	1 712.00	*	*	*
9	九、办公费	141 825.00	*	534 460.00	*	*	*
10	十、董事会费		*		*	*	*
11	十一、租赁费	92，100.00		225 650.00		*	*
12	十二、诉讼费		*		*	*	*
13	十三、差旅费	802 560.00	*	623 850.00	*	*	*
14	十四、保险费		*	35 342.00	*	*	*
15	十五、运输、仓储费	838 500.00				*	*
16	十六、修理费	12 336.00		76 900.00		*	*
17	十七、包装费		*		*	*	*
18	十八、技术转让费					*	*
19	十九、研究费用			1 087 078.22		*	*
20	二十、各项税费		*		*	*	*
21	二十一、利息收支	*	*	*	*	101 300.00	
22	二十二、汇兑差额	*	*	*	*		
23	二十三、现金折扣	*		*			
24	二十四、党组织工作经费	*	*	*	*	*	*
25	二十五、其他						
26	合计（1+2+3+…25）	13 395 213.90		9 625 602.20		109 100.00	

表 3-13　　A105080　资产折旧、摊销及纳税调整明细表

行次	项目	账载金额			资产计税基础	税收金额				纳税调整金额
		资产原值	本年折旧、摊销额	累计折旧、摊销额		税收折旧、摊销额	享受加速折旧政策的资产按税收一般规定计算的折旧、摊销额	加速折旧、摊销统计额	累计折旧、摊销额	
		1	2	3	4	5	6	7(5-6)	8	9(2-5)
1	一、固定资产(2+4+5+6+7)	15 221 720.00	1 335 968.95	5 858 457.12	15 221 720.00	1 667 356.32	*	*	6 189 844.49	-331 387.37
2	(一)房屋、建筑物	6 850 000.00	325 374.96	2 114 937.24	6 850 000.00	325 374.96	*	*	2 114 937.24	
3	(二)飞机、火车、轮船、机器、机械和其他生产设备	6 790 000.00	619 716.74	2 919 904.61	6 790 000.00	934 650.08	*	*	3 234 837.95	-314 933.34
4	(三)与生产经营活动有关的器具、工具、家具等	97 200.00	18 468.12	47 500.30	97 200.00	18 468.12	*	*	47 500.30	
5	(四)飞机、火车、轮船以外的运输工具	1 172 000.00	278 350.08	554 206.40	1 172 000.00	278 350.08	*	*	554 206.40	
6	(五)电子设备	312 520.00	94 059.05	221 908.57	312 520.00	110 513.08	*	*	238 362.60	-16 454.03
7	(六)其他						*	*		
8	二、生产性生物资产(9+10)						*	*		
9	(一)林木类						*	*		
10	(二)畜类						*	*		
11	三、无形资产(12+13+14+15+16+17+18+19)	3 192 000.00	3 192 000.00	1 276 000.00	3 192 000.00	319 200.00	*	*	1 276 000.00	
12	(一)专利权	2 940 000.00	294 000.00	1 118 500.00	2 940 000.00	294 000.00	*	*	1 118 500.00	
13	(二)商标权						*	*		
14	(三)著作权						*	*		
15	(四)土地使用权						*	*		

续表

行次	项目	账载金额			税收金额				纳税调整金额
		资产原值	本年折旧、摊销额	累计折旧、摊销额	资产计税基础	税收折旧、摊销额	享受加速折旧政策的资产按税收一般规定计算的折旧、摊销额	加速折旧、摊销统计额	累计折旧、摊销额	
		1	2	3	4	5	6	7(5−6)	8	9(2−5)
16	（五）非专利技术						*	*		
17	（六）特许权使用费						*	*		
18	（七）软件	252 000.00	25 200.00	157 500.00	252 000.00	25 200.00	*	*	157 500.00	
19	（八）其他						*	*		
20	四、长期待摊费用（21+22+23+24+25）							*		
21	（一）已足额提取折旧的固定资产的改建支出						*	*		
22	（二）租入固定资产的改建支出						*	*		
23	（三）固定资产的大修理支出						*	*		
24	（四）开办费						*	*		
25	（五）其他						*	*		
26	五、油气勘探投资						*	*		
27	六、油气开发投资						*	*		
28	享受资产加速折旧（摊销）及一次性扣除政策的资产	336 900.00	5 512.63	5 512.63	336 900.00	336 900.00	5 512.63	331 387.37	336 900.00	*
28.1	（一）加速折旧（摊销）500万元以下设备器具一次性扣除	336 900.00	5 512.63	5 512.63	336 900.00	336 900.00	5 512.63	331 387.37	336 900.00	*
28.2	（填写优惠事项名称）									*
29	（二）一次性扣除（摊销）									*
29.1	加速折旧一般折旧额大于一般折旧额的部分（填写优惠事项名称）									*
29.2	（填写优惠事项名称）									*

续表

行次	项目	账载金额			税收金额				纳税调整金额
		资产原值	本年折旧、摊销额	累计折旧、摊销额	资产计税基础	税收折旧、摊销额	享受加速折旧政策的资产按税收一般规定计算的折旧、摊销额	加速折旧、摊销统计额	累计折旧、摊销额	
		1	2	3	4	5	6	7(5-6)	8	9(2-5)
30	合计						*	*		
附列资料	全民所有制企业公司制改制资产评估增值政策资产									

229

（2）所有的纳税调整明细表附表都会汇总数据自动关联到纳税调整项目明细表，因此纳税调整应按照"先填写纳税调整明细表附表，再填写纳税调整明细表"的原则，后面几张纳税调整明细表附表的填写顺序，可以根据实际情况灵活调整。如果纳税调整项目明细表附表已经填完保存，而后再有修改纳税调整明细表附表的操作，纳税调整项目明细表附表要根据提示重新保存，并回到纳税调整明细汇总表再点保存。

①根据项目资料，公司将自产产品用于捐赠视同销售有关数据填入A105010《视同销售和房地产开发企业特定业务纳税调整明细表》对应行次，如表3-14所示。

表3-14　A105010　视同销售和房地产开发企业特定业务纳税调整明细表　　单位：元

行次	项目	税收金额 1	纳税调整金额 2
1	一、视同销售（营业）收入（2+3+4+5+6+7+8+9+10）	228 000.00	228 000.00
2	（一）非货币性资产交换视同销售收入		
3	（二）用于市场推广或销售视同销售收入		
4	（三）用于交际应酬视同销售收入		
5	（四）用于职工奖励或福利视同销售收入		
6	（五）用于股息分配视同销售收入		
7	（六）用于对外捐赠视同销售收入	228 000.00	228 000.00
8	（七）用于对外投资项目视同销售收入		
9	（八）提供劳务视同销售收入		
10	（九）其他		
11	二、视同销售（营业）成本（12+13+14+15+16+17+18+19+20）	161 694.00	-161 694.00
12	（一）非货币性资产交换视同销售成本		
13	（二）用于市场推广或销售视同销售成本		
14	（三）用于交际应酬视同销售成本		
15	（四）用于职工奖励或福利视同销售成本		
16	（五）用于股息分配视同销售成本		
17	（六）用于对外捐赠视同销售成本	161 694.00	-161 694.00
18	（七）用于对外投资项目视同销售成本		
19	（八）提供劳务视同销售成本		
20	（九）其他		
21	三、房地产开发企业特定业务计算的纳税调整额（22-26）		
22	（一）房地产开发企业销售未完工开发产品特定业务计算的纳税调整额（24-25）		
23	1. 销售未完工产品的收入		*
24	2. 销售未完工产品预计毛利额		

续表

行次	项目	税收金额 1	纳税调整金额 2
25	3. 实际发生的税金及附加、土地增值税		
26	（二）房地产开发企业销售的未完工产品转完工产品特定业务计算的纳税调整额（28－29）		
27	1. 销售未完工产品转完工产品确认的销售收入		*
28	2. 转回的销售未完工产品预计毛利额		
29	3. 转回实际发生的税金及附加、土地增值税		

②公司2024年捐赠支出填报在A105070《捐赠支出及纳税调整明细表》对应行次。具体见表3－15。

③根据公司2024年职工薪酬发生额明细表，填列A105050《职工薪酬支出及纳税调整明细表》，具体见表3－16。

操作讲解视频：
企业所得税
汇算清缴－3

④公司2024年发生的符合条件的广告宣传费用填列A105060《广告费和业务宣传费等跨年度纳税调整明细表》，见表3－17。

⑤公司12月末存货盘查亏损，相应信息填入A105090《资产损失税前扣除及纳税调整明细表》，具体见表3－18。

填写完纳税调整项目明细表的附表后，回到A105000《纳税调整项目明细表》见表3－19，附表填入的信息会自动关联到该纳税调整项目明细表，注意核对相应数据并根据项目案例资料补充填写以下信息：

操作讲解视频：
企业所得税
汇算清缴－4

①1月购入佳美公司股票支付相关交易费用存在的税会差异，填入第6行次。

②股票公允价值变动所产生的损益，填入第7行次。

③业务招待费纳税调增，填入第15行次。

④发生缴纳的税收滞纳金和环保局罚款，填入第19行次；缴纳的税收滞纳金，填入第20行次。

⑤发生非广告性质赞助支出，填入第21行次。

⑥发生不允许税前扣除的资产减值准备金，填入第33行次。

（3）根据项目资料中研发支出辅助账汇总表填列A107012《研发费用加计扣除优惠明细表》，具体见表3－20。

（4）完成相关附表的填列后，填报并核对主表。主表中大部分的数据会根据已填报的附表信息自动填写。其中申报表中"利润总额计算"部分数据会根据该公司报送的年度报表自动填列，但第3行次"减：税金及附加"、第9行次"加：投资收益"、第11行次"加：公允价值变动收益"、第12行次"减：信用减值损失"、第13行次"减：资产减值损失"等需要根据公司年度利润表数据手动填列；第22行次"减：免税、减计收入及加计扣除"需要根据《企业所得税

操作讲解视频：
企业所得税
汇算清缴－5

申报事项目录》，在第22.1行、第22.2行……填报税收规定的免税收入、减计收入。另外，第37行次"减：本年累计预缴的所得税额"需查看项目资料信息手动填列，具体见表3-21。

（5）根据主表第19行次"四、纳税调整后所得"数据，填报A106000《企业所得税弥补亏损明细表》第11行次"本年度"：第2列当年境内所得额。注意该表中第7列应选择"一般企业"。完成填报保存后再返回主表，核对相关数据后点保存，具体见表3-22。

表3-15　　　　　　　A105070　捐赠支出及纳税调整明细表　　　　　　　单位：元

行次	项目	账载金额	以前年度结转可扣除的捐赠额	按税收规定计算的扣除限额	税收金额	纳税调增金额	纳税调减金额	可结转以后年度扣除的捐赠额
		1	2	3	4	5	6	7
1	一、非公益性捐赠	100 000.00	*	*	*	100 000.00	*	*
2	二、限额扣除的公益性捐赠（3+4+5+6）	257 640.00		1 694 332.37	257 640.00			
3	前三年度（2021年）	*		*	*	*		*
4	前二年度（2022年）	*		*	*	*		*
5	前一年度（2023年）	*		*	*	*		*
6	本年（2024年）	257 640.00	*	1 694 332.37	257 640.00		*	
7	三、全额扣除的公益性捐赠		*	*	*		*	*
8	1.		*	*	*		*	*
9	2.		*	*	*		*	*
10	3.		*	*	*		*	*
11	合计（1+2+7）	357 640.00		1 694 332.37	257 640.00	100 000.00		
附列资料	2015年度至本年发生的公益性扶贫捐赠合计金额		*					

表3-16　　　　　　　A105050　职工薪酬支出及纳税调整明细表　　　　　　　单位：元

行次	项目	账载金额	实际发生额	税收规定扣除率	以前年度累计结转扣除额	税收金额	纳税调整金额	累计结转以后年度扣除额
		1	2	3	4	5	6(1-5)	7(2+4-5)
1	一、工资薪金支出	15 499 300.00	15 499 300.00	*	*	15 499 300.00		*
2	其中：股权激励			*				*
3	二、职工福利费支出	2 257 398.50	2 257 398.50	14.00%	*	2 169 902.00	87 496.50	*
4	三、职工教育经费支出	1 347 440.50	1 347 440.50	*		1 239 944.00	107 496.50	107 496.50

续表

行次	项目	账载金额	实际发生额	税收规定扣除率	以前年度累计结转扣除额	税收金额	纳税调整金额	累计结转以后年度扣除额
		1	2	3	4	5	6(1-5)	7(2+4-5)
5	其中：按税收规定比例扣除的职工教育经费	1 347 440.50	1 347 440.50	8.00%		1 239 944.00	107 496.50	107 496.50
6	按税收规定全额扣除的职工培训费用				*			*
7	四、工会经费支出	309 986.00	309 986.00	2.00%	*	309 986.00		*
8	五、各类基本社会保障性缴款	747 502.80	747 502.80	*	*	747 502.80		*
9	六、住房公积金	474 640.00	474 640.00	*	*	474 640.00		*
10	七、补充养老保险	555 908.00	555 908.00	5.00%	*	555 908.00		*
11	八、补充医疗保险	277 954.00	277 954.00	5.00%	*	277 954.00		*
12	九、其他			*	*			*
13	合计（1+3+4+7+8+9+10+11+12）	21 470 129.80	21 470 129.80	*		21 275 136.80	194 993.00	107 496.50

表 3-17　A105060　广告费和业务宣传费等跨年度纳税调整明细表　　　　单位：元

行次	项目	广告费和业务宣传费	保险企业手续费及佣金支出
		1	2
1	一、本年支出	7 800 000.00	
2	减：不允许扣除的支出		
3	二、本年符合条件的支出（1-2）	7 800 000.00	
4	三、本年计算扣除限额的基数	123 861 200.00	
5	乘：税收规定扣除率	15.00%	
6	四、本企业计算的扣除限额（4×5）	18 579 180.00	
7	五、本年结转以后年度扣除额 （3>6，本行=3-6；3≤6，本行=0）		
8	加：以前年度累计结转扣除额		
9	减：本年扣除的以前年度结转额 [3>6，本行=0；3≤6，本行=8与（6-3）孰小值]		
10	六、按照分摊协议归集至其他关联方的金额（10≤3与6孰小值）		*
11	按照分摊协议从其他关联方归集至本企业的金额		*
12	七、本年支出纳税调整金额 （3>6，本行=2+3-6+10-11；3≤6，本行=2+10-11-9）		
13	八、累计结转以后年度扣除额（7+8-9）		

表3-18　　A105090　　资产损失税前扣除及纳税调整明细表　　单位：元

行次	项目	资产损失直接计入本年损益金额	资产损失准备金核销金额	资产处置收入	赔偿收入	资产计税基础	资产损失的税收金额	纳税调整金额
		1	2	3	4	5	6(5-3-4)	7
1	一、现金及银行存款损失		*					
2	二、应收及预付款项坏账损失							
3	其中：逾期三年以上的应收款项损失							
4	逾期一年以上的小额应收款项损失							
5	三、存货损失	1 712.00			1 000.00	2 712.00	1 712.00	
6	其中：存货盘亏、报废、损毁、变质或被盗损失	1 712.00			1 000.00	2 712.00	1 712.00	
7	四、固定资产损失							
8	其中：固定资产盘亏、丢失、报废、损毁或被盗损失							
9	五、无形资产损失							
10	其中：无形资产转让损失							
11	无形资产被替代或超过法律保护期限形成的损失							
12	六、在建工程损失		*					
13	其中：在建工程停建、报废损失		*					
14	七、生产性生物资产损失							
15	其中：生产性生物资产盘亏、非正常死亡、被盗、丢失等产生的损失							
16	八、债权性投资损失（17+23）							

续表

行次	项目	资产损失直接计入本年损益金额	资产损失准备金核销金额	资产处置收入	赔偿收入	资产计税基础	资产损失的税收金额	纳税调整金额
		1	2	3	4	5	6(5-3-4)	7
17	（一）金融企业债权性投资损失（18+22）							
18	1. 贷款损失							
19	其中：符合条件的涉农和中小企业贷款损失							
20	其中：单户贷款余额300万元（含）以下的贷款损失							
21	单户贷款余额300万元至1 000万元（含）的贷款损失							
22	2. 其他债权性投资损失							
23	（二）非金融企业债权性投资损失							
24	九、股权（权益）性投资损失							
25	其中：股权转让损失							
26	十、通过各种交易场所、市场买卖债券、股票、期货、基金以及金融衍生产品等发生的损失							
27	十一、打包出售资产损失							
28	十二、其他资产损失							
29	合计（1+2+5+7+9+12+14+16+24+26+27+28）	1 712.00			1 000.00	2 712.00	1 712.00	
30	其中：分支机构留存备查的资产损失							

智能化税费核算与管理

表 3-19　　　　　A105000　纳税调整项目明细表　　　　　单位：元

行次	项目	账载金额 1	税收金额 2	调增金额 3	调减金额 4
1	一、收入类调整项目（2+3+…8+10+11）	*	*	278 000.00	100 000.00
2	（一）视同销售收入（填写A105010）	*	228 000.00	228 000.00	*
3	（二）未按权责发生制原则确认的收入（填写A105020）				
4	（三）投资收益（填写A105030）				
5	（四）按权益法核算长期股权投资对初始投资成本调整确认收益	*	*	*	
6	（五）交易性金融资产初始投资调整	*	*	50 000.00	*
7	（六）公允价值变动净损益	100 000.00	*		100 000.00
8	（七）不征税收入	*	*		
9	其中：专项用途财政性资金（填写A105040）	*	*		
10	（八）销售折扣、折让和退回				
11	（九）其他				
12	二、扣除类调整项目（13+14+…24+26+27+28+29+30）	*	*	1 933 267.00	228 000.00
13	（一）视同销售成本（填写A105010）	*	161 694.00	*	161 694.00
14	（二）职工薪酬（填写A105050）	21 470 129.80	21 275 136.80	194 993.00	
15	（三）业务招待费支出	2 174 600.00	619 306.00	1 555 294.00	*
16	（四）广告费和业务宣传费支出（填写A105060）	*	*		
17	（五）捐赠支出（填写A105070）	357 640.00	257 640.00	100 000.00	
18	（六）利息支出				
19	（七）罚金、罚款和被没收财物的损失	32 000.00	*	32 000.00	*
20	（八）税收滞纳金、加收利息	980.00	*	980.00	*
21	（九）赞助支出	50 000.00	*	50 000.00	*
22	（十）与未实现融资收益相关在当期确认的财务费用				
23	（十一）佣金和手续费支出（保险企业填写A105060）				
24	（十二）不征税收入用于支出所形成的费用	*	*		*
25	其中：专项用途财政性资金用于支出所形成的费用（填写A105040）	*	*		*

续表

行次	项目	账载金额 1	税收金额 2	调增金额 3	调减金额 4
26	（十三）跨期扣除项目				
27	（十四）与取得收入无关的支出		*		*
28	（十五）境外所得分摊的共同支出	*	*		*
29	（十六）党组织工作经费				
30	（十七）其他	191 334.00	257 640.00		66 306.00
31	三、资产类调整项目（32＋33＋34＋35）	*	*	150 864.11	331 387.37
32	（一）资产折旧、摊销（填写A105080）	1 655 168.95	1 986 556.32		331 387.37
33	（二）资产减值准备金	150 864.11	*	150 864.11	
34	（三）资产损失（填写A105090）	*	*		
35	（四）其他				
36	四、特殊事项调整项目（37＋38＋…＋43）	*	*		
37	（一）企业重组及递延纳税事项（填写A105100）				
38	（二）政策性搬迁（填写A105110）	*	*		
39	（三）特殊行业准备金（39.1＋39.2＋39.4＋39.5＋39.6＋39.7）	*	*		
39.1	1. 保险公司保险保障基金				
39.2	2. 保险公司准备金				
39.3	其中：已发生未报案未决赔款准备金				
39.4	3. 证券行业准备金				
39.5	4. 期货行业准备金				
39.6	5. 中小企业融资（信用）担保机构准备金				
39.7	6. 金融企业、小额贷款公司准备金（填写A105120）	*	*		
40	（四）房地产开发企业特定业务计算的纳税调整额（填写A105010）	*			
41	（五）合伙企业法人合伙人应分得的应纳税所得额				
42	（六）发行永续债利息支出				
43	（七）其他	*	*		
44	五、特别纳税调整应税所得	*	*		
45	六、其他	*	*		
46	合计（1＋12＋31＋36＋44＋45）	*	*	2 362 131.11	659 387.37

表 3-20　　　A107012　　研发费用加计扣除优惠明细表

行次	项目	金额（数量）
1	本年可享受研发费用加计扣除项目数量	2.00
2	一、自主研发、合作研发、集中研发（3+7+16+19+23+34）	3 009 456.44
3	（一）人员人工费用（4+5+6）	1 785 176.00
4	1. 直接从事研发活动人员工资薪金	1 607 000.00
5	2. 直接从事研发活动人员五险一金	178 176.00
6	3. 外聘研发人员的劳务费用	
7	（二）直接投入费用（8+9+10+11+12+13+14+15）	850 858.22
8	1. 研发活动直接消耗材料费用	790 858.22
9	2. 研发活动直接消耗燃料费用	
10	3. 研发活动直接消耗动力费用	
11	4. 用于中间试验和产品试制的模具、工艺装备开发及制造费	
12	5. 用于不构成固定资产的样品、样机及一般测试手段购置费	
13	6. 用于试制产品的检验费	
14	7. 用于研发活动的仪器、设备的运行维护、调整、检验、维修等费用	60 000.00
15	8. 通过经营租赁方式租入的用于研发活动的仪器、设备租赁费	
16	（三）折旧费用（17+18）	80 572.22
17	1. 用于研发活动的仪器的折旧费	
18	2. 用于研发活动的设备的折旧费	80 572.22
19	（四）无形资产摊销（20+21+22）	
20	1. 用于研发活动的软件的摊销费用	
21	2. 用于研发活动的专利权的摊销费用	
22	3. 用于研发活动的非专利技术（包括许可证、专有技术、设计和计算方法等）的摊销费用	
23	（五）新产品设计费等（24+25+26+27）	
24	1. 新产品设计费	
25	2. 新工艺规程制定费	
26	3. 新药研制的临床试验费	
27	4. 勘探开发技术的现场试验费	
28	（六）其他相关费用（29+30+31+32+33）	292 850.00
29	1. 技术图书资料费、资料翻译费、专家咨询费、高新科技研发保险费	24 000.00
30	2. 研发成果的检索、分析、评议、论证、鉴定、评审、评估、验收费用	8 000.00
31	3. 知识产权的申请费、注册费、代理费	
32	4. 职工福利费、补充养老保险费、补充医疗保险费	205 875.00
33	5. 差旅费、会议费	54 975.00
34	（七）经限额调整后的其他相关费用	292 850.00

续表

行次	项目	金额（数量）
35	二、委托研发（36＋37＋39）	
36	（一）委托境内机构或个人进行研发活动所发生的费用	
37	（二）委托境外机构进行研发活动发生的费用	
38	其中：允许加计扣除的委托境外机构进行研发活动发生的费用	
39	（三）委托境外个人进行研发活动发生的费用	
40	三、年度研发费用小计（2＋36×80％＋38）	
41	（一）本年费用化金额	
42	（二）本年资本化金额	
43	四、本年形成无形资产摊销额	
44	五、以前年度形成无形资产本年摊销额	
45	六、允许扣除的研发费用合计（41＋43＋44）	1 087 078.22
46	减：特殊收入部分	
47	七、允许扣除的研发费用抵减特殊收入后的金额（45－46）	1 087 078.22
48	减：当年销售研发活动直接形成产品（包括组成部分）对应的材料部分	
49	减：以前年度销售研发活动直接形成产品（包括组成部分）对应材料部分结转金额	
50	八、加计扣除比例及计算方法	100.00％
51	九、本年研发费用加计扣除总额（47－48－49）×50	1 087 078.22
52	十、销售研发活动直接形成产品（包括组成部分）对应材料部分结转以后年度扣减金额（当47－48－49≥0，本行＝0；当47－48－49＜0，本行＝47－48－49的绝对值）	

表 3－21　　　　　　　　企业所得税年度纳税申报主表

行次	类别	项目	金额
1		一、营业收入（填写 A101010/101020/103000）	123 633 200.00
2		减：营业成本（填写 A102010/102020/103000）	85 540 707.35
3		减：税金及附加	747 153.15
4		减：销售费用（填写 A104000）	13 395 213.90
5		减：管理费用（填写 A104000）	8 538 523.98
6	利润总额计算	减：研发费用（填写 A104000）	1 087 078.22
7		减：财务费用（填写 A104000）	109 100.00
8		加：其他收益	
9		加：投资收益（损失以"－"号填列）	69 400.00
10		加：净敞口套期收益（损失以"－"号填列）	
11		加：公允价值变动收益（损失以"－"号填列）	100 000.00
12		加：信用减值损失（损失以"－"号填列）	－87 724.11
13		加：资产减值损失（损失以"－"号填列）	－63 140.00
14		加：资产处置收益（损失以"－"号填列）	

续表

行次	类别	项目	金额
15	利润总额计算	二、营业利润（亏损以"-"号填列）	14 233 959.29
16		加：营业外收入（填写A101010/101020/103000）	301 791.16
17		减：营业外支出（填写A102010/102020/103000）	416 314.00
18		三、利润总额（15＋16－17）	14 119 436.45
19	应纳税所得额计算	减：境外所得（填写A108010）	
20		加：纳税调整增加额（填写A105000）	2 362 131.11
21		减：纳税调整减少额（填写A105000）	659 387.37
22		减：免税、减计收入及加计扣除（22.1＋22.2＋…）	1 206 478.22
22.1		国债利息收入免征企业所得税	119 400.00
22.2		企业开发新技术、新产品、新工艺发生的研究开发费用加计扣除	1 087 078.22
23		加：境外应税所得抵减境内亏损（填写A108000）	
24		四、纳税调整后所得（18－19＋20－21－22＋23）	14 615 701.97
25		减：所得减免（填写A107020）	
26		减：弥补以前年度亏损（填写A106000）	
27		减：抵扣应纳税所得额（填写A107030）	
28		五、应纳税所得额（24－25－26－27）	14 615 701.97
29	应纳税额计算	税率（25%）	25%
30		六、应纳所得税额（28×29）	3 653 925.49
31		减：减免所得税额（31.1＋31.2＋…）	
31.1		（填写优惠事项名称）	
31.2		（填写优惠事项名称）	
32		减：抵免所得税额（填写A107050）	
33		七、应纳税额（30－31－32）	3 653 925.49
34		加：境外所得应纳所得税额（填写A108000）	
35		减：境外所得抵免所得税额（填写A108000）	
36		八、实际应纳所得税额（33＋34－35）	3 653 925.49
37	实际应补（退）税额计算	减：本年累计预缴所得税额	3 529 859.11
38		九、本年应补（退）所得税额（36－37）	124 066.38
39		其中：总机构分摊本年应补（退）所得税额（填写A109000）	
40		财政集中分配本年应补（退）所得税额（填写A109000）	
41		总机构主体生产经营部门分摊本年应补（退）所得税额（填写A109000）	
42		减：民族自治地区企业所得税地方分享部分：（□免征 □减征：减征幅度____%）	
43		减：稽查查补（退）所得税额	
44		减：特别纳税调整补（退）所得税额	
45		十、本年实际应补（退）所得税额（38－42－43－44）	

表 3-22　　　　　A10600　　企业所得税弥补亏损明细表　　　　　单位：元

行次	项目	年度	当年境内所得额	分立转出的亏损额	合并、分立转入的亏损额			弥补亏损企业类型	当年亏损额	当年待弥补的亏损额	用本年度所得额弥补的以前年度亏损额		当年可结转以后年度弥补的亏损额
					可弥补年限5年	可弥补年限8年	可弥补年限10年				使用境内所得弥补	使用境外所得弥补	
		1	2	3	4	5	6	7	8	9	10	11	12
1	前十年度												
2	前九年度												
3	前八年度												
4	前七年度												
5	前六年度												
6	前五年度		4 754 957.65										
7	前四年度		5 255 899.35										
8	前三年度		7 687 686.22										
9	前二年度		8 188 904.31										
10	前一年度		9 502 209.28										
11	本年度	2024	14 615 701.97					一般企业		0.00	0.00		0.00
12	可结转以后年度弥补的亏损额合计												0.00

（6）在完成所有申报表数据填报后，单击页面左上角的【生成申报底稿】按钮，即可进行下一步税务风险检测。

（二）企业所得税风险检测

1. 企业所得税风险分析指标

企业所得税风险分析指标汇总见表 3-23。

2. 企业所得税税务风险点

企业所得税涉及业务范围广、涵盖时间长、与会计信息相关程度高、税收优惠政策类型多，税务风险防控难度大、较复杂。但在影响所得税风险的因素中，不外乎两大方面：一是企业的应税收入风险；二是企业税前扣除的成本项目风险。

（1）应税收入风险，具体包括：①企业取得的各类收入是否按权责发生制原则确认收入；②是否存在利用往来账户、中间科目延迟实现应税收入或调整企业利润；③取得非货币性资产收益是否计入应纳税所得额；④是否存在视同销售行为未作纳税调整；⑤是否存在税收减免、政府奖励未按规定计入应纳税所得额；⑥是否存在接受捐赠的货币及非货币资产，未计入应纳税所得额；⑦是否存在未将取得的应税投资收益计入应纳税所得额。

表 3-23　企业所得税风险分析指标汇总表

序号	指标名称	计算公式	指标预警值	风险指向	风险应对
1	营业利润率与同行业对比偏离	本期营业利润率＝本期营业利润/本期营业收入；营业利润率与同行业对比＝（本期营业利润率－该行业营业利润率准）/该行业营业利润率×100%	指标值≤－20%	如果指标值≤－20%，则本期营业利润率偏低，视为异常	通过与同行业的横向比较，发现营业利润率偏低问题，进一步查找是否存在利润核算不准确的风险
2	企业所得税贡献率变动	企业所得税贡献率＝应纳所得税额/主营业务收入×100%；企业所得税贡献率变动率＝（本期企业所得税贡献率－企业前三年平均所得税贡献率）/企业前三年平均所得税贡献率×100%	指标值≤20%	指标值低于预警值视为异常，可能存在不计或少计销售（营业）收入，多列成本费用，扩大税前扣除范围等问题	对收入、成本、费用等进行分别剖析，找出影响指标值的具体因素，进行进一步的核查
3	营业收入变动	主营业务收入变动率＝（本期营业收入－上期营业收入）/上期营业收入×100%	指标值＜－25%；收入变动率＜前三年营业收入变动率的平均值	如主营业务收入变动率为负值，或呈为正值但远远低于我们小基于预警值所设定的期望水平，可能存在少计收入等问题；本期主营业务收入变动率低于同行业平均水平，则本期主营业务收入偏低，须运用其他指标进一步分析	进一步结合其他指标分析其收入变动情况是否正常
4	营业成本变动率	营业成本变动率＝（本期营业成本－上期营业成本）/上期营业成本×100%	指标值＞25%；成本变动率＞前三年营业成本变动率的平均值	本期营业成本变动率高于同行业平均水平，则可能本期营业成本偏高，须运用其他指标进一步分析；如营业成本变动率为正值，且远远大于预警值，可能存在多计成本等问题	进一步结合其他指标分析其成本变动情况是否正常
5	期间费用变动率	本期期间费用＝本期销售费用＋本期管理费用＋本期财务费用；期间费用变动率＝（本期期间费用－上期期间费用）/上期期间费用×100%	指标值＞25%；费用变动率＞前三年费用变动率的平均值	本期期间费用变动率高于前三年平均水平，其他指标正常，且远远大于预警值；如其他指标变动率为正值，且远远大于预警值，可能存在多计费用，扩大税前扣除等问题	进一步结合其他指标分析其费用变动情况是否正常

续表

序号	指标名称	计算公式	指标预警值	风险指向	风险应对
6	营业收入成本率	营业收入成本率＝本期营业成本/本期营业收入×100%	与行业预警值指标比较，如果偏离较大，视为异常	营业收入成本率明显高于同行业平均水平的，应判断为异常，须查纳税人有无多转成本或虚增成本	检查原材料的价格是否上涨，是否有新设备或设备出现重大变故以致影响产量，检查原材料结转方法是否发生改变，产成品与在产品之间的成本分配是否合理，是否存在将在建工程成本挤入生产成本等问题
7	营业收入费用率	营业收入费用率＝本期期间费用/本期营业收入×100%	与行业预警值指标比较，如果偏离较大，视为异常	营业收入费用率明显高于同行业平均水平的，应判断为异常，可能存在多提、多摊相关费用，将资本性支出一次性在当期列支或少计收入等问题	检查纳税人销售费用、财务费用、管理费用的增值情况并判断增长是否合理，是否存在取得虚开发票虚列费用问题；对企业短期借款长期借款的期初、期末数据进行分析，是否存在基建贷款利息挤入当期财务费用等问题，以判断有关财务费用是否资本化
8	营业外支出金额增减率	营业外支出增减额＝本期营业外支出－上期营业外支出；营业外支出金额增减率＝营业外支出增减额/上期营业外支出×100%	增减额＞50万元或营业外支出金额增减率＞10%	通过营业外支出金额增减率指标比较分析，看营业外支出科目是否有不予税前列支的项目。若本期营业外支出增减额大于50万元或营业外支出金额增减率在10%以上，则营业外支出金额增长过大，可能存在相关涉税风险	进一步核查营业外支出明细项目
9	净资产收益率	净资产收益率＝本期净利润/平均净资产×100%	与行业预警值指标比较，如果偏离较大，视为异常	通过净资产收益率指标与同行业平均水平对比分析，了解企业净资产收益情况。如果企业净资产收益率低于同行业平均水平，则属于净资产收益率偏低，可能存在多列支成本费用或少计收入等问题	进一步结合其他指标分析成本、费用、利润总额是否正常

243

智能化税费核算与管理

续表

序号	指标名称	计算公式	指标预警值	风险指向	风险应对
10	营业收入变动率与营业成本变动率弹性系数	指标值=营业收入变动率/营业成本变动率	正常情况下，指标值接近1	在正常情况下，两者基本同步增长。当比值>1且相差较大，两者都为负时，可能存在企业少计收入、多列成本、扩大税前扣除范围等问题；当比值<1且相差较大，两者都为正时，可能存在企业少计收入、多列成本、扩大税前扣除范围等问题；当比值为负数，且前者为负、后者为正时，可能存在企业少计收入、多列成本、扩大税前扣除范围等问题	进一步结合其他指标分析收入及成本变动情况是否正常
11	主营业务收入变动率与期间费用变动率弹性系数	指标值=营业收入变动率/期间费用变动率	正常情况下，指标值接近1	在正常情况下，两者基本同步增长。当比值>1且相差较大，两者都为负时，可能存在企业多列费用、扩大税前扣除范围等问题；当比值<1且相差较大，两者都为正时，可能存在企业多列费用、扩大税前扣除范围等问题；当比值为负数，且前者为负、后者为正时，可能存在企业多列费用、扩大税前扣除范围等问题	进一步结合其他指标分析收入及费用变动情况是否正常
12	企业所得税应纳税收入变动率与应纳税额变动率弹性系数	指标值=企业所得税应纳税收入变动率/应纳税额变动率	正常情况下，指标值接近1	在正常情况下，两者基本同步增长。当比值>1且相差较大，两者都为负时，可能存在企业多列成本费用、扩大税前扣除范围等问题；当比值<1且相差较大，两者都为正时，可能存在企业多列成本费用、扩大税前扣除范围等问题；当比值为负数，且前者为负、后者为正时，可能存在企业多列成本费用、扩大税前扣除范围等问题	进一步结合其他指标分析收入、成本及费用变动情况是否正常

（2）成本项目风险，具体包括：①利用虚开发票、虚列人工费用或使用不符合税法规定的发票及凭证虚增成本；②是否存在不予列支的"返利"行为；③是否存在不予列支的应由其他纳税人负担的费用；④是否存在将资本性支出一次计入成本费用；⑤企业发生的工资、薪金支出是否符合税法规定；⑥是否存在计提的职工福利、工会经费和职工教育经费超过计税标准，是否存在超标准列支业务招待费、广告费和业务宣传费，是否存在超标准、超范围为职工支付社会保险费和住房公积金等未进行纳税调整的事项；⑦是否存在擅自改变成本计价方法，调节利润；⑧是否存在未按税法规定年限计提折旧；⑨是否存在擅自扩大研究开发费用的列支范围、违规加计扣除等问题；⑩是否存在扣除不符合国务院财政、税务部门规定的各项资产减值准备、风险准备金等支出。

3. 企业所得税智能税务风险管控

风险模型匹配。在进行税务风险检测前，企业需要进行风险模型配置，可以根据企业的实际情况进行风险模型配置。风险模型配置为指标因素的配置组合。

【任务实施】

为北京鑫熠电子科技有限公司进行风险模型配置及检测该公司2024年企业所得税涉税业务是否存在风险。

（1）在智慧化税务系统，进入【税务风险管控】-【风险模型配置】，单击后面的【编辑】按钮，即可进行风险指标配置。

（2）单击【编辑】按钮，进入"企业所得税贡献率低于同行业"公式设置页面，完成公式编辑后，单击【确定】按钮，完成设置操作，同理，完成其他所得税风险指标的公式设置。

（3）完成所有所得税指标的公式设置后，才可进行税务风险检测。单击【税务风险检测】按钮，选择【企业所得税风险】后单击【立即检测】按钮，检测完成后页面会展示企业当前的税费风险指标数值、预警值和风险评估。

（三）企业所得税的智能申报

完成所得税税务风险监测后，才能进行企业所得税智能申报，点击进入【智能申报管理】-【税费申报及纳税】模块，先进行【财务报表报送】。报送完企业财报后单击【税费申报】，单击【智能报税】，触发RPA财务机器人报税并缴纳税款。

（四）企业所得税的智能核算

在实务中，完成企业所得税的纳税申报后，需要进行所得税账务处理，可通过【智能税费核算】-【税务业务核算】模块进行企业所得税的智能核算。

智能化税费核算与管理

【任务实施】

完成北京鑫熠电子科技有限公司企业所得税的智能核算。

1. 设置凭证模板

进入【智能税费核算】-【税务业务核算】模块,单击【凭证模板】,进行凭证模板设置,如图3-44~图3-46所示。

凭证模板设置

序号	操作	摘要	科目	方向	金额取值公式
1	⊕⊖	应补税-计提年度汇算清缴应补税款	6901 以前年度损益调整	借	@主表第33行本年
2	⊕⊖	应补税-计提年度汇算清缴应补税款	222106 应交税费-应交所得税	贷	@主表第33行本年

图 3-44 计提年度汇算清缴税款凭证模板

凭证模板设置

序号	操作	摘要	科目	方向	金额取值公式
1	⊕⊖	应补税-缴纳年度汇算清应缴税款	222106 应交税费-应交所得税	借	@主表第33行本年
2	⊕⊖	应补税-缴纳年度汇算清应缴税款	100201 银行存款-中国工商银行北京分行	贷	@主表第33行本年

图 3-45 缴纳年度汇算清缴税款凭证模板

凭证模板设置

序号	操作	摘要	科目	方向	金额取值公式
1	⊕⊖	应补税-调整未分配利润	410401 利润分配-未分配利润	借	@主表第33行本年
2	⊕⊖	应补税-调整未分配利润	6901 以前年度损益调整	贷	@主表第33行本年

图 3-46 调整未分配利润凭证模板

如果企业完成年度汇算清缴,需要退税则相应设置"应退税-冲销年度汇算清缴多缴税款"凭证模板和"应退税-调整未分配利润"凭证模板,分别如图3-47、图3-48所示。

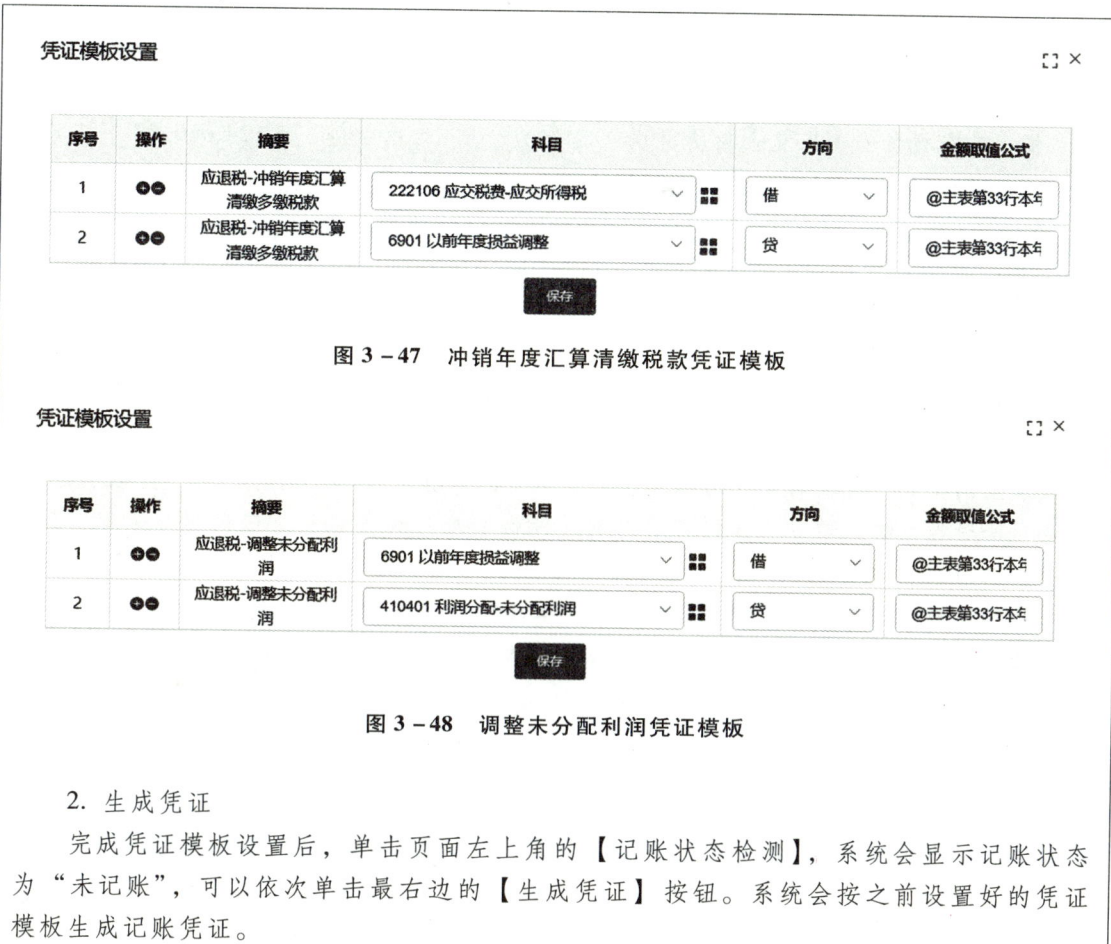

图 3-47 冲销年度汇算清缴税款凭证模板

图 3-48 调整未分配利润凭证模板

2. 生成凭证

完成凭证模板设置后，单击页面左上角的【记账状态检测】，系统会显示记账状态为"未记账"，可以依次单击最右边的【生成凭证】按钮。系统会按之前设置好的凭证模板生成记账凭证。

五、企业所得税税款缴纳

（一）预缴企业所得税

企业按期填写申报表进行申报并缴纳所得税后，凭缴款回单，借记"应交税费——应交企业所得税"账户，贷记"银行存款"账户。

（二）年度汇算清缴后缴纳企业所得税

企业办理年度汇算清缴后，提交汇算清缴报告，凭缴款回单，借记"应交税费——应交企业所得税"账户，贷记"银行存款"账户。如汇算清缴结果为退税，则做反方处理。

【任务实施】

完成北京鑫熠电子科技有限公司企业所得税税款缴纳的会计核算。

智能化税费核算与管理

2025年3月公司完成2024年年度汇算清缴,申报补缴企业所得税124 066.38元,收到电子回单。企业做如下分录。

借:应交税费——应交企业所得税　　　　　　　　　　124 066.38
　　贷:银行存款　　　　　　　　　　　　　　　　　　124 066.38

项目小结

　　本项目通过五个核心模块的学习与实践,实现了对企业所得税基本内容的全面认知。我们不仅掌握了企业所得税的核算与管理方法,包括收入项目与扣除项目的核算、企业应纳税所得额和应纳企业所得税的计算与核算、应交税费的计算与核算。同时,深入探讨了企业所得税的风险管控策略,学习了如何有效识别、评估及应对税务风险,确保税务合规。最后,强化了企业所得税的申报管理能力,提升了运用智能化工具进行税务处理与申报的实操技能,为未来适应数字化税务管理趋势打下了坚实基础。通过学习本部分内容,将有效提升同学们在企业所得税领域的专业知识与实践能力,为日后的岗位工作奠定坚实基础。

项目四
个人所得税的智能化核算与管理

知识学习目标

1. 熟悉个人所得税的含义与基本要素
2. 理解个人所得税综合所得与分类所得的计税原理和方法
3. 掌握个人所得税的会计核算方法
4. 掌握个人所得税纳税筹划和风险防控方法

技能训练目标

1. 能准确核算个人所得税涉税业务，确保涉税账目的清晰和准确性
2. 能准确计算个人所得税应纳税额并完成纳税申报，确保合规性
3. 能完成个人所得税的税务风险自查，发现并纠正可能的错误
4. 能通过合法手段优化个人所得税税收负担，提高纳税效率

素养培育目标

1. 通过学习个人所得税法规，能深刻理解个人所得税在调节收入分配、促进社会公平和实现共同富裕中的重要作用
2. 通过完成个人所得税的核算与管理，能意识到作为社会成员应承担的纳税责任，理解依法纳税对于建设和谐社会的重要性
3. 通过个人所得税的申报、风险自查及纳税筹划等实操训练，提升综合运用知识解决问题的能力

项目案例

公司基本信息：

北京南苑津香餐饮服务有限责任公司
统一社会信用代码：91110115680023185P
经营范围：销售食品，提供餐饮服务
基本户开户银行：中国工商银行北京东城支行
基本存款账户：1101003567236766118

业务协同信息：

公司的员工薪资结构包括岗位工资、绩效工资，每月月末计算当月工资并于当月发放，公司2024年12月有关薪资情况统计见表4-1、表4-2、表4-3和表4-4。

（1）12月增员4人：陈瑞宇、王炫涵、陈念慈、郑仁博，减员1人：张怡炫（该职员于2023年11月30日离职）。

（2）专项附加扣除信息变更：本月新增入职员工陈瑞宇，申报住房租金支出，其余在职员工专项附加扣除项目信息从年初开始保持不变。

（3）12月15日，员工张嘉运将其个人的非专利技术的使用权以150 000元的价格转让给公司，并由公司预扣预缴其个人所得税。

（4）12月公司邀请设计师郑仁博对公司进行重新装潢设计，约定设计合同价格为60 000元，公司于12月19日通过设计方案验收，以转账支票支付该项费用，并预扣预缴其个人所得税。

（5）12月公司聘请外部专家王炫涵进行食品生产安全一系列培训，分3个周末6场培训，每场5 000元。公司于12月29日以银行存款支付该项费用，并预扣预缴其个人所得税。

（6）12月公司发生兼职人员陈念慈本月兼职费用2 000元，公司于12月30日以银行存款支付该项费用，并预扣预缴其个人所得税。

表 4-1

1—11月工资薪金合计表

编制单位：北京南苑津香餐饮服务有限公司 单位：元

工号	姓名	证件类型	证照号码	所得项目	累计收入	累计免税收入	累计减除费用	累计专项扣除	累计子女教育	累计住房贷款利息	累计住房租金	累计赡养老人	累计继续教育	累计三岁以下婴幼儿照护	累计准予扣除的捐赠额	累计应纳税所得额	税率/预扣率	速算扣除数	累计应纳税额	累计减免税额	累计应扣缴税额
HM10001	陈夏星	居民身份证	230708197907214214	工资薪金所得	209 000.00	0.00	55 000.00	45 100.00	11 000.00	11 000.00	0.00	33 000.00	0.00	0.00	0.00	53 900.00	10%	2 520.00	2 870.00	0.00	2 870.00
HM10002	张嘉运	居民身份证	140929197810277803	工资薪金所得	145 000.00	0.00	55 000.00	29 315.00	22 000.00	0.00	16 500.00	16 500.00	0.00	0.00	0.00	5 685.00	3%	0.00	170.55	0.00	170.55
HM10003	李晓萱	居民身份证	230111198802185664	工资薪金所得	138 000.00	0.00	55 000.00	25 932.50	0.00	0.00	16 500.00	0.00	4 400.00	22 000.00	0.00	14 167.50	3%	0.00	425.03	0.00	425.03
HM10004	林江英	居民身份证	210114198408250046	工资薪金所得	115 500.00	0.00	55 000.00	25 932.50	11 000.00	11 000.00	0.00	0.00	0.00	11 000.00	0.00	6 567.50	3%	0.00	197.03	0.00	197.03
HM10005	宋佳佳	居民身份证	330481198208209904	工资薪金所得	115 500.00	0.00	55 000.00	22 550.00	11 000.00	11 000.00	0.00	16 500.00	0.00	0.00	0.00	11 550.00	3%	0.00	346.50	0.00	346.50
HM10006	杜亚希	居民身份证	130631198107184428	工资薪金所得	123 000.00	0.00	55 000.00	23 677.50	11 000.00	11 000.00	0.00	0.00	4 400.00	11 000.00	0.00	9 322.50	3%	0.00	279.68	0.00	279.68
HM10007	吴思琼	居民身份证	150727198906275866	工资薪金所得	118 000.00	0.00	55 000.00	22 550.00	11 000.00	11 000.00	0.00	0.00	0.00	0.00	0.00	17 922.50	3%	0.00	537.68	0.00	537.68
HM10008	陈文明	居民身份证	150924198308246991	工资薪金所得	91 500.00	0.00	55 000.00	20 587.50	11 000.00	11 000.00	0.00	16 500.00	4 400.00	0.00	0.00	29 450.00	3%	0.00	883.50	0.00	883.50
HM10009	张怡炫	居民身份证	222401198612186242	工资薪金所得	94 000.00	0.00	55 000.00	20 295.00	11 000.00	11 000.00	0.00	0.00	0.00	11 000.00	0.00	15 912.50	3%	0.00	477.38	0.00	477.38
HM10010	李在熙	居民身份证	210122198710103908	工资薪金所得	104 500.00	0.00	55 000.00	21 422.50	11 000.00	11 000.00	0.00	0.00	4 400.00	0.00	0.00	3 305.00	3%	0.00	99.15	0.00	99.15
HM10011	孙玉冰	居民身份证	310110199101302285	工资薪金所得	108 000.00	0.00	55 000.00	20 295.00	11 000.00	11 000.00	0.00	0.00	0.00	11 000.00	0.00	6 077.50	3%	0.00	182.33	0.00	182.33
HM10012	蒋博萱	居民身份证	110115198409044033	工资薪金所得	93 500.00	0.00	55 000.00	21 422.50	11 000.00	11 000.00	0.00	0.00	0.00	0.00	0.00	21 705.00	3%	0.00	651.15	0.00	651.15
HM10013	柳凯华	居民身份证	341003198907132591	工资薪金所得	93 500.00	0.00	55 000.00	18 040.00	11 000.00	11 000.00	0.00	0.00	0.00	0.00	0.00	9 460.00	3%	0.00	283.80	0.00	283.80

表 4-2

12 月工资计提明细表

编制单位：北京南苑津香餐饮服务有限公司　　　　　　　　　　　　　　　　　　　编制日期：2024 年 12 月 30 日

姓名	证件类型	居民身份证	所得项目	岗位工资	绩效工资	应付工资	个人医社保	住房公积金	应发工资	应交个税	实发工资	费用扣除	专项附加扣除	应税工资	扣除项目合计
陈夏星	居民身份证	230708197907214214	工资薪金所得	7 000.00	13 000.00	20 000.00	2 100.00	2 000.00	15 900.00	590.00	15 310.00	5 000.00	5 000.00	5 900.00	9 100.00
张嘉运	居民身份证	140929197810277803	工资薪金所得	5 000.00	8 000.00	13 000.00	1 365.00	1 300.00	10 335.00	10.05	10 324.95	5 000.00	5 000.00	335.00	7 665.00
李晓萱	居民身份证	230111198802185664	工资薪金所得	4 500.00	7 000.00	11 500.00	1 207.50	1 150.00	9 142.50	7.27	9 135.23	5 000.00	3 900.00	242.50	6 257.50
林江英	居民身份证	210114198408250046	工资薪金所得	4 500.00	7 000.00	11 500.00	1 207.50	1 150.00	9 142.50	49.27	9 093.23	5 000.00	2 500.00	1 642.50	4 857.50
宋佳佳	居民身份证	330481198708209904	工资薪金所得	4 000.00	6 000.00	10 000.00	1 050.00	1 000.00	7 950.00	16.50	7 933.50	5 000.00	2 400.00	550.00	4 450.00
杜亚希	居民身份证	130631198107184428	工资薪金所得	4 500.00	6 000.00	10 500.00	1 102.50	1 050.00	8 347.50	25.42	8 322.08	5 000.00	2 500.00	847.50	4 652.50
吴思琼	居民身份证	150727198906275866	工资薪金所得	4 500.00	6 000.00	10 500.00	1 102.50	1 050.00	8 347.50	28.42	8 319.08	5 000.00	2 400.00	947.50	4 552.50
陈文明	居民身份证	150924198308246991	工资薪金所得	4 000.00	6 000.00	10 000.00	1 050.00	1 000.00	7 950.00	58.50	7 891.50	5 000.00	1 000.00	1 950.00	3 050.00
李在熙	居民身份证	210122198710103908	工资薪金所得	5 000.00	4 000.00	9 000.00	945.00	900.00	7 155.00	22.65	7 132.35	5 000.00	1 400.00	0.00	3 245.00
孙玉冰	居民身份证	310110199101302285	工资薪金所得	4 500.00	4 000.00	9 500.00	997.50	950.00	7 552.50	16.57	7 535.93	5 000.00	2 000.00	552.50	3 947.50
蒋博壹	居民身份证	110115198409044033	工资薪金所得	5 000.00	4 000.00	9 000.00	945.00	900.00	7 155.00	34.65	7 120.35	5 000.00	1 000.00	1 155.00	2 845.00
柳凯华	居民身份证	341003198907132591	工资薪金所得	5 000.00	3 000.00	8 000.00	840.00	800.00	6 360.00	10.80	6 349.20	5 000.00	1 000.00	360.00	2 640.00
陈端宁	居民身份证	500383199512169157	工资薪金所得	4 000.00	3 000.00	7 000.00	735.00	700.00	5 565.00	0.00	5 565.00	5 000.00	1 500.00	0.00	2 935.00

项目四 个人所得税的智能化核算与管理

表 4-3   12 月份工资结算表

编制单位：北京南苑津香餐饮服务有限公司　　　　　　　　　　　　　　　　　　　　　　　　　　　　编制日期：2024 年 12 月 30 日

工号	姓名	证件类型	居民身份证	所得项目	岗位工资	绩效工资	应付工资合计	代扣款项				
								医保（2%）	养老保险（8%）	失业保险（0.5%）	公积金（10%）	小计
HM10001	陈夏星	居民身份证	230708197907214214	工资薪金所得	7 000.00	13 000.00	20 000.00	400.00	1 600.00	100.00	2 000.00	4 100.00
HM10002	张嘉运	居民身份证	140929197810277803	工资薪金所得	5 000.00	8 000.00	13 000.00	260.00	1 040.00	65.00	1 300.00	2 665.00
HM10003	李晓萱	居民身份证	230111198802185664	工资薪金所得	4 500.00	7 000.00	11 500.00	230.00	920.00	57.50	1 150.00	2 357.50
HM10004	林江英	居民身份证	210114198408250046	工资薪金所得	4 500.00	7 000.00	11 500.00	230.00	920.00	57.50	1 150.00	2 357.50
HM10005	宋佳佳	居民身份证	330481198708209904	工资薪金所得	4 000.00	6 000.00	10 000.00	200.00	800.00	50.00	1 000.00	2 050.00
HM10006	杜亚希	居民身份证	130631198107184428	工资薪金所得	4 500.00	6 000.00	10 500.00	210.00	840.00	52.50	1 050.00	2 152.50
HM10007	吴思琢	居民身份证	150727198906275866	工资薪金所得	4 500.00	6 000.00	10 500.00	210.00	840.00	52.50	1 050.00	2 152.50
HM10008	陈文明	居民身份证	150924198308246991	工资薪金所得	4 000.00	6 000.00	10 000.00	200.00	800.00	50.00	1 000.00	2 050.00
HM10009	张怡炫	居民身份证	222401198612186342	工资薪金所得	0.00	0.00	0.00	0.00	0.00	0.00	0.00	0.00
HM10010	李壬熙	居民身份证	210122198710103908	工资薪金所得	5 000.00	4 000.00	9 000.00	180.00	720.00	45.00	900.00	1 845.00
HM10011	孙玉冰	居民身份证	310110199101302285	工资薪金所得	4 500.00	5 000.00	9 500.00	190.00	760.00	47.50	950.00	1 947.50
HM10012	蒋博壹	居民身份证	110115198409044033	工资薪金所得	5 000.00	4 000.00	9 000.00	180.00	720.00	45.00	900.00	1 845.00
HM10013	柳凯华	居民身份证	341003198907132591	工资薪金所得	5 000.00	3 000.00	8 000.00	160.00	640.00	40.00	800.00	1 640.00
HM10014	陈瑞宇	居民身份证	500383199512169157	工资薪金所得	4 000.00	3 000.00	7 000.00	140.00	560.00	35.00	700.00	1 435.00

智能化税费核算与管理

表 4-4　　员工专项附加扣除信息表

编制单位：北京南苑津香饕饮服务有限公司

项目	子女教育支出	继续教育支出	大病医疗支出	住房贷款利息支出	住房租金支出	赡养老人支出	3岁以下婴幼儿照护	合计
陈夏星	1 000.00		0.00	1 000.00		3 000.00		5 000.00
张嘉运	2 000.00		0.00		1 500.00	1 500.00		5 000.00
李晓萱		400.00	0.00		1 500.00		2 000.00	3 900.00
林江英	1 000.00		0.00			1 500.00		2 500.00
宋佳佳		400.00	0.00	1 000.00			1 000.00	2 400.00
杜亚希	1 000.00		0.00			1 500.00		2 500.00
吴思琼		400.00	0.00	1 000.00			1 000.00	2 400.00
陈文明	1 000.00		0.00					1 000.00
张怡炫								0.00
李在熙	1 000.00	400.00	0.00					1 400.00
孙玉冰			0.00	1 000.00			1 000.00	2 000.00
蒋博壹	1 000.00							1 000.00
柳凯华			0.00	1 000.00				1 000.00
陈瑞宇			0.00		1 500.00			1 500.00

任务清单：

（1）判断公司 12 月份发放的各项所得的纳税人、征税范围和适用税率。

（2）完成公司 12 月份发放的各项所得的个人所得税的预扣预缴，并进行会计核算。

（3）对公司 12 月份的个人所得税进行风险管控和申报管理。

（4）协助公司员工完成 2024 年度的个人所得税汇算清缴。

（5）结合该公司的薪资结构提出合理的纳税筹划建议。

模块一　认知个人所得税法的基本内容

个人所得税是对个人取得的各项应税所得征收的一种税。目前，个人所得税适用的法律法规包括：2018 年 8 月 31 日十三届全国人大常委会第五次会议修订通过的《个人所得税法》，国务院 2018 年 12 月发布的《个人所得税专项附加扣除暂行办法》和《个人所得税法实施条例》等。

一、个人所得税的纳税人

微课：今天，你交税了吗

个人所得税以所得人为纳税人，以支付所得的单位或者个人为扣缴义务人。

个人所得税的纳税人，包括中国公民、个体工商户、个人独资企业、合伙企业投资者以及在中国有所得的外籍人员（包括无国籍人员）和中国香港、中国澳门、中国台湾居民。上述纳税人依据住所和居住时间两个标准，分为居民个人和非居民个人。其中，在中国境内有住所，或者无住所而一个纳税年度内在中国境内居住累计满183天的个人，为居民个人。在中国境内无住所又不居住，或者无住所而一个纳税年度内在中国境内居住累计不满183天的个人，为非居民个人。纳税年度，是指自公历1月1日起至12月31日止。

在中国境内有住所，是指因户籍、家庭、经济利益关系而在中国境内习惯性居住。所谓习惯性居住，是一个法律意义上的标准，并非单纯指个人的实际居住地或在某一特定时期内的居住地。具体而言，如果个人因学习、工作、探亲、旅游等原因而在中国境外居住，但在这些原因消除之后，其必须返回中国境内居住，那么在这种情况下，可以认定中国为该纳税人的习惯性居住地。这一标准强调的是纳税人在法律上与某一国家的居住关系，而非仅仅是物理意义上的居住地。

居民个人和非居民个人承担不同的纳税义务。居民个人从中国境内和境外取得的所有所得，均须按规定缴纳个人所得税。对于非居民个人，只有当其从中国境内取得所得时，才需依法缴纳个人所得税。

自2019年1月1日起，无住所个人一个纳税年度在中国境内累计居住满183天的（不论本年度是否有一次离境超过30天），如果此前六年在中国境内每年累计居住天数都满183天而且没有任何一年单次离境超过30天，该纳税年度来源于中国境内、境外所得应当缴纳个人所得税；如果此前六年的任一年在中国境内累计居住天数不满183天或者单次离境超过30天，该纳税年度来源于中国境外且由境外单位或者个人支付的所得，免予缴纳个人所得税。前六年，是指该纳税年度的前一年至前六年的连续六个年度，此前六年的起始年度自2019年（含）以后年度开始计算，具体见表4-5。

对于在中国境内无住所的个人，在一个纳税年度内在中国境内居住累计不超过90天的，其来源于中国境内的所得，由境外雇主支付并且不由该雇主在中国境内的机构、场所负担的部分，免予缴纳个人所得税。

无住所个人一个纳税年度内在中国境内累计居住天数，按照个人在中国境内累计停留的天数计算。在中国境内停留的当天满24小时的，计入中国境内居住天数；在中国境内停留的当天不足24小时的，不计入中国境内居住天数。

【温馨提示】

下列所得，不论支付地点是否在中国境内，均为来源于中国境内的所得。

（1）因任职、受雇、履约等在中国境内提供劳务取得的所得。

（2）将财产出租给承租人在中国境内使用而取得的所得。

(3) 许可各种特许权在中国境内使用而取得的所得。

(4) 转让中国境内的不动产等财产或者在中国境内转让其他财产取得的所得。

(5) 从中国境内企业、事业单位、其他组织以及居民个人取得的利息、股息、红利所得。

表 4-5　　　　　　　　个人所得税纳税人及纳税义务一览表

纳税人类型			来源于境内所得		来源于境外所得	
			境内支付	境外支付	境内支付	境外支付
居民	有住所		征税	征税	征税	征税
	无住所	T>6年	征税	征税	征税	征税
		183天<T≤6年	征税	征税	征税	免税
非居民		90日<T≤183天	征税	征税	不征税	不征税
		T≤90日	征税	免税	不征税	不征税

说明：表格中 T 指的是纳税人在中国境内累计居住天数，T>6年指的是前六年在中国境内每年累计居住天数都满183天而且没有任何一年单次离境超过30天。

税收筹划

短期居民个人和短期非居民个人的纳税筹划

案例1：钱爸爸为中国澳门人，2013年1月1日来珠海创办了公司，此后一直在珠海居住，同时在澳门拥有多套房产，每年拥有可观的租金收入。

钱爸爸在境内居住累计满183天的年度，如果从2013年开始计算，实际上已经满六年，但是由于2018年之前的年限一律"清零"，自2019年开始计算，因此，2019年至2024年期间，钱爸爸在境内居住累计满183天的年度连续不满六年，其澳门的租金收入在境内可免缴个人所得税。但从2025年起，钱爸爸应就在境内和境外取得的全部所得缴纳个人所得税，澳门的租金收入需要在珠海缴税。

如果钱爸爸2025年和此后每个第七年均安排一次不短于30天的境外旅行，放松身心的同时，其在内地居住累计满183天的连续年限清零，重新起算，则可以永保短期居民个人身份，来自境外的租金收入可以免于在中国大陆纳税。

案例2：钱妈妈为中国香港永久居民，就职于香港一家公司。2024年，公司安排钱妈妈到深圳代表处工作4个月（120天）。钱妈妈在香港享受的各项扣除比较多，税负很轻。

如果不进行纳税筹划，钱妈妈来源于中国境内的4个月工资（属于境外支付的境内所得）需要在深圳纳税。但香港公司可以选派两位员工轮流到深圳工作，保证每人在深圳工作的时间都不超出90天，这两位员工的工资可以只在香港纳税，不需要在深圳纳税。

二、个人所得税的征税范围

（一）工资、薪金所得

工资、薪金所得是指个人因任职或者受雇取得的工资、薪金、奖金、年终加薪、劳动分红、津贴、补贴以及与任职或者受雇有关的其他所得。以下项目不予征税：

（1）独生子女补贴。
（2）执行公务员工资制度未纳入基本工资总额的补贴、津贴差额和家属成员的副食品补贴。
（3）托儿补助费。
（4）差旅费津贴、误餐补助。

（二）劳务报酬所得

劳务报酬所得是指个人从事劳务取得的所得，包括从事设计、装潢、安装、制图、化验、测试、医疗、法律、会计、咨询、讲学、翻译、审稿、书画、雕刻、影视、录音、录像、演出、表演、广告、展览、技术服务、介绍服务、经纪服务、代办服务以及其他劳务取得的所得。

是否存在雇佣与被雇佣关系是判断一种收入属于劳务报酬所得，还是属于工资、薪金所得的重要标准。劳务报酬所得是个人独立从事某种技艺或独立提供某种劳务而取得的所得。工资、薪金所得是个人从事非独立劳动而从单位领取的报酬。后者存在雇佣与被雇佣的关系，而前者不存在这种关系。

【勤思善悟】

大学生小黄参加学校勤工助学每月获得500元，属于个人所得税的征税范围吗？

（三）稿酬所得

稿酬所得是指个人因其作品以图书、报刊等形式出版、发表而取得的所得。作者去世后，财产继承人取得的遗作稿酬，也应缴纳个人所得税。

【勤思善悟】

张先生为出版社翻译一部英文著作，出版社给张先生支付1万元酬劳，属于哪项所得？

（四）特许权使用费所得

特许权使用费所得是指个人提供专利权、商标权、著作权、非专利技术以及其他特许权的使用权取得的所得；提供著作权的使用权取得的所得，不包括稿酬所得。

> 【勤思善悟】
> 著名作家张某将自己的手稿原件公开拍卖取得的所得，属于哪项所得？

（五）经营所得

经营所得包括：个体工商户从事生产、经营活动取得的所得，个人独资企业投资人、合伙企业的个人合伙人来源于境内注册的个人独资企业、合伙企业生产、经营的所得，个人依法从事办学、医疗、咨询以及其他有偿服务活动取得的所得，个人对企业、事业单位承包经营、承租经营以及转包、转租取得的所得，个人从事其他生产、经营活动取得的所得。

（六）利息、股息、红利所得

利息、股息、红利所得是指个人拥有债权、股权等而取得的利息、股息、红利所得。

（七）财产租赁所得

财产租赁所得是指个人出租不动产、机器设备、车船以及其他财产取得的所得。

（八）财产转让所得

财产转让所得是指个人转让有价证券、股权、合伙企业中的财产份额、不动产、机器设备、车船以及其他财产取得的所得。

（九）偶然所得

偶然所得是指个人得奖、中奖、中彩以及其他偶然性质的所得。得奖是指参加各种有奖竞赛活动，取得名次得到的奖金；中奖、中彩是指参加各种有奖活动，如有奖储蓄，或者购买彩票，经过规定的程序，抽中、摇中号码而获得的奖金。

其中，个人取得单张有奖发票奖金所得超过800元的，应全额按照"偶然所得"项目征收个人所得税；企业对累积消费达到一定额度的顾客，给予额外抽奖机会，个人的获奖所得按照"偶然所得"项目全额缴纳个人所得税；企业在业务宣传、广告等活动中，随机向本单位以外的个人赠送礼品（包括网络红包），以及企业在年会、座谈会、庆典以及其他活动中向本单位以外的个人赠送礼品，个人取得的礼品收入，按照"偶然所得"项目计算缴纳个人所得税。

我国个人所得税采用综合与分类课征的办法。居民个人取得工资、薪金所得，劳务报酬所得，稿酬所得和特许权使用费所得（以下简称"综合所得"），按纳税年度合并计算个人所得税；非居民个人取得以上四项所得，按月或者按次分项计算个人所得税。纳税人取得其他所得，分别计算个人所得税。

三、个人所得税的税率

个人所得税的税率和预扣率包括超额累进税率和比例税率两种形式。

（一）综合所得适用税率

居民个人综合所得适用3%～45%的七级超额累进税率，见表4-6。

表4-6　　　　　　　　　　　个人所得税税率表一
（居民个人综合所得汇算清缴适用）

级数	全年应纳税所得额	税率	速算扣除数
1	不超过36 000元的部分	3%	0
2	超过36 000元至144 000元的部分	10%	2 520
3	超过144 000元至300 000元的部分	20%	16 920
4	超过300 000元至420 000元的部分	25%	31 920
5	超过420 000元至660 000元的部分	30%	52 920
6	超过660 000元至960 000元的部分	35%	85 920
7	超过960 000元的部分	45%	181 920

注：本表所称全年应纳税所得额是指依照《个人所得税法》的规定，居民个人取得综合所得以每一纳税年度收入额减除费用六万元以及专项扣除、专项附加扣除和依法确定的其他扣除后的余额。

非居民个人取得工资、薪金所得，劳务报酬所得，稿酬所得和特许权使用费所得时，按月或者按次分项计算个人所得税，适用"个人所得税税率表一"按月换算后的税率，见表4-7。

表4-7　　　　　　　　　　　个人所得税税率表二
（非居民个人工资、薪金、劳务报酬、稿酬、特许权使用费所得适用）

级数	应纳税所得额	税率	速算扣除数
1	不超过3 000元的部分	3%	0
2	超过3 000元至12 000元的部分	10%	210
3	超过12 000元至25 000元的部分	20%	1 410
4	超过25 000元至35 000元的部分	25%	2 660
5	超过35 000元至55 000元的部分	30%	4 410
6	超过55 000元至80 000元的部分	35%	7 160
7	超过80 000元的部分	45%	15 160

（二）经营所得适用税率

经营所得适用5%～35%的五级超额累进税率，见表4-8。

表 4-8　　　　　　　　　　　　　个人所得税税率表三
（经营所得适用）

级数	全年应纳税所得额	税率	速算扣除数
1	不超过 30000 元的部分	5%	0
2	超过 30 000 元至 90 000 元的部分	10%	1 500
3	超过 90 000 元至 300 000 元的部分	20%	10 500
4	超过 300 000 元至 500 000 元的部分	30%	40 500
5	超过 500 000 元的部分	35%	65 500

注：本表所称全年应纳税所得额是指依照税法规定，以每一纳税年度的收入总额减除成本、费用以及损失后的余额。

（三）其他所得适用税率

利息、股息、红利所得，财产租赁所得，财产转让所得，偶然所得，均适用 20% 的比例税率。

（四）个人所得税预扣率

扣缴义务人向居民个人支付工资、薪金所得时，按照累计预扣法计算预扣税款，适用 3%~45% 的超额累进预扣率，见表 4-9。扣缴义务人向居民个人支付劳务报酬所得时，适用 20%~40% 的超额累进预扣率，见表 4-10。扣缴义务人向居民个人支付稿酬所得、特许权使用费所得时，适用 20% 的比例预扣率。

表 4-9　　　　　　　　　　　　个人所得税预扣率表一
（居民个人工资、薪金所得预扣预缴适用）

级数	累计预扣预缴应纳税所得额	预扣率	速算扣除数
1	不超过 36 000 元的部分	3%	0
2	超过 36 000 元至 144 000 元的部分	10%	2 520
3	超过 144 000 元至 300 000 元的部分	20%	16 920
4	超过 300 000 元至 420 000 元的部分	25%	31 920
5	超过 420 000 元至 660 000 元的部分	30%	52 920
6	超过 660 000 元至 960 000 元的部分	35%	85 920
7	超过 960 000 元的部分	45%	181 920

表 4-10　　　　　　　　　　　个人所得税预扣率表二
（居民个人劳务报酬所得预扣预缴适用）

级数	预扣预缴应纳税所得额	预扣率	速算扣除数
1	不超过 20 000 元的部分	20%	0
2	超过 20 000 元至 50 000 元的部分	30%	2 000
3	超过 50 000 元的部分	40%	7 000

四、个人所得税的税收优惠

(一) 免税项目

下列各项个人所得,可以免征个人所得税:

(1) 省级人民政府、国务院部委和中国人民解放军军以上单位,以及外国组织、国际组织颁发的科学、教育、技术、文化、卫生、体育、环境保护等方面的奖金。

(2) 国债和国家发行的金融债券利息。

(3) 按照国家统一规定发给的补贴、津贴。

(4) 福利费、抚恤金、救济金。

(5) 保险赔款。

(6) 军人的转业费、复员费、退役金。

(7) 按照国家统一规定发给干部、职工的安家费、退职费、基本养老金或者退休费、离休费、离休生活补助费。

(8) 依照有关法律规定应予免税的各国驻华使馆、领事馆的外交代表、领事官员和其他人员的所得。

(9) 中国政府参加的国际公约、签订的协议中规定免税的所得。

(10) 国务院规定并报全国人民代表大会常务委员会备案的其他免税所得。

(二) 减税项目

下列情形之一的,可以减征个人所得税:

(1) 残疾、孤老人员和烈属的所得。

(2) 因自然灾害遭受重大损失的。

国务院可以规定其他减税情形,报全国人民代表大会常务委员会备案。具体减税幅度和期限,由省、自治区、直辖市人民政府规定,并报同级人民代表大会常委会备案。

(三) 暂免征税项目

(1) 个人举报、协查各种违法、犯罪行为而获得的奖金。

(2) 个人办理代扣代缴手续,按规定取得的扣缴手续费。

(3) 个人转让自用达5年以上,并且是唯一的家庭生活用房取得的所得,暂免征收个人所得税。

(4) 个人转让上市公司股票的所得,暂免征收个人所得税。

(5) 对个人购买福利彩票、赈灾彩票、体育彩票,一次中奖收入在1万元以下的(含1万元)暂免征收个人所得税,超过1万元的,全额征收个人所得税。

(6) 自2015年9月8日起,对个人投资者从上市公司取得股息红利所得,持股期限在1个月以内(含1个月)的,其股息红利所得全额计入应纳税所得额;持股期限在1个月以上至1年(含1年)的,其股息红利所得暂减按50%计入应纳税所得额;持股期限超过1

年的,其股息红利所得暂免征收个人所得税。

(四) 扣除优惠

个人将其所得通过境内的公益性社会组织、县级以上人民政府及其部门等国家机关对教育、扶贫、济困等公益慈善事业进行捐赠,捐赠额未超过纳税义务人申报的应纳税所得额的30%的部分,可以从其应纳税所得额中扣除。其中,对红十字事业、农村义务教育、公益性青少年活动场所、中华健康快车基金会、中华慈善总会和福利性、非营利性的老年服务机构等27项公益事业捐赠实行全额税前扣除。

【任务实施】

(1) 判断纳税人、征税范围和适用税率:陈夏香等员工取得的工资属于工资、薪金所得,张嘉运取得的非专利技术使用权费属于特许权使用费所得,郑仁博取得的设计费、王炫涵取得的培训费和陈念慈取得的兼职费属于劳务报酬所得;纳税人为上述个人,扣缴义务人为北京南苑津香餐饮服务有限公司;工资、薪金所得、特许权使用费所得、劳务报酬所得汇算清缴适用表4-6"个人所得税税率表一",工资、薪金所得预扣预缴适用表4-9"个人所得税预扣率表一",劳务报酬所得预扣预缴适用表4-10"个人所得税预扣率表二",特许权使用费所得预扣预缴适用20%的比例预扣率。

(2) 代扣代缴信息采集:根据企业信息中的业务协同资料,按其给定的名单,在智能算税中心进行减员,并在业务协同资料中下载增员信息表,进行增员。操作步骤:单击【企业信息】——单击【业务协同资料】——下载相关资料——单击【智能算税中心】——单击【个人所得税】——单击【人员信息采集】——单击【导入】——单击【导入文件】(增员信息表找到减员的员工双击进入详细信息——将人员状态改为非正常——填写离职日期——单击【确定】——勾选全部员工——单击【报送】。具体操作界面如图4-1所示。

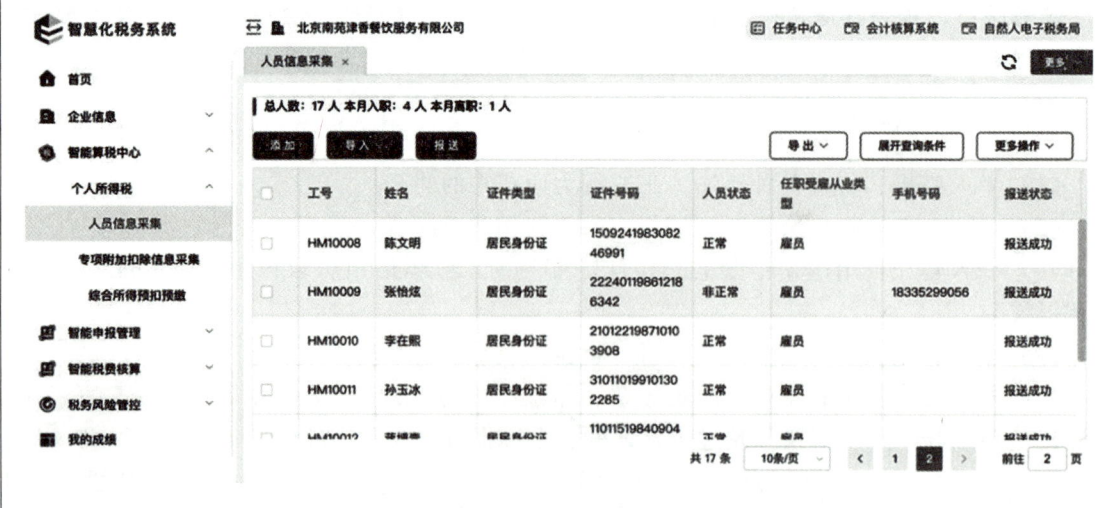

图4-1 人员信息采集

模块二　个人所得税的核算与管理

一、综合所得个人所得税的核算与管理

（一）居民个人综合所得的计税方法

居民个人的综合所得，以每一纳税年度的收入额减除基本费用60 000元以及专项扣除、专项附加扣除和依法确定的其他扣除后的余额，为应纳税所得额。计算公式为：

应纳税额＝应纳税所得额×适用税率－速算扣除数

其中，

应纳税所得额＝纳税年度的综合收入额－免税收入－基本费用60 000－专项扣除－专项附加扣除－其他扣除

纳税年度的综合收入额＝全年工资薪金所得＋劳务报酬所得×80%＋特许权使用费所得×80%＋稿酬所得×56%

专项扣除是指居民个人按照国家规定的范围和标准缴纳的基本养老保险、基本医疗保险、失业保险费和住房公积金。

专项附加扣除是指个人所得税法规定的子女教育、继续教育、大病医疗、住房贷款利息或者住房租金、赡养老人、3岁以下婴幼儿照护等7项专项附加扣除。个人所得税专项附加扣除在纳税人本年度综合所得应纳税所得额中扣除，本年度扣除不完的，不得结转以后年度扣除。具体扣除办法见表4－11。

其他扣除包括个人缴付符合国家规定的企业年金、职业年金，个人购买符合国家规定的商业健康保险、税收递延型商业养老保险的支出，以及国务院规定可以扣除的其他项目等。其中，对个人购买符合规定的商业健康保险产品的支出，允许在当年（月）计算应纳税所得额时予以税前扣除，扣除限额为2 400元/年（200元/月）。单位统一为员工购买符合规定的商业健康保险产品的支出，应分别计入员工个人工资薪金，视同个人购买，按上述限额予以扣除。

> 【温馨提示】
>
> 自2022年1月1日起，外籍个人不再享受住房补贴、语言训练费、子女教育津补贴免税优惠政策，应按规定享受专项附加扣除。

表 4-11 专项附加扣除标准汇总表

专项附加扣除名称	扣除标准 每年	扣除标准 每月	使用范围和条件	享受扣除政策对象	纳税人留存备查资料	补充说明
1. 子女教育	每个子女 24 000 元	每个子女 2 000 元	学前教育：年满 3 岁至小学入学前	每个子女，每月扣除 2 000 元，多个符合合扣除条件的子女，每个子女均可享受扣除；扣除人由父母双方选择确定，既可以由父母一方全额扣除，也可以由父母分别扣除 1 000 元	境内接受教育：不需要；境外接受教育：境外学校录取通知书、留学签证等相关教育资料	入学前是指入学前的 1 个月
			学历教育：义务教育、高中阶段教育、高等教育			含入学当月、寒暑假以及因病和非主观因素保留学籍的休学
2. 继续教育	4 800 元	400 元	学历教育	接受教育的本人；符合条件的本科以下学历教育，可选择本人继续教育或父母按子女教育扣除	不需要	最长不超过 48 个月
	3 600 元		技能人员职业资格教育、专业技术人员职业资格继续教育	接受教育本人扣除	技能人员、专业技术人员等职业资格证书等	取得证书月份一次性预扣 3 600 元
3. 大病医疗	80 000 元限额内据实扣除		在医保目录范围内	发生的医药费用支出可以选择由本人或其配偶扣除；未成年子女发生的医药费用支出可选择由父母一方扣除	医药服务收费及医保报销票据原件或复印件或者医疗保障部门出具的医药费用清单等	扣除医保报销后个人负担（是指医保目录范围内的自付部分）累计超过 15 000 元，且不超过 80 000 元的部分
4. 住房贷款利息	12 000 元	1 000 元	本人或配偶单独或共同使用商业银行或住房公积金个人住房贷款，为本人或其配偶购买中国境内住房，而发生的首套住房贷款利息支出	婚后购房：夫妻双方约定，选择由其中一方扣除；婚前购房：婚后可继续扣除，也可由夫妻双方对各自购买的住房分别按标准的 50% 扣除；扣除方式确定后，一个纳税年度内不能变更	住房贷款合同、贷款还款出凭证等	贷款利息支出是否符合首套房贷款，以办理贷款的银行、住房公积金中心认定为准
						最长不得超过 240 个月

续表

专项附加扣除名称	扣除标准 每年	扣除标准 每月	使用范围和条件	享受扣除政策对象	纳税人留存备查资料	补充说明
5. 住房租金	18 000元	1 500元	直辖市、省会（首府）城市、计划单列市以及国务院确定的其他城市	本人及配偶在主要工作的城市没有自有住房；已经实际发生了住房租金支出；如夫妻双方主要工作城市相同的，只能由一方扣除，且均签订了租赁住房合同的承租人为本人；如夫妻双方主要工作城市不同，且无房的，可按规定标准分别进行扣除	住房租赁合同或协议等	本人及配偶在同一纳税年度内，没有享受住房贷款利息专项附加扣除政策
	13 200元	1 100元	除上述城市以外的市辖区户籍人口超过100万人的城市			
	9 600元	800元	除上述城市以外的，市辖区户籍人口不超过100万人（含）的城市			
6. 赡养老人	36 000元	3 000元	独生子女	独生子女本人	不需要	被赡养人年满60周岁（含）；被赡养人包括父母及子女均已去世的祖父母、外祖父母
	每人最多分摊 18 000元	具体分摊金额	非独生子女	兄弟姐妹分摊，每人每月不能超过1 500元；具体分摊的方式：均摊、约定、指定分摊；扣除方式确定后，一个纳税年度内不能变更	约定或指定分摊的，需签订书面分摊协议，指定分摊优先于约定分摊	
7. 3岁以下婴幼儿照护	每个婴幼儿24 000元	每个婴幼儿2 000元	纳税人照护3岁以下婴幼儿女的相关支出	父母可以选择由其中一方按扣除标准的100%扣除，也可以选择由双方分别按扣除标准的50%扣除，具体扣除方式在一个纳税年度内不能变更	子女的出生医学证明、其他个人证件等资料	不包括年满3岁的当月

注：本表所称父母，是指生父母、继父母、养父母；子女是指婚生子女、非婚生子女、继子女、养子女。父母之外的其他担任未成年人的监护人的，比照执行。

智能化税费核算与管理

> 【学以致用】
>
> 王某是某高校副教授，同时担任某上市公司的独立董事，为家中独子，父母均年满60周岁，两个小孩正读小学，妻子无工作。2024年王某取得相关收入情况如下。
>
> （1）全年税前工资收入为398 000元，专项扣除全年合计123 600元。
>
> （2）2月份和同事合作发表一部专著，共取得收入50 000元，王某分得30 000元。
>
> （3）6月份取得独立董事费收入200 000元。
>
> 要求：计算王某2024年个人所得税应纳税额。
>
> 解析：
>
> （1）纳税年度的综合收入额＝全年工资、薪金所得＋劳务报酬所得×80%＋特许权使用费所得×80%＋稿酬所得×56%＝398 000＋200 000×80%＋30 000×56%＝574 800（元）；
>
> （2）应纳税所得额＝纳税年度的综合收入额－免税收入－基本费用60 000－专项扣除－专项附加扣除－其他扣除＝574 800－60 000－123 600－(36 000＋24 000×2)＝307 200（元）；
>
> （3）应纳税额＝应纳税所得额×适用税率－速算扣除数＝307 200×25%－31 920＝44 880（元）。

税收筹划

灵活运用专项附加扣除和其他扣除

灵活运用子女教育费附加扣除：林先生和林太太有一儿一女，儿子读初中，女儿读小学。2024年度，林先生综合所得的应纳税所得额为330 790.20元，林太太综合所得的应纳税所得额为128 900元。两人的所得额均未考虑子女教育专项附加扣除。方案一：如果两个子女的教育专项扣除均由林太太申报扣除，则林太太的应纳税额＝(128 900－24 000×2)×10%－2 520＝5 570（元），林先生的应纳税额＝330 790.20×25%－31 920＝50 777.55（元），合计应纳税额＝5 570＋50 777.55＝56 347.55（元）；方案二：如果由夫妻双方各申报一个子女的教育专项扣除，则林太太的应纳税额＝(128 900－24 000)×10%－2 520＝7 970（元），林先生的应纳税额＝(330 790.20－24 000)×25%－31 920＝44 777.55（元），合计应纳税额＝7 970＋44 777.55＝52 747.55（元）；方案三：如果两个子女的教育专项扣除均由林先生申报扣除，则林太太的应纳税额＝128 900×10%－2 520＝10 370（元），林先生的应纳税额＝(330 790.20－24 000×2)×20%－16 920＝39 638.04（元），合计应纳税额＝10 370＋39 638.04＝50 008.04（元）。相比之下，方案三为税收最优方案。可见，在夫妻双方都要缴纳个人所得税的情况下，子女教育扣除应由税率高的一方全额扣除，税率低的一方不申报。该筹划思路可以用于婴幼儿照护、住房贷款利息、住房租金、大病医疗等其他专项附加扣除。

灵活运用赡养老人专项扣除：纳税人为独生子女的，按照每月3 000元的标准定额扣除；纳税人为非独生子女的，与其兄弟姐妹分摊扣除，但每人分摊的额度最高不能超过1 500元。因此，对两个以上兄弟姐妹而言，应由税率最高的两位分别申报扣除1 500元。

充分利用企业年金与职业年金：个人根据国家有关政策规定缴付的年金个人缴费部分，在不超过本人缴费工资计税基数的4%标准以内的部分，暂从个人当期应纳税所得额中扣除。企业可以充分利用这一优惠，帮助员工减轻个人所得税负担。

（二）居民个人综合所得个人所得税的预扣预缴

1. 工资、薪金所得个人所得税的预扣预缴

扣缴义务人向居民个人支付工资、薪金所得时，需要按照"累计预扣法"计算预扣预缴税款。具体计算公式为：

本期应预扣预缴税额 =（累计预扣预缴应纳税所得额 × 预扣率 - 速算扣除数）- 累计减免税额 - 累计已预扣预缴税额

其中，公式中的预扣率、速算扣除数根据表4-9"个人所得税预扣率表一"查找确定。

累计预扣预缴应纳税所得额 = 累计收入 - 累计免税收入 - 累计减除费用 - 累计专项扣除 - 累计专项附加扣除 - 累计依法确定的其他扣除

累计减除费用，按照5 000元/月乘以纳税人当年截至本月在本单位的任职受雇月份计算。

微课：工资、薪金个人所得税的计算

操作讲解视频：个人所得税预缴申报（示例2）

【温馨提示】

自2021年1月1日起，对同时符合下列条件的居民个人，扣缴义务人在预扣预缴本年度工资、薪金所个人所得税时，累计减除费用自1月起直接按照全年6万元计算扣除：①上一完整纳税年度内每月均在同一单位任职并预扣预缴申报了工资、薪金所得个人所得税；②上一完整纳税年度的累计工资、薪金收入不超过6万元（包括全年一次性奖金等各类工资薪金所得，且不扣减任何费用及免税收入）的居民个人；③本纳税年度自1月起，仍在该单位任职受雇并取得工资、薪金所得。

【学以致用】

以项目案例北京南苑津香餐饮服务有限公司陈夏星12月工资薪金为例，计算其预扣预缴税额。

基本数据：1~11月累计应付工资总额209 000元，累计减除费用55 000元，累计专项扣除45 100元，累计子女教育11 000元，累计住房贷款利息11 000元，累计赡养老人支出33 000元，累计应纳税额2 870元；12月应付工资20 000元，专项扣除4 100元，子女教育支出1 000元，住房贷款利息1 000元，赡养老人支出3 000元。

计算过程：（1）累计预扣预缴应纳税所得额 = 累计收入 - 累计免税收入 - 累计减除费用 - 累计专项扣除 - 累计专项附加扣除 - 累计依法确定的其他扣除 =（209 000 + 20 000）- 0 -（55 000 + 5 000）-（45 100 + 4 100）- [（11 000 + 1 000）+（11 000 + 1 000）+

智能化税费核算与管理

(33 000 + 3 000)] − 0 = 59 800（元）；(2) 12 月应预扣预缴税额 =（累计预扣预缴应纳税所得额×预扣率−速算扣除数）−累计减免税额−累计已预扣预缴税额 =（59 800 × 10% − 2 520）− 2 870 = 590（元）。

【勤思善悟】

为什么工资薪金预扣预缴会采用与综合所得汇算清缴相同的税率形式？这样的设计有哪些实际的益处？

【任务实施】

公司 12 月工资、薪金所得的智能化预扣预缴税额计算。

步骤一：进行专项附加扣除信息采集

操作流程：单击【专项附加扣除信息采集】——单击【下载更新】——单击【全部人员】，如图 4 − 2 所示。

图 4 − 2　专项附加扣除信息采集

步骤二：收入及减除填写

操作流程：单击【综合所得预扣预缴】——单击正常工资薪金所得行【填写】——确认信息单击【确定】——标准模板单击【导入】——选择下载信息中下载的工资薪金表——单击【预填专项附加扣除】——单击【返回】，如图 4 − 3 所示。

步骤三：税款计算

点击【税款计算】，系统自动统计"收入及减除"模块填写的数据进行计税，其中工资薪金所得从局端下载往期计税数据并与当期申报数据合并计税。计算结果如图 4 − 4 所示。

项目四 个人所得税的智能化核算与管理

图 4-3 收入及减除填写

图 4-4 工资薪金税款计算

税收筹划

利用年终奖单独计税的纳税筹划

居民个人取得全年一次性奖金，在 2027 年 12 月 31 日前，可以不并入当年综合所得，以全年一次性奖金收入除以 12 个月得到的数额，按照月度税率表，确定适用税率和速算扣除数，单独计算纳税。计算公式为：

应纳税额 = 全年一次性奖金收入 × 适用税率 - 速算扣除数

年终奖单独计税相当于把纳税人的综合所得拆分为两次计算的机会。筹划的具体方法为，尽量使工资薪金和年终奖的数额接近且年终奖适用的税率比工资薪金适用的税率低一个档次。

例如，董小姐为某公司的财务总监，2024 年度综合所得应纳税所得额为 440 000 元，全部来自工资薪金。公司为其设计四种工资发放方案供其选择：方案一，全部通过工资发放，不发放年终奖；方案二，发放 36 000 元年终奖，工资应纳税所得额为 404 000 元；方案三，工资应纳税所得额和年终奖均为 220 000 元；方案四，发放 144 000 元年终奖，工资

269

应纳税所得额为296 000元。

方案一：应纳税额 = 440 000 × 30% − 52 920 = 79 080（元）。

方案二：应纳税额 = 年终奖应纳税额 + 工资应纳税额 = 36 000 × 3% +（404 000 × 25% − 31 920）= 70 160（元）。

方案三：应纳税额 = 年终奖应纳税额 + 工资应纳税额 =（220 000 × 20% − 1 410）+（220 000 × 20% − 16 920）= 69 670（元）。

方案四：应纳税额 = 年终奖应纳税额 + 工资应纳税额 =（144 000 × 10% − 210）+（296 000 × 20% − 16 920）= 56 470（元）。

可见，从税收最少化的角度来看，董小姐应选择方案四。

2. 其他综合所得个人所得税的预扣预缴

扣缴义务人向居民个人支付劳务报酬所得、稿酬所得、特许权使用费所得，按次或者按月预扣预缴个人所得税。具体的预扣预缴方法如下：

微课：劳务报酬所得的个税计算

劳务报酬所得应预扣预缴税额 = 预扣预缴应纳税所得额 × 预扣率 − 速算扣除数

稿酬所得、特许权使用费所得应预扣预缴税额 = 预扣预缴应纳税所得额 × 20%

其中，预扣预缴应纳税所得额 = 收入额 − 费用

（1）收入额。劳务报酬所得、稿酬所得、特许权使用费所得以收入减除费用后的余额为收入额。其中，稿酬所得的收入额减按70%计算。

（2）减除费用。劳务报酬所得、稿酬所得、特许权使用费所得每次收入不超过4 000元的，减除费用按800元计算；每次收入超过4 000元的，减除费用按20%计算。

（3）税率。劳务报酬所得适用20%~40%的三级超额累进税率（见表4 − 10），稿酬所得、特许权使用费所得适用20%的比例预扣率。

劳务报酬所得、稿酬所得、特许权使用费所得属于一次性收入的，以取得该项收入为一次；属于同一项目连续性收入的，以一个月内取得的收入为一次。

【学以致用】

以项目案例北京南苑津香餐饮服务有限公司给张嘉运支付的非专利技术使用权转让费、给郑仁博支付的设计费、给王炫涵支付的培训费、给陈念慈支付的兼职费为例，计算该公司分别应预扣预缴的税额。

（1）张嘉运的特许权使用费应预扣预缴税额 = 150 000 × 80% × 20% = 24 000（元）；

（2）郑仁博的设计费应预扣预缴税额 = 60 000 × 80% × 30% − 2 000 = 12 400（元）；

（3）王炫涵的培训费应预扣预缴税额 = 5 000 × 6 × 80% × 30% − 2 000 = 5 200（元）；

（4）陈念慈的兼职费应预扣预缴税额 =（2 000 − 800）× 20% = 240（元）。

操作流程：单击【综合所得预扣预缴】——单击劳务报酬（一般劳务、其他非连续劳务）所得行【填写】——标准模板单击导入——选择下载信息中下载的劳务报酬薪金表——单击【返回】——单击【税款计算】——选择所得项目"劳务报酬（一般劳务、其他非连续劳务）"，则可得以下计算结果，如图4 − 5所示。

图4-5 劳务报酬税款计算

特许权使用费预扣预缴税款计算和上述流程类似，此处略。

完成所有所得项目税款计算后，单击【3附表填写】，再单击【4生成申报表】，单击【生成申报底稿】。

3. 综合所得个人所得税预扣预缴的会计核算

居民个人取得工资、薪金所得应纳的个人所得税，由其任职单位在支付工资、薪金等时代扣代缴。个人所得税扣缴义务人，在"应交税费"账户下设置"应交个人所得税"或者"代扣代缴个人所得税"明细账户核算个人应缴纳的所得税。工资部分的税款，实质上是职工个人工资、薪金所得的一部分。因此，在会计处理上，任职单位在代扣工资、薪金的个人所得税时，借记"应付职工薪酬"科目，贷记"应交税费——应交个人所得税"或"应交税费——代扣代缴个人所得税"科目。

【任务实施】

计提工资薪金个人所得税的会计核算。

该公司工资薪金预扣预缴税款的记账凭证采用建模的方法。具体操作如下：

凭证模板设置操作步骤：单击【智能税费核算】——单击【凭证模板】，进行科目、方向和金额取值公式设置，如图4-6所示。

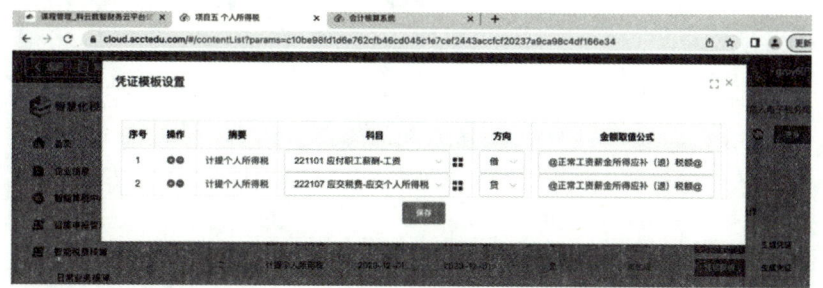

图4-6 凭证模板设置

凭证生成操作步骤：单击【记账状态检测】——单击【生成凭证】。系统生成的凭证如图4-7所示。

智能化税费核算与管理

记账凭证

凭证字 记 5 号　　　　　日期：2024-12-31　　　已审核　　　附单据：0张

摘要	会计科目	借方金额	贷方金额
计提个人所得税	221101 应付职工薪酬-工资	870.10	
	222107 应交税费-应交个人所得税		870.10
合计：捌佰柒拾元壹角		870.10	870.10

制单人：陈冬冬　　　　　　　审核人：吴芬

图 4-7　工资薪金个人所得税计提凭证

居民个人取得劳务报酬、稿酬、特许权使用费所得，由支付单位代为预扣预缴。劳务报酬、稿酬及特许权使用费的税款，依据实际承担税款的项目，借记"管理费用""劳务支出"等科目，贷记"应交税费——应交个人所得税"或"应交税费——代扣代缴个人所得税"科目。

【任务实施】

公司其他综合所得预扣预缴税额的会计核算。

该公司其他综合所得会计核算采用手工录入的方式。

操作步骤：以税务会计身份登陆平台的"会计核算系统"——单击【凭证列表】——填制凭证——单击【请双击选择业务】——录入摘要、会计科目和金额——单击【保存】——退出登录，重新以会计主管身份登录——勾选全部凭证——单击【批量审核】。

非专利技术使用权个人所得税计提凭证如图 4-8 所示。

记账凭证

凭证字 记 1 号　　　　　日期：2024-12-15　　　已审核　　　附单据：0张

摘要	会计科目	借方金额	贷方金额
非专利技术的使用权转让	170102 无形资产-非专利技术使用权	150,000.00	
非专利技术的使用权转让	222107 应交税费-应交个人所得税		24,000.00
非专利技术的使用权转让	100201 银行存款-中国工商银行北京分行		126,000.00
合计：壹拾伍万圆整		150,000.00	150,000.00

制单人：陈冬冬　　　　　　　审核人：吴芬

图 4-8　非专利技术使用权个人所得税计提凭证

设计费个人所得税计提凭证如图 4-9 所示。

记账凭证

摘要	会计科目	借方金额	贷方金额
邀请设计师郑仁博进行装潢设计	660213 管理费用-劳务报酬	60,000.00	
邀请设计师郑仁博进行装潢设计	222107 应交税费-应交个人所得税		12,400.00
邀请设计师郑仁博进行装潢设计	100201 银行存款-中国工商银行北京分行		47,600.00
合计：陆万圆整		60,000.00	60,000.00

凭证字 记 2 号　　日期：2024-12-19　　已审核　　附单据：0张

制单人：陈冬冬　　审核人：吴芬

图 4-9　设计费个人所得税计提凭证

培训费和兼职费个人所得税计提方法和设计费同，凭证略。

（三）非居民个人综合所得个人所得税的代扣代缴

非居民个人取得工资、薪金所得，劳务报酬所得，稿酬所得和特许权使用费所得，有扣缴义务人的，由扣缴义务人按月或者按次代扣代缴税款，不办理汇算清缴。

非居民个人的工资、薪金所得，以每月收入额减除费用5 000元后的余额为应纳税所得额；劳务报酬所得、稿酬所得、特许权使用费所得以每次收入额为应纳税所得额。其中，劳务报酬所得、稿酬所得、特许权使用费所得以收入减除20%的费用后的余额为收入额。稿酬所得的收入额减按70%计算。应纳税额计算公式如下：

应纳税额 = 应纳税所得额 × 适用税率 - 速算扣除数

扣缴义务人向非居民个人支付工资、薪金所得，劳务报酬所得，稿酬所得和特许权使用费所得时，按月或者按次分项计算个人所得税，适用七级超额累进税率，见"表4-7　个人所得税税率表二"。

【学以致用】

美籍个人James在中国境内无住所又不居住，于2024年1月1日开始担任中国境内位于广州某公司高管职位，月工资薪金收入为5万元，2024年发生房屋租赁费用12万元，一子一女在广州上小学。计算公司应代扣代缴的个人所得税，并进行会计核算。

分析：James可以享受住房租金附加扣除的标准为1 500元/月，子女教育支出附加扣除的标准为2 000元/人/月，该境内公司为其代扣代缴的个人所得税 = (50 000 - 5 000 - 1 500 - 2 000 × 2) × 30% - 4 410 = 7 440（元）。

借：应付职工薪酬　　　　　　　　　　　　　　　　50 000.00
　　贷：应交税费——代扣代缴个人所得税　　　　　　7 440.00
　　　　银行存款　　　　　　　　　　　　　　　　42 560.00

二、经营所得个人所得税的核算与管理

对个体工商户、个人独资企业和合伙企业的经营所得,适用5%～35%的五级超额累进税率,见"表4-8 个人所得税税率表三",应纳税额的计算公式为:

应纳税额 = 应纳税所得额 × 适用税率 - 速算扣除数
      =(全年收入总额 - 成本、费用以及损失 - 其他支出
      - 允许弥补的以前年度亏损)× 适用税率 - 速算扣除数

个人独资企业的投资者以全部的经营所得为应纳税所得额。

合伙企业的合伙人按照合伙企业的全部经营所得和合伙协议约定的分配比例,确定应纳税所得额;合伙协议没有约定分配比例或者约定不明确的,以合伙企业的全部经营所得和合伙人协商决定的分配比例确定应纳税所得额。

对成本、费用以及损失的具体规定如下。

(1) 工资、薪金支出。个体工商户、个人独资企业和合伙企业向其从业人员实际支付的合理的工资、薪金支出,允许在税前据实扣除;个体工商户业主的工资在税前不允许扣除,其扣除标准统一确定为60 000元/年。

(2) 保险支出。纳税人为从业人员缴纳补充养老保险、补充医疗保险,分别在不超过从业人员工资总额5%标准内的部分据实扣除;超过部分,不得扣除。

(3) 三项经费。个体工商户、个人独资企业和合伙企业拨缴的工会经费、发生的职工福利费、职工教育经费支出分别在工资、薪金总额2%、14%、2.5%的标准内据实扣除;从业人员三项经费支出的计算基数同企业所得税的相关规定。

(4) 宣传费用。个体工商户、个人独资企业和合伙企业每一纳税年度发生的广告费和业务宣传费用不超过当年销售(营业)收入15%的部分,可据实扣除;超过部分,准予在以后纳税年度结转扣除。

(5) 招待费用。个体工商户、个人独资企业和合伙企业每一纳税年度发生的与其生产、经营业务直接相关的业务招待费支出,按照发生额的60%扣除,但最高不得超过当年销售(营业)收入的5‰。

(6) 利息费用。个体工商户、个人独资企业和合伙企业在生产、经营期间借款利息支出,凡有合法证明的,不高于按金融机构同类、同期贷款利率计算的数额的部分,准予扣除。

此外,对于个人独资企业和合伙企业扣除项目的特殊规定如下。

投资者及其家庭发生的生活费用不允许在税前扣除。投资者及其家庭发生的生活费用与企业经营费用混合在一起,并且难以划分的,全部视为投资者个人及其家庭发生的生活费用,不允许在税前扣除。

企业经营和投资者及其家庭生活共用的固定资产,难以划分的,由主管税务机关根据企业的经营类型、规模等具体情况,核定准予在税前扣除的折旧费用的数额或比例。

企业计提的各种准备金不得扣除。

取得经营所得的个人,没有综合所得的,计算其每一纳税年度的应纳税所得额时,应当减除费用60 000元、专项扣除、专项附加扣除以及依法确定的其他扣除。专项附加扣除在

办理汇算清缴时减除。

纳税义务人未提供完整、准确的纳税资料，不能正确计算应纳税所得额的，由主管税务机关核定其应纳税所得额。

个体工商户、个人独资企业和合伙企业，应设置"应交税费——应交个人所得税"账户核算个人所得税的计算缴纳情况。计提预交的个人所得税时，借记"所得税费用"科目，贷记"应交税费——应交个人所得税"科目。

【学以致用】

个体户蔡小姐（蔡小姐为独生女）经营一家淘宝店，账簿资料齐全，2024 年取得收入总额 930 051.80 元，准予扣除的成本、费用及相关支出合计 651 428.95 元，其中包括蔡小姐每月从店里支取工资 5 000 元和本人本年度按照省人民政府规定标准扣除的"三险一金"共计 10 080 元。家中双胞胎儿子 2 岁，父母年满 60 周岁。计算蔡小姐应缴纳的个人所得税，并进行会计处理。

解析：个体工商户业主的工资不能在计算应纳税所得额时扣除，户主的"三险一金"允许扣除，专项附加扣除 = 2 × 2 000 × 12 + 3 000 × 12 = 84 000（元）。

应纳税所得额 = 930 051.80 − 651 428.95 + 12 × 5 000 − 60 000 − 84 000 = 194 622.85（元）

2023 年 1 月 1 日至 2027 年 12 月 31 日，对个体工商户年应纳税所得额不超过 200 万元的部分减半征收个人所得税。

应纳税额 = (194 622.85 × 20% − 10 500) × 50% ≈ 14 212.3（元）

会计处理如下：

借：所得税费用　　　　　　　　　　　　　　　　　　　　　　14 212.30
　　贷：应交税费——应交个人所得税　　　　　　　　　　　　14 212.30

三、财产租赁所得个人所得税的核算与管理

财产租赁所得，以个人每次取得的收入定额定率减除规定费用后的余额为应纳税所得额。计算应纳税所得额时，应依次扣除以下费用：

（1）财产租赁过程中缴纳的税费，包括城市维护建设税、教育费附加、房产税和印花税。

（2）向出租方支付的租金。

（3）由纳税人负担的该出租财产实际开支的修缮费用。允许扣除的修缮费用，以每次 800 元为限，一次扣除不完的，准予在下一次继续扣除，直到扣完为止。

（4）税法规定的费用扣除标准。每次收入不超过 4 000 元的，定额减除费用 800 元；每次收入在 4 000 元以上的，定率减除 20% 的费用。

个人出租住房的税率为 10%；个人出租非住房的税率为 20%。

财产租赁所得税额的计算以一个月内取得的收入为一次，计算公式如下：

智能化税费核算与管理

（1）每次（月）收入不超过 4 000 元的。

应纳税所得额 = 每次（月）收入额 – 准予扣除税费 – 修缮费用（800 元为限）– 800 元

应纳税额 = 应纳税所得额 × 适用税率

（2）每次（月）收入超过 4 000 元的。

应纳税所得额 =［每次（月）收入额 – 准予扣除税费 – 修缮费用（800 元为限）］×（1 – 20%）

应纳税额 = 应纳税所得额 × 适用税率

企业租用个人财产，应按税法规定代扣代缴个人所得税。按租金总额，借记"长期待摊费用""管理费用"或"销售费用"等科目；按应代扣的个人所得税额，贷记"应交税费——应交个人所得税"科目；按实际支付金额，贷记"库存现金"或"银行存款"等科目。

> 【学以致用】
>
> 　　某服装公司租用张伯伯县城家一楼临街门面房开了一家品牌直营店，合同租期为 2024 年 7 月 1 日至 2025 年 6 月 30 日，不含税月租金为 16 800 元，租金按季度付，在交付前张伯伯花费了 1 000 元对店面进行了修缮。计算服装公司租期内应代扣代缴的个人所得税，并进行会计处理。
>
> 　　分析：个人出租房屋免征印花税和城镇土地使用税，增值税减按 1.5% 征收，该房屋租赁过程中实际缴纳的税费 = 城市维护建设税和教育费附加 + 房产税
>
> = 16 800 × 1.5% ×（5% + 3% + 2%）+ 16 800 × 4% = 25.2 + 672 = 697.2（元）。
>
> 　　该公司 7 月应代扣代缴的财产租赁所得个人所得税为：（16 800 – 697.2 – 800）×（1 – 20%）× 10% ≈ 1 224.22（元）；8 月应代扣代缴的财产租赁所得个人所得税为：（16 800 – 697.2 – 200）×（1 – 20%）× 10% ≈ 1 272.22（元）；其余月份每月应代扣代缴的财产租赁所得个人所得税为：（16 800 – 697.2）×（1 – 20%）× 10% ≈ 1 288.22（元）。

四、财产转让所得个人所得税的核算与管理

财产转让所得，以转让财产的收入额减除财产原值和合理费用后的余额，为应纳税所得额。

财产转让所得中允许扣除的财产原值是指：

（1）有价证券，为买入价以及买入时按照规定缴纳的有关费用。

（2）建筑物，为建造费或者购进价格以及其他有关费用。

（3）土地使用权，为取得土地使用权所支付的金额、开发土地的费用以及其他有关费用。

（4）机器设备、车船，为购进价格、运输费、安装费以及其他有关费用。

（5）其他财产原值，参照以上四种办法确定。

合理费用是指个人在卖出财产时按有关规定所支付的费用，如税金及附加、中介服务费、资产评估费等。

目前对个人转让上市公司股票所得暂免征收个人所得税。

财产转让所得应纳税额的计算公式如下：

应纳税所得额 = 每次转让财产收入额 – 财产原值 – 合理费用

应纳税额 = 应纳税所得额 × 20%

单位向个人支付财产转让费用并代扣应纳个人所得税时,应按合同或协议约定的金额,借记"长期股权投资""固定资产"等账户,按应代扣的个人所得税,贷记"应交税费——应交个人所得税"账户,按实际支付的金额,贷记"银行存款"等账户。

【学以致用】

李先生拥有一家名为阳光科技有限公司(非上市公司)20%的股权,他打算将这20%的股权以人民币8 000 000元的价格转让给"星辰投资集团"。该股权购买时的成本为4 127 700元,转让过程中发生的合理费用为96 700元(评估费、律师费等)。计算星辰投资集团应代扣代缴的财产转让所得个人所得税,并进行会计核算。

分析:财产转让所得个人所得税法定税率为20%,应扣缴税额 = (8 000 000 - 4 127 700 - 96 700) × 20% = 755 120(元)。

借:长期股权投资——阳光科技有限公司　　　　　　　　8 000 000.00
　　贷:应交税费——应交个人所得税　　　　　　　　　　　755 120.00
　　　　银行存款　　　　　　　　　　　　　　　　　　　7 244 880.00

五、利息、股息、红利所得个人所得税的核算与管理

利息、股息、红利所得,以每次收入额为应纳税所得额,不得从收入额中扣除任何费用。其中,每次收入是指支付单位或个人每次支付利息、股息、红利时,个人所取得的收入。

对于股份制企业在分配股息、红利时,以股票形式向股东个人支付应得的股息、红利,应以派发红股的股票票面金额为收入额,计算征收个人所得税。

利息、股息、红利所得应纳税额的计算公式如下:

应纳税额 = 应纳税所得额 × 适用税率 = 每次收入额 × 20%

单位支付利息、股息、红利所得并代扣应纳个人所得税时,应按合同或协议约定的金额,借记"财务费用""应付利息""应付股利""应付利润"等账户,按应代扣的个人所得税,贷记"应交税费——应交个人所得税"账户,按实际支付的金额,贷记"银行存款"等账户。

【学以致用】

在2024年度股东大会上,阳光科技有限公司经过审议和表决,决定向全体股东支付2023年度的红利共1 200万元。其中,李某作为自然人股东,其持股比例为10%。

分析:利息、股息、红利所得个人所得税法定税率为20%,公司应代扣代缴股东李某的个人所得税税额 = 1 200 × 10% × 20% = 24(万元)

借:应付股利——李某　　　　　　　　　　　　　　　　1 200 000.00
　　贷:应交税费——应交个人所得税　　　　　　　　　　　240 000.00
　　　　银行存款　　　　　　　　　　　　　　　　　　　　960 000.00

六、偶然所得应纳税额的核算

偶然所得、其他所得，以每次收入额为应纳税所得额，适用20%的比例税率。

偶然所得的应纳税额的计算公式如下：

应纳税额 = 应纳税所得额 × 适用税率 = 每次收入额 × 20%

发奖单位在支付奖金、奖品时，应按规定代扣代缴个人所得税，借记"管理费用""销售费用"等科目，贷记"应交税费——应交个人所得税""库存现金"等科目。

> 【学以致用】
>
> 某大型商场为庆祝其成立十周年，举办了一场盛大的促销抽奖活动。活动规定，凡在活动期间在商场内消费满一定金额的顾客，均可获得一张抽奖券，有机会赢取包括现金红包、电子产品、旅游券等在内的丰厚奖品，但顾客应承担由此产生的个人所得税。其中，顾客李阿姨抽中了价值 5 650 元（购入不含税成本为 4 000 元）的笔记本电脑。计算商场代扣代缴李阿姨的个人所得税，并进行会计核算。
>
> 分析：偶然所得个人所得税法定税率为20%，应扣缴税额 = 5 650 × 20% = 1 130（元）
>
> 外购的笔记本电脑无偿赠送他人，应作视同应税交易处理。
>
> 销项税额 = 5 650/(1 + 13%) × 13% = 650（元）
>
> 确认费用时：
>
> 借：销售费用　　　　　　　　　　　　　　　　　4 650.00
>
> 　　其他应收款——代收李阿姨个人所得税　　　　1 130.00
>
> 　贷：库存商品　　　　　　　　　　　　　　　　4 000.00
>
> 　　　应交税费——应交增值税（销项税额）　　　　650.00
>
> 　　　应交税费——应交个人所得税　　　　　　　1 130.00

模块三　个人所得税的风险管控与申报管理

一、个人所得税的风险管控

（一）个人所得税风险分析指标

个人所得税风险分析指标汇总见表 4 - 12。

项目四 个人所得税的智能化核算与管理

表4-12

个人所得税风险分析指标汇总表

序号	指标名称	计算公式	指标预警值	风险指向	风险应对
1	人均工薪收入低于同地区同行业的平均水平	人均工薪收入=本期工资薪金总额/总人数	与同地区同行业的人均工薪收入比较，如果偏离度比较大，视为异常	分析期内扣缴义务人人均工薪收入低于同地区同行业人均水平，可能存在隐匿个人所得税问题	检查纳税申报表中的工资薪金总额与工资结算单中的实际工资总额是否一致；检查企业员工清册、结算单中实领工资的人数比较
2	人均工薪收入少于上期	人均工薪收入=本期工资薪金总额/总人数	与本企业前三年人均工薪收入的平均水平比较，如果偏离度比较大，视为异常	分析期内扣缴义务人人均工薪收入少于前三年人均工薪水平，可能存在隐匿个人所得税问题	同上
3	个人所得税申报工资总额和企税申报工资总额比对不符	个税申报工资总额和企税申报工资总额比=个人所得税申报工资总额/企业所得税申报工资总额	在一般情况下，两者比值接近1	指标值<1，分析期个人所得税申报个人所得税申报工资总额少于企业所得税申报工资总额，企业可能存在少代扣代缴个人所得税前虚列工资问题	检查个人所得税申报与企业所得税申报工资薪金总额是否一致
4	所有者权益变动少扣缴个人所得税	所有者权益变动应扣缴个人所得税=(资本公积期初数+盈余公积期初数+未分配利润+本期净利润-资本公积期末数-盈余公积期末数-未分配利润期末数)×自然人投资比例×20%	指标值大于扣缴个人所得税报告明细中股息红利所得个人所得税	有自然人投资者的非个人独资企业、合伙企业、非上市公司，在转增股本及分配股利时应代扣代缴利息、股息、红利所得个人所得税，如果指标值大于扣缴个人所得税报告表明细中的股息红利所得个人所得税额，则存在少代扣代缴个人所得税、股息、红利所得个人所得税的风险	检查资本公积、盈余公积、未分配利润变动情况，核实有否存在转增股本及分配股利等事项
5	个人所得税增长率与工资薪金支出增长率配比异常	个人所得税支出增长率与工资薪金支出增长率配比=个人所得税增长率/工资薪金支出增长率	在正常情况下，指标值应接近1	①指标值<1，且相差较大，可能存在未足额扣缴个人所得税情况；②指标值>1，且相差较大，两者都为正，可能存在未足额扣缴个人所得税或虚列工资情况；③指标值<0，前者为负，后者为正，可能存在未足额扣缴个人所得税或虚列工资情况	检查纳税申报表中的工资薪金总额与工资结算单中的实际工资总额是否一致；检查企业员工清册、结算单中实领工资的人数比较

279

续表

序号	指标名称	计算公式	指标预警值	风险指向	风险应对
6	自然人代开劳务发票与个人所得税申报记录比对异常	自然人代开劳务发票与个人所得税申报记录比对＝某自然人年度内代开劳务发票收入／某自然人个人所得税申报劳务报酬收入	在正常情况下，指标值应等于1	指标值＞1，支付所得的扣缴义务人可能存在未按规定预扣预缴个人所得税申报问题	检查自然人代开劳务发票、与个人所得税申报记录比较
7	某股东其他应收款长期余额未变动异常	某股东其他应收款余额变动＝某股东其他应收款年末数－某股东其他应收款年初数	指标值≥0，视为异常	指标值≥0，可能存在个人投资者从其投资的企业借款，在该纳税年度终了后既不归还，又未用于企业生产经营的，未依照"利息、股息、红利所得"项目计征个人所得税	检查其他应收款账户，核实个人投资者借款，是否在年度终了后既不归还，又未用于企业生产经营的情况

（二）个人所得税风险点识别

1. 工资薪金所得未按规定扣缴个人所得税

这一风险点主要涉及企业未按照税法规定对其员工的工资薪金所得进行个人所得税的扣缴。包括但不限于以下情形：

（1）以组织境内外免费培训班、研讨会、工作考察等形式，对本企业雇员营销业绩进行奖励。

（2）以各种形式或名目给企业员工发放的所得（包括现金、实物、有价证券等）。

（3）为员工（除个人投资者外）支付与企业生产经营无关的消费性支出及购买汽车、住房等财产性支出，企业出资购买房屋和其他财产，将所有权登记为企业其他人员（除个人投资者外）。

（4）以现金形式发给个人的住房补贴、医疗补助费。

（5）以误餐补助名义发给职工的补贴、津贴。

（6）从福利费和工会经费中支付给单位职工的人人有份的补贴、补助。

（7）个人在公司任职、受雇，同时兼任董事、监事的，未将董事费、监事费与个人工资收入合并。

【勤思善悟】

北京正宇会计师事务所接受北京永成家具有限公司委托，对北京永成家具有限公司税务申报的合规性进行审计，并进行税务分析及风险预警。审计人员调取了该公司2024年度的账册、凭证、会计报表等涉税资料，就相关涉税问题以及公司的经营情况、纳税情况进行了询问。经检查发现，该公司存在如下业务：

业务1：该公司董事会由本公司员工李铭、高修文和外部专家刘源组成，每月发放董事会费6 000元/人，财务人员均按"劳务报酬所得"项目代扣代缴个人所得税。

业务2：为公司总经理李铭购买价值200 000元的大众汽车，登记在李铭个人名下，该汽车为李铭私人用车，未用于生产经营，未申报个人所得税。

业务3：公司周年庆典，向员工每人发放2 000元的现金福利，已并入工资薪金所得申报个人所得税。

业务4：为庆祝"6·18"活动公司业绩翻番，组织优秀员工外出旅游，人均旅游支出5 000元，由公司统一支付，未申报个人所得税。

请你结合资料，帮助北京永成家具有限公司完成个人所得税风险自查并进行纳税调整。

---

2. 劳务报酬所得未按规定扣缴个人所得税

这一风险点主要涉及企业未按照税法规定对非雇员的劳务报酬所得进行个人所得税的扣缴。包括但不限于以下情形：

（1）对外支付劳务报酬未按规定预扣预缴个税。

（2）劳务报酬扣缴个税计算错误。

（3）以组织境内外免费培训班、研讨会、工作考察等形式，对本企业非雇员的其他营销人员业绩进行奖励，未按"劳务报酬所得"项目扣缴个税。

（4）对于只担任董事或监事职务所取得的董事费收入，错用"工资薪金所得"项目征税。

> 【勤思善悟】
>
> 华宇公司外聘专家对员工进行培训，2024年4月，该公司支付外聘王教授课酬3 000元/次，分4次完成培训任务，共计支付课酬12 000元。该公司按每次3 000元计算个人所得税：（3 000 - 800）×20% = 440（元），4次共计申报个税1 760元，请判断公司这样处理是否存在风险？王教授真正应缴纳的税款是多少？

3. 利息、股息、红利所得未按规定扣缴个人所得税

这一风险点主要涉及企业未按照税法规定对利息、股息、红利所得进行个人所得税的扣缴。包括但不限于以下情形：

（1）企业出资购买房屋及其他财产，将所有权登记为投资者个人、投资者家庭成员。

（2）个人投资者从其投资企业借款，在该纳税年度终了后既不归还，又未用于生产经营的。

（3）企业员工因拥有股权而参与企业税后利润分配取得的所得。

（4）企业向个人借款并支付利息。

（5）以未分配利润、盈余公积扣除股票溢价发行外的其他资本公积转增注册资本和股本。

> 【学以致用】
>
> 某有限责任公司是由某厂与两名外地老板于2012年共同出资组建，同年12月建成投产。在稽查局对该公司的例行稽查中，发现其财务记录上既显示了发放红利的情况，也存在收回"实收资本"的记录。根据公司法的相关规定，公司若要退还投资者的资本金，必须遵循特定的法律程序。然而，该公司并未执行任何相关法律手续，且在2016年至2018年均有减少"实收资本"的情况，所减少的部分均按照投资者的投资比例退还给了他们。稽查人员对此进行了深入的调查，并通过大量取证发现，该公司表面上是在退还投资者的投资，实际上却是以分红的形式进行的。公司采用虚退资本金的手法，以此逃避缴纳个人所得税。
>
> 风险行为识别：公司未按照《中华人民共和国公司法》的规定履行相应的法律手续，擅自减少"实收资本"并退还给投资者，实质上构成了分红行为，却未依法缴纳个人所得税。公司应配合稽查局检查，进行补税和罚款处理，以纠正其逃税行为。

4. 其他所得未按规定扣缴个人所得税

（1）赠送礼品给个人。

（2）企业派发的现金网络红包。

（3）离退休人员相关收入。

（4）房屋产权无偿赠予他人。

（5）超标准为职工支付的养老、失业、医疗保险及住房公积金。

（6）个人财产租赁所得。

【勤思善悟】

某市税务局稽查局在对某软件公司进行税务检查时，发现该公司在2018年和2019年间向客户赠送了大量礼品，但未按税法规定代扣代缴相应的个人所得税。基于这一发现，税务局依法对公司进行了深入的税务稽查。在稽查过程中，稽查人员调取了公司的账册资料，并仔细查阅了科目余额表。他们发现，该公司在"管理费用——其他科目"下合计列支了240万元的费用，这笔费用的具体用途和性质引起了稽查人员的注意。公司财务人员对于这笔费用的解释模糊不清，也无法提供相关的原始凭证来支持其解释。为了进一步了解情况，稽查人员与公司的财务负责人进行了约谈。经过细致的税收政策宣讲和沟通，财务负责人最终透露了这笔费用的真实用途：向客户赠送礼品。由于客户不愿提供身份证以便缴纳个税，公司因此没有履行代扣代缴个人所得税的义务。你能识别以上行为存在的税务风险吗？

（三）个人所得税风险管理的智能应用

利用税务风险管控模块完成风险模型配置，编辑好指标公式，系统即可完成指标公式的自动取数计算，完成对财务数据的分析。

【任务实施】

完成公司12月个人所得税的风险检测。

1. 风险模型配置：单击【风险模型配置】，完成图4-10所示的指标公式编辑。

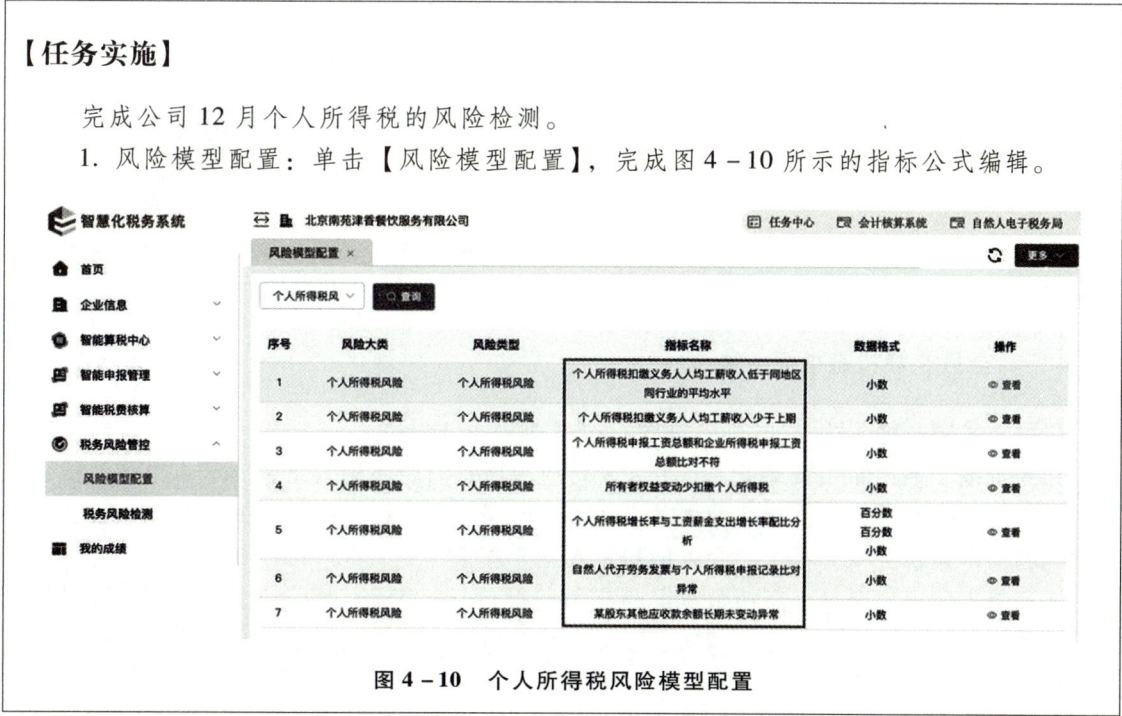

图4-10 个人所得税风险模型配置

智能化税费核算与管理

2. 税务风险检测：单击【税务风险检测】——选择【个人所得税风险】——单击【立即检测】。双击【个人所得税风险】，选择【导出报告预览】，即可以获得具体的检测结果和风险分析。检测结果如图 4-11 所示。

图 4-11　个人所得税税务风险检测

二、个人所得税的申报管理

操作讲解视频：案例演练——
个人所得税申报与管理
（综合所得）

个人所得税的纳税申报，包括支付单位代扣代缴和纳税人自行申报纳税两种办法。

（一）全员全额扣缴申报纳税

目前，我国扣缴义务人必须依法履行个人所得税全员全额扣缴申报义务，即扣缴义务人向个人支付应税所得时，不论其是否属于本单位人员、支付的应税所得是否达到纳税标准，扣缴义务人均应当在代扣税款的次月15日内缴入国库内，并向经营地主管税务机关报送"个人所得税扣缴申报表"。

实行个人所得税全员全额扣缴申报的应税所得包括：工资、薪金所得；劳务报酬所得；稿酬所得；特许权使用费所得；利息、股息、红利所得；财产租赁所得；财产转让所得；偶然所得。

【任务实施】

公司月度个人所得税申报代缴和会计核算。

1. 代缴申报：登录平台的"自然人电子税务局（扣缴端）"，单击【综合所得申报】，单击【申报表报送】，单击【发送申报】。系统即完成自动申报。如图4-12所示。

图4-12 个人所得税代缴申报

2. 税款代缴：单击【税款缴纳】，勾选缴费项目，单击【立即缴款】，系统即完成税款扣缴。

3. 会计核算：进入智能税费核算模块，单击"税费业务核算"，点击"凭证模板"进行模板设置，保存后单击"生成凭证"。登录会计核算系统即可查询到凭证，如图4-13所示。

图4-13 缴纳个人所得税凭证

（二）自行申报纳税

我国规定自行申报纳税的有以下几种情况：（1）取得综合所得需要办理汇算清缴的纳税人；（2）取得应税所得没有扣缴义务人；（3）取得应税所得，扣缴义务人未扣缴税款的纳税人；（4）取得境外所得的纳税人；（5）因移居境外注销中国户籍的纳税人；（6）非居民个人在中国境内从两处以上取得工资、薪金所得；（7）国务院规定的其他情形。

1. 取得综合所得需要办理汇算清缴的纳税申报

取得综合所得且符合下列情形之一的纳税人，应当在取得所得的次年3月1日至6月30日内办理汇算清缴。

（1）从两处以上取得综合所得，且综合所得年收入额减除专项扣除后的余额超过6万元。

（2）取得劳务报酬所得、稿酬所得、特许权使用费所得中一项或者多项所得，且综合所得年收入额减除专项扣除的余额超过6万元。

（3）纳税年度内预缴税额低于应纳税额。

（4）纳税人申请退税。

【任务实施】

协助公司员工完成年度个人所得税汇算清缴。

分析：公司员工张嘉运全年工资薪金收入为：145 000＋13 000＝158 000（元），工资薪金所得已代扣代缴税额180.60元。该员工将其个人的非专利技术的使用权以150 000元的价格转让给公司，由公司预扣预缴其个人所得税24 000元。该员工应在年度终了后办理汇算清缴。

年度汇算应退或应补税额＝（纳税年度的综合收入额－基本费用60 000－专项扣除－专项附加扣除－其他扣除－捐赠）×适用税率－速算扣除数－本年度已预缴税额＝[145 000＋13 000＋150 000－60 000－（29 315＋1 365＋1 300）－（22 000＋16 500＋16 500＋5 000）]×3%－（180.6＋24 000）＝－19 500（元）。该员工在手机"个人所得税"App办理汇算清缴后，将会收到税务机关19 500元的退税。

---

2. 取得经营所得的纳税申报

纳税人取得经营所得，按年计算个人所得税，由纳税人在月度或季度终了后15天内，向经营管理所在地主管税务机关办理预缴纳税申报。

在取得所得的次年3月31日前，向经营管理所在地主管税务机关办理汇算清缴；从两处以上取得经营所得的，选择向其中一处经营管理所在地主管税务机关办理年度汇总申报。

3. 取得应税所得，扣缴义务人未扣缴税款的纳税申报

应当区别以下情形办理纳税申报：

（1）居民个人取得综合所得的，应当依法办理汇算清缴。

（2）非居民个人取得工资、薪金所得，劳务报酬所得，稿酬所得，特许权使用费所得的，应当在取得所得的次年6月30日前，向扣缴义务人所在地主管税务机关办理纳税申报。有两个以上扣缴义务人均未扣缴税款的，选择向其中一处扣缴义务人所在地主管税务机关办理纳税申报。非居民个人在次年6月30日前离境（临时离境除外）的，应当在离境前办理纳税申报。

（3）纳税人取得利息、股息、红利所得，财产租赁所得，财产转让所得和偶然所得的，应当在取得所得的次年6月30日前，按相关规定向主管税务机关办理纳税申报。

4. 取得境外所得的纳税申报

居民个人从中国境外取得所得的，应当在取得所得的次年3月1日至6月30日内，向中国境内任职、受雇单位所在地主管税务机关办理纳税申报；在中国境内没有任职、受雇单位的，向户籍所在地或中国境内经常居住地主管税务机关办理纳税申报。

居民个人从中国境外取得的所得，准予其在应纳税额中抵免已在境外缴纳的个人所得税税款，但抵免额不得超过该纳税人境外所得依照法律规定计算的应纳税额。纳税人境外所得依照规定计算的应纳税额，是居民个人抵免已在境外缴纳的综合所得、经营所得，以及其他所得的所得税税额的限额（简称抵免限额）。除国务院财政、税务主管部门另有规定外，来源于中国境外一个国家（地区）的综合所得抵免限额、经营所得抵免限额，以及其他所得抵免限额之和，为来源于该国家（地区）所得的抵免限额。

综合所得、经营所得以及其他分类所得项目的抵免限额，按照下列公式计算：

来源于一国（地区）综合所得的抵免限额＝中国境内和境外综合所得依法计算的综合所得应纳税额×来源于该国（地区）的综合所得收入额/中国境内和境外综合所得收入额合计

来源于一国（地区）经营所得的抵免限额＝中国境内和境外经营所得依法计算的经营所得应纳税额×来源于该国（地区）的经营所得应纳税所得额/中国境内和境外经营所得应纳税所得额合计

来源于一国（地区）其他分类所得的抵免限额＝该国（地区）的其他分类所得依法计算的应纳税额

来源于一国（地区）所得的抵免限额＝来源于一国（地区）综合所得的抵免限额+来源于一国（地区）经营所得的抵免限额+来源于一国（地区）其他分类所得的抵免限额

居民个人在中国境外一个国家（地区）实际已经缴纳的个人所得税税额，低于抵免限额的，应当在中国缴纳差额部分的税款；超过来源于该国家或者地区抵免限额的，其超过部分不得在本纳税年度的应纳税额中扣除，但是可以在以后纳税年度的该国家或者地区抵免限额的余额中补扣，补扣期限最长不得超过5年。

抵免税额计算步骤如下：

（1）分类或分项计算境内外所得的应纳税额；

（2）分国计算抵免限额；

（3）确定实际可抵免税额：将抵免限额与在该国或地区实纳税额相比，如果实纳税额大于抵免限额，实际可抵免税额为抵免限额；如果实纳税额小于抵免限额，则缴纳二者的差额。

【学以致用】

中国居民纳税人李先生2024年在境内获取工资、薪金所得980 000元，已预扣预缴税款259 080元，5月从美国取得股息所得10 000元，6月给美国一家公司提供一项专利技术使用权，一次性取得特许权使用费所得30 000元，该两项收入在美国缴纳个人所得税5 200元；同月，在英国取得劳务报酬所得15 000元，该项所得在英国已缴纳个人所得税4 972元，假设以上综合所得已扣除基本费用、专项扣除和专项附加扣除，计算李先生汇算清缴实际应补（退）税额。

智能化税费核算与管理

> （1）计算境内外综合所得的应纳税额：境内外综合所得合计 = 980 000 + 30 000 + 15 000 = 1 025 000（元），综合所得全年应纳税额 = 1 025 000 × 45% − 181 920 = 279 330（元）；股息所得应纳税额 = 10 000 × 20% = 2 000（元）。
>
> （2）分国计算抵免限额：美国所得抵免限额 = 综合所得抵免限额 + 股息所得抵免限额 = 279 330 × 30 000/1 025 000 + 2 000 ≈ 10 175.51（元）；英国综合所得抵免限额 = 279 330 × 15 000/1 025 000 ≈ 4 087.76（元）。
>
> （3）确定实际可抵免税额：在美国已缴纳个人所得税 5 200 元，低于抵免限额 10 175.51 元，因此实际可抵免税额为 5 200 元；在英国已缴纳个人所得税 4 972 元，高于抵免限额 4 087.76 元，因此实际可抵免税额为 4 087.76 元，本年未抵税额 = 4 972 − 4 087.76 = 884.24（元），可在以后 5 个纳税年度内的该国扣除限额的余额中补扣。
>
> （4）2025 年办理汇算清缴时应补（退）税额 = 279 330 + 2 000 − 5 200 − 4 087.76 − 259 080 = 12 962.24（元）。

项目小结

  本项目通过三个核心模块的学习与实践，实现了对个人所得税基本内容的全面认知。我们不仅掌握了个人所得税的核算与管理方法，包括不同所得项目税款的计算、会计核算的方法以及纳税筹划的技巧。同时，深入探讨了个人所得税的风险管控策略，学习了如何有效识别、评估及应对税务风险，确保税务合规。最后，强化了个人所得税的申报管理能力，提升了运用智能化工具进行税务处理与申报的实操技能，为未来适应数字化税务管理趋势打下了坚实基础。通过学习本项目，将有效提升同学们在个人所得税领域的专业知识与实践能力，为日后的岗位工作奠定坚实基础。

项目五
财产和行为税的智能化核算与管理

知识学习目标

1. 熟悉财产和行为税各税种的含义与基本要素
2. 掌握财产和行为税各税种应纳税额的核算方法
3. 掌握财产和行为税各税种的纳税筹划和风险防控方法

技能训练目标

1. 能准确核算财产和行为税各税种的应纳税额并完成纳税申报，确保合规性
2. 能完成财产和行为税各税种的税务风险自查，发现并纠正可能的错误
3. 能通过合法手段优化财产和行为税各税种的税收负担，提高纳税效率

素养培育目标

1. 通过学习各种财产和行为税税法规定，强化对社会公共资源的责任感，理解资源税、土地增值税、耕地占用税和环境保护税等税种在促进推动资源节约、土地合理利用、减少污染、保护生态环境方面的政策导向和实际效果
2. 认识到房产税、城镇土地使用税和车船税等税种在财产管理和税收公平性中的重要作用，理解其通过合理征税调节社会财富分配、增强公众对税收制度认同感的机制
3. 培养在税务决策中考虑社会和环境影响的习惯，促进可持续发展目标的实现

智能化税费核算与管理

模块一　房产税与城镇土地使用税的核算与管理

模块案例

北京优乐电器有限公司（统一社会信用代码：91110000562624588M），主要经营电子零部件的生产和批发。2024年5月5月购入价值3 000 000元的仓库自用，不动产权证上注明土地使用权面积320平方米，建筑面积900平方米，按半年申报缴纳房产税及城镇土地使用税。

土地信息如下：

土地名称：仓库用地

土地坐落地址：通州区－玉桥街道办事处，详细地址：张湾开发区065号

不动产权证号：JJ75354732，不动产单元代码：JJ75

纳税人类型：土地使用权人，土地取得方式：转让

土地取得时间：2024－05－05，土地性质：国有，土地用途：综合用地

占用土地面积：320m^2，土地等级：三级土地，税额标准：8元/m^2

房产信息如下：

房产名称：仓库，纳税人类型：产权所有人，

不动产权证号：JJ75354732，不动产单元代码：JJ75

建筑面积：900m^2，房产用途：其他，房产取得时间：2024－05－05

房产原值：3 000 000元，计税比例：0.70

出租房产原值（元）：0元，出租房产面积：0m^2

任务清单：

1. 判断该案例房产税及城镇土地使用税的纳税人、征税范围及适用税率或税额
2. 对该公司的房产税及城镇土地使用税业务进行核算
3. 对该公司的房产税及城镇土地使用税进行风险管控及申报管理
4. 结合该公司的经营业务提出合理的纳税筹划建议

一、房产税应纳税额的计算与管理

房产税是以房屋为征税对象，按房屋的计税余值或租金收入为计税依据，向产权所有人征收的一种财产税。目前，房产税适用的法律法规是1986年10月1日施行、2011年1月8日修订的《中华人民共和国房产税暂行条例》及其实施细则。

微课：除了房东的心情，房租还跟啥有关

(一) 房产税的纳税人及征税范围

1. 房产税的纳税人

房产税由产权所有人缴纳。产权属于全民所有的，由经营管理的单位缴纳。产权出典的，由承典人缴纳。产权所有人、承典人不在房产所在地的，或者产权未确定及租典纠纷未解决的，由房产代管人或者使用人缴纳。这里的产权所有人、经营管理单位、承典人、房产代管人或者使用人，统称纳税义务人。

【温馨提示】

纳税单位和个人无租使用房产管理部门、免税单位及纳税单位的房产，应由使用人依照房产余值代缴纳房产税。融资租赁的房产，由承租人缴纳房产税。

2. 房产税的征税范围

房产税的征税范围为城市、县城、建制镇和工矿区的房产。城市是指经国务院批准设立的城市；县城是指县人民政府所在地；建制镇是指经省、自治区、直辖市人民政府批准设立的建制镇；工矿区是指工商业比较发达，人口比较集中，符合国务院规定的建制镇标准，但尚未设立建制镇的大中型工矿企业所在地。房产是指有屋面和围护结构（有墙或两边有柱），能够遮风避雨，可供人们在其中生产、学习、工作、娱乐、居住或储藏物资的场所，包括房屋和与房屋不可分割的配套设施和附属设备。但独立于房屋之外的建筑物，如围墙、水塔、烟囱、室外游泳池等，不属于房产。

【温馨提示】

农村房产未纳入房产税征税范围，目的是减轻农民的负担，因为农村的房屋，除农副业生产用房外，大部分是农民居住用房。另外，房地产开发企业建造的商品房，在出售前，不征收房产税；但对出售前房地产开发企业已使用或出租、出借的商品房应按规定征收房产税。

满足以下情况可以免征房产税：

（1）国家机关、人民团体、军队自用的房产。但对其中用于出租的房产以及非自身业务使用的生产、营业用房，不属于免税范围。

（2）由国家财政部门拨付事业经费的单位（全额或差额预算管理的事业单位），本身业务范围内使用的房产免征房产税。对于其所属的附属工厂、商店、招待所等不属单位公务、业务的用房，应照章纳税。

（3）宗教寺庙、公园、名胜古迹自用的房产免征房产税。但宗教寺庙、公园、名胜古迹中附设的营业单位，如影剧院、饮食部、茶社、照相馆等所使用的房产及出租的房产，不属于免税范围，应照章纳税。

（4）个人所有非营业用的房产免征房产税。对个人拥有的营业用房或者出租的房产，不属于免税房产，应照章纳税。

> （5）对非营利性医疗机构、疾病控制机构和妇幼保健机构等卫生机构自用的房产，免征房产税。
>
> （6）企业办的各类学校、医院、托儿所、幼儿园自用的房产，免征房产税。
>
> 另外，自2023年1月1日至2027年12月31日，对增值税小规模纳税人、小型微利企业和个体工商户减半征收资源税（不含水资源税）、城市维护建设税、房产税、城镇土地使用税、印花税（不含证券交易印花税）、耕地占用税和教育费附加、地方教育附加。

【勤思善悟】

写字楼的地下车库需要缴纳房产税吗？

（二）房产税的税率

我国现行房产税采用比例税率，依据房产的用途是自用还是出租，分为从价计征和从租计征，从价计征的税率为1.2%，从租计征的税率为12%。

对个人按市场价格出租的居民住房（不区分用途），可暂减按4%的税率征收房产税。对企事业单位、社会团体以及其他组织按市场价格向个人、专业化规模化住房租赁企业出租用于居住的住房，减按4%的税率征收房产税。

【任务实施】

判断房产税的纳税人、征税范围和税率：北京优乐电器有限公司购入仓库自用，仓库作为储藏物资的场所符合房产的概念，且位于城市，因此应缴纳房产税，适用1.2%的税率。

（三）房产税应纳税额的计算

房产税的计税方法分为从价计征（按房产余值计税）和从租计征（按租金收入计税）两种。

1. 从价计征

房产税依照房产原值一次减除10%～30%后的余值计算缴纳。各地减除比例，具体减除幅度，由省、自治区、直辖市人民政府规定。

应纳税额 = 房产原值 × (1 − 减除比例) × 适用税率

【温馨提示】

（1）对按照房产原值计税的房产，无论会计上如何核算，房产原值均应包含地价，包括为取得土地使用权支付的价款、开发土地发生的成本费用等。容积率低于0.5的，按房产建筑面积的2倍计算土地面积并据此确定计入房产原值的地价。

（2）一些不可随意移动的房屋附属设施（如中央空调、智能化楼宇设施等），无论会计上是否单独核算，均应并入计征房产税的房产原值中。对于更换房屋附属设备和配套设施的，在将其价值计入房产原值时，可扣减原来相应设备和设施的价值；对附属设备和配套设施中易损坏、需要经常更换的零配件，更新后不再计入房产原值，原零配件的原值也不扣除。

（3）投资联营的房产，如果共担风险、参与利润分红的，由被投资方按房产余值计税；不承担风险，取得固定收入的，由出租方按出租计税。

2. 从租计征

从租计征是对纳税人出租房产的计征办法，按照房产出租的不含增值税的租金收入计算，税率为12%（或4%）。房屋的租金收入，包括货币收入和实物收入。其计算公式为：

应纳房产税税额 = 租金收入 × 12%（或4%）

如果纳税人对个人出租房屋的租金收入申报不实或申报数与同地段同类房屋的租金收入相比明显不合理，税务部门可以按照《中华人民共和国税收征收管理法》的有关规定，采取科学合理的方法核定其应纳税款。

【温馨提示】

对出租房产，租赁双方签订的租赁合同约定有免收租金期限的，免收租金期间由产权所有人按照房产原值缴纳房产税；无租使用房产，由使用人按照房产余值代为缴纳房产税。

税收筹划

投资方式的筹划

北京荣居房地产有限公司，有房产14 000万元。公司于2024年12月用其中的4 000万元房产向北京嘉怡家具商贸有限公司进行投资。当地政府房屋出租的租金率（租金占房产价值的比例）为5%，当地政府规定房产余值为房屋原值减房屋原值的20%比例计算。计算以下两种不同方案下该公司在2025年应缴纳的此项投资房产的房产税，择优选择方案。（计算结果保留两位小数。）

方案一：对外投资按取得固定收入的方式，且不承担被投资方风险；

方案二：对外投资按分红方式，且共担风险。

方案一：取得固定收入，出租方按出租计税 = 4 000 × 5% × 12% = 24（万元）

方案二：分红方式，投资方按房产余值计税 = 4 000 × (1 − 20%) × 1.2% = 38.4（万元）

方案一的税负低，应选择方案一。

3. 房产税纳税义务时间

房产税按年征收、分期缴纳，具体纳税期限由省、自治区、直辖市人民政府确定。可分季缴纳，也可分上下半年两次缴纳。

（1）将原有房产用于生产经营，从生产经营之日起，计征房产税。

（2）自建的房屋用于生产经营的，自建成之日的次月起，计征房产税。

（3）委托施工企业建设的房屋，从办理验收手续之日的次月起，计征房产税。对于在办理验收手续前已使用或出租、出借的新建房屋，应从使用或出租、出借的当月起按规定计征房产税。

（4）购置新建商品房，自房屋交付使用之次月起计征房产税；购置存量房，自办理房屋权属转移、变更登记手续，房地产权属登记机关签发房屋权属证书之次月起计征房产税。

（5）出租、出借房产，自交付出租、出借之次月起计征房产税。

（6）房地产开发企业自用、出租、出借本企业建造的商品房，自房屋使用或交付之次月起计征房产税。

（7）纳税人因房产、土地的实物或权利状态发生变化而依法终止房产税纳税义务的，其应纳税款的计算应截至房产、土地的实物或权利状态发生变化的当月末。

【任务实施】

优乐电器有限公司2024年5月5日购置仓库，属购置存量房，应自办理房屋权属转移、变更登记手续，房地产权属登记机关签发房屋权属证书之次月起计征房产税。所以应该在2024年6月1日开始计算房产税。

2024年上半年该公司应纳房产税税额 = 3 000 000 × (1 − 30%) × 1.2% ÷ 12 = 2 100（元）

二、城镇土地使用税应纳税额的计算与管理

城镇土地使用税是国家对在城市、县城、建制镇、工矿区范围内使用土地的单位和个人，以其实际占用的土地面积为计税依据，按规定的税额计算征收的一种税。目前，城镇土地使用税适用的法律法规是1988年11月1日起施行、经2019年第四次修订的《中华人民共和国城镇土地使用税暂行条例》及其实施细则。

（一）城镇土地使用税的纳税人及征税范围

1. 城镇土地使用税的纳税人

凡在城市、县城、建制镇、工矿区范围内使用土地的单位和个人，均是城镇土地使用税的纳税人。根据现实经济生活中用地者的不同，具体包括以下情形：

（1）拥有土地使用权的单位或个人。

（2）拥有土地使用权的纳税人不在土地所在地的，由代管人或实际使用人纳税。

(3) 土地使用权未确定或权属纠纷未解决的，由实际使用人纳税。
(4) 土地使用权共有的，由共有各方分别纳税。
(5) 纳税单位无偿使用免税单位土地的，由纳税单位纳税。

【温馨提示】

城镇土地使用税采用受益人纳税原则，谁使用，谁受益，谁纳税；用于租赁的房屋由出租方缴纳城镇土地使用税。

2. 城镇土地使用税的征税范围

城镇土地使用税的征税范围与房产税一致，包括在城市、县城、建制镇和工矿区内的国家所有和集体所有的土地。

【温馨提示】

满足以下情况可以免征城镇土地使用税：
(1) 国家机关、人民团体、军队自用的土地。
(2) 由国家财政部门拨付事业经费的单位自用的土地。
(3) 宗教寺庙、公园、名胜古迹自用的土地。
(4) 市政街道、广场、绿化地带等公共用地。
(5) 直接用于农、林、牧、渔的生产用地。
(6) 经批准开山填海整治的土地和改造的废弃土地，自使用的月份起免交土地使用税5年至10年。
(7) 由财政部另行规定免税的能源、交通、水利设施用地和其他用地。

（二）城镇土地使用税的税率

城镇土地使用税采用有差别的幅度定额税率，按大、中、小城市和县城、建制镇、工矿区分别规定每平方米土地年应纳税额。各省、自治区、直辖市人民政府可以根据当地情况在规定税额幅度内，确定所辖地区的适用税额幅度。经济落后地区，城镇土地使用税的适用税额标准可适当降低，但降低额不得超过上述规定最低税额的30%。经济发达地区的适用税额标准可以适当提高，但须报财政部批准。城镇土地使用税税额如表5-1所示。

表5-1　　　　　　　　　　城镇土地使用税税额

级别	人口/人	每年每平方米税额/元
大城市	100万以上	1.5~30
中等城市	50万~100万	1.2~24
小城市	50万以下	0.9~18
县城、建制镇、工矿区		0.6~12

【温馨提示】

在同一个城镇，不同地段土地的"价值"也是相差甚远的，市中心商业街的土地与市郊的工业用地也会有很大差别。因此，各地方政府在确定城镇土地使用税的单位税额时，会充分考虑这一因素，根据土地不同的级别制定不同的单位税额。以深圳市为例，土地分为一到六级，各等级的标准税额为（每平方米）：一级30元、二级21元、三级13元、四级9元、五级5元、六级3元。

【勤思善悟】

企业如果开办工厂，厂房选址应综合考虑哪些因素？

（三）城镇土地使用税应纳税额的计算

1. 城镇土地使用税的计税方法

城镇土地使用税是以纳税人实际占用的土地面积为计税依据，按照规定的适用税额计算征收的。其计算公式如下：

年应纳税额 = 实际占用的应税土地面积 × 适用税额

纳税人实际占用的土地面积按下列方法确定：

微课：何时该缴
城镇土地使用税

（1）凡由省、自治区、直辖市人民政府确定的单位组织测定土地面积的，以测定的面积为准。

（2）尚未组织测量，但纳税人持有政府部门核发的土地使用证书的，以证书确定的土地面积为准。

（3）尚未核发土地使用证书的，应由纳税人申报土地面积以纳税，待核发土地使用证书以后再做调整。

2. 城镇土地使用税的纳税义务时间

（1）纳税人购置新建商品房，自房屋交付使用之次月起，缴纳城镇土地使用税。

（2）纳税人购置存量房，自办理房屋权属转移、变更登记手续，房地产权属登记机关签发房屋权属证书之次月起，缴纳城镇土地使用税。

（3）纳税人出租、出借房产，自交付出租、出借房产之次月起，缴纳城镇土地使用税。

（4）地产开发企业自用、出租、出借本企业建造的商品房，自房屋使用或交付之次月起，缴纳城镇土地使用税。

（5）纳税人新征用的耕地，自批准征用之日起满一年时开始缴纳土地使用税。

（6）纳税人新征用的非耕地，自批准征用次月起缴纳土地使用税。

（7）纳税人因房产、土地的实物或权利状态发生变化而依法终止城镇土地使用税纳税义务的，其应纳税款的计算应截止到房产、土地的实物或权利状态发生变化的当月末。

【任务实施】

优乐电器有限公司 2024 年 5 月 5 日购置仓库，拥有仓库用地的使用权，是城镇土地使用税的纳税义务人，纳税人购置存量房，应自房地产权属登记机关签发房屋权属证书之次月起，缴纳城镇土地使用税。其上半年应缴纳的城镇土地使用税如下：

$320 \times 8 \div 12 \approx 213.33$（元）

三、房产税及城镇土地使用税税源采集及纳税申报

房产税及城镇土地使用税实行按年计算、分期缴纳的征收方法，具体纳税期限由省、自治区、直辖市人民政府确定。一般分别确定按月、季或半年等不同的期限缴纳。

自 2021 年 6 月 1 日起，纳税人申报缴纳城镇土地使用税、房产税、车船税、印花税、耕地占用税、资源税、土地增值税、契税、环境保护税、烟叶税中一个或多个税种时，统一使用《财产和行为税纳税申报表》。该申报表由一张主表和一张减免税附表组成，主表为纳税情况，附表为申报享受的各类减免税情况。每一税种在纳税申报前，都需先维护税源信息。税源信息没有变化的，确认无变化后直接进行纳税申报；税源信息有变化的，通过填报《税源明细表》进行数据更新维护后再进行纳税申报。具体操作方法以项目案例为例说明如下。

操作讲解视频：房产税计算与申报（示例1）

操作讲解视频：土地使用税计算与申报（示例2）

1. 税源采集

【任务实施】

北京优乐电器有限公司房产税及城镇土地使用税税源信息采集：根据业务资料，进入纳税申报系统，在房产税税源采集中，新增"土地"和"房屋"信息，具体操作步骤如下。

（1）根据企业信息申报缴纳房产税，首先在【我要办税】模块，单击【税费申报及缴纳】，在左边单击【非按期申报】。在财产和行为税税源信息报告中，单击【填写申报表】。

（2）进入财产和行为税税源信息报告界面，单击【税源采集】，进入城镇土地使用税、房产税税源采集界面，单击【新增土地】，在弹出的土地信息维护对话框中填写土地使用证信息地址坐落信息，确定后，进入维护土地应税明细信息界面，单击【新增】，完善应税明细后，单击【保存】。如图 5-1 所示。

（3）回到城镇土地使用税、房产税采集界面，单击【新增房屋】，在弹出的房源信息（新增）对话框中填写土地使用证信息，然后单击【查询】，自动填入房屋坐落信息后单击【确定】。

（4）进入房屋应税信息界面，单击【新增】，完善房屋应税信息后，单击【保存】，见图 5-2 土地信息维护。

智能化税费核算与管理

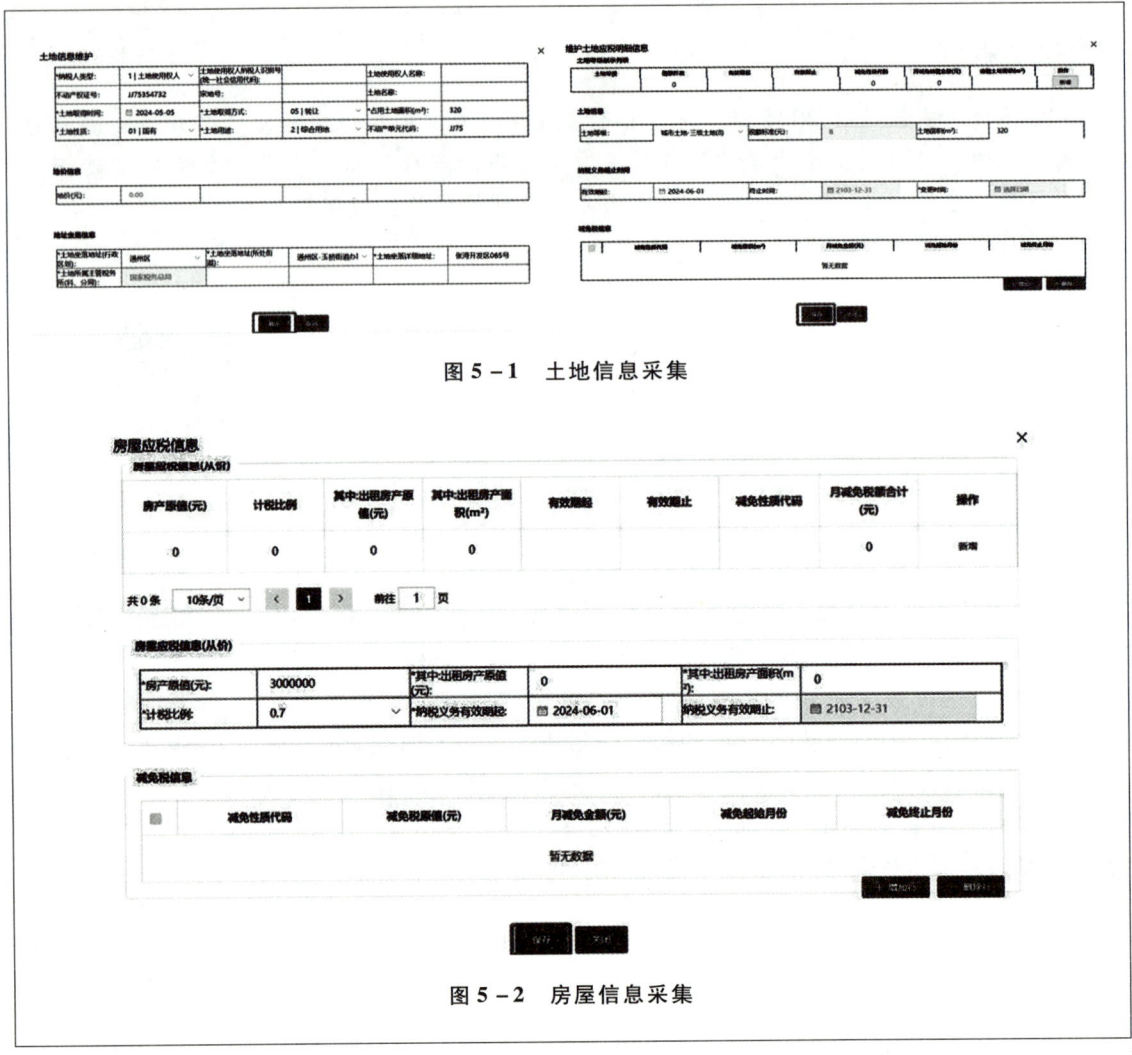

图 5-1　土地信息采集

图 5-2　房屋信息采集

2. 纳税申报

完成税源信息采集工作后，可直接跳转申报页面，在"纳税期限"中根据企业实际情况选择"按月""按季""按年""按次"或"按半年"申报，选择税源信息，进入申报界面，单击【下一步】，可见"财产和行为税纳税申报表"及"财产和行为税减免税明细申报附表"，进入查看相关信息，确认无误后，单击【申报】，完成申报并缴纳税款。

【任务实施】

北京优乐电器有限公司房产税及城镇土地使用税纳税申报：

（1）完成税源采集后，在税源采集界面右上角单击【跳转申报】。纳税期限选择【按半年申报】，选中房产税，单击【下一步】进入申报界面，确认信息无误后，单击【申报】完成申报。

（2）以同样方式完成城镇土地使用税的纳税申报。

四、房产税及城镇土地使用税应纳税额的会计核算

房产税及城镇土地使用税都是价内税,因此其应纳税额的计提,一般都是借记"税金及附加"科目,贷记"应交税费——应交房产税"或"应交税费——应交城镇土地使用税"科目;如果是房产租金收入缴纳的税金,房产税则通过"其他业务成本"核算。

(一)一般情况下房产税及城镇土地使用税的会计核算

1. 房产自用的核算

房产如果是自己使用,房产税按房产余值计税,适用1.2%的税率。

【任务实施】

优乐电器有限公司2024年5月新购置仓库,2024年6月开始计算房产税及城镇土地使用税,公司按半年申报缴纳两税,2024年上半年计提两税的账务处理如下:

借:税金及附加　　　　　　　　　　　　　　　　　2 313.33
　　贷:应交税费——应交房产税　　　　　　　　　　2 100.00
　　　　应交税费——应交城镇土地使用税　　　　　　 213.33

2. 房产出租的核算

房产如果出租,房产税按房屋租金计税,适用12%的税率。

【学以致用】

广州吉胜物流有限责任公司自2024年6月28日起将公司原值200万元、占地面积400平方米的1号仓库出租给东方百货有限责任公司,租期1年,每月租金1.5万元。

分析:广州吉胜物流有限责任公司出租的房产应从租按照12%的税率计征缴纳房产税。

(1)从租计征的房产原值200万元,公司从6月28日起对外出租,每月租金收入1.5万元,因此出租的房产应缴纳的房产税为:1.5×6×12%=1.08(万元)。

(2)上述业务的计提房产税会计分录如下。

借:税金及附加　　　　　　　　　　　　　　　　 10 800.00
　　贷:应交税费——应交房产税　　　　　　　　　 10 800.00

(二)办公楼更新改造情况下房产税的核算

办公楼更新改造情况下,对于更换房屋附属设备和配套设施的,在将其价值计入房产原值时,可以扣减原来相应设备和设施的价值。

【学以致用】

粤明灯具有限责任公司对原有办公楼进行更新改造，2024年6月更换了中央空调，将原来价值40万元的旧空调更换为价值100万元的新空调，6月底更换完毕，已知该办公楼的原值为2 000万元，当地省政府规定计算房产余值的减除比例为30%。请计算该公司需要缴纳的房产税并进行核算。

分析：6月更换完毕，应该从次月开始以新的房产原值作为依据计算缴纳房产税。更换前需按照原来的房产原值计算6个月的房产税 $=2000\times(1-30\%)\times1.2\%\div12\times6=8.4$（万元）。

更换后需按照新的房产原值计算6个月的房产税 $=(2000-40+100)\times(1-30\%)\times1.2\%\div12\times6=8.652$（万元）。

（三）自建自用办公楼房产税的核算

【学以致用】

南方商贸企业2024年10月建成办公楼并用于日常经营，为建造该办公楼新征一块土地，面积为45 000平方米，土地单价为315元，房产建筑面积为20 000平方米，建筑成本为2 146万元，该办公楼使用年限为50年，当地省政府规定计算房产余值的减除比例为20%。请计算南方商贸企业需要缴纳的房产税并进行核算。

分析：房产原值应包含地价，包括为取得土地使用权支付的价款、开发土地发生的成本费用等。容积率低于0.5的，按房产建筑面积的2倍计算土地面积并据此确定计入房产原值的地价。

该地的宗地容积率 $=20\,000\div45\,000=0.44$，由于宗地容积率低于0.5，按房产建筑面积的2倍计算土地面积并据此确定计入房产原值的地价。该房产的原值 $=2\,146+(20\,000\times2\times315)\div10\,000=3\,406$（万元）。

自建的房屋用于生产经营的，自建成之日的次月起，计征房产税。该办公楼10月建成，11月开始计征房产税，计算如下：

$3\,406\times(1-20\%)\times1.2\%\div12\times2=5.4496$（万元）

五、房产税及城镇土地使用税的风险管控

（一）房产税的风险管控

操作讲解视频：案例演练——房产税及土地使用税申报与管理

房产税主要风险分析应关注的指标包括：（1）房屋租金收入变动率与房产税变动率配比分析；（2）固定资产（房屋）原值变动率与房产税变动率配比分析；（3）在建工程变动率与房产税变动率配比分析；（4）租赁印花税与租赁房产税配比分析等。

主要的风险点包括：

1. 地价未计入房产原值可能导致纳税风险

【学以致用】

某企业 2024 年以出让方式获得一块土地，土地成交价款 10 000 万元，该企业于同年在该土地上建设厂房，厂房造价总计 60 000 万元。A 公司将 10 000 万元土地成本计入"无形资产"，将 60 000 万元厂房造价计入"固定资产"，并按"固定资产"账面原值 60 000 万元申报缴纳房产税。

请判断该企业房产税的计算是否正确。

风险分析：税法规定对按照房产原值计税的房产，无论会计上如何核算，房产原值均应包含地价，包括为取得土地使用权支付的价款、开发土地发生的成本费用等。

企业应按"固定资产"账面原值 60 000 万元加计入"无形资产"10 000 万元土地成本申报缴纳房产税。

2. 免租期未按规定申报缴纳房产税导致纳税风险

【学以致用】

A 企业将自有房产一套出租给东盈公司使用，租赁合同约定给予东盈公司一年的免租期，免租期自 2024 年 1 月 1 日起至 12 月 31 日止，免租期结束后，东盈公司正常向 A 企业支付租金。因房产已经对外出租，且在免租期内并未收取租金，A 企业在 2024 年年末申报房产税。

风险分析：税法规定对于出租房产，租赁双方签订的租赁合同约定有免收租金期限的，免收租金期间由产权所有人按照房产原值缴纳房产税。所以，A 企业在免租期内应以房屋所有权人的身份按照房产原值进行纳税申报，从价计征房产税。

3. 房地产开发企业售出前已使用或出租、出借的商品房未按规定缴纳房产税

【学以致用】

百达公司是一家大型房地产开发企业，该公司开发的一栋商住楼于 2024 年 5 月完全竣工各项手续完备。A 公司将其中 5 套商品房装修后作为样板间对外展示，供购房者参观，同时将其中 2 套商品房作为办公用房供现场工作人员使用。A 公司财务人员考虑到上述 7 套商品房在售出前仍属存货产品，因此并未申报缴纳房产税。

风险分析：根据国税发〔2003〕89 号第一条"对房地产开发企业建造的商品房，在售出前，不征收房产税；但对售出前房地产开发企业已使用或出租、出借的商品房应按规定征收房产税"之规定，5 套商品房装修后作为样板间，仅用作对外展示，仍属存货产品，不征收房产税；2 套商品房用于现场工作人员办公，已投入使用，应按规定申报缴纳房产税。

4. 房产税纳税义务起始时间确认错误

《财政部 国家税务总局关于印发房产税若干具体问题解释和暂行规定》（财税地字〔1986〕8号）第十九条规定，纳税人委托施工企业建设的房屋，从办理验收手续之次月起征收房产税。纳税人在办理验收手续前已使用或出租、出借的新建房屋，应按规定征收房产税。

> 【学以致用】
>
> 某市税务局对某软件开发公司进行专项纳税评估时发现，该公司的办公大楼至今未办产权证，而此办公大楼却已于2022年年底就交付该公司使用，但这家公司在2023年年底才将办公大楼作为固定资产入账，并于2024年申报缴纳房产税和土地使用税。
>
> 风险分析：该大楼2022年年底交付使用，因此，企业应按规定补缴2023年的房产税和土地使用税，并缴纳滞纳金。

（二）城镇土地使用税的风险管控

城镇土地使用税主要风险分析应从城镇土地使用税变动率分析、城镇土地使用税变动率与房产税变动率配比分析、城镇土地使用税变动率与无形资产（土地）变动率配比分析等方面进行考虑。

模块二　土地增值税及耕地占用税的核算与管理

> **模块案例**
>
> 北京沁城房地产开发有限公司（统一社会信用代码：91110106804BG8667B）自行开发"中俪港湾"项目，相关信息如下：
>
> （1）2022年1月通过竞拍获得一宗国有土地使用权，位于北京高新园创新路89号803。
>
> （2）2024年3月该项目竣工验收，建筑企业开具了发票。开发项目向商业银行借款的利息支出，能按转让房地产项目计算分摊利息并且已取得金融机构贷款证明。
>
> （3）2024年4月开始销售，可售总面积为45 000平方米，其中普通住宅43 641.79平方米，非普通住宅1 358.21平方米。截至2024年8月底销售普通住宅取得销售收入393 028 900元，销售非住宅取得收入11 971 100元。
>
> （4）截至清算期公司已预缴了土地增值税12 150 000元，其中普通住宅预缴11 850 867元，非普通住宅预缴299 133元，并聘请中介机构对该项目土地增值税进行审核鉴证。

（5）2024年9月主管税务机关要求房地产开发公司就"中俪港湾"项目进行土地增值税清算。

（6）缴纳转让环节相关税费详见"表5-2 与转让房地产有关的税费明细表"，相关收入与部分费用信息查询"表5-3 销售收入和本次清算可扣除金额明细表"。

注：

其他房地产开发费用=（取得土地使用权所支付的金额+房地产开发成本）×5%

财政部规定的其他扣除项目=（取得土地使用权所支付的金额+房地产开发成本）×20%

表5-2　　　　　　　　　　　与转让房地产有关的税费明细表

纳税人名称：北京沁城房地产开发有限公司　　　　　　　　　　　　单位：人民币元（列至角分）

项目	行次	普通住宅	非普通住宅	实际缴纳税费金额合计
增值税	1	17 776 300.50	786 199.50	18 562 500.00
城市维护建设税	2	1 244 341.04	55 033.96	1 299 375.00
教育费附加	3	533 289.02	23 585.98	556 875.00
地方教育费附加	4	355 526.01	15 723.99	371 250.00
土地增值税	5	11 850 867.00	299 133.00	12 150 000.00
合计	6	31 760 323.57	1 179 676.43	32 940 000.00

表5-3　　　　　　　　　　　销售收入和本次清算可扣除金额明细表

项目	普通住宅	非普通住宅	合计
转让房地产收入总额	393 028 900.00	11 971 100.00	405 000 000.00
取得土地使用权所支付的金额	156 698 538.36	3 957 312.87	160 655 851.20
土地征用及拆迁费	4 389 314.80	110 849.10	4 500 163.90
前期工程费	5 486 643.50	138 561.38	5 625 204.88
建筑安装工程费	27 652 683.24	698 349.33	28 351 032.57
基础设施费	5 267 177.76	133 018.92	5 400 196.68
公共配套设施费	3 511 451.84	88 679.28	3 600 131.12
开发间接费	2 853 054.62	72 051.92	2 925 106.54
利息支出	3 950 383.32	99 764.19	4 050 147.51

任务清单：

（1）判断案例中土地增值税的纳税人及征税范围

（2）确定该公司"中俪港湾"项目适用的税率

（3）对该公司"中俪港湾"项目清算业务进行核算与管理

（4）对该公司的土地增值税进行风险管控及申报管理

（5）结合该公司的经营业务提出合理的纳税筹划建议

■ 智能化税费核算与管理

一、土地增值税

土地增值税是对有偿转让国有土地使用权及地上建筑物和其附着物产权，取得增值收入的单位和个人所征收的一种税。征税目的是增强国家对房地产开发和房地产交易市场的调控，有利于抑制房地产炒买炒卖获得暴利的行为，并适当调节纳税人的收入分配，保障国家权益。目前，土地增值税适用的法律法规包括：1994年1月起施行的《中华人民共和国土地增值税暂行条例》和1995年1月起施行的《中华人民共和国土地增值税暂行条例实施细则》。

（一）土地增值税的纳税人、征税范围和税率

1. 土地增值税的纳税人

土地增值税的纳税义务人是转让国有土地使用权、地上建筑物及其附着物并取得收入的单位和个人。包括内外资企业、行政事业单位、中外籍个人等。

2. 土地增值税的征税范围

土地增值税的征税范围包括转让国有土地使用权并取得收入和转让地上建筑物及其附着物并取得收入的行为。具体应同时符合以下标准：

（1）转让土地使用权的土地是否为国有土地。土地使用权转让是指土地使用者将土地使用权再转移的行为，包括出售、交换、赠予、继承等。土地增值税只对转让属于国有的土地使用权征税。

> 【温馨提示】
>
> 我国土地的所有权主体包括国家和集体。城市市区的土地属于国家所有。农村和城市郊区的土地除由法律规定属于国有的以外，属于集体所有。国家可以把国有土地使用权在一定年限内让与土地使用者，土地使用者可以将土地使用权转让他人。集体土地的自行转让是一种违法行为。对属于集体所有的土地，按现行规定只有先由国家征用后才能转让。

（2）土地使用权、地上建筑物及其附着物是否发生产权转让。土地增值税的征税范围不包括未转让土地使用权、房产产权的行为，包括房地产的出租、抵押，合作建房，房地产的代建房行为，房地产的重新评估等情形。

（3）转让土地使用权、地上建筑物及其附着物是否取得收入。转让土地使用权、地上建筑物及其附着物取得收入的征收土地值税；房地产产权虽变更但未取得收入的，如继承、赠予给直系亲属或承担直接赡养义务的人，不征收土地增值税。

土地增值税的具体征免规定见表5-4。

表 5-4   土地增值税的具体征免规定

征税范围	不征或暂不征税	免征或暂免征税
（1）转让国有土地使用权 （2）地上建筑物及其附着物连同国有土地使用权一并转让 （3）存量房地产的买卖 （4）除直系亲属、承担直接赡养义务人、法定继承人、公益性之外的赠予 （5）抵押期满以房地产抵债（发生权属转让） （6）单位之间交换房地产（有实物形态收入） （7）合作建房建成后转让	（1）房地产继承（无收入） （2）房地产赠与：①赠予直系亲属、承担直接赡养义务人、法定继承人；②公益性赠予（无收入） （3）房地产出租（权属未变） （4）抵押期内，未发生以房抵债的房地产（权属未变） （5）房地产的代建房行为（权属未变） （6）房地产评估增值（权属未变） （7）企业改制重组中房地产的转移方或接受方均非房地产开发企业	（1）个人之间互换自有居住用房地产，经当地税务机关核实 （2）合作建房建成后按比例分房自用 （3）因国家建设需要依法征用收回的房地产 （4）纳税人建造增值率不超过20%的保障性住房 （5）建造普通标准住宅出售，增值额未超过扣除项目金额20%的，省级政府结合本地实际决定减征或免征 （6）企事业单位、社会团体以及其他组织转让旧房作为改造安置住房或公租房房源，且增值额未超过扣除项目金额20%的 （7）个人销售住房 （8）省级人民政府对房地产市场较不发达、地价水平较低地区集体房地产，决定减征或免征土地增值税

【勤思善悟】

房地产公司建造豪华住宅出售，增值额未超过扣除项目金额20%的，要不要缴纳土地增值税？

3. 土地增值税的税率

土地增值税实行四级超率累进税率，即以纳税对象数额的相对率为累进依据，按超率方式计算应纳税额的税率。采用超率累进税率，需要确定以下两项因素：一是纳税对象数额的相对率，土地增值税的相对率为增值额与扣除项目金额的比率；二是把相对率从低到高划分为若干个级次，土地增值税的相对率从低到高划分为4个级次，如表5-5所示。

表 5-5   土地增值税四级超率累进税率

级数	增值额与扣除项目金额的比率	税率/%	速算扣除系数/%
1	不超过50%的部分	30	0
2	超过50%未超过100%的部分	40	5
3	超过100%未超过200%的部分	50	15
4	超过200%的部分	60	35

税收筹划

利用临界点进行纳税筹划

甲房地产开发企业开发的一批普通标准住宅商品房，计划销售价格总额为5 000万元，按税法规定计算的可扣除项目金额为4 000万元。

■ 智能化税费核算与管理

> 方案一：销售价格总额5 000万元，可扣除项目金额为4 000万元。增值额＝5 000－4 000＝1 000（万元），增值率＝1 000÷4 000＝25%。由于增值率为25%，超过20%，所以不能享受免征土地增值税的优惠政策。应纳土地增值税＝1 000×30%＝300（万元）。
>
> 方案二：销售价格总额降为4 800万元，且使得可扣除项目金额仍为4 000万元。增值额＝4 800－4 000＝800（万元），增值率＝800÷4 000＝20%，免缴土地增值税。
>
> 方案二比方案一少缴纳土地增值税300万元，因此，应当选择方案二。

【任务实施】

　　判断纳税人、征税范围：北京沁城为房地产开发公司，现自行开发"中俪港湾"项目并销售取得了收入，属于转让国有土地使用权及其地上建筑物行为，北京沁城作为土地增值税的纳税人应就该行为缴纳土地增值税。

（二）土地增值税应纳税额的计算

土地增值税的计税依据是纳税人转让房地产所取得的增值额，即纳税人转让房地产的收入减去税法规定的扣除项目金额后的余额。其公式如下：

土地增值额＝房地产转让收入－扣除项目金额

1. 房地产转让收入

纳税人转让房地产所取得的收入，是指包括货币收入、实物收入和其他收入在内的全部价款及有关的经济收益，非货币收入要折合货币金额计入收入总额。

【温馨提示】

（1）转让房地产取得的应税收入为不含增值税收入，免征增值税的，转让房地产取得的收入不扣减增值税额。

（2）纳税人因转让房地产收取的违约金、滞纳金、赔偿金、分期付款（延期付款）利息以及其他各种性质的经济收益，应当确认为房地产转让收入。

2. 扣除项目金额

（1）出售新房允许扣除的项目。

①取得土地使用权所支付的金额，是指纳税人为取得土地使用权所支付的地价款和按国家统一规定缴纳的有关费用（如登记、过户手续费等）。房地产开发企业为取得土地使用权所支付的契税，应视同"按国家统一规定缴纳的有关费用"，计入"取得土地使用权所支付的金额"中扣除。

②开发成本，是指纳税人房地产开发项目实际发生的成本，包括土地征用及拆迁补偿费（土地征用费、耕地占用费等）、前期工程费、建筑安装工程费、基础设施费、公共配套设施费和开发间接费用等。

【勤思善悟】

房地产公司出售精装修房产与出售毛坯房后再与购房者另签精装修合同,纳税方面有何不同?

③房地产开发费用,是指与房地产开发项目有关的销售费用、管理费用、财务费用。开发费用应区分以下情形按照规定的公式和标准计算扣除:

如果纳税人能够按转让房地产项目计算分摊利息支出并能提供金融机构贷款证明,则允许扣除的房地产开发费用=利息+(取得土地使用权所支付的金额+房地产开发成本)×5%以内

【温馨提示】

利息最高不能超过按商业银行同类同期贷款利率计算的金额。

如果纳税人不能按转让房地产项目计算分摊利息支出或不能提供金融机构贷款证明的(包含全部使用自有资金,没有利息支出的情况),则

允许扣除的开发费用=(取得土地使用权所支付的金额+房地产开发成本)×10%以内

计算扣除的具体比例,由各省、自治区、直辖市人民政府规定。

④与转让房地产有关的税金,是指在转让房地产时缴纳的城市维护建设税、印花税(非房地产开发企业)。因转让房地产缴纳的教育费附加和地方教育费附加视同税金予以扣除。

【温馨提示】

税法规定,房地产开发企业转让房地产时缴纳的印花税列入管理费用在开发费用中扣除,不再单独扣除印花税。非房地产开发企业缴纳的印花税允许单独扣除。

⑤财政部确定的其他扣除项目。为了抑制炒买炒卖房地产的投机行为,保护正常开发投资者的积极性,目前规定对从事房地产开发的纳税人,允许按取得土地使用权时所支付的金额和房地产开发成本之和的20%加计扣除。

从事房地产开发的纳税人加计扣除=(取得土地使用权所支付的金额+房地产开发成本)×20%

(2)出售旧房允许扣除的项目。纳税人转让旧房的,应按旧房及建筑物的评估价格、取得土地使用权所支付的地价款和按国家统一规定缴纳的有关费用及在转让环节缴纳的税金作为扣除项目计征土地增值税。

其中,旧房及建筑物的评估价格是指在转让已使用的房屋及建筑物时,由政府批准设立的房地产评估机构评定的重置成本价乘以成新度折扣率后的价格。重置成本价是指对旧房及建筑物按照转让时的建材价格和人工成本重新计算建造同等规格的房屋所需要花费的成本费用。

纳税人转让旧房及建筑物,凡不能取得评估价格,但能提供购房发票的,经当地税务部门确认,可按发票所载金额并从购买年度起至转让年度止每年加计5%计算扣除项目(加计扣除金

额=购房发票所载金额×5%×购买年度起至转让年度止的年数），年数按购房发票所载日期起至售房发票开具之日止，每满12个月计1年，未满12个月但超过6个月的，可以视同为1年。

对取得土地使用权时未支付地价款或不能提供已支付的地价款凭据的，不允许扣除取得土地使用权所支付的金额。另外，纳税人转让旧房及建筑物时因计算纳税的需要而对房地产进行评估，其支付的评估费用允许在计算增值额时予以扣除。

3. 土地增值税的应纳税额

土地增值税应纳税额的计算步骤如下。

第一步：计算增值额。

增值额＝房地产转让收入－扣除项目金额

第二步：计算增值额占扣除项目金额的比例。

增值额占扣除项目金额的比例＝增值税÷扣除项目金额×100%

第三步：计算应纳税额。

土地增值税税额＝增值额×适用税率－扣除项目金额×速算扣除系数

【任务实施】

沁城房地产公司开发"中俪港湾"项目，以普通住宅项目为例说明该公司土地增值税应纳税额计算过程。

（1）全部销售收入 393 028 900 元。

（2）扣除项目金额：

①取得土地使用权支付的金额为 156 698 538.36 元。

②房地产开发成本＝土地征用及拆迁费 4 389 314.80 ＋前期工程费 5 486 643.50 ＋建筑安装工程费 27 652 683.24 ＋基础设施费 5 267 177.76 ＋公共配套设施费 3 511 451.84 ＋开发间接费 2 853 054.62 ＝49 160 325.76（元）。

③房地产开发费用，借款利息支出能准确计算分摊并能提供金融机构贷款证明，因此

房地产开发费用＝利息支出 3 950 383.32 ＋（取得土地使用权支付的金额 156 698 538.36 ＋开发成本 49 160 325.76）×5%＝14 243 326.53（元）

④与转让房地产相关的税金＝城市维护建设税＋教育费附加＋地方教育费附加

＝1 244 341.04 ＋533 289.02 ＋355 526.01 ＝2 133 156.07（元）。

⑤从事房地产开发企业的加计扣除数＝（取得土地使用权所支付的金额＋开发成本）×20%

＝（156 698 538.36 ＋49 160 325.76）×20%＝41 171 772.82（元）。

扣除项目金额合计＝156 698 538.36 ＋49 160 325.76 ＋14 243 326.53 ＋2 133 156.07 ＋41 171 772.82 ＝27 540（元）。

（3）增值额＝393 028 900 －263 407 119.54 ＝129 621 780.46（元）。

（4）增值额占扣除项目的比例＝129 621 780.46 ÷263 407 119.54 ×100% ≈49.21%。

（5）土地增值税税额＝129 621 780.46 ×30% ＝38 886 534.14（元）。

（6）清算时应补土地增值税税额＝38 886 534.14 －11 850 867.00 ＝27 035 667.14（元）。

非普通住宅计算过程与普通住宅类似，此处不再展开。

(三) 新房转让税源采集及纳税申报

纳税人应在转让房地产合同签订之日起 7 日内向所在地税务机关办理纳税申报，并在税务机关核定的期限内缴纳土地增值税。纳税人因经常发生房地产转让而难以在每次转让后申报的，经税务机关同意，可以定期纳税，具体期限由税务机关分两种情况确定。

操作讲解视频：土地增值税清算申报 – 1

（1）对于转让房地产是一次性交割、付清价款的，在办理纳税申报后，并在办理过户、登记手续前，一次性缴纳全部土地增值税。

（2）对于以分期收款方式转让房地产的，可根据合同规定的收款日期确定纳税期限。

纳税人应先采集要申报的税源信息，然后才能进行纳税申报，具体操作方法以项目案例内容为例说明如下。

1. 税源采集

【任务实施】

北京沁城房地产开发有限公司开发"中俪港湾"项目税源信息采集：根据业务协同资料，进入纳税申报系统，在土地增值税税源采集中，选择"从事房地产开发的纳税人清算适用"的税源信息表，填写相关信息。根据沁城公司开发的"中俪港湾"项目内容填写，具体结果如图 5-3 所示。

从事房地产开发的纳税人清算适用

税款所属期限：2024-09-01 至 2024-09-30
纳税人名称（公章）：北京沁城房地产开发有限公司   纳税人识别号：91110106804BG8667B
填表日期：2024-10-01   金额单位：元（列至角分）

纳税人名称	北京沁城房地产开发有限	项目编号	bf2e9499d647411b9eb	项目名称	中俪港湾	项目地址	高新园创新路89号
所属行业	房地产开发经营	登记注册类型	有限责任有限公司	纳税人地址	高新园北路66#	邮政编码	101399
开户银行	中国工商银行北京分行	银行账号	1100101031505035253	主管部门	国家税务总局顺义	电话	010-54785690
总可售面积		0.00	自用和出租面积		0.00	清算方式是否核定征收	○是 ●否
已售面积	40,500.00	其中：普通住宅已售面积	39,502.89	其中：非普通住宅已售面积	997.11	其中：其他类型房地产已售面积	0.00

项目	行次	金额			
		普通住宅	非普通住宅	其他类型房地产	合计
一、转让房地产收入总额 1=2+3+4	1	393,028,900.00	11,971,100.00	0.00	405,000,000.00
其中	货币收入	2	393,028,900.00	11,971,100.00	0.00	405,000,000.00
	实物收入及其他收入	3	0.00	0.00	0.00	0.00
	视同销售收入	4	0.00	0.00	0.00	0.00
二、扣除项目金额合计 5=6+7+14+17+21+22	5	263,407,119.54	6,692,636.62	0.00	270,099,756.16
1. 取得土地使用权所支付的金额	6	156,698,538.36	3,957,312.87	0.00	160,655,851.23
2. 房地产开发成本 7=8+9+10+11+12+13	7	49,160,325.76	1,241,509.93	0.00	50,401,835.69
其中	土地征用及拆迁补偿费	8	4,389,314.80	110,849.10	0.00	4,500,163.90
	前期工程费	9	5,486,643.50	138,561.38	0.00	5,625,204.88
	建筑安装工程费	10	27,652,683.24	698,349.33	0.00	28,351,032.57
	基础设施费	11	5,267,177.76	133,018.92	0.00	5,400,196.68
	公共配套设施费	12	3,511,451.84	88,679.28	0.00	3,600,131.12
	开发间接费用	13	2,853,054.62	72,051.92	0.00	2,925,106.54

3. 房地产开发费用 14=15+16			14	14,243,326.53	359,705.33	0.00	14,603,031.86
其中	利息支出		15	3,950,383.32	99,764.19	0.00	4,050,147.51
	其他房地产开发费用		16	10,292,943.21	259,941.14	0.00	10,552,884.35
4. 与转让房地产有关的税金等 17=18+19+20			17	2,133,156.07	94,343.93	0.00	2,227,500.00
其中	营业税		18	0.00	0.00	0.00	0.00
	城市维护建设税		19	1,244,341.04	55,033.96	0.00	1,299,375.00
	教育费附加		20	888,815.03	39,309.97	0.00	928,125.00
5. 财政部规定的其他扣除项目			21	41,171,772.82	1,039,764.56	0.00	42,211,537.38
6. 代收费用			22	0.00	0.00	0.00	0.00
三、增值额 23=1-5			23	129,621,780.46	5,278,463.38	0.00	134,900,243.84
四、增值额与扣除项目金额之比（%）24=23÷5			24	49.21%	78.87%	0.00	128.08%
五、适用税率（%）			25	30.00%	40.00%	0.00	70.00%
六、速算扣除系数（%）			26	0.00	5.00%	0.00	5.00%
七、应缴土地增值税税额 27=23×25-5×26			27	38,886,534.14	1,776,753.52	0.00	40,663,287.66
八、减免税额 28=30+32+34			28	0.00	0.00	0.00	0.00
其中	减免税（1）	减免性质代码（1）	29	请选择	请选择	请选择	—
		减免税额（1）	30	0.00	0.00	0.00	0.00
	减免税（2）	减免性质代码（2）	31	请选择	请选择	请选择	—
		减免税额（2）	32	0.00	0.00	0.00	0.00
	减免税（3）	减免性质代码（3）	33	请选择	请选择	请选择	—
		减免税额（3）	34	0.00	0.00	0.00	0.00
九、已缴土地增值税税额			35	11,850,867.00	299,133.00	0.00	12,150,000.00
十、应补（退）土地增值税税额 36=27-28-35			36	27,035,667.14	1,477,620.52	0.00	28,513,287.66

图 5-3　税源采集结果

2. 纳税申报

完成税源信息采集工作后，可直接跳转申报页面，在"纳税期限"中根据企业实际情况选择"按月""按季""按年""按次"或"按半年"申报，选择税源信息，进入申报界面，单击【下一步】，可见"财产和行为税纳税申报表"及"财产和行为税减免税明细申报附表"，进入查看相关信息，确认无误后，单击【申报】，完成申报并缴纳税款。

【任务实施】

北京沁城房地产开发有限公司开发"中俪港湾"项目土地增值税清算申报：在完成税源信息采集后，选择【按月申报】进入申报界面，确认信息无误后，单击【申报】完成申报，如图 5-4 所示。

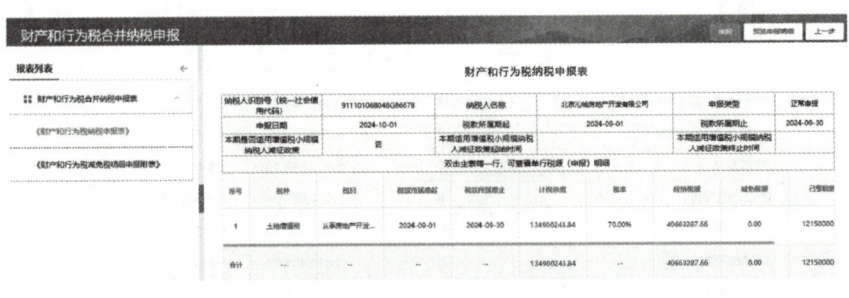

图 5-4　土地增值税纳税申报

（四）旧房转让税源采集及纳税申报

转让旧房及建筑物，要先终止旧房房产税的纳税义务，才能进行土地增值税的税源采集。

【学以致用】

2024年9月，北京和溪日用有限公司（查账征收纳税人）转让位于北京市东城区房产，相关信息如下：

（1）该房产为公司自建房产，2019年1月支付土地出让金5 500 000元，并于2020年2月建造完成。

（2）2024年9月1日公司以29 925 000元价款转让该房产并签订办公用房转让协议，转让时，经政府批准设立的房地产评估机构评定的重置成本为15 800 000元，成新度折扣率为80%。评估费用为58 000元。

（3）2024年9月15日银行账户收到售房款29 925 000元（含增值税1 425 000元）。

（4）印花税按产权转移书据所载金额0.5‰贴花（签订合同时未单独列明增值税）。

（5）城市维护建设税、教育费附加、地方教育附加税率/征收率分别为7%、3%、2%。

要求终止房产税税源，按次申报土地增值税。（房产终止时间为2024年9月5日）

操作方法：

①在房产税税源明细中，找到房屋信息，单击【义务终止】——录入终止时间，终止该房产的纳税义务，如图5-5所示。

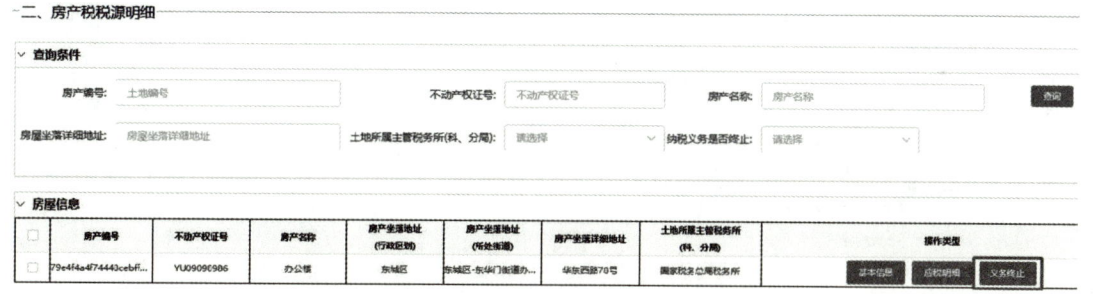

图5-5　旧房房产税纳税义务终止

②进入土地增值税的税源采集页面，选择"转让旧房及建筑物的纳税人适用"税源采集表，单击【税源标志】空白处，选择要转让的房产的【房源编号】，按要求填写相关税源信息完成采集工作。其税源信息填写内容及方法如下。

（1）销售收入 = 售房款29 925 000元 − 增值税1 425 000元 = 28 500 000（元）。

（2）各扣除项目金额。

①取得土地使用权支付的金额为5 500 000元。

②旧房及建筑物的评估价格 = 旧房及建筑物的重置成本价 × 成新度折扣率
$$= 15\,800\,000 \times 80\% = 12\,640\,000（元）$$

③评估费用 58 000 元。

④与转让房地产相关的税金 = 城市维护建设税 + 教育费附加 + 地方教育费附加 + 印花税

$=1\ 425\ 000\times 7\% + 1\ 425\ 000\times(3\% + 2\%) + 29\ 925\ 000\times 0.5‰$

$=99\ 750 + 71\ 250 + 14\ 962.5 = 185\ 962.5$（元）。

（3）扣除项目金额合计 $=5\ 500\ 000 + 12\ 640\ 000 + 58\ 000 + 185\ 962.5 = 18\ 383\ 962.5$（元）。

（4）增值额 $=28\ 500\ 000 - 18\ 383\ 962.5 = 10\ 116\ 037.5$（元）。

（5）增值额占扣除项目的比例 $=10\ 116\ 037.5\div 18\ 383\ 962.5\times 100\%\approx 55.03\%$。

（6）土地增值税税额 $=10\ 116\ 037.5\times 40\% - 18\ 383\ 962.5\times 5\% = 3\ 127\ 216.88$（元）。

具体结果如图 5－6 所示。

转让旧房及建筑物的纳税人适用

税款所属期：2024-09-01 至 2024-09-01

金额单位：元（列至角分）

纳税人识别号	91110909182098735X	纳税人名称	北京和溪日用有限公司	联系电话	010-51663797
税源标志	房源编号	税源编号	573a6b1181fa485bae47f4bc0a7ad8e1	税源地址	华东西路78号
行业类别	日用品批发	纳税人地址	北京市海淀区红山路16号		
经济性质	其他有限责任公司	邮政编码	100080	主管部门	国家税务总局海淀分局

项目			行次	金额
一、转让房地产收入总额（应录入不含税收入） 1=2+3+4			1	28,500,000.00
其中	货币收入		2	28,500,000.00
	实物收入		3	0.00
	其他收入		4	0.00
二、扣除项目金额合计（1）5=6+7+10+15（2）5=11+12+14+15	◉ 提供评估价格 ○ 提供购房发票		5	18,383,962.50
（1）提供评估价格	1. 取得土地使用权所支付的金额		6	5,500,000.00
	2. 旧房及建筑物的评估价格 7=8×9		7	12,640,000.00
	其中	旧房及建筑物的重置成本价	8	15,800,000.00
		成新度折扣率	9	80.00%
	3. 评估费用		10	58,000.00
（2）提供购房发票	1. 购房发票金额		11	0.00
	2. 发票加计扣除金额 12=11×5%×13		12	0.00
	其中：房产实际持有年数		13	0.00
	3. 购房契税		14	0.00
4. 与转让房地产有关的税金等15=16+17+18+19			15	185,962.50
其中	营业税		16	0.00
	城市维护建设税		17	99,750.00
	印花税		18	14,962.50
	教育费附加		19	71,250.00
三、增值额 20=1−5			20	10,116,037.50
四、增值额与扣除项目金额之比 21=20÷5			21	55.030%
五、适用税率			22	40.00%
六、速算扣除系数			23	5.00%
七、应缴土地增值税税额 24=20×22−5×23			24	3,127,216.88
八、减免税额	减免性质代码：	请选择	25	0.00
九、已缴土地增值税税额			26	0.00
十、应补（退）土地增值税税额 27=24−25−26			27	3,127,216.88

图 5－6 转让旧房及建筑物土地增值税纳税申报表

（五）土地增值税应纳税额的会计核算

在会计核算中，房地产开发企业开发新房出售的收入额反映在"主营业务收入"账户的贷方，计提应交的土地增值税时，应借记"税金及附加"科目，贷记"应交税费——应交土地增值税"科目，而旧房出售取得的收入额反映在"固定资产清理"账户的贷方，计提应交的土地增值税时，应借记"固定资产清理"科目，贷记"应交税费——应交土地增值税"科目。

1. 房地产开发企业的会计核算

（1）取得预售收入预缴土地增值税的核算。房地产开发企业取得预售收入，由于商品未转移给购买者，不满足收入确认条件，因此，收到预售款时不能确认收入，待预售房屋竣工并交付给购买方时，再确认收入。税法规定，房地产开发企业在其开发项目全部竣工结算前转让房地产取得的收入，应在次月10日前向主管税务机关申报预缴土地增值税。在预缴时，借记"应交税费——应交土地增值税"科目，贷记"银行存款"等科目，待该房地产营业收入实现时，再按收入实现处理。

操作讲解视频：土地增值税预缴申报（示例1）

【任务实施】

北京沁城房地产开发有限公司开发"中俪港湾"项目，清算前取得预售收入并预缴了土地增值税，其中普通住宅预缴 11 850 867 元，非普通住宅预缴 299 133 元，共计 12 150 000 元，相关会计处理如下。

①取得预售收入，要承担向客户转让商品房的义务，因此应确认为"合同负债"，借记"银行存款"等，贷记"合同负债"，此处不展开。

②预缴土地增值税（此处集中申报预缴）。

借：应交税费——应交土地增值税　　12 150 000.00
　　贷：银行存款　　　　　　　　　　　　　12 150 000.00

（2）取得营业收入缴纳土地增值税的核算。房地产开发企业所开发的房屋竣工交付给购买者，符合收入确认条件，确认营业收入，应按当期营业收入负担的土地增值税，借记"税金及附加"科目，贷记"应交税费——应交土地增值税"科目，企业缴纳土地增值税时，借记"应交税费——应交土地增值税"科目，贷记"银行存款"科目；在开发项目全部竣工、办理结算后进行清算。

【任务实施】

北京沁城房地产开发有限公司开发"中俪港湾"项目，清算时取得收入并计缴土地增值税，相关会计处理如下。

①取得销售收入（此处集中核算），转让不动产增值税税率为9%。

应交增值税税额 = 405 000 000 × 9% = 36 450 000（元）

借：银行存款　　　　　　　　　　　441 450 000.00
　　贷：主营业务收入　　　　　　　　　　 405 000 000.00

　　　　　应交税费——应交增值税（销项税额）　　　　　　36 450 000.00
　　②计算应纳土地增值税税额。
　　借：税金及附加　　　　　　　　　　　　　　　　　　40 663 287.66
　　　　贷：应交税费——应交土地增值税　　　　　　　　　　40 663 287.66
　　③计算清缴土地增值税。清缴税额＝应纳税额－已预缴税额
＝40 663 287.66－12 150 000.00＝28 513 287.70（元）。
　　借：应交税费——应交土地增值税　　　　　　　　　　28 513 287.70
　　　　贷：银行存款　　　　　　　　　　　　　　　　　　28 513 287.70

2. 转让旧房及建筑物的会计核算

非房地产开发企业对于地上建筑物及其附着物连同国有土地使用权一并转让的业务通过"固定资产清理"等科目核算。

【学以致用】

2024年9月，北京和溪日用有限公司转让北京市东城区房产，应缴纳的土地增值税账务处理如下。
　　借：固定资产清理　　　　　　　　　　　　　　　　　3 127 216.88
　　　　贷：应交税费——应交土地增值税　　　　　　　　　 3 127 216.88

（六）土地增值税的风险管控

土地增值税风险管理应重点关注的指标包括：①转让应税项目变动系数；②转让应税项目增值率与同类项目转让增值率配比；③土地增值税变动与企业利润额变动的配比分析；④当期转让应税项目的增值率变动与同期房地产行业价格指数变动的配比分析等。

主要的风险点包括：

1. 不熟悉征税范围可能导致纳税风险

【学以致用】

某私营工业企业于2022年1月向该市的工商银行申请贷款500万元，用于引进先进设备并以其新建的一座厂房抵押，双方签订借款合同，在合同中约定，企业以其新建的厂房作为抵押，向该市的工商银行贷款500万元，贷款期限为两年，贷款利率10%。到了2024年2月15日，该企业经营不善无力偿还贷款。银行代其将新建厂房拍卖，取得600万元的收入，在偿还贷款本息及相关费用后，将余款交还给该企业。

请判断该企业是否应缴纳土地增值税。

风险分析：该企业2022年1月至2023年12月抵押贷款期内，厂房未发生以房抵债，权属未变，无须缴纳土地增值税，但是，2024年2月，银行将其厂房拍卖，房屋产权已发生变化，亦取得了收入，应缴纳土地增值税。

2. 土地增值税收入、扣除项目确认错误导致纳税风险

【勤思善悟】

某房地产开发企业于2024年12月将一栋已竣工交付使用的写字楼转让给某建材总公司作办公楼,这栋写字楼连同土地所有权价值5 000万元人民币,双方商定其中4 000万元以货币资金结算,其余1 000万元折算为等价的优质钢材进行结算。该房地产公司为了隐匿销售收入,只将4 000万元的货币资金记入经营收入账户,其余的1 000万元直接记入了"库存材料"账户。你认为该公司的账务和税务处理方法存在风险吗?

二、耕地占用税的核算与管理

房地产开发企业及其他企业或个人,在开发建房或其他非农建设时,时有占用耕地的情况,国家从1987年便通过征收耕地占用税来保护耕地不被破坏和过度占用。目前,耕地占用税适用的法律法规是2019年9月1日起施行的《中华人民共和国耕地占用税法》。

(一)耕地占用税的纳税人及征税范围

耕地占用税是对占用耕地建设建筑物、构筑物或者从事非农业建设的单位或者个人,就其实际占用耕地面积所征收的一种税。耕地是指种植农业作物的土地。耕地占用税的征收对强化耕地管理、促进农业可持续发展具有重要意义。

【温馨提示】

占用耕地建设农田水利设施的,不缴纳耕地占用税;纳税人因建设项目施工或者地质勘查临时占用耕地,应缴纳耕地占用税;纳税人在批准临时占用耕地期满之日起一年内依法复垦,恢复种植条件的,全额退还已经缴纳的耕地占用税;占用园地、林地、草地、农田水利用地、养殖水面、渔业水域滩涂以及其他农用地建设建筑物、构筑物或者从事非农业建设的,也应缴纳耕地占用税。

【温馨提示】

以下情形可免征或减征耕地占用税:

(1)军事设施占用耕地及学校、幼儿园、社会福利机构、医疗机构占用耕地为法定免征。

(2)铁路线路、公路线路、飞机场跑道、停机坪、港口、航道占用耕地,减按每平方米2元的税额征收耕地占用税,根据实际需要,国务院财政、税务主管部门商国务院有关部门并报国务院批准后,也可以对以上规定的情形免征或者减征耕地占用税。

> （3）农村居民在规定用地标准以内占用耕地新建住宅，按照当地适用税额减半征收耕地占用税，其中农村居民经批准搬迁，新建自用住宅占用耕地不超过原宅基地面积的部分，免征耕地占用税；农村烈士遗属、因公牺牲军人遗属、残疾军人以及符合农村最低生活保障条件的农村居民，在规定用地标准以内新建自用住宅，免征耕地占用税。
>
> 依照规定免征或者减征耕地占用税后，纳税人改变原占地用途，不再属于免征或者减征耕地占用税情形的，应当按照当地适用税额补缴耕地占用税。

（二）耕地占用税核算的纳税期限

纳税人应在收到自然资源主管部门办理占用耕地手续的书面通知的30日内申报缴纳耕地占用税。自然资源主管部门凭耕地占用税完税凭证或者免税凭证和其他有关文件发放建设用地批准书。

（三）耕地占用税的税率

耕地占用税采用地区差别定额税率。具体规定如下。
（1）人均耕地不超过1亩的地区，每平方米为10元至50元。
（2）人均耕地超过1亩但不超过2亩的地区，每平方米为8元至40元。
（3）人均耕地超过2亩但不超过3亩的地区，每平方米为6元至30元。
（4）人均耕地超过3亩的地区，每平方米为5元至25元。

各地区耕地占用税的适用税额，由省、自治区、直辖市人民政府根据人均耕地面积和经济发展等情况，在规定的税额幅度内提出，报同级人民代表大会常务委员会决定，并报全国人民代表大会常务委员会和国务院备案。

在人均耕地低于0.5亩的地区，省、自治区、直辖市可以根据当地经济发展情况，适当提高耕地占用税的适用税额，但提高的部分不得超过规定的适用税额的50%；占用基本农田的，适用税额应当在规定的当地适用税额的基础上提高50%。

（四）耕地占用税应纳税额的会计核算

耕地占用税的计算公式如下：
应纳税额 = 实际占用的耕地面积（平方米）× 适用税率

操作讲解视频：——耕地占用税计算与核算（示例）

由于耕地占用税是在实际占用耕地之前一次性缴纳的，不存在与征税机关清算和结算的问题，因此企业按规定缴纳的耕地占用税，可以不通过"应交税费"科目核算。企业为购建固定资产而缴纳的耕地占用税，作为固定资产价值的组成部分，记入"在建工程"科目，购建耕地用于其他用途的，记入"无形资产"等科目。

> 【温馨提示】
>
> 新征用的耕地，凡是缴纳了耕地占用税的，从批准之日起满一年后才征收土地使用税。

【学以致用】

农户张保全拥有一处花圃，占地面积 1 200 平方米，2024 年 3 月将其中的 1 100 平方米改造为果园，其余 100 平方米在规定的标准内建造了自用住宅。另外，张保全承包一块园地 3 000 平方米，其中 300 平方米用于建设厂房，其余耕地 700 平方米用于种植药材，2 000 平方米用于种植水稻。（注：耕地占用税税率为 30 元/平方米。）

分析：300 平方米用于建设厂房加上 100 平方米宅基地占用耕地（农村居民在规定用地标准以内占用耕地新建自用住宅，按照当地适用税额减半征收耕地占用税）应计缴耕地占用税。

应纳税额 = 实际占用的耕地面积（平方米）× 适用税率
= 300 × 30 + 100 × 30 × 50% = 10 500（元）

其中，缴纳厂房建设的耕地占用税的会计处理如下。

借：在建工程　　　　　　　　　　　　　　　　　　9 000.00
　　贷：银行存款　　　　　　　　　　　　　　　　　　9 000.00

模块三　契税的核算与管理

模块案例

粤辉有限责任公司 2024 年 5 月以出让股权的方式接受琼山有限责任公司的自有房产并办理了产权过户手续，经有关部门评估，该房产的现值为 24 000 万元。当地适用 3% 的契税税率。

任务清单：
1. 判断该案例的纳税人及征税范围
2. 计算该公司应缴纳的契税
3. 对该公司的契税进行风险管控及申报管理

契税是以在中华人民共和国境内转移土地、房屋权属为征税对象，向产权承受人征收的一种财产税。征收契税有利于增加地方财政收入，有利于保护合法产权，避免产权纠纷。目前，契税适用的法律法规是自 2021 年 9 月 1 日起施行的《中华人民共和国契税法》。

一、契税的纳税人及征税范围

（一）契税的纳税人

在中华人民共和国境内转移土地、房屋权属，承受的单位和个人为契税的纳税人。

（二）契税的征税范围

（1）土地使用权出让。包括国有土地使用权出让和集体经营性建设用地出让。

（2）土地使用权转让。是指土地使用者以出售、赠予、交换或者其他方式将土地使用权转移给其他单位和个人的行为。

> 【温馨提示】
>
> 土地使用权的转让不包括农村集体土地承包经营权和土地经营权的转移。

（3）房屋买卖。房屋买卖指买方为取得房产所有权向卖方支付一定金额货币或实物的交易行为，包括以预购方式或者预付集资建房款方式承受房屋所有权。以房产抵债、以房产作价投资或做股权转让、买房拆料或翻建新房等行为均视同房屋买卖。

（4）房屋赠予。房屋赠予是指房屋产权所有人将房屋无偿转让给他人所有。单位、个人因突出贡献或者参加社会活动（如抽奖等）而获得奖励的土地、房屋，属于无偿转移，视同土地使用权或房屋赠予征收契税。

> 【温馨提示】
>
> 对于《中华人民共和国继承法》规定的法定继承人（包括配偶、子女、父母、兄弟姐妹、祖父母、外祖父母）继承土地、房屋权属，不征收契税。非法定继承人根据遗嘱承受死者生前的土地、房屋权属，属于赠予行为，应缴纳契税。

（5）房屋交换。房屋交换是指房屋所有者之间相互交换房屋的行为。如果交换的房屋价值不等，一方需支付差价，则支付差价方需按差价缴纳契税；当房屋价值相等，即差额为零时，交换双方均免契税。

> 【温馨提示】
>
> 以下情形可免征或减征契税：
> （1）国家机关、事业单位、社会团体、军事单位承受土地、房屋权属用于办公、教学、医疗、科研、军事设施的，免征契税；
> （2）非营利性的学校、医疗机构、社会福利机构承受土地、房屋权属用于办公、教学、医疗、科研、养老、救助的，免征契税；

（3）承受荒山、荒地、荒滩土地使用权用于农、林、牧、渔业生产的，免征契税；

（4）婚姻关系存续期间夫妻之间变更土地、房屋权属的，免征契税；

（5）法定继承人通过继承承受土地、房屋权属的，免征契税；

（6）依照法律规定应当予以免税的外国驻华使馆、领事馆和国际组织驻华代表机构承受土地、房屋权属的，免征契税；

（7）根据国民经济和社会发展的需要，国务院对居民住房需求保障、企业改制重组、灾后重建等情形可以规定免征或者减征契税，报全国人民代表大会常务委员会备案；

（8）因不可抗力灭失住房而重新购买住房的，酌情准予减征或免征；

（9）因土地、房屋被县级以上人民政府征收、征用，重新承受土地、房屋权属的，是否减征或者免征契税，由省级人民政府确定。

【任务实施】

判断纳税人、征税范围：粤辉有限责任公司以出让股权的方式接受琼山有限责任公司的房产，为产权承受人，是契税的纳税义务人。

二、契税的税率

契税采取幅度比例税率，税率幅度为3%~5%。各省、自治区、直辖市人民政府可以在规定范围内，按照本地区的实际情况决定。城镇职工按规定第一次购买公有住房（含按政策经批准的集资房、房改房），免征契税。

三、契税应纳税额的计算与申报管理

（一）契税应纳税额的计算

契税应纳税额的计算公式如下：

应纳税额＝契税的计税依据×适用税率

操作讲解视频：契税计算

其中，契税的计税依据为不含增值税的不动产价格。由于土地、房屋权属转移方式不同，定价方法也不同，契税的具体计税依据也不同，主要有以下几种。

（1）按成交价格计算。成交价格经双方协商，形成合同，税务机关以此为据，直接计税。这种方式主要适用于国有土地使用权出让、土地使用权出售、房屋买卖。

（2）按市场价格计算。这种方式主要适用于土地使用权赠送、房屋赠送，征税机关参照土地使用权出售、房屋买卖的市场价格核定。

（3）按土地、房屋交换差价定税。价差是指土地使用权交换、房屋交换，为所交换的土地使用权、房屋的价格差额。当交换价格相等时，免征契税；当交换价格不等时，由多交付货币、实物、无形资产或者其他经济利益的一方缴纳契税。

（4）按土地收益定价。对于以划拨方式取得的土地使用权，经批准转让房地产时，由房地产转让者补交契税。计税依据为补交的土地使用权出让费或土地收益。

（5）房屋附属设施征收契税的依据：①采取分期付款方式购买房屋附属设施土地使用权、房屋所有权的，应按合同规定的总价款计征契税；②承受的房屋附属设施权属如为单独计价的，按照当时确定的适用税率征收契税；如与房屋统一计价的，适用与房屋相同的契税税率。

【任务实施】

粤辉有限责任公司应以成交价格（房产的评估现值 24 000 万元）为计税依据，计算缴纳契税。

应纳税额 = 24 000 × 3% = 720（万元）

（二）纳税申报

契税的纳税义务发生时间是纳税人签订土地、房屋权属转移合同的当日，或者纳税人取得其他具有土地、房屋权属转移合同性质凭证的当日。纳税人应自纳税义务发生之日起 10 日内，向土地、房屋所在地的契税征收机关办理纳税申报，并在征收机关核定的期限内缴纳税款。契税税额的缴纳一般采取银行柜台缴纳方式，纳税人缴纳税款后，持契税完税凭证和其他规定的文件材料，向土地管理部门、房产管理部门办理有关土地、房屋的权属变更、登记手续；如未出具契税完税凭证，则不予办理。

四、契税应纳税额的会计核算

企业取得土地使用权、房屋按规定缴纳的契税，由于是一次性按实际取得的不动产的价格计税，不存在与税务机关结算或清算的问题，所以不需要通过"应交税费"科目核算。在进行会计核算时，应将契税计入相应的资产成本或费用中，通常涉及"固定资产""无形资产""管理费用"等科目。

【学以致用】

粤兴有限责任公司于 6 月 13 日购买一栋办公大楼，成交价为 4 万元/平方米，总金额为 2 000 万元，分两期支付；6 月 20 日购入土地一块，面积 625 平方米，准备建设冷冻仓库，支付 5 000 万元（当地适用 4% 的契税税率）。请计算粤兴有限责任公司需要缴纳的契税并进行核算。

（1）公司购入办公楼，应缴纳的契税为：20 000 000 × 4% = 800 000（元），不考虑其他因素，办公楼的入账价值为 20 800 000 元，相关会计分录如下。

借：固定资产   20 800 000.00
　　贷：银行存款   20 800 000.00

（2）公司购入土地，应缴纳的契税为：50 000 000×4%＝2 000 000（元），不考虑其他因素，土地的入账价值为 52 000 000 元，相关会计分录如下。

借：无形资产——土地使用权   52 000 000.00
　　贷：银行存款   52 000 000.00

五、契税的风险管控

契税的主要风险指标包括：①土地补偿费、地上附着物和青苗补偿费等未按规定缴纳契税；②取得土地出让金减免未足额缴纳契税；③补缴土地出让金未按规定缴纳契税；④城市基础设施配套费未按规定缴纳契税等。

模块四　车船税和车辆购置税的核算与管理

模块案例

北京元轩粮油贸易有限公司（统一社会信用代码：9144520079626678111），主要经营业务为粮油贸易。2024年拥有以下车辆：

载货货车8辆，其中2辆新购买的货车尚未使用，整备质量为10吨/辆；低速货车4辆，整备质量为1.5吨/辆；45座的大型客车3辆；排量1.7升小轿车3辆；8座的纯电动客车1辆；载货挂车1辆，整备质量1.5吨/辆。

新购买的车辆信息如下：

车辆号码	车辆类型	车辆发票日期或注册登记日期	整备质量（吨）	不含税买价（万元）
京 AL7035	货车	2024/12/1	10	15
京 AL7068	货车	2024/12/1	10	20

任务清单：
（1）判断该案例的纳税人及征税范围；
（2）计算该公司应缴纳的车船税；
（3）对该公司的车船税进行风险管控及申报管理。

智能化税费核算与管理

车船税是国家对行驶于我国境内公共道路的车辆和航行于境内河流、湖泊或领海的船舶,按其种类、吨位或数量,向车船所有人或者管理人依法定额征收的一种财产税。目前,车船税适用的法律法规是自2012年1月1日起施行的《中华人民共和国车船税法》。

一、车船税的纳税人及征税范围

微课:买车要交什么税呢?

(一)车船税的纳税人

在中华人民共和国境内规定的车辆、船舶(以下简称"车船")的所有人或者管理人,为车船税的纳税义务人。这里所称的管理人,是指对车船具有管理使用权,不具有所有权的单位。

【温馨提示】

外商投资企业、外国企业、华侨、外籍人员和港澳台同胞,也属于车船税的纳税人。境内单位和个人租入外国籍船舶的,不征收车船税。境内单位和个人将船舶出租到境外的,应依法征收车船税。

(二)车船税的征税范围

车船税的征税范围是依法应当在车船登记管理部门登记的机动车辆和船舶以及依法不需要在车船登记管理部门登记的在单位内部场所行驶或者作业的机动车辆和船舶,主要包括乘用车、商用车、挂车、摩托车、专用作业车、轮式专用机械车、游艇和船舶。

【温馨提示】

以下情形可免征或减征车船税:
(1)捕捞、养殖渔船,免征车船税。
(2)军队、武装警察部队专用的车船,免征车船税。
(3)警用车船,免征车船税。
(4)依照法律规定应当予以免征车船税的外国驻华使领馆、国际组织驻华代表机构及其有关人员的车船。
(5)对节能汽车,减半征收车船税;工业和信息化部、国家税务总局不定期联合发布《享受车船税减免优惠的节约能源使用新能源汽车车型目录》予以公告符合条件的节能、新能源汽车,免征车船税。
(6)对受严重自然灾害影响纳税困难以及有其他特殊原因确需减税、免税的,可以减征或者免征车船税。具体办法由国务院规定,并报全国人民代表大会常务委员会备案。
(7)省、自治区、直辖市人民政府根据当地实际情况,可以对公共交通车船,农村居民拥有并主要在农村地区使用的摩托车、三轮汽车和低速载货汽车定期减征或者免征车船税。
(8)经批准临时入境的外国车船和我国香港、澳门、台湾地区的车船,不征收车船税。

【任务实施】

判断纳税人、征税范围：北京元轩粮油贸易有限公司拥有载货货车、低速货车、大型客车、小轿车、载货挂车等车辆，该公司作为以上车辆的所有人是车船税的纳税人，购买交强险时由保险公司代扣代缴。但其拥有的纯电动客车属于新能源汽车，免征车船税。

二、车船税的税率

车船税实行有幅度的定额税率，即对各类车船分别规定一个最低到最高限度的年税额，同时授权国务院财政部门、税务主管部门可以根据实际情况，在法定的税目范围和税额幅度内，划分子税目，并明确车辆的子税目税额幅度和船舶的具体适用税额（见表5-6）。车辆的具体适用税额由省、自治区、直辖市人民政府在规定的子税目税额幅度内确定。

表5-6　　　　　　　　　　车船税税目税额表

税　目		计税标准	每年税额	税目注释
乘用车	1.0升（含）以下	每辆	60~360元	核定载客人数 9人（含）以下
	1.0升以上至1.6升（含）		300~540元	
	1.6升以上至2.0升（含）		360~660元	
	2.0升以上至2.5升（含）		660~1 200元	
	2.5升以上至3.0升（含）		1 200~2 400元	
	3.0升以上至4.0升（含）		2 400~3 600元	
	4.0升以上		3 600~5 400元	
商用车	核定载客人数9人以上		480~1 440元	包括电车
货车		整备质量每吨	16~120元	包括半挂牵引车和三轮汽车以及低速载货汽车
挂车		整备质量每吨	货车税额的50%	
摩托车		每辆	36~180元	
专用作业车		整备质量每吨	16~120元	不包括拖拉机
轮式专用机械车		整备质量每吨	16~120元	
游艇		每米	600~2 000元	按艇身长度
机动船舶	净吨位小于或者等于200吨的	净吨位每吨	3元	拖船和非机动驳船分别按船舶税额的50%计算
	净吨位201~2 000吨的		4元	
	净吨位2 001~10 000吨的		5元	
	净吨位10 001吨及以上的		6元	

■ 智能化税费核算与管理

【勤思善悟】

车船税作为一种对车辆和船舶所有者或使用者征收的税种，其征收的目的是什么？它对环境保护与节能和社会财富方面有哪些潜在影响？

三、车船税应纳税额的计算与申报管理

（一）车船税应纳税额的计算

操作讲解视频：车船税的计算与申报（示例1）

车船税纳税人按照纳税地点所在的省、自治区、直辖市人民政府确定的具体适用税额缴纳车船税。

（1）购置的新车船，购置当年的应纳税额自纳税义务发生的当月起按月计算。计算公式为：

应纳税额＝（年应纳税额÷12）×应纳税月份数

其中：应纳税月份数＝12－纳税义务发生时间（取得月份）＋1

【温馨提示】

实务中，车船税由从事机动车第三者责任强制保险业务的保险机构每年代为扣缴，不分年计算缴纳。因此，本书不分年计税及核算。

（2）在一个纳税年度内，已完税的车船被盗抢、报废、灭失的，纳税人可以凭有关管理机关出具的证明和完税证明，向纳税所在地的主管税务机关申请退还自被盗抢、报废、灭失月份起至该纳税年度终了期间的税款。

（3）已办理退税的被盗抢车船，失而复得的，纳税人应当从公安机关出具相关证明的当月起计算缴纳车船税。

（4）已缴纳车船税的车船在同一纳税年度内办理转让过户的，不另纳税，也不退税。

（5）已经缴纳车船税的车船，因质量原因，车船被退回生产企业或者经销商的，纳税人可以向纳税所在地的主管税务机关申请退还自退货月份起至该纳税年度终了期间的税款。退货月份以退货发票所载日期的当月为准。

【任务实施】

判断征税范围、纳税人和税率，计算车船税税额。

分析：根据车船税法律规定，货车、挂车、大型客车、小汽车都属于车船税的征税范围。

利用网络工具查找北京市的车船税税目税额表，其中货车72元/年，挂车按照货车税额的50%计算，大型客车480元/年，1.6升以上至2.0升（含）的小轿车360元/年。

（1）载货汽车应纳税额 =（8×10+4×1.5）×72 = 6 192（元）
（2）载货挂车按货车税额的50%计算，应纳税额 = 1.5×72×50% = 54（元）
（3）大型客车应纳税额 = 3×480 = 1 440（元）
（4）小轿车应纳税额 = 3×360 = 1 080（元）
（5）纯电动客车免征车船税
该公司应纳车船税税额 = 6 192+54+1 440+1 080 = 8 766（元）

（二）车船税税源采集及纳税申报

车船税纳税义务发生时间为取得车船所有权或者管理权的当月，即购买车船的发票或者其他证明文件所载日期的当月。购置的新车船，购置当年的应纳税额自纳税义务发生的当月起按月计算。应纳税额为年应纳税额除以12再乘以应纳税月份数。车船税按年申报、分月计算、一次性缴纳。纳税年度自公历1月1日起至12月31日止。具体申报纳税期限由省、自治区、直辖市人民政府确定。

从事机动车第三者责任强制保险业务的保险机构为机动车车船税的扣缴义务人，应当在收取保险费时依法代收车船税，并出具代收税款凭证。

【任务实施】

北京元轩粮油贸易有限公司在纳税申报车船税前，可通过电子税务局搜索查询公司名下车船，填写车船税税源明细表。操作方法：进入车船税申报界面，选择车船税税源采集，进入后点击车船税税源明细表中的【查询】，可查询该公司名下的所有车船，确定后单击【保存车辆信息】，返回后进行"财产和行为税合并纳税申报"，完成车船税纳税申报工作。

四、车船税应纳税额的会计核算

车船税的会计核算主要涉及税金的计提和支付处理。对车船税的会计处理，应通过"税金及附加"和"应交税费——应交车船使用税"账户进行核算。具体核算内容如下。

【任务实施】

根据前面计算结果，北京元轩粮油贸易有限公司2024年车船税计提分录如下：
借：税金及附加　　　　　　　　　　　　　　　　　　　　8 766.00
　　贷：应交税费——应交车船使用税　　　　　　　　　　　8 766.00

五、车船税的风险管控

车船税主要税务风险点包括：①为运输设备材料和配件购买的渔船未按规定缴纳车船税；②单位内部使用车辆和船舶未缴纳车船税等。

六、车辆购置税的核算与管理

操作讲解视频：车辆购置税计算与核算（示例1）

车辆购置税是以在中华人民共和国境内购置规定车辆为课税对象，在特定的环节向车辆购置者征收的一种税。目前，车辆购置税适用的法律法规是自2019年7月1日起施行的《中华人民共和国车辆购置税法》。

（一）车辆购置税的纳税人及征税范围

1. 车辆购置税的纳税人

在中华人民共和国境内购置汽车、有轨电车、汽车挂车、排气量超过一百五十毫升的摩托车（以下统称"应税车辆"）的单位和个人，为车辆购置税的纳税人。

购置，是指以购买、进口、自产、受赠、获奖或者其他方式取得并自用应税车辆的行为。

【温馨提示】

以拍卖、抵债、走私、罚没等方式取得并使用的行为，也都属于车辆购置税的应税行为。

2. 车辆购置税的征税范围

车辆购置税以列举的车辆为征税对象，包括汽车、有轨电车、汽车挂车、排气量超过一百五十毫升的摩托车。

【温馨提示】

地铁、轻轨等城市轨道交通车辆，装载机、平地机、挖掘机、推土机等轮式专用机械车，以及起重机（吊车）、叉车、电动摩托车，不属于应税车辆。

目前，下列车辆免征车辆购置税：

（1）依照法律规定应当予以免税的外国驻华使馆、领事馆和国际组织驻华机构及其有关人员自用的车辆；

（2）中国人民解放军和中国人民武装警察部队列入装备订货计划的车辆；

（3）悬挂应急救援专用号牌的国家综合性消防救援车辆；
（4）设有固定装置的非运输专用作业车辆；
（5）城市公交企业购置的公共汽电车辆。

（二）车辆购置税的纳税期限

车辆购置税的纳税义务发生时间为纳税人购置应税车辆的当日，纳税人应当自纳税义务发生之日起60日内申报缴纳车辆购置税。纳税人应当在向公安机关交通管理部门办理车辆注册登记前，缴纳车辆购置税。

车辆购置税实行一车一申报制度。需要办理车辆登记注册手续的纳税人，应向车辆登记地的主管税务机关申报纳税；不需要办理车辆登记注册手续的纳税人，单位纳税人向其机构所在地的主管税务机关申报纳税，个人纳税人向其户籍所在地或者经常居住地的主管税务机关申报纳税。

车辆购置税纳税人在纳税申报时应使用全国统一的《车辆购置税纳税申报表》。

（三）车辆购置税的税率

我国车辆购置税实行统一比例税率，税率为10%。

（四）车辆购置税应纳税额的计算与会计核算

车辆购置税实行从价定率、价外征收的方法计算应纳税额，应税车辆的价格即为车辆购置税的计税依据。

车辆购置税的计算公式如下：

应纳税额 = 应税车辆计税价格 × 适用税率

购买车辆缴纳的车辆购置税应当计入固定资产成本。由于是一次支付，不存在与税务机关结算或清算的问题，所以也不需要通过"应交税费"科目核算。

【任务实施】

北京元轩粮油贸易有限公司2024年12月新购买2辆货车，不含税买价分别为15万元和20万元，假设出售方产品适用增值税税率为13%，款项已通过银行支付。

应纳车辆购置税税额 = 应税车辆计税价格 × 10% = （150 000 + 200 000）× 10% = 35 000（元）

应纳增值税税额 =（150 000 + 200 000）× 13% = 45 500（元）

货车的入账价值 = 150 000 + 200 000 + 35 000 = 385 000（元）

借：固定资产——货车　　　　　　　　　　　　　　　385 000.00
　　应交税费——应交增值税（进项税额）　　　　　　 45 500.00
　贷：银行存款　　　　　　　　　　　　　　　　　　　　　　430 500.00

模块五 印花税的核算与管理

模块案例

北京恒达卫浴有限公司（统一社会信用代码：91110121760015413A）2024年4~6月发生的印花税涉税经济业务如下（同类业务不展示）：

1. 4月3日，与北京宝利商贸有限公司签订购销合同，见图5-7。
2. 5月7日，委托北京环球阳光影视文化传媒有限公司制造广告，合同见图5-8。

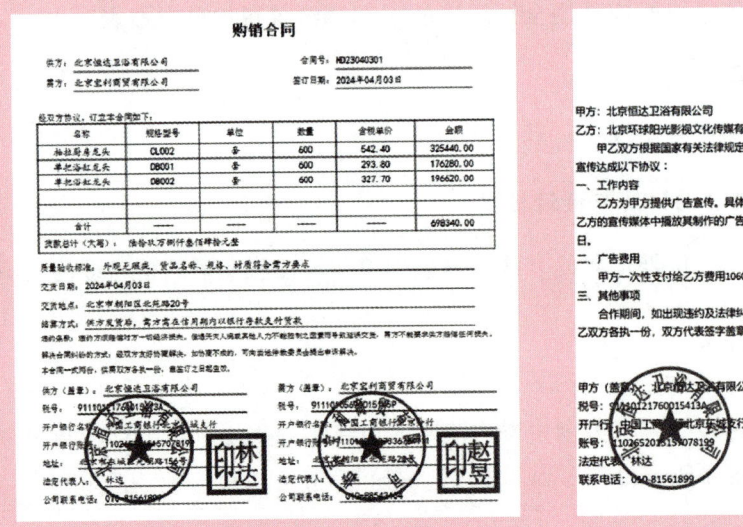

图5-7　　　　　　　　　　　　图5-8

3. 5月3日，公司购买北京宏达股份有限公司的材料，双方签订材料采购合同，总金额为2 365 090元，合同略。
4. 5月10日，委托北京毅然制造有限公司加工一批净水龙头，由毅然公司提供加工净水龙头所需的主要材料，并收取相应的加工费，合同见图5-9。
5. 5月10日，公司委托北京源昌建筑工程有限公司负责恒达厂房2#的建设，双方就建设工程施工有关事项协商一致，并订立合同，见图5-10。
6. 5月11日，公司委托北京宏顺物流有限公司运输货物，双方就承运事宜订立合同见图5-11。
7. 5月12日，公司与安徽天辰新型材料有限公司订立交易协定，用公司的双孔面盆龙头换取对方规格1#电解锰，合同见图5-12。

图 5-9

图 5-10

图 5-11

图 5-12

8. 5月15日，公司与北京元轩粮油贸易有限公司订立房屋租赁合同，租赁北京元轩粮油贸易有限公司位于北京市东城区光明路29号的房屋，合同见图5-13。

9. 6月29日，公司将拥有的一项专利技术转让给北京广智科技有限公司，双方订立的合同见图5-14。

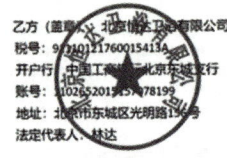

图5-13　　　　　　　　　　　图5-14

10. 6月30日，公司因生产经营资金周转需要，向中国工商银行北京分行贷款，经双方协商，订立合同见图5-15。

11. 6月30日，自然人陈凯锐向公司投资500万元人民币，双方就参股经营投资事宜达成协议见图5-16。

任务清单：

（1）确定案例各涉税业务所属的印花税税目和适用的税率；

（2）对案例各涉税业务进行智能核算与管理；

（3）对案例各涉税业务进行风险管控及申报管理；

（4）结合该案例的各项经济业务提出合理的纳税筹划建议。

图 5-15

图 5-16

印花税是以经济活动和经济交往中，书立、领受应税凭证的行为为征税对象征收的一种税。目前，印花税适用的主要法律法规是自 2022 年 7 月 1 日起施行的《中华人民共和国印花税法》。

一、印花税的纳税义务人

在中华人民共和国境内书立应税凭证、进行证券交易的单位和个人，为印花税的纳税人，应当依照印花税法规定缴纳印花税。具体包括：

（1）立合同人，是指对合同直接负有权利义务关系的当事人。当事人的代理人有代理纳税的义务，与纳税人负有同等的税收法律义务和责任；

（2）立据人，产权转移书据的纳税人是立据人，即土地、房屋权属转移过程中买卖双方的当事人；

（3）立账簿人，是指开立并使用营业账簿的单位和个人；

（4）使用人，在国外书立或领受在国内使用的应税凭证，以使用人为纳税人；

（5）证券交易的出让方。

【温馨提示】

对应税凭证，凡由两方或两方以上当事人共同书立的，其当事人各方都是印花税的纳税人，应各就其所持凭证的计税金额履行纳税义务。但证券交易印花税对证券交易的出让方征收，不对受让方征收。对纳税人以电子形式签订的各类应税凭证按规定征收印花税。

二、印花税的征税范围

微课：无处不在的印花税

根据《中华人民共和国印花税法》所附的《印花税税目税率表》（见表 5-5-1），印花税的征税范围包括以下四类。

1. 合同

这里的合同指各种经济技术合同，具体包括借款合同、融资租赁合同、买卖合同、承揽合同、建设工程合同、运输合同、技术合同、租赁合同、保管合同、仓储合同、财产保险合同，以及具有合同性质的凭证。

【温馨提示】

企业之间书立的确定买卖关系、明确买卖双方权利义务的订单、要货单等单据，且未另外书立买卖合同的，应当按规定缴纳印花税。

各类出版单位与发行单位之间订立的图书、报纸、期刊以及音像制品的征订凭证（包括订购单、订数单等），应由持证双方按照"买卖合同"缴纳印花税。

发电厂与电网之间、电网与电网之间书立的购、售电合同，应当按"买卖合同"缴纳印花税。

2. 产权转移书据

产权转移书据是指单位和个人产权的买卖、继承、赠予、交换、分割等所立的书据，包括土地使用权出让书据、土地使用权、房屋等建筑物和构筑物所有权转让书据、股权转让书据、商标专用权、著作权、专利权、专有技术使用权转让书据。但不包括土地承包经营权和土地经营权的转移。

【勤思善悟】

商品房销售合同应按照哪个税目征收印花税？

3. 营业账簿

营业账簿是指记载实收资本（股本）、资本公积资金的账簿等。

4. 证券交易

证券交易是指转让在依法设立的证券交易所、国务院批准的其他全国性证券交易场所交易的股票和以股票为基础的存托凭证。

证券交易印花税对证券交易的出让方征收，不对受让方征收。

【温馨提示】

下列凭证免征印花税：

（1）应税凭证的副本或者抄本；

（2）依照法律规定应当予以免税的外国驻华使馆、领事馆和国际组织驻华代表机构为获得馆舍书立的应税凭证；

（3）中国人民解放军、中国人民武装警察部队书立的应税凭证；

（4）农民、家庭农场、农民专业合作社、农村集体经济组织、村民委员会购买农业生产资料或者销售农产品书立的买卖合同和农业保险合同；

（5）无息或者贴息借款合同、国际金融组织向中国提供优惠贷款书立的借款合同；

（6）财产所有权人将财产赠予政府、学校、社会福利机构、慈善组织书立的产权转移书据；

（7）非营利性医疗卫生机构采购药品或者卫生材料书立的买卖合同；

（8）个人与电子商务经营者订立的电子订单。

根据国民经济和社会发展的需要，国务院对居民住房需求保障、企业改制重组、破产、支持小型微型企业发展等情形可以规定减征或者免征印花税，报全国人民代表大会常务委员会备案。

三、印花税的税率

印花税的税率设计，遵循税负从轻、共同负担的原则，税率相对比较低，实行比例税率，具体如表 5-7 所示。

表 5-7　　　　　　　　　印花税税目税率表

税目		税率	备注
合同（指书面合同）	借款合同	借款金额的万分之零点五	指银行业金融机构、经国务院银行业监督管理机构批准设立的其他金融机构与借款人（不包括同业拆借）的借款合同
	融资租赁合同	租金的万分之零点五	
	买卖合同	价款的万分之三	指动产买卖合同（不包括个人书立的动产买卖合同）

续表

税目		税率	备注
合同（指书面合同）	承揽合同	报酬的万分之三	
	建设工程合同	价款的万分之三	
	运输合同	运输费用的万分之三	指货运合同和多式联运合同（不包括管道运输合同）
	技术合同	价款、报酬或者使用费的万分之三	
	租赁合同	租金的千分之一	
	保管合同	保管费的千分之一	
	仓储合同	仓储费的千分之一	
	财产保险合同	保险费的千分之一	不包括再保险合同
产权转移书据	土地使用权出让书据	价款的万分之五	转让包括买卖（出售）、继承、赠予、互换、分割
	土地使用权、房屋等建筑物和构筑物所有权转让书据（不包括土地承包经营权和土地经营权转移）	价款的万分之五	
	股权转让书据（不包括应缴纳证券交易印花税的）	价款的万分之五	
	商标专用权、著作权、专利权、专有技术使用权转让书据	价款的万分之三	
营业账簿		实收资本（股本）、资本公积合计金额的万分之二点五	
证券交易		成交金额的千分之一	

【任务实施】

　　判断各涉税业务所属的税目、适用的税率：北京恒达卫浴4~6月发生的各涉税业务中，【业务1、2、3、4、5、6、7、8、10】均为应税合同，其中，【业务1、3、7】按买卖合同计税，税率为价款的万分之三；【业务2】按承揽合同计税，税率为报酬的万分之三；【业务4】中的加工费按承揽合同计税，税率为报酬的万分之三，受托方提供的原材料和辅料按买卖合同计税，税率为价款的万分之三；【业务5】按建设工程合同计税，税率为价款的万分之三；【业务6】中列明的运输费用按运输合同计税，税率为运输费用的万分之三，列明的仓储费按照仓储合同计税，税率为仓储费的千分之一；【业务8】按租赁合同计税，税率为租金的千分之一；【业务10】按借款合同计税，税率为借款金额的万分之零点五。【业务9】按产权转移书据的专利权转让计税，税率为价款的万分之三；【业务11】按营业账簿税目计税，税率为增加的实收资本的万分之二点五。

四、印花税应纳税额的计算

操作讲解视频：印花税的计算与申报（示例2）

根据应税凭证种类，对计税依据分别规定如下。

（1）应税合同的计税依据，为合同所列的金额，不包括列明的增值税税款。具体规定如下：

买卖合同，计税依据为合同记载的购销金额。

> 【温馨提示】
>
> 采用以物易物方式进行商品交易签订的合同，是包括购、销双重行为的合同，计税依据为合同所载的购、销金额合计数。

承揽合同，计税依据为加工承揽收入。由受托方提供原材料的，原材料金额与加工费在合同中分别列明的，原材料和辅料按购销合同计税，加工费按承揽合同计税，二者合计为加工承揽合同应纳税额；原材料金额与加工费没有分别列明的，统一按加工承揽合同计税。由委托方提供原材料的，按加工费和辅料金额依加工承揽合同计税，原材料不交印花税。

建设工程合同，计税依据为工程合同金额，不得剔除任何费用。

> 【温馨提示】
>
> 施工单位将自己承包的建设项目再分包或转包给其他施工单位，其所签订的分包或转包合同，仍应按分包或转包合同所载金额缴纳印花税。

租赁合同，计税依据为租赁金额。

货物运输合同，计税依据为取得的运输费收入，不包括所运货物的金额、装卸费和保险费等。

仓储合同，计税依据为仓储的费用。

保管合同，计税依据为保管的费用。

借款合同，计税依据为借款金额，即借款本金。

财产保险合同，计税依据为支付（收取）的保险费金额，不包括所保财产的金额。

技术合同，计税依据为合同所载的价款、报酬或使用费。对技术开发合同，合同中所注明的研究开发经费可以从计税依据中扣除。

融资租赁合同，计税依据为合同所载金额。

> 【温馨提示】
>
> 同一应税凭证载有两个以上税目事项并分别列明金额的，按照各自适用的税目税率分别计算应纳税额；未分别列明金额的，从高适用税率。

智能化税费核算与管理

【任务实施】

【业务1、2、3、4、5、6、7、8、10】均为应税合同。需要按合同所列金额计算缴纳印花税，如果合同列明增值税税额的，计税依据为不含增值税的金额。

【业务1】买卖合同应纳印花税 = 698 340×0.3‰≈209.50（元）

【业务2】承揽合同应纳印花税 = 106 000×0.3‰ = 31.8（元）

【业务3】买卖合同应纳印花税 = 2 365 090×0.3‰≈709.53（元）

【业务4】承揽合同应纳印花税 = 448 610×0.3‰ + 169 500×0.3‰≈185.43（元）

【业务5】建设工程合同应纳印花税 = 2 180 000×0.3‰ = 654（元）

【业务6】货物运输合同，计税依据为取得的运输费收入，不包括装卸费，且合同列明的仓储费按仓储合同计税。应纳印花税 = 54 500×0.3‰ + 10 600×1‰ = 29.95（元）

【业务7】以物易物合同，按买卖合同计税，计税依据为合同所载的购、销金额合计数。应纳印花税 =（169 500 + 169 500）×0.3‰ = 101.7（元）

【业务8】租赁合同应纳印花税 = 130 800×1‰ = 130.8（元）

【业务10】借款合同应纳印花税 = 5 000 000×0.05‰ = 250（元）

应税合同合计应纳印花税 = 209.50 + 31.8 + 709.53 + 185.43 + 654 + 29.95 + 101.7 + 130.8 + 250
= 2 302.71（元）

（2）应税产权转移书据的计税依据，为产权转移书据所列的金额，不包括列明的增值税税款。应税合同、产权转移书据未列明金额的，印花税的计税依据按照实际结算的金额确定。

【任务实施】

【业务9】公司签订专利权转让合同，为应税产权转移书据，按合同所载价款计税。

应纳印花税 = 318 000×0.3‰ = 95.4（元）

（3）应税营业账簿的计税依据，为账簿记载的实收资本（股本）、资本公积合计金额。已缴纳印花税的营业账簿，以后年度记载的实收资本（股本）、资本公积合计金额比已缴纳印花税的实收资本（股本）、资本公积合计金额增加的，按照增加部分计算应纳税额。

【任务实施】

【业务11】公司签订投资入股协议，新增投资500万元，按营业账簿计税，计税依据为增加的实收资本500万元。

应纳印花税 = 5 000 000×0.25‰ = 1 250（元）

（4）证券交易的计税依据，为成交金额。证券交易无转让价格的，按照办理过户登记手续时该证券前一个交易日收盘价计算确定计税依据；无收盘价的，按照证券面值计算确定计税依据。

> **【学以致用】**
>
> 广东飞龙电器有限责任公司以生产、销售家电为主,兼有投资业务,公司 7 月将一年前购入的某上市公司股票 100 000 股出售,成交价格为 23.5 元/股。
>
> 分析:买卖上市公司股票属于证券交易行为,按成交价格计算需要缴纳的印花税。
>
> 应纳印花税 = 100 000 × 23.5 × 1‰ = 2 350(元)

五、印花税的风险管控与申报管理

(一) 纳税期间

印花税的纳税义务发生时间为纳税人书立应税凭证或者完成证券交易的当日。证券交易印花税扣缴义务发生时间为证券交易完成的当日。

应税合同、产权转移书据未列明金额,在后续实际结算时确定金额的,纳税人应当于书立应税合同、产权转移书据的首个纳税申报期申报应税合同、产权转移书据书立情况,在实际结算后下一个纳税申报期,以实际结算金额计算申报缴纳印花税。

印花税按季、按年或者按次计征。实行按季、按年计征的,纳税人应当自季度、年度终了之日起 15 日内申报缴纳税款;实行按次计征的,纳税人应当自纳税义务发生之日起 15 日内申报缴纳税款。应税合同、产权转移书据印花税可以按季或者按次申报缴纳,应税营业账簿印花税可以按年或者按次申报缴纳,具体纳税期限由各省、自治区、直辖市、计划单列市税务局结合征管实际确定。

证券交易印花税按周解缴。证券交易印花税扣缴义务人应当自每周终了之日起 5 日内申报解缴税款以及银行结算的利息。

境外单位或者个人的应税凭证印花税可以按季、按年或者按次申报缴纳,具体纳税期限由各省、自治区、直辖市、计划单列市税务局结合征管实际确定。

(二) 纳税申报地点

纳税人为单位的,应当向其机构所在地的主管税务机关申报缴纳印花税;纳税人为个人的,应当向应税凭证书立地或者纳税人居住地的主管税务机关申报缴纳印花税。

不动产产权发生转移的,纳税人应当向不动产所在地的主管税务机关申报缴纳印花税。

纳税人为境外单位或者个人,在境内有代理人的,以其境内代理人为扣缴义务人,向境内代理人机构所在地(居住地)主管税务机关申报解缴税款。在境内没有代理人的,由纳税人自行申报缴纳印花税,境外单位或者个人可以向资产交付地、境内服务提供方或者接受方所在地(居住地)、书立应税凭证境内书立人所在地(居住地)主管税务机关申报缴纳;涉及不动产产权转移的,应当向不动产所在地主管税务机关申报缴纳。

证券登记结算机构为证券交易印花税的扣缴义务人,应当向其机构所在地的主管税务机

智能化税费核算与管理

关申报解缴税款以及银行结算的利息。

(三) 纳税申报

1. 税源采集

纳税人应当根据书立的印花税合同、产权转移书据和营业账簿情况，先进行税源信息的维护，如实填写《印花税税源明细表》，如图5-17所示。

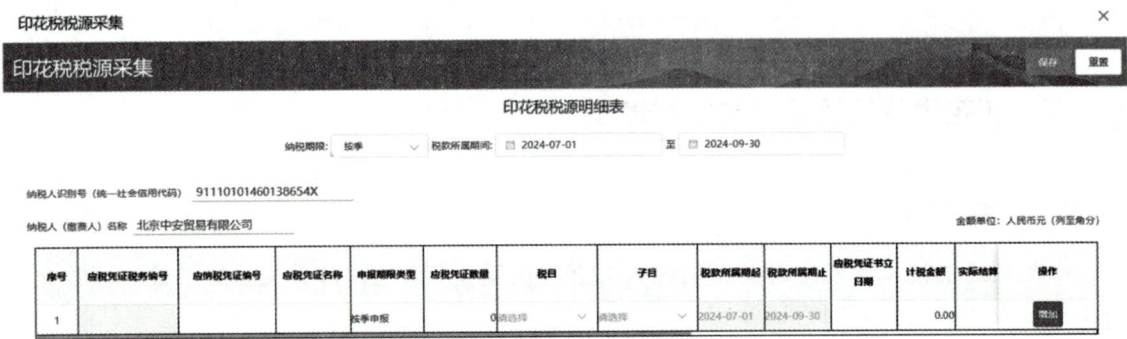

图5-17 印花税税源明细表

2. 纳税申报

征管系统会根据纳税人维护好的税源信息自动填报生成《财产和行为纳税申报表》，纳税人审核确认即可进行申报，如图5-18所示。

图5-18 财产和行为税纳税申报表

印花税可以采用粘贴印花税票或者开具其他完税凭证的方式缴纳。印花税票粘贴在应税凭证上的，由纳税人在每枚税票的骑缝处盖戳注销或者画销。印花税票由国务院税务主管部门监制。

（四）印花税在平台的智能申报

1. 智能算税

操作讲解视频：案例演练——印花税的申报与管理

【任务实施】

对北京恒达卫浴有限公司4—6月份的业务进行印花税智能算税。

（1）点击【智能算税中心】-【印花税】-【基础配置】，进行【税目配置】，根据企业合同类型逐一选择配置的税目和子目，如图5-19所示。

图5-19 印花税基础配置

（2）完成基础配置后，单击【税源采集】-【智能采集】，系统自动采集4~6月印花税涉税业务，并根据涉税业务合同名称匹配合同类型并自动取数，如图5-20所示。

图5-20 印花税税源采集

（3）智能采集后，系统自动对企业合同类型匹配税目和子目。但一些比较特殊的合同，需要手动修改，如新增税目、更改合同类型、修改计税金额等。

(4) 完成智能采集及智能匹配税目后，点击生成税源明细。

(5) 完成基础配置和税源采集后，点击【智能算税】-【重新算税】，系统自动生成印花税申报表，审核确认数据无误后，单击【生成申报底稿】为风险管理和智能申报提供数据。

2. 印花税风险检测

印花税主要风险分析应从①印花税税负率；②印花税同步增长系数；③印花税应纳税额与短期或长期借款合计增加额对比分析；④印花税应税额与实收资本、资本公积合计增加额对比分析；⑤印花税应纳税额与在建工程增加额比对分析等方面进行分析。

印花税主要风险点包括：

(1) 发生印花税应税范围的行为未按规定缴纳印花税。

【勤思善悟】

众亿汽车销售公司年销售额约1亿元，企业销售环节未签订合同，但与购车主签订了新车交接确认表。确认表中含有买卖双方名称、提车时间、金额、发票号、付款方式、车型资料等内容，公司未对上述业务缴纳印花税。请判定是否存在税务风险？

(2) 实收资本、资本公积变化未缴纳印花税。根据《国家税务总局关于资金账簿印花税问题的通知》第一条规定，印花税计税依据为"实收资本"与"资本公积"两项的合计金额。"实收资本"和"资本公积"两项的合计金额大于原已贴花资金的就增加的部分补贴印花税，另外凡多贴印花税票者，不得申请退税或抵用。

(3) 电子"请购单"未按规定缴纳印花税。

【勤思善悟】

某电信分公司主要负责全省电信网络手机销售工作，该企业购进手机业务，通过财务软件系统与总公司通过电子"请购单"进行确认、付款，然后生成入库单，总公司给分公司开具增值税专业发票。"请购单"上明确以下事项：存货编码、存货名称、单位、数量、总部出货单价、订货金额、需求公司（分公司）、采购公司（总公司）、调入仓库。该电信分公司未就电子"请购单"缴纳印花税。请判定是否存在税务风险？

【任务实施】

为北京恒达卫浴有限公司进行风险模型配置及检测该公司2024年4~6月印花税涉税业务是否存在风险。

风险模型配置

单击【税务风险管控】-【风险模型配置】，查看印花税风险分析指标的配置。

完成税务风险模型配置后，在数据完善的情况下，进行税务风险监测。选择【其他税务风险】后单击【立刻检测】。

3. 印花税智能申报

风险检测未发现风险，可通过智能申报管理模块完成印花税的税费申报与缴纳和申报结果的查询。

【任务实施】

进行印花税申报。

进入【智能申报管理】模块，单击【税费申报及纳税】-【智能申报】，触发 RPA 财务机器人报税并缴纳税款。完成申报后可单击【申报结果查询】查看申报表的各项内容。

六、印花税应纳税额的会计核算

企业缴纳的印花税可以不通过"应交税费"科目核算。缴纳时，可直接借记"税金及附加""固定资产清理""无形资产""其他业务成本"等科目，贷记"银行存款"科目。由于印花税的适用范围较广，其借记的科目应视业务的具体情况予以确定。

【任务实施】

为北京恒达卫浴有限公司编制缴纳印花税的凭证。
北京恒达卫浴有限公司 4~6 月共计缴纳印花税 = 2 302.71 + 95.4 + 1 250 = 3 648.11（元）
借：税金及附加　　　　　　　　　　　　　　3 648.11
　　贷：银行存款　　　　　　　　　　　　　　　　3 648.11
企业也可以通过智能税费核算模块完成印花税应纳税额的智能核算。

模块六　资源税的核算与管理

模块案例

北京和希煤炭开发有限公司（纳税识别号：911101FG651165533X）在低丰度油气田开采资源，系增值税一般纳税人，下设多个煤矿和天然气矿。2024 年 12 月生产经营情况如下：

（1）专门开采的天然气 5 000 立方米，开采原煤 450 万吨，采煤过程中生产天然气 0.28 千立方米；

> (2) 销售开采的原煤 200 万吨，取得不含税销售额 23 400 万元；
> (3) 以原煤直接加工洗选煤 110 万吨，对外销售 90 万吨，取得不含税销售额 15 840 万元；
> (4) 销售天然气 4 万千立方米，取得不含税销售额 6 660 万元。
>
> 附：案例中资源税原煤税率为 4%，洗选煤税率为 3%，天然气税率为 6%。
>
> **任务清单：**
> 1. 判断案例中资源税的纳税人、征税范围和适用税率
> 2. 计算公司 12 月资源税，并进行会计核算
> 3. 完成公司 12 月资源税的申报纳税

资源税是对在我国领域和我国管辖的其他海域开发应税资源的单位和个人，就其开采或生产应税资源征收的一种税。目前，资源税核算与管理的主要依据是 2019 年 8 月 26 日全国人大常委会通过并于 2020 年 9 月 1 日起施行的《中华人民共和国资源税法》。

一、资源税的纳税人、征税范围和税率

（一）资源税的纳税人

资源税的纳税人是指在中华人民共和国领域和中华人民共和国管辖的其他海域开发应税资源的单位和个人，包括符合规定的外商投资企业、外国企业及外籍人员。

> **【温馨提示】**
>
> 资源税只对生产者或开采者征收，并且于其销售或自用时一次性征收，因此，资源产品的批发商、零售商不属于资源税的纳税人。

（二）资源税的征税范围

资源税在我国主要针对矿产品和盐进行征税，并遵循"进口不征，出口不退"的原则，即对进口应税资源不征税，对出口应税资源也不退税。具体征税范围涵盖五个税目：能源矿产、金属矿产、非金属矿产、水气矿产和盐，共计 164 个子目，具体征税范围见表 5-6-1。

纳税人开采或者生产应税产品自用的，应当依法缴纳资源税，包括以应税产品用于非货币性资产交换、捐赠、偿债、赞助、集资、投资、广告、样品、职工福利、利润分配或者连续生产非应税产品等情形。但是，自用于连续生产应税产品的，不缴纳资源税。

> **【温馨提示】**
>
> 以下情形，可以免征资源税：
> (1) 开采原油以及在油田范围内运输原油过程中用于加热的原油、天然气；
> (2) 煤炭开采企业因安全生产需要抽采的煤成（层）气。

以下情形,可以减征资源税:

(1) 从低丰度油气田开采的原油、天然气,减征20%资源税;

(2) 高含硫天然气,三次采油和从深水油气田开采的原油、天然气,减征30%资源税;

(3) 稠油、高凝油减征40%资源税;

(4) 从衰竭期矿山开采的矿产品,减征30%资源税。

以下情形,省、自治区、直辖市可以决定免征或者减征资源税:

(1) 纳税人开采或者生产应税产品过程中,因意外事故或者自然灾害等原因遭受重大损失;

(2) 纳税人开采共伴生矿、低品位矿、尾矿。

纳税人的免税、减税项目,应当单独核算销售额或者销售数量;未单独核算或者不能准确提供销售额或者销售数量的,不予免税或者减税。

纳税人开采或者生产同一应税产品,其中既有享受减免税政策的,又有不享受减免税政策的,按照免税、减税项目的产量占比等方法分别核算确定免税、减税项目的销售额或者销售数量。

纳税人开采或者生产同一应税产品同时符合两项或者两项以上减征资源税优惠政策的,除另有规定外,只能选择其中一项执行。

(三) 资源税的税率

资源税主要采用从价定率的计税方式,辅以从量定额的方式。对于地热、石灰岩、其他黏土、砂石、矿泉水以及天然卤水资源,各省、自治区、直辖市人民政府可以根据实际情况选择采用从价计征或从量计征的方式。

纳税人开采或生产不同税目应税产品的,应当分别核算不同税目应税产品的销售额、销售数量;未分别核算或不能准确提供不同税目应税产品的销售额或销售数量的,从高适用税率。具体税率如表5-8所示。

表5-8　　　　　　　　　　　　资源税税目税率表

	税目	征税对象	税率
能源矿产	原油	原矿	6%
	天然气、页岩气、天然气水合物	原矿	6%
	煤	原矿或者选矿	2%~10%
	煤成(层)气	原矿	1%~2%
	铀、钍	原矿	4%
	油页岩、油砂、天然沥青、石煤	原矿或者选矿	1%~4%
	地热	原矿	1%~20%或者每立方米1~30元

续表

税目			征税对象	税率
金属矿产	黑色金属	铁、锰、铬、钒、钛	原矿或者选矿	1%~9%
	有色金属	铜、铅、锌、锡、镍、锑、镁、钴、铋、汞	原矿或者选矿	2%~9%
		铝土矿	原矿或者选矿	2%~9%
		钨	选矿	6.5%
		钼	选矿	8%
		金、银	原矿或者选矿	2%~6%
		铂、钯、钌、锇、铱、铑	原矿或者选矿	5%~10%
		轻稀土	选矿	7%~12%
		中重稀土	选矿	20%
		铍、锂、锆、锶、铷、铯、铌、钽、锗、镓、铟、铊、铪、铼、镉、硒、碲	原矿或者选矿	2%~10%
非金属矿产	矿物类	高岭土	原矿或者选矿	1%~6%
		石灰岩	原矿或者选矿	1%~6%或者吨（或者每立方米）1~10元
		磷	原矿或者选矿	3%~8%
		石墨	原矿或者选矿	3%~12%
		萤石、硫铁矿、自然硫	原矿或者选矿	1%~8%
		天然石英沙、脉石英、粉石英、水晶、工业用金刚石、冰洲石、蓝晶石、硅线石（矽线石）、长石、滑石、刚玉、菱镁矿、颜料矿物、天然碱、芒硝、钠硝石、明矾石、砷、硼、碘、溴、膨润土、硅藻土、陶瓷土、耐火黏土、铁矾土、凹凸棒石黏土、海泡石黏土、伊利石黏土、累托石黏土	原矿或者选矿	1%~12%
		叶蜡石、硅灰石、透辉石、珍珠岩、云母、沸石、重晶石、毒重石、方解石、蛭石、透闪石、工业用电气石、白垩、石棉、蓝石棉、红柱石、石榴子石、石膏	原矿或者选矿	2%~12%
		其他黏土（铸型用黏土、砖瓦用黏土、陶粒用黏土、水泥配料用黏土、水泥配料用红土、水泥配料用黄土、水泥配料用泥盐、保温材料用黏土）	原矿或者选矿	1%~5%或者吨（或者每立方米）0.1~5元
	岩石类	大理岩、花岗岩、白云岩、石英岩、砂岩、辉绿岩、安山岩、闪长岩、板岩、玄武岩、片麻岩、角闪岩、页岩、浮石、凝灰岩、黑曜岩、霞石正长岩、蛇纹岩、麦饭石、泥灰岩、含钾岩石、含钾沙页岩、天然油石、橄榄岩、松脂岩、粗面岩、辉长岩、辉石岩、正长岩、火山灰、火山渣、泥炭	原矿或者选矿	1%~10%

续表

税目		征税对象	税率
非金属矿产	岩石类 砂石（天然砂、卵石、机制砂石）	原矿或者选矿	1%~5%或者吨（或者每立方米）0.1~5元
	宝石类 宝石、玉石、宝石级金刚石、玛瑙、黄玉、碧玺	原矿或者选矿	4%~20%
水气矿产	二氧化碳气、硫化氢气、氦气、氡气	原矿	2%~5%
	矿泉水	原矿	1%~20%或者每立方米1~30元
盐	钠盐、钾盐、镁盐、锂盐	选矿	3%~15%
	天然卤水	原矿	3%~15%或者每立方米1~10元
	海盐	原矿或者选矿	2%~5%

注：表中规定可以选择实行从价计征或者从量计征的，具体计征方式由省、自治区、直辖市人民政府提出，报同级人民代表大会常务委员会决定，并报全国人民代表大会常务委员会和国务院备案。

【勤思善悟】

一般来说，选矿的税率都要比原矿的税率低，你知道为什么吗？你知道制定此政策的初衷吗？

【任务实施】

判断资源税的征税范围、纳税人和适用税率。

1. 北京和希煤炭开发有限公司销售开采的原煤200万吨需要缴纳资源税，适用能源矿产－煤－原矿税目，税率为4%。

2. 公司将其开采的原煤加工并销售的90万吨洗选煤需要缴纳资源税，适用能源矿产－煤－选矿税目，税率为3%。

3. 公司开采并销售的天然气4万千立方米需要缴纳资源税，适用能源矿产－天然气－原矿税目，税率为6%。

二、资源税应纳税额的税源采集及纳税申报

资源税实行从价定率为主、从量定额为辅的计税办法。计税依据为应税产品的销售额或销售量。

（一）从价计征应纳税额的计算

计算公式为：

应纳税额＝应税产品的销售额×适用税率

智能化税费核算与管理

1. 销售额的基本规定

销售额是指纳税人销售应税产品,向购买方收取的全部价款和价外费用,但不包括增值税销项税额。

计入销售额中的相关运杂费用,凡取得增值税发票或者其他合法有效凭据的,且和销售额分别核算的,准予从销售额中扣除。相关运杂费用是指应税产品从坑口或者洗选(加工)地到车站、码头或者购买方指定地点的运输费用、建设基金以及随运销产生的装卸、仓储、港杂费用。纳税人扣减的运杂费用明显偏高导致应税产品价格偏低且无正当理由的,主管税务机关可以合理调整计税价格。

> 【学以致用】
>
> 北京和希煤炭开发有限公司向北京嘉欣能源有限公司销售甲型洗选煤 8 万吨,含税售价为 0.113 万元/吨,另收取洗选煤厂到购买方的运输费 117 万元,收到增值税发票。请计算北京和希煤炭开发有限公司该笔业务应缴纳的资源税。(该公司所产洗选煤税率为 3%)
>
> 销售洗选煤应交资源税 = 80 000 × 0.113/1.13 × 3% = 240(万元)
>
> 此处发生的运输费用,取得了增值税发票,可以扣除。

2. 销售额的特殊规定

纳税人申报的应税产品销售额明显偏低且无正当理由的,或者有自用应税产品行为而无销售额的,主管税务机关可以按下列方法和顺序确定其应税产品销售额:

(1) 按纳税人最近时期同类产品的平均销售价格确定。

(2) 按其他纳税人最近时期同类产品的平均销售价格确定。

(3) 按后续加工非应税产品销售价格,减去后续加工环节的成本利润后确定。

(4) 按应税产品组成计税价格确定。

组成计税价格 = 成本 × (1 + 成本利润率) ÷ (1 − 资源税税率)

上述公式中的成本利润率由省、自治区、直辖市税务机关确定。

(5) 按其他合理方法确定。

纳税人外购应税产品与自采应税产品混合销售或者混合加工为应税产品销售的,在计算应税产品销售额或者销售数量时,准予扣减外购应税产品的购进金额或者购进数量;当期不足扣减的,可结转下期扣减。纳税人应当准确核算外购应税产品的购进金额或者购进数量,未准确核算的,一并计算缴纳资源税。

纳税人以外购原矿与自采原矿混合洗选加工为选矿产品销售的,在计算应税产品销售额或者销售数量时,按照下列方法进行扣减:

准予扣减的外购应税产品购进金额(数量)= 外购原矿购进金额(数量)×(本地区原矿适用税率 ÷ 本地区选矿产品适用税率)

纳税人核算并扣减当期外购应税产品购进金额、购进数量,应当依据外购应税产品的增值税发票、海关进口增值税专用缴款书或者其他合法有效凭据。

纳税人以自采原矿(经过采矿过程采出后未进行选矿或者加工的矿石)直接销售,或者自用于应当缴纳资源税情形的,按照原矿计征资源税。

纳税人以自采原矿洗选加工为选矿产品（通过破碎、切割、洗选、筛分、磨矿、分级、提纯、脱水、干燥等过程形成的产品，包括富集的精矿和研磨成粉、粒级成型、切割成型的原矿加工品）销售，或者将选矿产品自用于应当缴纳资源税情形的，按照选矿产品计征资源税，在原矿移送环节不缴纳资源税。对于无法区分原生岩石矿种的粒级成型砂石颗粒，按照砂石税目征收资源税。

【学以致用】

金河煤业开发有限公司2024年5月因业务需求，从本地区其他生产企业购进煤，取得增值税专用发票，注明金额400万元。金河煤业开发有限公司将其与部分自采原煤混合为原煤并在本月全部销售，取得不含税销售额为1 600万元。请计算该公司5月应交的资源税。（该公司所产原煤税率为10%）

销售原煤应交资源税 =（1 600－400）×10% = 120（万元）

从其他企业购进的原煤，可以扣除。

【学以致用】

金河矿业开发有限公司2024年12月购入150万元（不含增值税，下同）的铁原矿（已取得增值税专用发票），与自采的铁原矿洗选加工为铁选矿进行销售，销售额为520万元。请计算该公司销售应税产品应纳资源税税额。（该公司所产铁原矿税率为4%，铁选矿税率为2%）

分析：（1）准予扣减的外购铁选矿购进金额 = 150 ×（4% ÷ 2%）= 300（万元）

（2）应纳资源税税额 =（铁选矿销售金额 － 准予扣减的外购铁选矿购进金额）× 税率
= （520 － 300）× 2% = 4.4（万元）

（二）从量计征应纳税额的计算

实行从量定额征收的，以销售数量为计税依据。计算公式为：

应纳税额 = 销售数量 × 单位税额

代扣代缴应纳税额 = 收购未税矿产品的数量 × 单位税额

其中，销售数量包括纳税人开采或者生产应税产品的实际销售数量和视同销售的自用数量；纳税人不能准确提供应税产品销售数量的，以应税产品的产量或者主管税务机关确定的折算比换算成的数量，为计征资源税的销售数量。

（三）资源税税源采集及纳税申报

纳税人销售应税产品，收讫销售款或者取得索取销售款凭据的当日产生纳税义务；纳税人自用应税产品的，移送应税产品的当日产生纳税义务。纳税人应当按月或者按季向应税产品开采地或者生产地税务机关申报缴纳资源税；不能按固定期限计算缴纳的，可以按次申报缴

操作讲解视频：资源税的申报（示例2）

纳。纳税人按月或者按季申报缴纳的，应当自月度或者季度终了之日起 15 日内，向税务机关办理纳税申报并缴纳税款；按次申报缴纳的应当自纳税义务发生之日起 15 日内，向税务机关办理纳税申报并缴纳税款。

纳税人无论当期是否发生应税行为，均应按主管税务机关核定的纳税期限填报纳税申报表。应填写的表单包括资源税税源明细表、财产和行为税纳税申报表和财产和行为税减免税明细申报附表（享受财产行为税税收优惠的纳税人填写）。纳税人应先采集要申报的税源信息，然后才能进行纳税申报，具体操作方法以项目案例内容为例说明如下。

【任务实施】

完成公司 12 月资源税的申报纳税。

操作步骤：

(1) 登录系统，填写“资源税税源明细表”，填写税源信息，进行资源税税源信息维护，如图 5－21 所示：

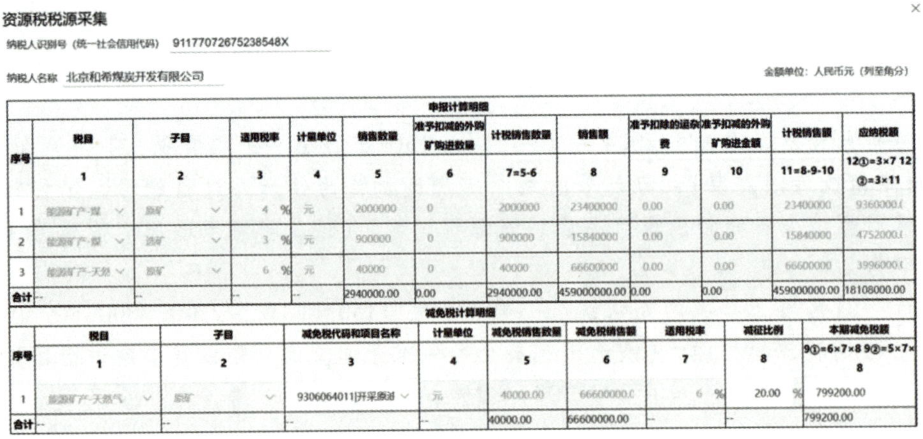

资源税税源采集

纳税人识别号（统一社会信用代码） 91177072675238548X

纳税人名称 北京和希煤炭开发有限公司

金额单位：人民币元（列至角分）

申报计算明细												
序号	税目	子目	适用税率	计量单位	销售数量	准予扣减的外购矿购进数量	计税销售数量	销售额	准予扣除的运杂费	准予扣减的外购矿购进金额	计税销售额	应纳税额
	1	2	3	4	5	6	7=5-6	8	9	10	11=8-9-10	12①=3×7 12②=3×11
1	能源矿产-煤	原矿	4 %	元	2000000	0	2000000	23400000	0.00	0.00	23400000	9360000.(
2	能源矿产-煤	选矿	3 %	元	900000	0	900000	15840000	0.00	0.00	15840000	4752000.(
3	能源矿产-天然	原矿	6 %	元	40000	0	40000	66600000	0.00	0.00	66600000	3996000.(
合计	--	--	--	--	2940000.00	0.00	2940000.00	459000000.00	0.00	0.00	459000000.00	18108000.00

减免税计算明细									
序号	税目	子目	减免税代码和项目名称	计量单位	减免税销售数量	减免税销售额	适用税率	减征比例	本期减免税额
	1	2	3	4	5	6	7	8	9①=6×7×8 9②=5×7×8
1	能源矿产-天然气	原矿	9306064011|开采原油	元	40000.00	66600000.(	6 %	20.00 %	799200.00
合计	--	--	--	--	40000.00	66600000.00	--	--	799200.00

图 5－21　资源税税源采集

(2) 填写“财产和行为税纳税申报表”，选择申报的税种为“资源税”，系统即自动生成报表，如图 5－22 所示。确认无误后可单击【申报】。

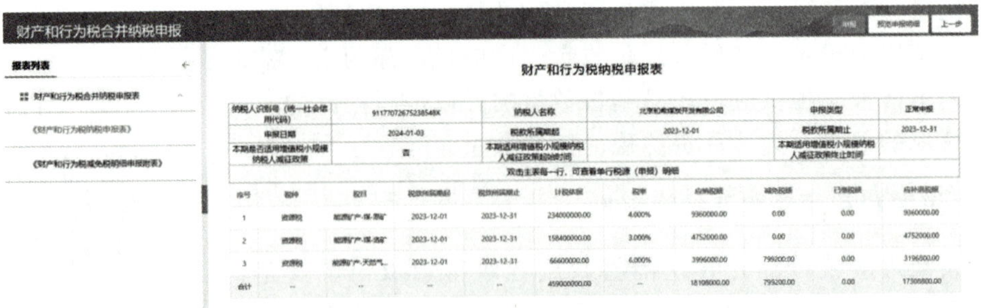

财产和行为税纳税申报表

纳税人识别号（统一社会信用代码）	91177072675238548X	纳税人名称	北京和希煤炭开发有限公司	申报类型	正常申报
申报日期	2024-01-03	税款所属期起	2023-12-01	税款所属期止	2023-12-31
本期是否适用增值税小规模纳税人减征政策	否	本期适用增值税小规模纳税人减征政策起始时间		本期适用增值税小规模纳税人减征政策终止时间	

双击主表每一行，可查看单行税源（申报）明细

序号	税种	税目	税款所属期起	税款所属期止	计税依据	税率	应纳税额	减免税额	已缴税额	应补退税额
1	资源税	能源矿产-煤-原矿	2023-12-01	2023-12-31	234000000.00	4.000%	9360000.00	0.00	0.00	9360000.00
2	资源税	能源矿产-煤-选矿	2023-12-01	2023-12-31	158400000.00	3.000%	4752000.00	0.00	0.00	4752000.00
3	资源税	能源矿产-天然气...	2023-12-01	2023-12-31	66600000.00	6.000%	3996000.00	799200.00	0.00	3196800.00
合计	--	--	--	--	459000000.00	--	18108000.00	799200.00	0.00	17308800.00

图 5－22　资源税纳税申报

三、资源税的会计核算

企业计提应交的资源税时，应借记"税金及附加"科目等，贷记"应交税费——应交资源税"科目；缴纳资源税时，应借记"应交税费——应交资源税"科目，贷记"银行存款"科目。

【任务实施】

计算公司 12 月资源税，并进行会计核算。

分析：销售原煤应交资源税 = 23 400 × 4% = 936（万元）

销售洗选煤应交资源税 = 15 840 × 3% = 475.2（万元）

销售天然气应交资源税 = 6 660 × 6% = 399.6（万元），因为是在低丰度油气田开采的天然气，可减征 20% 资源税，399.6 × 20% = 79.92（万元），实际应缴纳 399.6 - 79.92 = 319.68（万元）

12 月合计应缴纳资源税 = 936 + 475.2 + 399.6 = 1 810.8（万元）

实际应缴纳资源税 = 1 810.8 - 79.92 = 1 730.88（万元）

相关会计分录如下：

① 应纳资源税

借：税金及附加　　　　　　　　　　　　　　18 108 000.00

　　贷：应交税费——应交资源税　　　　　　　　　　　18 108 000.00

② 减免资源税

借：应交税费——应交资源税　　　　　　　　799 200.00

　　贷：其他收益——政府减免　　　　　　　　　　　　799 200.00

③ 实际缴纳资源税

借：应交税费——应交资源税　　　　　　　　17 308 800.00

　　贷：银行存款　　　　　　　　　　　　　　　　　　17 308 800.00

四、资源税的风险管控

资源税的涉税风险点包括（但不限于）以下几个方面。

（一）税收政策理解和应用不当

企业在理解和应用税收政策时，若存在偏差或误解，可能导致税务处理不当，进而引发税务风险。这种风险不仅限于资源税，但在资源税领域尤为突出，因为资源税的计税依据、税率、减免政策等相对复杂，且可能随政策调整而变化。具体表现如下：

（1）对资源税的计税依据理解不准确，如未正确区分应税资源的种类和数量；

（2）对资源税的税率应用不当，未能根据税法规定选择正确的税率档次；

（3）对资源税的减免政策理解不透彻，未能充分利用或错误适用减免政策。

【学以致用】

北京岩神矿产开发有限责任公司是一家有色金属采矿企业，主营铁矿石的开采并加工成精矿后销售，涉及的工艺流程为原矿开采并破碎、让运输企业从坑口将破碎的原矿运送至选矿厂进行清洗，最后再运输到购买方要求的地点。现北京岩神矿产开发有限责任公司销售 10 000 吨精矿，收取首都制钢厂 15 500 000 元。（运费由北京岩神矿产开发有限责任公司承担）。从坑口到选矿厂由北京宏顺物流有限公司负责运送，从选矿厂至客户要求地点由北京矿运通有限公司负责运输。本次订单共收到两张增值税发票，分别为坑口－选矿厂的运输费 100 000 元，选矿厂－客户指定地点运输费 150 000 元。北京岩神矿产开发有限公司申报资源税时，将销售额扣减两张运输费发票金额后申报资源税。请根据相关业务自行判断是否有税收风险并计算资源税可税前扣除金额。

分析：如此处理存在风险。北京岩神矿产开发有限责任公司实际出售的是选矿，运输企业从坑口将破碎的原矿运送至选矿厂进行清洗，是原矿加工成选矿的过程，运输费用应作为选矿的成本，只有将选矿运至客户要求地点的运费可从销售额中扣除。

（二）计税依据计算不当

资源税的计税依据是确定应纳税额的基础，若企业在计算计税依据时存在错误或不当，将直接影响应纳税额的准确性，进而引发税务风险。具体表现如下：
（1）对应税资源的数量或价值计算不准确，如未考虑损耗、库存等因素；
（2）对计税价格的确定不合理，如未按照税法规定的方法确定计税价格；
（3）对从量计征和从价计征的计税方式选择不当，导致税款计算错误。

（三）关联交易与内部转移定价风险

企业在集团内部进行资源转移时，若未按照独立交易原则定价，而是采用不合理的内部转移价格，可能导致税务机关对定价进行调整，从而增加企业的税负。具体表现如下：
（1）内部转移价格显著低于或高于市场价格，缺乏合理的商业理由；
（2）关联企业之间通过转移定价转移利润，规避税收。

模块七　环境保护税的核算与管理

项目案例

北京安斯涂料有限公司（纳税识别号：91510690722372434D）2024 年 3 月向大气直

接排放二氧化硫 95 000 万立方米、氟化物 174 000 万立方米，一氧化碳 100 000 万立方米、氯化氢 107 500 万立方米。已知二氧化硫、氟化物、一氧化碳、氯化氢的污染当量值分别为 0.95、0.87、16.7、10.75，假设当地大气污染物每污染当量税额 1.2 元，实测浓度值均为 0.1 毫克/立方米，该企业只有一个排放口。（按季申报，2024 年 1 月—2 月暂停营业，不考虑减免情形，结果保留 2 位小数）

任务清单：
1. 判断该案例的纳税人和征税范围
2. 计算该公司应缴纳的环境保护税
3. 对该公司的环境保护税进行申报管理及会计核算

环境保护税是对在中华人民共和国领域和中华人民共和国管辖的其他海域，直接向环境排放应税污染物的企业事业单位和其他生产经营者征收的一种税。目前，环境保护税核算与管理的主要依据是 2018 年 1 月 1 日起实施的《中华人民共和国环境保护税法》。

一、环境保护税的纳税义务人

在中华人民共和国领域和中华人民共和国管辖的其他海域，直接向环境排放应税污染物的企业事业单位和其他生产经营者为环境保护税的纳税人。

有下列情形之一的，不属于直接向环境排放污染物，不缴纳相应污染物的环境保护税，不属于环境保护税的纳税人：

（1）企业事业单位和其他生产经营者向依法设立的污水集中处理、生活垃圾集中处理场所排放应税污染物的；

（2）企业事业单位和其他生产经营者在符合国家和地方环境保护标准的设施、场所储存或者处置固体废物的。

二、环境保护税的税目与税率

（一）环境保护税的税目

环境保护税税目包括大气污染物、水污染物、固体废物和噪声四大类。

1. 大气污染物

大气污染物包括二氧化硫、氮氧化物、一氧化碳、氯气、氯化氢等，共计 44 项。详见表 5-7-2 中的污染物。

【勤思善悟】

企业直接向大气排放二氧化碳需要缴纳环境保护税吗？

2. 水污染物

水污染物分为两类：第一类水污染物包括总汞、总镉、总铬、六价铬、总砷、总铅、总镍、苯并（a）芘、总铍、总银；第二类水污染物包括悬浮物（SS）、生化需氧量（BOD5）、化学需氧量（CODcr）、总有机碳（TOC）、石油类、动植物油、挥发酚、总氰化物、硫化物、氨氮、氟化物、甲醛、苯胺类、硝基苯类、阴离子表面活性剂（LAS）、总铜、总锌、总锰、彩色显影剂（CD-2）、总磷、单质磷（以P计）、有机磷农药（以P计）、乐果、甲基对硫磷、马拉硫磷、对硫磷、五氯酚及五氯酚钠（以五氯酚计）、三氯甲烷、可吸附有机卤化物（AOX）（以CI计）、四氯化碳、三氯乙烯、四氯乙烯、苯、甲苯、乙苯、邻-二甲苯、对-二甲苯、间-二甲苯、氯苯、邻二氯苯、对二氯苯、对硝基氯苯、2，4-二硝基氯苯、苯酚、间-甲酚、2，4-二氯酚、2，4，6-三氯酚、邻苯二甲酸二丁酯、邻苯二甲酸二辛酯、丙烯腈、总硒。应税水污染物共计61项。

3. 固体废物

固体废物包括煤矸石、尾矿、危险废物、冶炼渣、粉煤灰、炉渣、其他固体废物（含半固态、液态废物）。

4. 噪声

应税噪声污染的征税范围目前只包括工业噪声。

【温馨提示】

下列情形，暂予免征环境保护税：

（1）农业生产（不包括规模化养殖）排放应税污染物的；

（2）机动车、铁路机车、非道路移动机械、船舶和航空器等流动污染源排放应税污染物的；

（3）依法设立的城乡污水集中处理、生活垃圾集中处理场所排放相应应税污染物，不超过国家和地方规定的排放标准的；

（4）纳税人综合利用的固体废物，符合国家和地方环境保护标准的；

（5）国务院批准免税的其他情形（由国务院报全国人民代表大会常务委员会备案）。

纳税人排放应税大气污染物或者水污染物的浓度值低于国家和地方规定的污染物排放标准百分之三十的，减按百分之七十五征收环境保护税。纳税人排放应税大气污染物或者水污染物的浓度值低于国家和地方规定的污染物排放标准百分之五十的，减按百分之五十征收环境保护税。

【任务实施】

判断纳税人、征税范围：北京安斯涂料有限公司向大气排放的二氧化硫、氟化物、一氧化碳、氯化氢属于大气污染物，该公司向大气直接排放大气污染物需要缴纳环境保护税，是环境保护税的纳税义务人。

(二) 环境保护税的税率

环境保护税采用定额税率,其中,对应税大气污染物和水污染物规定了幅度定额税率,具体适用税额的确定和调整由省、自治区、直辖市人民政府统筹考虑本地区环境承载能力、污染物排放现状和经济社会生态发展目标要求,在规定的税额幅度内提出,报同级人民代表大会常务委员会决定,并报全国人民代表大会常务委员会和国务院备案。具体税率见表5-9。

表5-9 环境保护税税目税额表

税目		计税单位	税额	备注
大气污染物		每污染当量	1.2元至12元	
水污染物		每污染当量	1.4元至14元	
固体污染	煤矸石	每吨	5元	
	尾矿	每吨	15元	
	危险废物	每吨	1 000元	
	冶炼渣、粉煤灰、炉渣、其他固体废物(含半固态、液态废物)	每吨	25元	
噪声	工业噪声	超标1~3分贝	每月350元	1. 一个单位边界上有多个噪声超标,根据最高一处超标声级计算应纳税额;当沿边界长度超过100米有两处以上噪声超标时,按照两个单位计算应纳税额。 2. 一个单位有不同地点作业场所的,应当分别计算应纳税额,合并计算。 3. 昼、夜均超标的环境噪声,昼、夜分别计算应纳税额,累计计征。 4. 声源一个月内超标不足15天的,减半计算应纳税额。 5. 夜间频繁突发或夜间偶然突发厂界超标噪声,按等效声级和峰值噪声两种指标中超标分贝值高的一项计算应纳税额。
		超标4~6分贝	每月700元	
		超标7~9分贝	每月1400元	
		超标10~12分贝	每月2800元	
		超标13~15分贝	每月5600元	
		超标16分贝以上	每月11200元	

三、环境保护税应纳税额的计算

应税污染物的应纳税额,按照下列方法计算:(1)应税大气污染物的应纳税额为污染当量数乘以具体适用税额;(2)应税水污染物的应纳税额为污染当量数乘以具体适用税额;(3)应税固体废物的应纳税额为固体废物排放量乘以具体适用税额;(4)应税噪声污染的应纳税额为超过国家规定标准的分贝数对应的具体适用税额。

(一) 大气污染物应纳税额的计算

应税大气污染物应纳税额为污染当量数乘以具体适用税额。计算公式为：

大气污染物的应纳税额 = 污染当量数 × 适用税额

应税大气污染物的污染当量数，以该污染物的排放量除以该污染物的污染当量值计算，计算公式为：

应税大气污染物的污染当量数 = 该污染物的排放量 ÷ 该污染物的污染当量值

污染当量，是指根据污染物或者污染排放活动对环境的有害程度以及处理的技术经济性，衡量不同污染物对环境污染综合性指标或者计量单位。同一介质相同污染当量的不同污染物，其污染程度基本相当。每种应税大气污染物的具体污染当量值应参照《环境保护税法》所附的《应税污染物和当量值表》执行（见表 5 – 10）。

表 5 – 10　　　　　　　　　　大气污染物污染当量值

污染物	污染当量值/千克
1. 二氧化硫	0.95
2. 氮氧化物	0.95
3. 一氧化碳	16.7
4. 氯气	0.34
5. 氯化氢	10.75
6. 氟化物	0.87
7. 氰化氢	0.005
8. 硫酸雾	0.6
9. 铬酸雾	0.000 7
10. 汞及其化合物	0.000 1
11. 一般性粉尘	4
12. 石棉尘	0.53
13. 玻璃棉尘	2.13
14. 碳黑尘	0.59
15. 铅及其化合物	0.02
16. 镉及其化合物	0.03
17. 铍及其化合物	0.000 4
18. 镍及其化合物	0.13
19. 锡及其化合物	0.27
20. 烟尘	2.18
21. 苯	0.05
22. 甲苯	0.18
23. 二甲苯	0.27
24. 苯并（a）芘	0.000 002

续表

污染物	污染当量值/千克
25. 甲醛	0.09
26. 乙醛	0.45
27. 丙烯醛	0.06
28. 甲醇	0.67
29. 酚类	0.35
30. 沥青烟	0.19
31. 苯胺类	0.21
32. 氯苯类	0.72
33. 硝基苯	0.17
34. 丙烯腈	0.22
35. 氯乙烯	0.55
36. 光气	0.04
37. 硫化氢	0.29
38. 氨	9.09
39. 三甲胺	0.32
40. 甲硫醇	0.04
41. 甲硫醚	0.28
42. 二甲二硫	0.28
43. 苯乙烯	25
44. 二硫化碳	20

【温馨提示】

每一排放口或者没有排放口的大气污染物，按照每一排放口或者没有排放口的应税大气污染物的污染当量数从大到小排序，对前三项污染物征收环境保护税。

【任务实施】

2024年3月，北京安斯涂料有限公司直接向大气排放二氧化硫、氟化物、一氧化碳、氯化物属于直接向环境排放应税污染物，按环境保护税法规定需要缴纳环境保护税。北京安斯涂料有限公司排放的大气污染物的污染当量数计算如下：

二氧化硫污染当量数 = 95 000 × 0.1 × 10 000 ÷ 1 000 000 ÷ 0.95 = 100

氟化物污染当量数 = 174 000 × 0.1 × 10 000 ÷ 1 000 000 ÷ 0.87 = 200

一氧化碳污染当量数 = 100 000 × 0.1 × 10 000 ÷ 1 000 000 ÷ 16.7 = 5.99

氯化物污染当量数 = 107 500 × 0.1 × 10 000 ÷ 1 000 000 ÷ 10.75 = 10

由于该厂只有一个排放口,需要按照各污染物的污染当量值从大到小排序,对前三项污染物征收环境保护税。从前面计算中我们可以知道:氟化物污染当量数(200)>二氧化硫污染当量数(100)>氯化物污染当量数(10)>一氧化碳污染当量数(5.99),选择前三项污染物:氟化物、二氧化硫、氯化物计算应缴纳的环境保护税。

大气污染物应纳环境保护税税额 = $(200+100+10) \times 1.2 = 372$(元)

(二)水污染物应纳税额的计算

应税水污染物的应纳税额为污染当量数乘以具体适用税率。

1. 适用监测数据法的水污染物应纳税额的计算

适用监测数据法的水污染物(包括第一类水污染物和第二类水污染物)的应纳税额为污染当量数乘以具体适用税额。计算公式为:

水污染物的应纳税额 = 污染当量数 × 适用税额

应税水污染物的污染当量数,以该污染物的排放量除以该污染物的污染当量值计算,计算公式为:

应税水污染物的污染当量数 = 该污染物的排放量 ÷ 该污染物的污染当量值

应税水污染物的具体污染当量值应参照《环境保护税法》所附的《应税污染物和当量值表》执行(此处不展示,其他亦同)。

每一排放口的应税水污染物,按照《应税污染物和当量值表》,区分第一类水污染物和其他类水污染物,按照污染当量数从大到小排序,对第一类水污染物按照前五项征收环境保护税,对其他类水污染物按照前三项征收环境保护税。

【学以致用】

广东番百化工有限公司是环境保护税的纳税人,该厂仅有一个污水排放口且直接向河流排放污水,已安装使用符合国家规定和监测规范的污染物自动监测设备。检测数据显示,该排放口 2024 年第一季度共排放污水 6 万吨(折合 6 万立方米),应税污染物为六价铬,浓度为 0.5mg/L。假设该厂所在省的水污染物税率为 2.8 元/污染当量,六价铬的污染当量值为 0.02 千克。

分析:该厂直接向河流排放污水,需要缴纳环境保护税,所排放的六价铬属于第一类水污染物,需要缴纳的环境保护税计算如下:

六价铬污染当量数 = $60\,000\,000 \times 0.5 \div 1\,000\,000 \div 0.02 = 1\,500$

水污染物应纳环境保护税税额 = 污染当量数 × 适用税额 = $1\,500 \times 2.8 = 4\,200$(元)

2. 适用抽样测算法的水污染物应纳税额的计算

适用抽样测算法的情形,纳税人按照《环境保护税法》所附的《禽畜养殖业、小型企业和第三产业水污染物污染当量值》所规定的当量值计算污染当量数。

(1)规模化禽畜养殖业排放的水污染物应纳税额。禽畜养殖业的水污染物应纳税额为污染当量数乘以具体适用税额。其污染当量数以禽畜养殖业数量乘以污染当量值计算。

（2）小型企业和第三产业排放的水污染物应纳税额。小型企业和第三产业的水污染物应纳税额为污染当量数乘以具体适用税额。其污染当量数以污水排放量（吨）除以污染当量值（吨）计算，计算公式为：

应纳税额 = 污水排放量（吨）÷ 污染当量值（吨）× 适用税率

（3）医院排放的水污染物应纳税额。医院排放的水污染物应纳税额为污染当量数乘以具体适用税率。其污染当量数以病床数或者污水排放量除以相应的污染当量数计算。计算公式为：

应纳税额 = 医院床位数 ÷ 污染当量值 × 适用税额

或：应纳税额 = 污水排放量 ÷ 污染当量值 × 适用税额

> **【学以致用】**
>
> 广东沙河牛牛养殖场，2024 年 12 月养牛存栏量为 500 头，污染当量值为 0.1 头，假设当地水污染物适用税额为每污染当量 2.8 元，当月环境保护税应纳税额核算如下：
>
> 水污染物当量数 = 500 ÷ 0.1 = 5 000
>
> 应纳税额 = 5 000 × 2.8 = 14 000（元）

（三）固体废物应纳税额的计算

固体废物的应纳税额为固体废物排放量乘以具体适用税额，其排放量为当期应税固体的产生量减去当期应税固体废物的贮存量、处置量、综合利用量的余额。计算公式为：

固体废物的应纳税额 = 固体废物的排放量 × 适用税额

固体废物的排放量 = 当期固体废物的产生量 − 当期固体废物的综合利用量 − 当期固体废物的贮存量 − 当期固体废物的处置量

固体废物的贮存量、处置量，是指在符合国家和地方环境保护标准的设施、场所贮存或者处置的固体废物数量；固体废物的综合利用量，是指按照国务院发展改革、工业和信息化主管部门关于资源综合利用要求以及国家和地方环境保护标准进行综合利用的固体废物数量。

> **【温馨提示】**
>
> 纳税人有下列情形之一的，以其当期应税固体废物的产生量作为固体废物的排放量：
> (1) 非法倾倒应税固体废物。
> (2) 进行虚假纳税申报。

> **【学以致用】**
>
> 广东日化涂料有限公司在新型无污染涂料研制过程中产生固体废物（危险废物）90 吨，当期公司废料储存仓库存储了 20 吨，经由番禺废料处理中心处置了 10 吨，通过回

收方式综合利用了 15 吨。

分析：广东日化涂料有限公司生产过程中产生的固体废物属于危险废物需要缴纳环境保护税，应纳环境保护税计算如下：

固体废物的排放量 = 90 − 20 − 10 − 15 = 45（吨）

固体废物应纳环境保护税税额 = 45 × 1 000 = 45 000（元）

（四）噪声应纳税额的核算

应税噪声的应纳税额为超过国家规定标准的分贝数对应的具体适用税额。

工业噪声按照超过国家规定标准的分贝数确定每月税额，超过国家规定标准的分贝数是指实际产生的工业噪声与国家规定的工业噪声排放标准限额之间的差值。

【学以致用】

广东番百化工厂于 2024 年 7 月新投入运营，主要研制项目为新型无污染涂料，该工厂厂界长度超过 100 米，有两处以上噪声源，2024 年 7 月其噪声污染物排放情况如下：噪声超标天数为 16 天，昼间最高分贝为 78，夜间最高分贝为 60。根据噪声排放标准的规定，昼间噪声标准限值为 65 分贝，夜间噪声标准限值为 55 分贝。分析：该公司生产过程中噪声超标天数为 16 天，昼间最高分贝为 78，夜间最高分贝为 60，该公司所辖工厂的厂界长度超过 100 米，有两处以上噪声源，根据环保税法规定应税噪声的应纳税额为超过国家规定标准的分贝数对应的具体适用税额，当沿边界长度超过 100 米有两处以上噪声超标时，按照两个单位计算应纳税额。

昼间超标值：78 − 65 = 13（分贝）

夜间超标值：60 − 55 = 5（分贝）

噪声污染物应纳的环境保护税税额 =（5 600 + 700）× 2 = 12 600（元）

四、环境保护税的申报管理

（一）环境保护税的纳税时间

操作讲解视频：环境保护税的
计算与申报（示例 2）

环境保护税的纳税义务发生时间为纳税人排放应税污染物的当日。环境保护税按月计算，按季申报缴纳，不能按固定期限计算缴纳的，可以按次申报缴纳。

纳税人按季申报缴纳的，应当自季度终了之日起 15 日内，向税务机关办理纳税申报并缴纳税款；纳税人按次申报缴纳的，应当自纳税义务发生之日起 15 日内，向税务机关办理纳税申报并缴纳税款。纳税人应当向应税污染物排放地的税务机关提交相关资料申报缴纳环境保护税。

（二）环境保护税的纳税地点

环境保护税采用"企业申报、税务征收、环保协同、信息共享"的征管方式，税务机关负责征收管理，环境保护主管部门负责对污染物监测管理，纳税人应当依法如实办理纳税申报，对申报的真实性和完整性承担责任。纳税人应当向应税污染物排放地的税务机关申报缴纳环境保护税。应税污染物排放地，是指应税大气污染物、水污染物排放口所在地；应税固体废物产生地；应税噪声产生地。

纳税人跨区域排放应税污染物，税务机关对税收征收管辖有争议的，由争议各方按照有利征收管理的原则协商解决。

纳税人从事海洋工程向中华人民共和国管辖海域排放应税大气污染物、水污染物或者固体废物，申报缴纳环境保护税的具体办法，由国务院税务主管部门会同国务院海洋主管部门规定。

（三）环境保护税的纳税申报

企业在进行纳税申报前，需先维护税源信息。税源信息没有变化的，确认无变化后直接进行纳税申报；税源信息有变化的，通过填报《财产和行为税税源明细表》，纳税人可以自由选择维护税源信息的时间，既可以在申报期之前，也可以在申报期之内，进行数据更新维护后再进行纳税申报。

【任务实施】

完成北京安斯涂料有限公司 2024 年第一季度环境保护税的纳税申报。

北京安斯涂料有限公司 1～2 月暂停营业，第一季度只有 3 月发生境保护税涉税业务。公司 2024 年 3 月排放了需要缴纳环境保护税的大气污染物，税源信息发生变化，公司在进行纳税申报前，应进行税源信息的维护。

1. 税源采集

登录电子税务局，单击【税费申报及缴纳】，找到财产和行为税合并纳税申报项目，单击【填写申报表】，进入财产和行为税税源信息采集界面。单击【税源采集】，填写【附表 1 - 大气、水污染物基础信息采集表】（见图 5 - 23）和【申报计算及减免信息】（见图 5 - 24），采集北京安斯涂料有限公司环境保护税税源信息。

（1）大气、水污染物基础信息采集表。

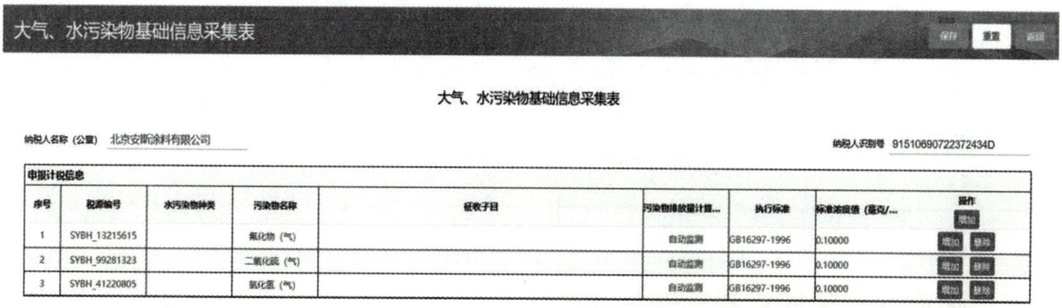
大气、水污染物基础信息采集表

大气、水污染物基础信息采集表

纳税人名称（公章） 北京安斯涂料有限公司　　纳税人识别号 91510690722372434D

申报计税信息

序号	税源编号	水污染物种类	污染物名称	征收子目	污染物排放量计算...	执行标准	标准浓度值（毫克/...	操作
1	SYBH_13215615		氟化物（气）		自动监测	GB16297-1996	0.10000	
2	SYBH_99281323		二氧化硫（气）		自动监测	GB16297-1996	0.10000	
3	SYBH_41220805		氯化氢（气）		自动监测	GB16297-1996	0.10000	

图 5 - 23　大气、水污染物基础信息采集

（2）申报计算及减免信息。

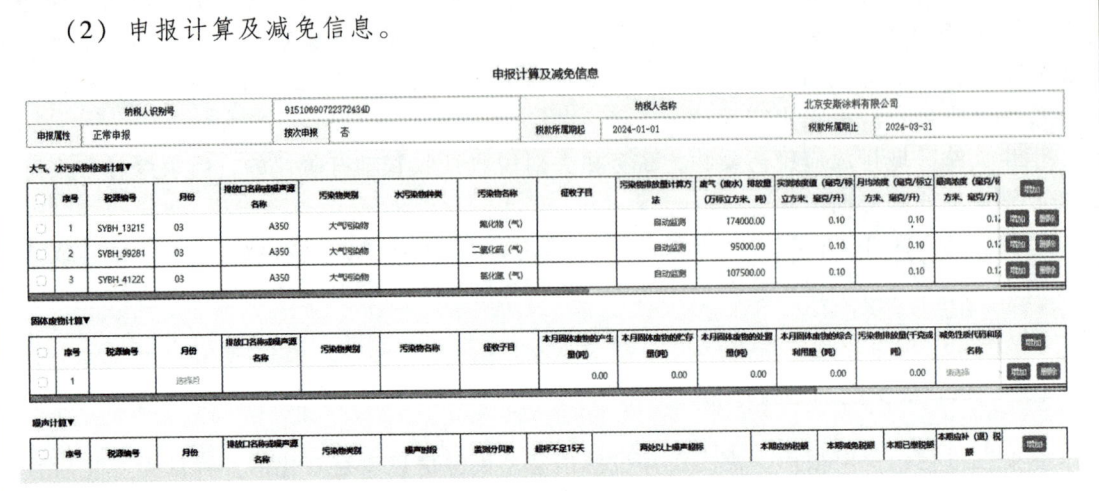

图5-24　申报计算及减免信息

（3）填写完成后，单击【保存】-【返回】，回到环境保护税税源采集界面，单击右上角的【跳转申报】。

2. 纳税申报

（1）税源选择。选择纳税期限为【按季申报】，单击【税源选择】，选择刚已采集的税源信息。完成后单击【下一步】，进行北京安斯涂料有限公司环境保护税的申报。

（2）申报。系统会根据前面采集的税源信息，自动填报《财产和行为税纳税申报表》，审核确认数据无误后，单击右上角【申报】，即完成北京安斯涂料有限公司2024年第一季度环境保护税的纳税申报，见图5-25。

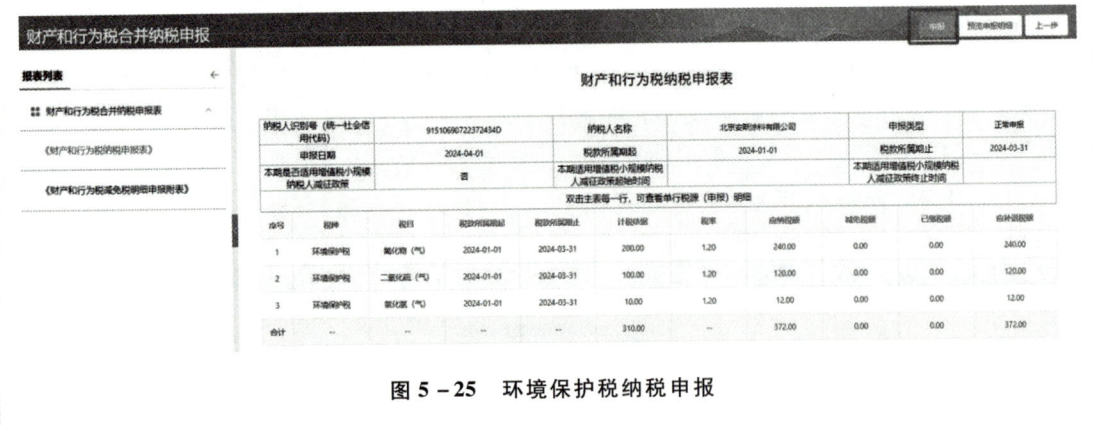

图5-25　环境保护税纳税申报

五、环境保护税应纳税额的会计核算

企业计算出应缴纳的环境保护税，完成环境保护税的纳税申报后，需要根据纳税申报表

要缴纳的环境保护税借记"税金及附加"账户，贷记"应交税费——应交环境保护税"账户；实际缴纳时，根据完税凭证借记"应交税费——应交环境保护税"账户，贷记"银行存款"账户。

【任务实施】

完成北京安斯涂料有限公司 2024 年第一季度环境保护税的账务处理。

（1）申报缴纳时：

借：税金及附加　　　　　　　　　　　　　　　　　　372
　　贷：应交税费——应交环境保护税　　　　　　　　　　　372

（2）实际缴税时：

借：应交税费——应交环境保护税　　　　　　　　　　372
　　贷：银行存款　　　　　　　　　　　　　　　　　　　　372

项目小结

本项目通过七个模块的学习与实践，实现了对财产和行为税基本内容的全面认知。我们不仅掌握了房产税、城镇土地使用税、土地增值税、耕地占用税、契税、车船税、车辆购置税、印花税、资源税及环境保护税的应纳税额计算与核算方法以及纳税筹划的技巧；同时，还深入探讨了各税种的风险管控策略，学习了如何有效识别、评估及应对税务风险，确保税务合规。最后，强化了财产和行为税的申报管理能力，提升了运用智能化工具进行税务处理与申报的实操技能，为未来适应数字化税务管理趋势打下了坚实基础。通过学习本项目，将有效提升同学们在财产和行为税领域的专业知识与实践能力，为日后的岗位工作奠定坚实基础。

项目六
关税的智能化核算与管理

知识学习目标

1. 熟悉关税的含义与基本要素
2. 掌握进口关税、出口关税应纳税额的核算方法
3. 掌握关税的纳税筹划和风险防控方法

技能训练目标

1. 能准确核算关税的应纳税额并完成纳税申报，确保合规性
2. 能完成关税的税务风险自查，发现并纠正可能的错误
3. 能通过合法手段优化关税的税收负担，提高纳税效率

素养培育目标

1. 通过学习关税法规，理解关税在维护进出口秩序，促进对外贸易，推进高水平对外开放，维护国家主权和利益，保护纳税人合法权益等方面的作用，培养民族情怀和开放、包容、互利互赢的国际视野
2. 理解关税的经济调节和产业保护职能，具有忧患意识和坚持底线思维

项目案例

广州通达贸易有限公司主要从事冷冻食品、酒类和金属材料的进出口业务，拥有进出口经营权。2024年10月公司发生了以下业务：

（1）从澳大利亚进口一批雪花牛肉用于销售。商业发票列明的总价款为FOB悉尼1 100 000美元，有关运保费结算清单列明运保费12 000美元，卖方佣金50 000美元，支付

进口港务费10 200元和外运劳务费9 000元,支付海关地运往贸易公司的运输费用22 000元、装卸费和保险费13 000元。汇率1∶6.8,已知雪花牛肉适用的关税税率为3.6%。

(2) 从法国进口家具一批,商业发票列明成交价格为FOB阿弗尔2 400 000美元,另外支付境内特许销售权费用100 000元,卖方佣金50 000元,货物运费率为2%,保险费无法确认。汇率1∶6.8,已知该批家具适用的关税税率为5%。

(3) 向美国出口未锻轧锑5吨,以到岸价格317 000美元成交,其中境外运费为4 600美元,保险费为2 900美元。由卖方承担的出口佣金按成交价格2%计算。汇率1∶6.8,适用出口暂定税率为5%。

任务清单:
1. 判断该案例关税的纳税人、征税范围及适用税率
2. 对该公司的关税业务进行核算
3. 对该公司的关税业务进行风险管控及申报管理

模块一　认知关税法的基本内容

关税是海关依法对进出关境的货物和物品征收的一种流转税,包括进口关税和出口关税。目前,关税主要适用的法律法规是自2024年12月1日起施行的《中华人民共和国关税法》及所附的《中华人民共和国进出口税则》。

一、关税的纳税人及征税范围

(一) 关税的纳税人及扣缴义务人

微课:"代购"那些事——
进口商品的涉税介绍

进口货物的收货人、出口货物的发货人、进境物品的携带人或者收件人,是关税的纳税人。

从事跨境电子商务零售进口的电子商务平台经营者、物流企业和报关企业,以及法律、行政法规规定负有代扣代缴、代收代缴关税税款义务的单位和个人,是关税的扣缴义务人。

【温馨提示】

关税的纳税人包括两种:一种是贸易性进出口商品的纳税人,另一种是非贸易性进出口物品的纳税人。贸易性进出口商品的纳税人包括进口货物的收货人以及出口货物的发货人。非贸易性进出口物品的纳税人包括该物品的所有人和推定为所有人的人。一般

情况下,对于携带进境的物品,推定其携带人为所有人;对分离运输的行李,推定相应的进出境旅客为所有人;以邮递方式进境的物品,推定其收件人为所有人;以邮递或其他运输方式出境的物品,推定其寄件人或托运人为所有人。

(二)关税的征税范围

关税的征税对象是我国准许进出口的货物和进境物品。

货物是指贸易性商品,包括进口商品和出口商品,物品是指入境旅客随身携带的行李物品、个人邮递物品、各种运输工具上的服务人员携带进口的自用物品、馈赠物品以及以其他方式进境的个人物品。

个人合理自用的进境物品,按照简易征收办法征收关税且在规定数额以内的免征关税。超过个人合理自用数量的进境物品,按照进口货物征收关税。

【温馨提示】

所谓"境"是指关境,又称"海关境域"或"关税领域",是《中华人民共和国海关法》全面实施的领域。通常情况下,一国关境与国境是一致的,包括国家全部的领土、领海、领空。但当某一国家在国境内设立了自由港或自由贸易区时,这些区域就处在关境之外,这时,该国的关境小于其国境。

【勤思善悟】

根据《中华人民共和国香港特别行政区基本法》和《中华人民共和国澳门特别行政区基本法》,中国香港和中国澳门保持原有的资本主义制度长期不变,并享受外交及国防事务以外所有实务的高度自主权。那么,在海关法律和关税政策方面,中国香港和中国澳门是完全遵循中国的相关法规,还是在遵循全国性法律框架的前提下,有一定的自主执行空间或特别规定?

【温馨提示】

下列进出口货物、进境物品,免征关税:
(1)国务院规定的免征额度内的一票货物;
(2)无商业价值的广告品和货样;
(3)进出境运输工具装载的途中必需的燃料、物料和饮食用品;
(4)在海关放行前损毁或者灭失的货物、进境物品;
(5)外国政府、国际组织无偿赠送的物资;
(6)我国缔结或者共同参加的国际条约、协定规定免征关税的货物、进境物品;
(7)依照有关法律规定免征关税的其他货物、进境物品。

【任务实施】

判断关税的征税对象和纳税人：从澳大利亚进口的雪花牛肉、从法国进口的葡萄酒和向美国出口的未锻轧锑都是进出口的货物，属于关税的征税范围。广州通达贸易有限公司作为雪花牛肉和葡萄酒的收货人，同时作为未锻轧锑的发货人，是这些进出口业务的关税纳税人。

二、关税的税目和税率

我国的关税税目和税率是由《中华人民共和国进出口税则》来反映的。进出口税则是关税法的附件，由国务院关税税则委员会负责定期编纂、发布和解释。

（一）进口货物的关税税率

进口关税设置最惠国税率、协定税率、特惠税率、普通税率，对实行关税配额管理的进出口货物，设置关税配额税率，对进出口货物在一定期限内可以实行暂定税率。

（1）最惠国税率：适用原产于共同适用最惠国待遇条款的世界贸易组织成员的进口货物，或原产于与我国缔结或者共同参加含有相互给予最惠国待遇条款的国际条约、协定的国家或者地区的进口货物，以及原产于我国境内的进口货物。

（2）协定税率：适用原产于与我国缔结或者共同参加的含有关税优惠条款的国际条约、协定的国家或者地区且符合国际条约、协定有关的进口货物。

（3）特惠税率：适用原产于我国给予特殊关税优惠安排的国家或者地区且符合国家原产地管理规定的进口货物。

（4）普通税率：适用原产于除适用最惠国税率、协定税率、特惠税率国家或地区以外的国家或者地区的进口货物，以及原产地不明的进口货物。

（5）进口暂定税率：适用最惠国税率、协定税率、特惠税率、关税配额税率的进口货物在一定期限内可以实行暂定税率。适用普通税率的进口货物，不适用暂定税率。

（6）关税配额税率：实行关税配额管理的进口货物，关税配额内的适用关税配额税率；关税配额外的，按不同情况分别适用最惠国税率、协定税率、特惠税率或普通税率。

关税税率适用的原产地规则主要涉及两种核心原则：一是完全在一个国家或者地区获得的货物，以该国家或者地区为原产地；二是两个以上国家或者地区参与生产的货物，以最后完成实质性改变的国家或者地区为原产地。国务院根据中华人民共和国缔结或者共同参加的国际条约、协定对原产地的确定另有规定的，依照其规定。

【温馨提示】

税率的适用顺序：适用最惠国税率的进口货物有暂定税率的，适用暂定税率；适用

智能化税费核算与管理

> 协定税率的进口货物有暂定税率的，从低适用税率，其最惠国税率低于协定税率且无暂定税率的，适用最惠国税率；适用特惠税率的进口货物有暂定税率的，从低适用税率；实行关税配额管理的进口货物，关税配额内的适用关税配额税率，有暂定税率的适用暂定税率，关税配额外的，按不同情况分别适用最惠国税率、协定税率、特惠税率或普通税率。

依法对进口货物征收反倾销税、反补贴税、保障措施关税的，其税率的适用按照有关反倾销、反补贴和保障措施的法律、行政法规的规定执行。

（二）进境物品税率

自 2019 年 4 月 9 日起，除另有规定外，我国对准予应税进口的旅客行李物品、个人邮寄物品以及其他个人自用物品，均由海关按照《中华人民共和国进境物品进口税税率表》（见表 6-1）的规定，征收进口关税、代征进口环节增值税和消费税等进口税。

表 6-1　　　　　　中华人民共和国进境物品进口税税率表

税目序号	物品名称	税率/%
1	书报、刊物、教育用影视资料；计算机、视频摄录一体机、数字照相机等信息技术产品；食品、饮料；金银；家具；玩具、游戏品、节日或其他娱乐用品；药品[注1]	13
2	运动用品（不含高尔夫球及球具）、钓鱼用品；纺织品及其制成品；电视摄像机及其他电器用具；自行车；税目 1、3 中未包含的其他商品	20
3[注2]	烟、酒、贵重首饰及珠宝玉石；高尔夫球及球具；高档手表；高档化妆品	50

注：1. 对国家规定减按3%征收进口环节增值税的进口药品，按照货物税率征税。2. 税目3所列商品的具体范围与消费税征收范围一致。

（三）出口货物的关税税率

出口关税设置五档税率，分别是 20%、25%、30%、40% 和 50%。适用出口税率的出口货物有暂定税率的，适用暂定税率。

模块二　进口货物关税的核算

一、关税应纳税额的计算

关税实行从价计征、从量计征和复合计征。

操作讲解视频：进口关税计算（示例1）

（一）从价计征

实行从价计征的，应纳税额按照计税价格乘以比例税率计算。我国大部分进口货物的关税都采用从价税。

进口货物应纳关税税额 = 计税价格 × 税率

进口货物的计税价格以成交价格以及该货物运抵我国境内输入地点起卸前的运输及其相关费用、保险费即到岸价格（CIF）为基础确定。如果以其他国际贸易术语成交的进口货物，应按规定调整为 CIF 价格计算计税价格。例如以 FOB 价格作为成交价格，则

计税价格 = FOB 价格 + 运杂费 + 保险费

需要注意的是，进出口货物的成交价格及有关费用以外币计价的，海关按照该货物适用税率之日所适用的计征汇率折合为人民币计算计税价格，计税价格采用四舍五入法计算至分。同时，关税税额也是采用四舍五入法计算至分。

进口货物的成交价格，是指卖方向我国境内销售该货物时买方为进口该货物向卖方实付、应付的，并按规定调整后的价款总额，包括直接支付的价款和间接支付的价款。

1. 进口货物成交价格的条件

（1）对买方处置或者使用该货物不予限制，但法律、行政法规规定的限制、对货物转售地域的限制和对货物价格无实质性影响的限制除外；

（2）该货物的成交价格没有因搭售或者其他因素的影响而无法确定；

（3）卖方不得从买方直接或者间接获得因该货物进口后转售、处置或者使用而产生的任何收益，或者虽有收益但能够按照规定进行调整；

（4）买卖双方没有特殊关系，或者虽有特殊关系但未对成交价格产生影响。

2. 计入进口货物计税价格的项目

（1）由买方负担的购货佣金以外的佣金和经纪费；

（2）由买方负担的与该货物视为一体的容器的费用；

（3）由买方负担的包装材料费用和包装劳务费用；

（4）与该货物的生产和向我国境内销售有关的，由买方以免费或者以低于成本的方式提供并可以按适当比例分摊的料件、工具、模具、消耗材料及类似货物的价款，以及在我国境外开发、设计等相关服务的费用；

（5）作为该货物向我国境内销售的条件，买方必须支付的、与该货物有关的特许权使用费；

（6）卖方直接或者间接从买方获得的该货物进口后转售、处置或者使用的收益。

3. 不计入进口货物计税价格的项目

（1）厂房、机械、设备等货物进口后进行建设、安装、装配、维修和技术服务的费用，但保修费用除外；

（2）进口货物运抵我国境内输入地点起卸后的运输及其相关费用、保险费；

（3）进口关税及国内税收。

4. 海关估价法

进口货物的成交价格不符合规定条件，或者成交价格不能确定的，海关经了解有关情况，并与纳税人进行价格磋商后，依次以下列价格估定该货物的计税价格：

智能化税费核算与管理

（1）与该货物同时或者大约同时向我国境内销售的相同货物的成交价格；

（2）与该货物同时或者大约同时向我国境内销售的类似货物的成交价格；

（3）与该货物进口的同时或者大约同时，将该进口货物、相同或者类似进口货物在我国境内第一级销售环节销售给无特殊关系买方最大销售总量的单位价格，但应当扣除以下项目；

①同等级或者同种类货物在我国境内第一级销售环节销售时通常的利润和一般费用以及通常支付的佣金；

②进口货物运抵我国境内输入地点起卸后的运输及其相关费用、保险费；

③进口关税及国内税收。

（4）按照下列各项总和计算的价格：生产该货物所使用的料件成本和加工费用，向我国境内销售同等级或者同种类货物通常的利润和一般费用，该货物运抵我国境内输入地点起卸前的运输及其相关费用、保险费；

（5）以合理方法估定的价格。

【任务实施】

【业务1】 雪花牛肉成交价格应包括卖方佣金、运保费、支付的进口港务费和外运劳务费，雪花牛肉货物的成交价格 = (1 100 000 + 50 000) × 6.8 + 10 200 + 9 000 = 7 839 200（元）。

雪花牛肉的计税价格 = 调整后的成交价格（FOB价）+ 运保费
 = 7 839 200 + 12 000 × 6.8 = 7 920 800（元）

进口关税税额 = 7 920 800 × 3.6% = 285 148.80（元）

【业务2】 家具的成交价格应包括境内特许销售权费用和卖方佣金，家具的成交价格 = 2 400 000 × 6.8 + 100 000 + 50 000 = 16 470 000（元）。

由于进口货物的保险费无法确定或者未实际发生，海关按照"货价"和"运费"两者总额的3‰计算保险费，计算公式为：保险费 =（货价 + 运费）× 3‰。

运保费 = 16 470 000 × 2% + 16 470 000 × (1 + 2%) × 3‰ = 379 798.20（元）

计税价格 = 16 470 000 + 379 798.20 = 16 849 798.20（元）

该货物的进口关税税额 = 16 849 798.20 × 5% = 842 489.91（元）

（二）从量计征

实行从量计征的，应纳税额按照货物数量乘以定额税率计算。货物数量是指货物的长度、重量、面积、体积、容积等。从量税不受商品价格的影响，计税方法简便。目前我国对原油、部分鸡产品、啤酒等进口采取从量计算税款。

进口货物应纳关税税额 = 进口货物数量 × 适用的单位税额

【学以致用】

沃尔玛（中国）投资有限公司2025年1月从澳洲购进4.2吨整只的冻鸡，经海关审定其成交价格为CIF广州11 880美元，已知整只的冻鸡协定税率为0.4元/千克，进口普通税率为 5.6 元/千克，原产国澳洲适用协定税率；计算应缴纳的进口关税税额（外汇折算率 1 美元＝人民币 6.8 元）。

首先进行重量单位运算，4.2 吨＝4 200（千克）；

则应纳进口关税税额＝4200×0.4＝1 680（元）。

（三）复合进口关税的核算

实行复合计征的，应纳税额按照计税价格乘以比例税率与货物数量乘以定额税率之和计算。

复合税同时以进口货物的价格和数量作为计税依据，我国对录像机、放像机、摄像机、数字照相机和摄录一体机等进口商品征收复合税。如 2024 年 12 月 1 日实施的税则中的磁带型广播级录像机的普通税率：计税价格不高于 2 000 美元/台的，实行单一从价税，税率为 130%；计税价格高于 2 000 美元/台的，实行复合税，每台征收 20 600 元人民币的从量税再加 6% 的从价税。

进口货物应纳关税税额＝应税货物数量×适用的单位税额＋计税价格×税率

二、进口货物关税的会计核算

为了准确地反映企业关税的应交、已交、欠交等情况，需要缴纳关税的企业，应在"应交税费"科目下增设"应交关税"明细科目进行会计核算，也可以分别设置"应交进口关税""应交出口关税"明细科目。不单独核算进口关税的生产企业也可以不设置"应交税费——应交关税"账户，而在实际缴纳关税时，直接计入进口货物的成本。

【任务实施】

【业务1】雪花牛肉原材料的金额＝雪花牛肉的计税价格＋进口关税税额
＝7 920 800＋285 148.80＝8 205 948.80（元）

进口增值税的计税＝8 205 948.80×9%＝738 535.39（元）

清关入库后，账务处理如下：

借：原材料——雪花牛肉　　　　　　　　　　　　8 205 948.80
　　应交税费——应交增值税（进项税额）　　　　　738 535.39
　　贷：银行存款　　　　　　　　　　　　　　　8 944 484.19

【业务2】家具到达口岸，缴纳进口税费时会计处理如下：

家具的成本＝家具的计税价格＋进口关税税额
＝16 849 798.20＋842 489.91＝17 692 288.11（元）

进口增值税的计税＝17 692 288.10×13%＝2 299 997.45（元）

借：库存商品——家具　　　　　　　　　　　　17 692 288.11
　　应交税费——应交增值税（进项税额）　　　　2 299 997.45
　　贷：银行存款　　　　　　　　　　　　　　19 992 285.56

模块三　出口货物关税的核算

一、出口货物关税的计算

操作讲解视频：出口关税计算（示例2）

出口货物的计税价格以该货物的成交价格及该货物运至我国境内输出地点装载前的运输及其相关费用、保险费为基础确定。

出口货物的成交价格，是指该货物出口时卖方为出口该货物应当向买方直接收取和间接收取的价款总额，出口关税不计入计税价格，相当于贸易术语离岸价格（FOB）减去出口关税。在会计核算中，出口计税价格相当于主营业务收入贷方减去出口关税。其计算公式为：

出口货物计税价格＝FOB价格÷（1＋出口关税税率）

以CIF价格（境外口岸到岸价格）成交的，其关税计税价格计算公式为：

出口货物计税价格＝（CIF－运费－保险费）÷（1＋出口关税税率）

确定出口货物成交价格的相关原始凭证包括商业发票、货运发票和保险单等。

【任务实施】

　　【业务3】向美国出口未锻轧锑，境内输出地点装载后的运输费和保险费，出口关税，在货价中单独列明由卖方承担的佣金均不计入出口货物的计税价格。

　　该货物的出口关税计税价格＝（317 000－4 600－2 900）×6.8÷（1＋5%）＝2 004 380.95（元）

　　该货物的出口关税应纳税额＝2 004 380.95×5%＝100 219.05（元）

二、出口货物关税的会计核算

生产企业或外贸企业的自营出口业务，应在"税金及附加"账户下核算出口产品应缴纳的关税。同时，在"应交税费"账户下设"应交税费——应交出口关税"账户。

【任务实施】

　　【业务3】向美国出口未锻轧锑的会计分录如下：

(1) 发出货物，向银行办妥交单手续时：
借：应收账款——××客户（$317 000×98%×6.8）   2 112 488.00
    主营业务收入——佣金（$317 000×2%×6.8）   43 112.00
    贷：主营业务收入——未锻轧锑   2 155 600.00
(2) 支付运费和保险费时：
运保费=(4 600+2 900)×6.8=51 000（元）
借：主营业务收入——未锻轧锑   51 000.00
    贷：银行存款——美元户（$7 500×6.8）   51 000.00
(3) 计提出口关税时：
借：税金及附加   100 219.05
    贷：应交税费——应交出口关税   100 219.05

模块四　关税申报管理

一、关税的纳税期间

（一）纳税期限

《中华人民共和国海关法》（以下简称《海关法》）规定，进口货物自运输工具申报进境之日起14日内，出口货物在货物运抵海关监管区后装货的24小时以前，由进出口货物的纳税义务人向货物进（出）境地海关申报。我国进出口货物关税的征收，在报关环节由海关代征，因此，报关环节同时就是关税的纳税申报环节。

（二）缴纳期限

进出口货物的纳税人、扣缴义务人应当自完成申报之日起15日内缴纳税款；符合海关规定条件并提供担保的，可以于次月第5个工作日结束前汇总缴纳税款。因不可抗力或者国家税收政策调整，不能按期缴纳的，经向海关申请并提供担保，可以延期缴纳，但最长不得超过6个月。

二、关税的风险管控

关税主要风险分析应从①商品归类申报不正确导致未正确申报缴纳关税；②未经许可，擅自将减免税货物抵押、转让、移作他用、融资租赁或者进行其他处置导致未正确补缴关税；③走私

智能化税费核算与管理

普通货物、物品而未按规定缴纳关税;④计税价格核算不准确而少交关税等方面进行考虑。

> 【学以致用】
>
> 　　粤晖以一般贸易的方式,从广州港进口了1台原产地为德国的高端大型机械设备。该设备按离岸价(即FOB)进行交易,货值60万美元,其从德国工厂到广州港卸货前的运输费、保险费共计5万美元,从广州港到粤晖的运输费及保险费共计2万元人民币。除以上费用外,粤晖还支付了未在合同中罗列的设备内置软件的特许权使用费10万美元、设备安装调试费用2万美元和设备5年内保修费20万美元。粤晖公司按65万美元的计税价格申报缴纳关税。
> 　　请判断该企业关税的计税价格是否正确。
> 　　风险分析:在海关申报时,大部分企业以商业发票注明的货价及运保费为计税价格进行申报。实际工作中,情况往往复杂得多,尤其是在进口大型、高端设备时,企业往往还需支付额外的特许权使用费、佣金、保修费、维修费等。粤晖在申报时,由于对政策不了解,未将支付的特许权使用费、保修费等计入申报的计税价格。因此,粤晖公司按65万美元的计税价格申报缴纳关税是不正确的,其计税价格应该 $=60+5+10+2+20=97$ 万美元。
> 　　在后续管理中,粤晖需要向海关补缴相应税款并缴纳滞纳金。

船舶吨税

　　船舶吨税由海关负责征收,应税船舶在进入港口办理入境手续时,应当向海关申报纳税领取吨税执照,或者交验吨税执照(或者申请核验吨税执照电子信息)。海关征收吨税应当制发缴款凭证。应税船舶负责人缴纳吨税或者提供担保后,海关按照其申领的执照期限填发吨税执照。应税船舶负责人在每次申报纳税时,可以按照《吨税税目税率表》选择申领一种期限的吨税执照。

　　应税船舶在离开港口办理出境手续时,应当交验吨税执照(或者申请核验吨税执照电子信息)。

　　吨税纳税义务发生时间为应税船舶进入港口的当日。应税船舶在吨税执照期满后尚未离开港口的,应当申领新的吨税执照,自上一次执照期满的次日起续缴吨税。

> 【学以致用】
>
> 　　一艘美国籍船舶停靠在我国境内某港口。纳税人申领了30日的吨税执照。该轮船总吨位为12 000吨,注册净吨位为8 000吨。计算应征纳的船舶吨税。
> 　　分析:(1)确定吨位数:船舶吨税按注册净吨位计算,因此应按8 000吨计算;
> 　　(2)确定吨税率:美国籍船舶适用优惠吨税,净吨位8 000吨的船舶30天期限的优惠税率为2.9元/吨;
> 　　(3)计算吨税:应纳船舶吨税 $=8\ 000\times 2.9=23\ 200$ (元)。

> 【温馨提示】
>
> 中华人民共和国国籍的应税船舶，船籍国（地区）与中华人民共和国签订含有相互给予船舶税费最惠国待遇条款的条约或者协定的应税船舶，适用优惠税率。其他应税船舶，适用普通税率。

项目小结

关税是海关依法对进出关境的货物和物品征收的一种流转税。具有关税纳税义务的单位和个人是关税核算的会计主体。关税会计核算的基本流程是：首先利用关税税则查找进出口货物的适用税率，然后根据原始凭证确定关税的依据，核算应纳关税税额，填制进出口报关单和根据海关税款专用缴款书完成税款的缴纳，最后完成会计分录的编制。

项目七
税收征纳过程的智能化管理

知识学习目标

1. 掌握税务管理的基本内容以及相关法律法规
2. 理解纳税筹划的概念、原则、方法及其与偷税、逃税的区别
3. 掌握纳税担保、税收保全和强制执行的适用范围和流程
4. 能区分不同类型的税收违法违规行为应承担的法律责任
5. 理解税务行政复议和税务行政诉讼的适用范围和程序
6. 了解纳税信用评价体系的构成、评价指标及评价方法

技能训练目标

1. 能熟练执行税务登记、变更、注销等流程,确保税务管理操作准确无误
2. 能够灵活运用税收优惠政策进行纳税筹划,有效降低企业税负,能对纳税筹划方案进行风险评估和防范
3. 能有效应对税收保全和强制执行措施,制定合理策略,降低企业税务风险
4. 能及时识别税收违法行为,确保企业在税务管理中避免法律风险,保持合法合规
5. 能在面临税务行政处罚时采取正确的应对措施,通过税务行政复议、行政诉讼等救济途径,有效维护企业权益
6. 能熟练应用纳税信用评价的标准和流程,准确进行纳税信用自评和申报

素养培育目标

1. 严格遵守税务管理要求,培养强烈的合规意识,确保在税务管理过程中的每一步都合法合规
2. 明确纳税筹划与避税、逃税的界限,以企业的长期利益为出发点,形成正确的纳

税观念

3. 强化责任感，通过团队合作和沟通交流，提升团队协作能力和沟通技巧

项目案例

北京市某餐饮有限公司是由陈某和宫某共同出资成立的企业，其中陈某担任法定代表人，宫某则担任监事。该公司及其下设的第一分公司、第二分公司均在北京市顺义区进行经营活动。然而，在2021年至2022年间，该餐饮公司及其分公司涉嫌使用了53张开票方为沃尔玛等4家公司的假发票进行入账，并在企业所得税应纳税所得额中进行了非法扣除。这一行为严重违反了税收法规。

2023年7月，顺义区国家税务局稽查局对该餐饮公司展开了税务稽查，经过深入调查，认定该公司使用了不符合规定的发票进行列支。基于这一发现，税务机关对该公司进行了税额调整，要求其补缴2021年度和2022年度的企业所得税共计92万余元，并需缴纳相应的滞纳金。

然而，面对税务机关的追缴决定，陈某和宫某并未采取积极措施履行纳税义务，而是选择了逃避。他们通过注销第一分公司和第二分公司、另立新公司、开立新账户供新公司使用等手段，试图掩盖和转移资产，以逃避税务机关的追缴。这些行为导致至案发时，尚有82万余元税款无法被追缴。

案发后，税务机关依法对该餐饮公司进行了立案检查，并迅速将案件移送司法机关处理。经过司法程序的审理，北京市顺义区人民法院以逃避追缴欠税罪判处该餐饮公司罚金人民币85万元。同时，被告人陈某和宫某也因逃避追缴欠税罪被判处有期徒刑三年，缓刑三年，并各处罚金人民币85万元。

一审宣判后，被告人宫某对判决结果不满，提出了上诉。然而，经过北京市第三中级人民法院的审理，法院认为一审判决认定事实清楚、适用法律正确，最终裁定驳回上诉，维持原判。

在案件处理过程中，该餐饮公司也意识到了自身行为的严重性，并采取了补救措施。案发后，该公司积极补缴了欠缴的企业所得税税款及滞纳金共计130余万元，以尽力弥补其违法行为带来的后果。

任务清单：

（1）在上述案例中，该公司违反了哪些具体的税务管理规定？司法机关对其处罚的法律依据是什么？

（2）该餐饮公司使用假发票和逃避追缴税款的行为，是否属于纳税筹划？如果不是，那么合法的纳税筹划与这种逃税行为之间有哪些本质区别？

（3）如果税务机关认为该餐饮公司有可能逃避税款缴纳，是否可以要求其提供纳税担保？如果该公司未能提供担保且未缴纳税款，税务机关可以采取哪些强制执行措施？

（4）该餐饮公司通过注销分公司和另立新公司等手段转移资产，是否属于税务机关可以采取税收保全措施的情形？税务机关在这种情况下应该如何操作？

智能化税费核算与管理

（5）针对该餐饮公司的逃税行为，税务机关对其进行了罚款和追缴税款的处罚。如果该公司对处罚决定不服，它有哪些行政救济途径？如何申请行政复议或提起行政诉讼？

（6）该餐饮公司的逃税行为对其纳税信用等级有何影响？纳税信用等级的下降会如何进一步影响企业的声誉和市场地位？

模块一　税务管理

微课：再见了，
税务登记证

一、税务登记

税务登记是税务机关对纳税人的生产、经营活动进行登记并据此对纳税人实施税务管理的一种法定制度。它是税务机关对纳税人实施税收管理的首要环节和基础工作，是征纳双方法律关系成立的依据和证明，也是纳税人必须依法履行的义务。

（一）开业税务登记

企业，企业在外地设立的分支机构和从事生产、经营的场所，个体工商户和从事生产、经营的事业单位（以下统称从事生产、经营的纳税人），向生产、经营所在地税务机关申报办理税务登记：

（1）从事生产、经营的纳税人领取工商营业执照（含临时工商营业执照）的，应当自领取工商营业执照之日起 30 日内申报办理税务登记；

（2）从事生产、经营的纳税人未办理工商营业执照但经有关部门批准设立的，应当自有关部门批准设立之日起 30 日内申报办理税务登记；

（3）从事生产、经营的纳税人未办理工商营业执照也未经有关部门批准设立的，应当自纳税义务发生之日起 30 日内申报办理税务登记；

（4）有独立的生产经营权、在财务上独立核算并定期向发包人或者出租人上交承包费或租金的承包承租人，应当自承包承租合同签订之日起 30 日内，向其承包承租业务发生地税务机关申报办理税务登记；

（5）从事生产、经营的纳税人外出经营，自其在同一县（市）实际经营或提供劳务之日起，在连续的 12 个月内累计超过 180 天的，应当自期满之日起 30 日内，向生产、经营所在地税务机关申报办理税务登记；

（6）境外企业在中国境内承包建筑、安装、装配、勘探工程和提供劳务的，应当自项目合同或协议签订之日起 30 日内，向项目所在地税务机关申报办理税务登记。

【温馨提示】

为简化纳税人的商事登记手续，自 2017 年 10 月 1 日起在全国全面实施"多证合一"的商事登记制度，即将企业设立时由工商行政管理机关、质量技术监督部门、税务机关、社会保险经办机构和统计机构等多个部门分别核发营业执照、组织机构代码证、税务登记证、社保登记证、统计登记证等不同证照的登记模式，改为只发放记载有统一社会信用代码的营业执照，不再单独发放其他各种证书，赋予营业执照具有以上等证（照）的全部功能。

从事生产、经营的纳税人在领取营业执照后，登记信息由企业登记机关发给税务机关，纳税人无须再次进行税务登记，不再领取税务登记证。纳税人可以在办理营业执照时采用新办纳税人"套餐式"服务，一并办理存款账户账号报告、财务会计制度及核算软件备案和银税三方（委托）划缴等开业涉税事项。

（二）变更税务登记

变更税务登记，是纳税人办理设立税务登记后，因税务登记内容发生变化，向税务机关申请将税务登记内容重新调整为与实际情况一致的一种税务登记管理制度。

纳税人已在工商行政管理机关办理变更登记的，应当自工商行政管理机关变更登记之日起 30 日内，向原税务登记机关申报办理变更税务登记；纳税人按照规定不需要在工商行政管理机关办理变更登记，或者其变更登记的内容与工商登记内容无关的，应当自税务登记内容实际发生变化之日起 30 日内，或者自有关机关批准或者宣布变更之日起 30 日内，持有关证件到原税务登记机关申报办理变更税务登记。

【温馨提示】

实行"一照一码"的纳税人办理变更登记，除生产经营地、财务负责人、核算方式变更由纳税人向税务机关提出变更申请外，其他信息变更应当向纳税人登记机关申报办理。税收机关根据接收的共享变更信息，经纳税人确认后更新系统内的对应信息。

（三）停业、复业税务登记

实行定期定额征收方式的个体工商户或者比照定期定额户进行管理的个人独资企业，在营业执照核准的经营期限内需要停业的，应当在停业前向主管税务机关申报办理停业登记，并在恢复生产、经营之前，向税务机关申报办理复业登记。

【温馨提示】

纳税人的停业期限不得超过一年。纳税人停业期间发生纳税义务，应当及时向税务机关申报，依法补缴应纳税款。纳税人停业期满不能及时恢复生产、经营的，应当在停业期满前向税务机关提出延长停业登记。纳税人停业期满未按期复业又不申请延长停业的，税务机关应当视为已恢复营业，实施正常的税收征管。

（四）注销税务登记

纳税人税务登记内容发生了根本性变化，依法需终止履行纳税义务时应向税务机关申报办理注销税务登记手续。

（1）纳税人发生解散、破产、撤销以及其他情形，依法终止纳税义务的，应当在向工商行政管理机关或者其他机关办理注销登记前，持有关证件向原税务登记机关申报办理注销税务登记；按照规定不需要在工商行政管理机关或者其他机关办理注册登记的，应当自有关机关批准或者宣告终止之日起15日内，持有关证件向原税务登记机关申报办理注销税务登记。

（2）纳税人因住所、经营地点变动，涉及改变税务登记机关的，应当在向工商行政管理机关或者其他机关申请办理变更或者注销登记前或者住所、经营地点变动前，向原税务登记机关申报办理注销税务登记，并在30日内向迁达地税务机关申报办理税务登记。

（3）纳税人被工商行政管理机关吊销营业执照或者被其他机关予以撤销登记的，应当自营业执照被吊销或者被撤销登记之日起15日内，向原税务登记机关申报办理注销税务登记。

（4）境外企业在中国境内承包建筑、安装、装配、勘探工程和提供劳务的，应当在项目完工、离开中国境内前15日内，持有关证件和资料，向原税务登记机关申报办理注销税务登记。

纳税人在办理注销税务登记前，应当向税务机关结清应纳税款、滞纳金、罚款，缴销发票、税务登记证件和其他税务证件。

【温馨提示】

自2017年3月1日起，在全国范围内全面实行企业简易注销登记改革，实现市场主体退出便利化。对领取营业执照后未开展经营活动（以下简称"未开业"）、申请注销登记前未发生债权债务或已将债权债务清算完结（以下简称"无债权债务"）的有限责任公司、非公司企业法人、个人独资企业、合伙企业，由其自主选择适用一般注销程序或简易注销程序。但企业有下列情形之一的，不适用简易注销程序：涉及国家规定实施准入特别管理措施的外商投资企业；被列入企业经营异常名录或严重违法失信企业名单的；存在股权（投资权益）被冻结、出质或动产抵押等情形；有正在被立案调查或采取行政强制、司法协助、被予以行政处罚等情形的；企业所属的非法人分支机构未办理注销登记的；曾被终止简易注销程序的；法律、行政法规或者国务院决定规定在注销登记前需经批准的；不适用企业简易注销登记的其他情形。

（五）外出经营管理

从事生产、经营的纳税人跨省从事生产、经营活动的，应当在外出生产经营之前，到机构所在地主管税务机关开具外出经营活动税收管理证明。税务机关按照"一地一证"的原则，发放外出经营活动税收管理证明。从事生产、经营活动的纳税人外出经营的，在同一地累计超过180天的，应当在营业地办理税务登记手续。

二、账簿、凭证管理

账簿是纳税人、扣缴义务人连续地记录其各种经济业务的账册或簿籍。凭证是纳税人用来记录经济业务，明确经济责任，并据以登记账簿的书面证明，如合同、发票等。

（一）设置账簿的范围

根据《中华人民共和国税收征收管理法》（以下简称《征管法》）的有关规定，所有的纳税人和扣缴义务人都必须按照有关法律、行政法规和国务院财政、税务主管部门的规定设置账簿。从事生产、经营的纳税人应当自领取营业执照或者发生纳税义务之日起15日内设置账簿。扣缴义务人应当自税收法律、行政法规规定的扣缴义务发生之日起10日内，按照所代扣、代收的税种，分别设置代扣代缴、代收代缴税款账簿。

纳税人建立的会计电算化系统应当符合国家有关规定，并能正确、完整核算其收入或者所得。纳税人使用计算机记账的，应当在使用前将会计电算化系统的会计核算软件、使用说明书及有关资料报送主管税务机关备案。

（二）账簿、凭证的保管

从事生产经营的纳税人、扣缴义务人必须按照国务院财政、税务主管部门规定的保管期限保管账簿、记账凭证、完税凭证及其他有关资料。账簿、记账凭证、报表、完税凭证、发票、出口凭证以及其他有关涉税资料不得伪造、变造或者擅自损毁。

除另有规定者外，账簿、记账凭证、报表、完税凭证、发票、出口凭证以及其他有关涉税资料应当保存10年。

三、纳税申报

纳税申报是纳税人按照税法规定的期限和内容，向税务机关提交有关纳税事项书面报告的法律行为，是纳税人履行纳税义务、界定纳税人法律责任的主要依据，是税务机关税收管理信息的主要来源。

（一）纳税申报的主体

纳税申报的主体包括纳税人和扣缴义务人。纳税人在纳税期内没有应纳税额的，也应当按照规定办理纳税申报。纳税人享受减税、免税待遇的，在减税、免税期间应当按照规定办理纳税申报。

（二）纳税申报的内容

纳税申报的内容主要在纳税申报表和扣缴税款报告表、随纳税申报表附报的财务报表以

■ **智能化税费核算与管理**

及其他纳税资料上体现,包括:税种,税目,应纳税项目或应代扣、代收税款项目,计税依据,扣除项目及标准,适用税率或单位税额,应退税项目及税额,应减免税项目及税额,应纳税额或者应代扣代缴、代收代缴税额,税款所属期,延期缴纳税款、预缴税额、抵交税款额、应补(退)税额等。

(三) 纳税申报的期限

《征管法》规定,纳税人和扣缴义务人必须在规定期限内办理纳税申报。申报期限一般由具体的税收法律、行政法规定,也可以由税务机关按照法律、行政法规的原则规定,结合纳税人生产经营的实际情况及其所应缴纳的税种等相关问题予以确定。两种期限具有同等的法律效力。

(四) 纳税申报的方式

《征管法》规定,纳税人、扣缴义务人可以直接到税务机关办理纳税申报或者报送代扣代缴、代收代缴税款报告表,也可以按照规定采取邮寄、数据电文或者其他方式办理申报、报送事项。

(五) 延期申报管理

纳税人、扣缴义务人不能按期办理纳税申报或者报送代扣代缴、代收代缴税款报告表的,经税务机关核准,可以延期申报。如纳税人、扣缴义务人因不可抗力,不能按期办理纳税申报或者报送代扣代缴、代收代缴报告表的,可以延期办理,但应当在不可抗力情形消除后立即向税务机关报告。

经核准延期办理申报、报送事项的,应当在纳税期内按照上期实际缴纳的税额或者税务机关核定的税额预缴税款,并在核准的延期内办理税款结算。

四、税款征收

税款征收是指税务机关依据法律、行政法规规定的标准和范围,将纳税人依法应该向国家缴纳的税款,及时足额地征收入库的一系列活动的总和。具体内容包括征收方式的确定、核定应纳税额、减免税管理、税款入库、税款的退换和追征等。

(一) 税款征收的方式

税务机关根据各税种的不同特点、征纳双方的具体条件而确定的计算征收税款的方法和形式主要有:

(1) 查账征收,是指税务机关按照纳税人提供的账表所反映的经营情况,依照适用税率计算缴纳税款的方式。这种方式一般适用于财务会计制度较为健全,能够认真履行纳税义务的纳税单位。

(2) 查定征收,是指税务机关根据纳税人的从业人员、生产设备、采用原材料等因素,对其产制的应税产品查实核定产量、销售额并据以征收税款的方式。这种方式一般适用于账册不够健全，但是能够控制原材料或进销货的纳税单位。

（3）查验征收，是指税务机关对纳税人应税商品，通过查验数量，按市场一般销售单价计算其销售收入并据以征税的方式。这种方式一般适用于经营品种比较单一，经营地点、时间和商品来源不固定的纳税单位。

（4）定期定额征收，是指税务机关通过典型调查，逐户确定营业额和所得额并据以征税的方式。这种方式一般适用于无完整考核依据的小型纳税单位。

（5）委托代征税款，是指税务机关委托代征人以税务机关的名义征收税款，并将税款缴入国库的方式。这种方式一般适用于小额、零散税源的征收。

（6）邮寄纳税，主要适用于那些有能力按期纳税，但采用其他方式纳税又不方便的纳税人。

（7）其他方式，如利用网络申报、用 IC 卡纳税等。

（二）应纳税额的核定

核定税额是针对由于纳税人的原因导致税务机关难以查账征收税款，而采取的一种措施。《征管法》第三十五条规定，纳税人有下列情形之一的，税务机关有权核定其应纳税额：

（1）依照法律、行政法规的规定可以不设置账簿的；

（2）依照法律、行政法规的规定应当设置账簿但未设置的；

（3）擅自销毁账簿或者拒不提供纳税资料的；

（4）虽设置账簿，但账目混乱或者成本资料、收入凭证、费用凭证残缺不全，难以查账的；

（5）发生纳税义务，未按照规定的期限办理纳税申报，经税务机关责令限期申报，逾期仍不申报的；

（6）纳税人申报的计税依据明显偏低，又无正当理由的。

（三）减免税管理

减免税必须有法律、行政法规的明确规定。纳税人申请减免税，应向主管税务机关提出书面申请，并按规定附送有关资料。减免税的申请须经法律、行政法规规定的减税、免税审查批准机关审批。纳税人在享受减免税待遇期间，仍应按规定办理纳税申报。

纳税人享受减税、免税的条件发生变化时，应当自发生变化之日起 15 日内向税务机关报告，经税务机关审核后，停止其减税、免税；对不报告的，又不再符合减税、免税条件的，税务机关有权追回已减免的税款。

（四）税款的退还和追征

1. 税款的退还

退还多缴税款主要包括两种情况：一是技术上的原因或计算上的错误造成纳税人多缴或税务机关多征的税款；二是正常的税收征管的情况下造成的多缴税款。

2. 税款的追征

因税务机关责任，致使纳税人、扣缴义务人未缴或者少缴税款的，税务机关可在 3 年内要求纳税人、扣缴义务人补缴税款，但是不得加收滞纳金。

因纳税人、扣缴义务人计算错误等失误造成未缴或者少缴税款的，税务机关可在3年内追征税款、滞纳金；特殊情况下追征期可以延长到5年。特殊情况是指纳税人或者扣缴义务人因计算错误等失误导致未缴或者少缴、未扣或者少扣、未收或者少收税款，累计数额在10万元以上的。

对偷税、抗税、骗税的，税务机关追征其未缴或者少缴的税款、滞纳金或者所骗取的税款，不受上述规定期限的限制。

五、税务检查

税务检查是税务机关以国家税收法律、行政法规为依据，对纳税人、扣缴义务人履行纳税义务和代扣代缴义务的情况进行的审查监督活动。

（一）税务机关的检查权

1. 查账权

税务机关依法有权检查纳税人的账簿、记账凭证、报表和有关资料，检查扣缴义务人代扣代缴、代收代缴税款账簿、记账凭证和有关资料。

税务机关行使查账权可以在纳税人、扣缴义务人的业务场所进行；必要时，经县以上税务局（分局）局长批准，可以将纳税人、扣缴义务人以前会计年度的账簿、记账凭证、报表和其他有关资料调回税务机关检查，但是税务机关必须向纳税人、扣缴义务人开付清单，并在3个月内完整退还；有特殊情况的，经设区的市、自治州以上税务局局长批准，税务机关可以将纳税人、扣缴义务人当年的账簿、记账凭证、报表和其他有关资料调回检查，但是税务机关必须在30日内退还。

2. 场地检查权

税务机关依法有权到纳税人的生产、经营场所和货物存放地检查纳税人应纳税的商品、货物或者其他财产，检查扣缴义务人与代扣代缴、代收代缴税款有关的经营情况，但不得进入纳税人生活区进行检查。

3. 责成提供资料权

税务机关依法有权责成纳税人、扣缴义务人提供与纳税或者代扣代缴、代收代缴税款有关的文件、证明材料和资料，但查阅的资料应与纳税相关。

4. 询问权

税务机关依法有权询问纳税人、扣缴义务人与纳税或者代扣代缴、代收代缴税款有关的问题和情况，但询问的问题应与纳税相关。

5. 查证权

税务机关依法有权到车站、码头、机场、邮政企业及其分支机构检查纳税人托运、邮寄应纳税商品、货物或者其他财产的有关单据、凭证和资料。

6. 检查存款账户权

经县以上税务局（分局）局长批准，税务机关依法有权凭全国统一格式的检查存款账户许可证明，查询从事生产、经营的纳税人、扣缴义务人在银行或者其他金融机构的存款账户。税务机关在调查税收违法案件时，经设区的市、自治州以上税务局（分局）局长批准，可以查询案件涉嫌人员的储蓄存款。

（二）税务检查的程序

税务检查是税务机关代表国家行使执法权，必须严格遵照一定的执法程序。

1. 告知税务检查的相关内容

一般情况下，税务机关在实施检查前需发出《税务检查通知书》并附《税务文书送达回证》通知被查对象，告知被查对象检查时间、需要准备的资料等。

有下列情况之一的，可以不必事先通知：

（1）被查对象被检举涉嫌存在税收违法行为的；

（2）有根据认为被查对象有税收违法行为的；

（3）预先通知有碍于税务稽查实施工作开展的。

2. 出示税务检查证和《税务检查通知书》

税务检查应当由两名以上检查人员共同实施，并向被查对象出示税务检查证和《税务检查通知书》。未出示税务检查证和《税务检查通知书》的，纳税人、扣缴义务人及其他当事人有权拒绝检查。

3. 实施税务检查

税务检查可能会涉及询问，询问应当由两名以上检查人员实施。除在被查对象生产、经营场所询问外，应当向被询问人送达《询问通知书》。

当事人、证人可以采取书面或者口头方式陈述或者提供证言。

检查人员实地调查取证时，可以制作现场笔录、勘验笔录，对实地检查情况予以记录或者说明。

对采用电算化会计系统的纳税人，税务机关有权对其会计电算化系统进行检查，并可复制与纳税有关的电子数据作为证据。税务机关进入纳税人电算化系统进行检查时，有责任保证纳税人会计电算化系统的安全性，并保守纳税人的商业秘密。

检查人员调查取证时，不得违反法定程序收集证据材料；不得以偷拍、偷录、窃听等手段获取侵害他人合法权益的证据材料；不得以利诱、欺诈、胁迫、暴力等不正当手段获取证据材料。

税务机关对从事生产、经营的纳税人以前纳税期的纳税情况依法进行税务检查时，发现纳税人有逃避纳税义务行为，并有明显的转移、隐匿其应纳税的商品、货物以及其他财产或者应纳税的收入的迹象的，可以按照《征管法》规定的批准权限采取税收保全措施或者强制执行措施。

4. 听取陈述申辩

税务机关在税务检查结束，作出税务处理、处罚决定前，应当告知纳税人作出处理、处罚决定的事实、理由及依据，并充分听取纳税人的意见，对纳税人提出的事实、理由和证据，应当进行复核；纳税人提出的事实、理由或者证据成立的，税务机关应当采纳。

5. 作出检查处理

税务检查结束时，检查人员应当制作工作底稿和报告，税务机关按工作职责和权限对检

■ 智能化税费核算与管理

查情况进行处理。

> 【任务实施】
>
> 在上述案例中,该公司违反了哪些具体的税务管理规定?
>
> 分析:北京某餐饮有限公司在税务管理中存在多项违规行为。首先,该公司使用不符合规定的发票进行列支,并在企业所得税应纳税所得额中进行了非法扣除,这直接违反了发票管理规定和所得税法规。其次,面对税务机关依法作出的追缴决定,公司非但没有积极履行纳税义务,反而采取了注销分公司、另立新公司等手段转移资产,以逃避税款的追缴。这种行为不仅是对税务稽查工作的公然对抗,更是对税法严肃性的严重践踏。通过设立新的法律实体来规避旧有实体的法律责任,是对法律精神的极大蔑视。

模块二 纳税筹划

一、纳税筹划的概念及其相关行为的界定

(一) 纳税筹划的概念

纳税筹划是指纳税人在遵守国家税收法律法规的前提下,通过合理利用税法规定和优惠政策,对企业的经营、投资、分配等财务活动进行事先策划和安排,以达到减少税负、规避税收风险及实现企业价值最大化的目的。纳税筹划是一种合法的财务管理活动,其核心在于合法性和事先性,即在税法允许的范围内,通过事先的规划和安排来实现税务优化。

(二) 与纳税筹划相关的几种行为的界定

1. 节税

节税是指纳税人在多种盈利的经济活动方式中选择税负最轻或税收优惠最多的方案,以合法手段减少应纳税款的行为。节税实际上是纳税筹划的一种具体表现,它充分利用了税法的政策导向性,通过合理的财务安排和税务筹划,实现税收负担的合法减轻。节税行为是合法的财务活动,也是正当的经济现象。

2. 避税

避税是指纳税人利用税法的漏洞、特例或其他不足之处,采取非违法的手段减少应纳税款的行为。避税行为虽然不直接违反税法,但实质上违背了税法的立法意图和税收公平原则。避税行为具有非违法性、策划性等特点,但往往受到税务机关的关注和调整,以维护税收的公平性和合理性。

3. 逃税与偷税

逃税和偷税在概念上基本相同，都是指纳税人故意违反税收法律法规，采取欺骗、隐瞒等方式逃避纳税的行为。逃税和偷税行为严重损害了国家的税收利益，是违法的税务欺诈行为。根据相关法律法规，对逃税和偷税行为将依法追究纳税人的法律责任，包括追缴税款、滞纳金和罚款，甚至可能追究刑事责任。

> 【勤思善悟】
>
> 在遵守法律法规的前提下，如何合理进行纳税筹划，同时明确区分节税、避税、偷税与逃税的行为界限？

二、纳税筹划的基本原则

纳税筹划作为企业财务管理的重要组成部分，其核心目标在于实现企业价值或股东权益的最大化。企业在实施纳税筹划时应遵循以下原则。

（一）事前筹划原则

纳税筹划必须在企业经济行为发生之前进行，以确保与现行的税收政策法令不冲突。由于税收法律行为滞后于经济行为，这为纳税人提供了筹划的空间。企业可以根据已知的税收法律规定，调整经济事务，选择最佳的纳税方案，以争取最大的经济利益。若经济业务已发生，应税收入已确定，则纳税筹划将失去意义，此时若想减轻税收负担，可能只能依靠非法的偷税、逃税手段。因此，企业必须在经营业务未发生时、收入未取得时先行筹划。

（二）保护性原则

企业在进行纳税筹划后，应妥善保管好账簿、凭证等会计资料，确保其完整无缺。这些资料是记录企业经营情况的真实凭据，也是税务机关征税的重要依据，更是证明企业未违反税收法律的重要证据。企业需确保这些资料的保管期不得短于税收政策规定的补征期和追征期，以巩固纳税筹划的成果。

（三）经济原则

纳税筹划的目标是实现企业价值最大化，这与企业财务管理的目标是一致的。因此，在进行纳税筹划时，企业应综合考虑筹划方案是否能带来绝对的利益，包括企业整体税负的降低和纳税绝对值的减少。同时，企业还需考虑筹划方案的实施成本，包括额外的费用支出和因选择该方案而放弃其他方案所损失的机会收益。只有当筹划方案的所得大于支出时，该项纳税筹划才是成功的。

（四）适时调整原则

纳税筹划方案具有一定的针对性和时效性，它依赖于特定的历史条件、法律法规环境和

■ 智能化税费核算与管理

企业的经济活动背景。因此，企业必须密切关注国家有关税收法律法规的变化，并根据这些变化及时修订或调整纳税筹划方案，以确保其符合国家税收政策法令的规定。一成不变的纳税筹划方案终将妨碍企业财务管理目标的实现，损害企业股东的权益。所以，适时调整是纳税筹划的重要原则之一。

三、纳税筹划的基本方法

（一）利用税收优惠政策筹划法

从总体看，利用税收优惠政策进行纳税筹划的方法包括：

一是直接享受优惠政策。企业应密切关注国家及地方政府发布的各类税收优惠政策，如高新技术企业享受的15%企业所得税优惠税率、软件及集成电路产业增值税即征即退政策等。直接利用这些政策条款，减少应纳税额。

二是通过地点流动，利用国内外税收政策的地域差异进行筹划。跨国企业可以通过在不同国家或地区设立分支机构或转移生产活动，以利用各地不同的税率和优惠政策。在国内，企业也可以考虑将生产基地迁至享有税收优惠政策的地区，如西部地区或特定产业园区。

三是创造条件享受优惠政策。当企业不完全符合某项税收优惠政策时，可以通过调整经营策略、投资方向或企业结构等方式，创造条件使自己符合优惠条件。例如，对于鼓励创新和技术进步的税收优惠政策，企业可以通过增加研发投入，提升产品或服务的技术含量，以满足高新技术企业认定等优惠政策的要求。

从税制构成要素的角度，主要可以利用以下几个优惠要素进行税务筹划。

1. 利用免税

免税筹划的核心在于使纳税人或特定活动、对象免于缴纳税款。免税政策通常分为两类：一类是税收照顾性质的免税，旨在补偿纳税人的财务损失；另一类是税收奖励性质的免税，作为对纳税人积极响应国家政策的财务奖励。

利用免税的税务筹划方法能直接免除纳税人的应纳税额，技术简单，但适用范围狭窄，且具有一定的风险性。免税是对特定纳税人、征税对象及情况的减免，比如必须从事特定的行业，在特定的地区经营，要满足特定的条件等，而这些不是每个纳税人都能或都愿意做到的。因此，免税方法往往不能普遍运用，在能够运用免税方法的企业投资、经营或个人活动中，往往有一些是被认为投资收益率低或风险高的地区、行业、项目和行为。比如，投资高科技企业可以获得免税待遇，还可能得到超过社会平均水平的投资收益，并且可能具有高成长性，但风险也极高，非常可能因投资失误而导致投资失败，使免税变得毫无意义。

2. 利用减税

减税筹划旨在通过合理利用国家提供的减税政策来直接减少企业的应纳税额。我国政府对特定行业（如环保、节能节水、农业等）和企业类型（如小型微利企业、高新技术企业等）给予了减税支持，以鼓励其发展。

3. 利用税率差异

税率差异筹划利用不同国家、地区或行业间的税率差异来降低税负。例如，A国的公司所得税税率为30%，而B国为35%，C国则高达40%。在其他条件基本相同的情况下，投资者显然会选择在A国开设公司以最大化节税效果。

4. 利用分劈技术

分劈技术通过将所得或财产在多个纳税人之间进行合理分配来降低整体税负。例如，某企业年应税所得额为500万元，若按单一纳税人计算需按25%的税率缴纳企业所得税。但通过将企业拆分为两个子公司各承担250万元的应税所得额，子公司符合小型微利企业条件则均可按20%的税率缴纳企业所得税，从而有效降低整体税负。

筹划时需确保分劈的合法性和合理性以避免税务风险。同时，还需考虑分劈后各子公司的经营状况、盈利能力及税务处理等因素以确保筹划方案的整体效益。

5. 利用税收扣除、税收抵免和退税

税收扣除筹划的核心在于通过合法途径增加税前扣除项目、扣除金额或提前扣除时间，从而缩小计税基数，减少应纳税额。这种方法在收入既定的情况下尤为有效，因为扣除额的增加会直接导致计税基数的减少，进而降低应纳税额。企业需仔细研究税法规定，识别并合理利用所有可扣除的项目，如研发费用加计扣除、职工教育经费支出、广告费和业务宣传费等。在确保合法合规的前提下，尽可能提高可扣除项目的金额，如合理增加研发费用投入、优化员工福利计划等。同时通过合理安排支出时间，将部分支出提前到当前计税期内扣除，以提前减少应纳税额，改善现金流状况。

税收抵免筹划是通过增加税收抵免额来直接减少应纳税额的方法。税收抵免额越大，对应纳税额的冲抵效果就越显著，从而节减的税额也就越多。企业在进行符合税法规定的特定投资时（如购买国产环保设备等），可享受相应的投资抵免优惠。

退税筹划是指通过合法途径使税务机关退还纳税人已缴纳的税款，从而直接节减税收的方法。退税筹划的关键在于确保企业符合退税条件，并及时申请退税。企业应深入研究税法中关于退税的具体规定，明确退税条件、标准和流程。对于出口型企业而言，合理利用出口退税政策是降低税负的重要途径。通过优化出口产品结构、提高出口退税率等方式，增加退税收入。

（二）纳税期递延的筹划法

纳税期的递延是一种通过合理安排财务活动和会计处理来延迟缴纳税款的方法。这种方法并不减少企业的纳税总额，但可以增加企业的现金流，使资金在企业内部停留更长时间，从而产生更多的经济效益。纳税期的递延法主要依赖于会计政策和税务法规之间的差异，通过合理的会计处理，使得部分税款得以在未来年度缴纳。这种方法的核心在于利用时间价值的概念，即今天的资金价值高于未来的同等金额，因为资金可以用于投资并产生回报。

例如，某企业签订了一份价值500万元的销售合同。如果直接采用赊销方式（即商品转移给对方后，根据合同规定确认收入并计算缴纳税金），企业可能面临较大的即时纳税压力。为了缓解这种压力，企业可以考虑采用递延纳税的策略。企业可以根据实际情况，选择委托销售的方式，即不是直接销售商品，而是委托第三方进行销售，并根据受托方的代销清单来计算和缴纳税金。这种方式下，企业可以在商品实际售出并获得代销清单后再确认收入，从而延迟了纳税时间。

(三) 转让定价筹划法

转让定价筹划法主要应用于关联企业之间的交易。关联企业之间通过非市场价格进行商品、劳务或无形资产的交易，以实现利润的转移和税负的优化。转让定价筹划主要有以下方式：

（1）利用商品交易进行筹划。关联企业间在商品交易中，会采取压低或抬高定价的策略，以实现收入或利润的转移。特别是当高税率企业向低税率关联企业销售产品时，可能会故意压低产品的售价，将利润转移到关联企业，这是转让定价中一种广泛应用的手法。

（2）利用原材料及零部件购销进行筹划。关联企业通过控制原材料和零部件的购销价格，进而影响产品的成本结构，实现税务筹划的目的。例如，母公司可能会向子公司低价供应零部件产品，或者子公司高价向母公司出售零部件，以此方式降低子公司的产品成本，使其获得更高的利润。

（3）关联企业还会利用相互提供劳务进行筹划。关联企业之间相互提供劳务时，通过高作价或低作价甚至不作价的方式收取劳务费用，从而使关联企业之间的利润根据需要进行转移，达到减轻税收负担的目的。

（4）利用无形资产价值评定困难进行筹划。因无形资产价值的评定没有统一的标准，因此，关联企业可以通过转让定价的方式调节利润，达到税收负担最小化的目的。如某企业将本企业的生产配方、商标权等无偿或低价提供给关联企业，不计或少计转让收入，但是另外从对方的企业留利中获取好处。

除了上述方式外，关联企业还可能利用租赁机器设备、管理费用等方式进行税务筹划。

为了保证利用转让定价进行税务筹划的有效性，筹划时应注意：一是进行成本效益分析。二是考虑价格的波动应在一定的范围内，以防被税务机关调整而增加税负。三是纳税人可以运用多种方法进行全方位、系统的筹划安排。

然而，需要注意的是，转让定价必须遵循公平交易原则，以避免被税务机关调整。

（四）会计处理方法筹划法

1. 存货计价方法选择

存货计价方法选择是企业会计中的重要环节，它直接影响到货物的期末库存成本、销售成本以及当期应税所得额的大小。按照现行税法的规定，纳税人存货的计算应当以实际成本为准。纳税人在确定存货的发生和领用的成本计价方法时，可以在先进先出法、加权平均法、个别计价法中选择一种。而且，一旦选择了某种计价方法，就不得随意变更。

在选择存货计价方法时，企业应充分考虑税务筹划，并根据自身的实际情况作出选择，以确保本期发出存货的成本最有利于税务筹划。例如，在物价持续下跌的情况下，采用先进先出法往往能够降低税负，因为这种方法能够确保较早购入的、成本较高的存货先被售出，从而降低了后期的销售成本，进而减少了应税所得额。而在物价持续上涨的情况下，采用后进先出法可以使得销售成本更高，从而减少应纳税所得额。

存货计价方法的选择除了要考虑市场状况外，还应考虑企业状况：

（1）盈利企业：由于存货成本可以在本期所得额中税前抵扣，因此，企业应倾向于选择能够使本期成本最大化的计价方法。这样做可以在合法合规的前提下，有效降低企业的税负。

（2）亏损企业：在选择计价方法时，需要特别考虑亏损弥补的情况。企业应选择一种计价方法，使得在不能得到或不能完全得到税前弥补的亏损年度，成本费用能够有所降低，尽量将成本费用延迟到以后能够完全得到抵补的时期，以确保成本费用的抵税效果得到最大限度的发挥。

（3）正在享受税收优惠的企业：如果企业正处于企业所得税的减税或免税期，那么企业应选择一种计价方法，使得在减免税优惠期间内存货成本最小化。这样做可以减少存货费用的当期摊入，从而扩大当期利润，并最大化地享受减免税的优惠。相反，如果企业处于非税收优惠期间，那么应选择一种计价方法，使得存货成本最大化。通过增加当期的存货费用，企业可以降低当期利润，从而推迟纳税期，实现税务的优化。

2. 固定资产折旧方法选择

通过合理选择固定资产的计价、折旧年限和折旧方法，企业可以优化税务结构并降低税负。

（1）固定资产计价的税务筹划。按照会计准则和税法的规定，固定资产的计价包括购买价款、相关税费、运输费、装卸费、安装费和专业人员服务费等。为了降低本期的税负，新增固定资产的入账价值应尽可能地低。例如，对于成套固定资产，其易损件、小配件可以单独开票作为低值易耗品入账，以便在领用时一次或分次直接计入当期费用，从而降低当期的应税所得额。对于在建工程，则应尽可能早地转入固定资产，以便尽早提取折旧。

（2）固定资产折旧年限的税务筹划。固定资产的折旧年限取决于其预计使用年限，这为税务筹划提供了可能性。采用缩短折旧年限的方法，可以加速成本回收，使后期成本费用前移，从而使前期会计利润发生后移。在税率不变的情况下，这可以使企业所得税递延缴纳。但需要注意的是，税务筹划不能突破税法规定的最低折旧年限。如果企业享受开办初期的减免税或低税率照顾，且在税率预期上升的情况下购入的固定资产，就不宜缩短折旧年限，以避免将折旧费用提前到免税期间或低税期间实现。

（3）固定资产折旧方法的税务筹划。固定资产的折旧方法主要有直线法和加速折旧法。不同的折旧方法对应税所得额的影响不同。如果企业所得税的税率预期不会上升，采用加速折旧的方法可以在计提折旧期间少缴企业所得税，并尽快收回资金，加速资金周转。但税法规定，一般情况下应采取直线法计算折旧费用。只有当企业的固定资产由于技术进步等原因确需加速折旧时，才可以缩短折旧年限或采取加速折旧的方法。因此，纳税人应尽可能创造条件以达到实行加速折旧法的要求。

（4）固定资产计价和折旧的税务筹划方法的综合运用。推迟利润的实现以获取货币的时间价值确实是固定资产税务筹划中的一个重要策略，但并非其唯一目的。在进行税务筹划时，必须综合考虑企业的具体情况灵活采用不同的对策。对于盈利企业，购置固定资产时应尽可能将相关费用计入当期费用，以便在当年所得税前扣除；折旧年限应尽可能缩短，使折旧费用能够在尽可能短的时间内得到税前扣除；应选择加速折旧法，以降低当期应缴纳的企业所得税。对于亏损企业，购置固定资产时应尽可能多地将相关费用计入固定资产原值，以便在以后年度通过折旧的方式实现；折旧年限可适当延长；折旧方法的选择应结合企业的亏损弥补情况。对于享受企业所得税优惠政策的企业，在优惠期内购买的固定资产应尽可能将相关费用计入固定资产原值；折旧年限应选择尽可能长一些；折旧方法的选择应考虑减少正常纳税年度的应税所得额，以降低企业所得税负担。

（五）业务重组与流程优化筹划法

1. 供应链整合与优化

通过整合供应链资源优化采购、生产和销售流程降低整体税负水平。例如：与享受税收优惠政策的供应商建立长期合作关系以降低采购成本；通过调整生产流程减少不必要的税负支出等。

2. 业务剥离与转型

对于高税负或亏损的业务板块可考虑进行剥离或转型为能享受税收优惠政策的业务类型以降低税负并提高盈利能力。在剥离或转型过程中需关注税务处理规定确保筹划方案的合法性和可行性。

（六）税负转嫁筹划法

税负转嫁筹划法是企业为了达到减轻自身税负的目的，通过调整商品或服务的价格，将原本应由自己承担的税负部分或全部转移给其他经济主体（如消费者、供应商等）承担的一种税务筹划方法。这种方法并不改变企业的实际税负总额，但能够影响税负在不同经济主体之间的分配，从而对企业自身的经济利益产生影响。税负转嫁的主要方式包括：

1. 税负前转

税负前转是指纳税人在经济交易中，通过提高商品或服务的价格，将税负转移给产品或服务的购买者或最终消费者。例如，制造商通过提高产品售价，将因生产该产品而产生的税负转嫁给消费者。

2. 税负后转

税负后转是通过降低原材料或商品的进价，将应纳税额转移给原材料或其他商品的供应商。例如，零售商在与供应商谈判时，通过压低采购价格，将部分税负转嫁给供应商。

3. 税负混合转移

税负混合转移又称分散税负转移，是指纳税人将其应纳税义务分解并转移给多方。这种方式通常是在税收不能全部转出或转回时采用的策略。例如，纺织厂通过涨价、降价、减薪等方式，将税负部分转嫁给印染厂、原材料供应厂和本企业员工。

【任务实施】

该餐饮公司使用假发票和逃避追缴税款的行为，是否属于纳税筹划？如果不是，那么合法的纳税筹划与这种逃税行为之间有哪些本质区别？

分析：纳税筹划与逃税行为在多个方面存在本质区别：首先，合法性是二者最根本的区别，纳税筹划是在严格遵守税收法律法规的前提下进行的，而逃税则是公然违反税法规定；其次，目的和动机截然不同，纳税筹划旨在合法降低税负、优化税务结构，而逃税则是为了逃避纳税义务、非法获利；再次，手段和方法大相径庭，纳税筹划运用合法

> 手段如利用税收优惠、调整经营策略等，而逃税则依赖于欺骗、隐瞒等非法手段；最后，后果差异显著，纳税筹划能提升企业合规性和经济效益，而逃税则会导致严重的法律后果，包括巨额罚款、刑事责任及企业声誉的严重损害。因此，企业应明确区分纳税筹划与逃税行为，确保税务管理的合法性与合规性。
>
> 北京市某餐饮有限公司使用假发票和逃避追缴税款的行为，显然属于逃税范畴，与合法的纳税筹划截然不同。

模块三　纳税担保、税收保全及强制执行

税务机关为保证税款按时足额征收，会依法对纳税人采取一定的措施，包括在期限内发现纳税人有明显的转移、隐匿应纳税的商品、货物以及其他财产或者应纳税收入的迹象时，责成纳税人提供纳税担保，对不能提供担保的纳税人采取税收保全措施，以及对拒不履行纳税义务的纳税人采取税收强制执行措施。

一、纳税担保

纳税担保是指经税务机关同意或确认，纳税人或其他自然人、法人、经济组织以保证、抵押、质押的方式，为纳税人应当缴纳的税款及滞纳金提供担保的行为。企业应当按照税务机关的要求依法提供纳税担保，否则税务机关可以采取进一步的强制措施。

根据《纳税担保试行办法》的规定，税务机关可要求有下列情况之一的纳税人提供纳税担保：

（1）税务机关有根据认为从事生产、经营的纳税人有逃避纳税义务行为，在规定的纳税期之前经责令其限期缴纳应纳税款，在限期内发现纳税人有明显的转移、隐匿其应纳税的商品、货物以及其他财产或者应纳税收入的迹象，责成纳税人提供纳税担保的；

（2）欠缴税款、滞纳金的纳税人或者其法定代表人需要出境的；

（3）纳税人同税务机关在纳税上发生争议而未缴清税款，需要申请行政复议的；

（4）税收法律、行政法规规定可以提供纳税担保的其他情形。

纳税担保方式具体包括保证、抵押和质押三种。

（一）纳税保证

纳税保证是指纳税保证人向税务机关保证，当纳税人在税收法律、行政法规或税务机关确定的期限届满未缴清税款及滞纳金，由纳税保证人按照约定履行缴纳税款及滞纳金的

行为。

1. 保证人

纳税保证人是指在中国境内具有纳税担保能力的自然人、法人或者其他经济组织。纳税担保能力具体是指法人或其他经济组织的财务报表资产净值超过需要担保的税额及滞纳金 2 倍以上，自然人、法人或其他经济组织所拥有或者依法可以处分的未设置担保的财产价值超过需要担保的税额及滞纳金。

有以下情形之一的，不得作为纳税保证人：

（1）有偷税、抗税、骗税、逃避追缴欠税行为被税务机关、司法机关追究过法律责任未满 2 年的；

（2）因有税收违法行为正在被税务机关立案处理或涉嫌刑事犯罪被司法机关立案侦查的；

（3）纳税信誉等级被评为 C 级以下的；

（4）在主管税务机关所在地的市（地、州）没有住所的自然人或税务登记不在本市（地、州）的企业；

（5）无民事行为能力或限制民事行为能力的自然人；

（6）与纳税人存在担保关联关系的；

（7）有欠税行为的。

2. 保证的成立

纳税保证人同意为纳税人提供纳税担保的，应当填写纳税担保书。纳税担保书须经纳税人、纳税保证人签字盖章并经税务机关签字盖章同意方为有效。税务机关认可的，保证成立；税务机关不认可的，保证不成立。

3. 保证的期限

纳税保证从税务机关在纳税担保书签字盖章之日起生效。

保证期间为纳税人应缴纳税款期限届满之日起 60 日，即税务机关自纳税人应缴纳税款的期限届满之日起 60 日内有权要求纳税保证人承担保证责任，缴纳税款、滞纳金。纳税保证期间内税务机关未通知纳税保证人缴纳税款及滞纳金以承担担保责任的，纳税保证人免除担保责任。

纳税保证人履行保证责任的期限为 15 日，即纳税保证人应当自收到税务机关的纳税通知书之日起 15 日内履行保证责任，缴纳税款及滞纳金，履行担保责任。纳税保证人未按照规定履行保证责任的期限缴纳税款及滞纳金的，由税务机关发出责令限期缴纳通知书，责令纳税保证人在限期 15 日内缴纳；逾期仍未缴纳的，可以依法对纳税保证人采取强制执行措施。

（二）纳税抵押

纳税抵押是指纳税人或纳税担保人不转移对抵押财产的占有，将该财产作为税款及滞纳金的担保。纳税人逾期未缴清税款及滞纳金的，税务机关有权依法处置该财产以抵缴税款及滞纳金。

在纳税抵押法律关系中，纳税人或者纳税担保人为抵押人，税务机关为抵押权人，提供担保的财产为抵押物。

1. 可以用于抵押的财产

（1）抵押人所有的房屋和其他地上定着物；

（2）抵押人所有的机器、交通运输工具和其他财产；

（3）抵押人依法有权处分的国有房屋和其他地上定着物；

（4）抵押人依法有权处分的国有机器、交通运输工具和其他财产；

（5）经设区的市、自治州以上税务机关确认的其他可以抵押的合法财产。

2. 不得用于抵押的财产

（1）土地所有权；

（2）土地使用权；

（3）学校、幼儿园、医院等以公益为目的的事业单位、社会团体、民办非企业单位的教育设施、医疗卫生设施和其他社会公益设施；

（4）所有权、使用权不明或者有争议的财产；

（5）依法被查封、扣押、监管的财产；

（6）依法定程序确认为违法、违章的建筑物；

（7）法律、行政法规规定禁止流通的财产或者不可转让的财产；

（8）经设区的市、自治州以上税务机关确认的其他不予抵押的财产。

3. 抵押的成立

纳税人提供抵押担保的，应当填写纳税担保书和纳税担保财产清单。纳税担保书和纳税担保财产清单须经纳税人、纳税担保人签字盖章并经税务机关确认，并办理抵押物登记。纳税抵押自抵押物登记之日起生效。

4. 抵押的期限

纳税人在规定的期限届满未缴清税款、滞纳金的，税务机关应当在期限届满之日起15日内书面通知纳税担保人自收到纳税通知书之日起15日内缴纳担保的税款、滞纳金。纳税担保人未按照规定的期限缴纳所担保的税款、滞纳金的，由税务机关责令限期在15日内缴纳；逾期仍未缴纳的，经县以上税务局（分局）局长批准，税务机关依法拍卖、变卖抵押物，抵缴税款、滞纳金。

（三）纳税质押

纳税质押，是指经税务机关同意，纳税人或纳税担保人将其动产或权利凭证移交税务机关占有，将该动产或权利凭证作为税款及滞纳金的担保。纳税人逾期未缴清税款及滞纳金的，税务机关有权依法处置该动产或权利凭证以抵缴税款及滞纳金。

1. 纳税质押的种类

纳税质押包括动产质押和权利质押。其中，动产质押包括以现金以及其他除不动产以外的财产提供的质押。权利质押包括以汇票、支票、本票、债券、存款单等权利凭证提供的质押。

【勤思善悟】

纳税质押为什么不能用现金形式？

2. 纳税质押的成立

纳税人提供质押担保的，应当填写纳税担保书和纳税担保财产清单并签字盖章。纳税担保书和纳税担保财产清单须经纳税人签字盖章并经税务机关确认，纳税抵押自抵押物登记之日起生效。

以汇票、支票、本票、公司债券出质的，税务机关应当与纳税人背书清单上记载"质押"字样。以存款单出质的，应由签发的金融机构核押。

以载明兑现或者提货日期的汇票、支票、本票、债券、存款单出质的，汇票、支票、本票、债券、存款单兑现日期先于纳税义务履行期或者担保期的，税务机关与纳税人约定将兑现的价款用于缴纳或者抵缴所担保的税款及滞纳金。

3. 纳税质押的期限

纳税人在规定的期限内缴清税款及滞纳金的，税务机关应当自纳税人缴清税款及滞纳金之日起 3 个工作日内返还质物，解除质押关系。纳税人在规定的期限内未缴清税款、滞纳金的，税务机关应当在期限届满之日起 15 日内书面通知纳税担保人自收到纳税通知书之日起 15 日内缴纳担保的税款、滞纳金；纳税担保人未按照规定期限缴纳所担保的税款、滞纳金，由税务机关责令限期在 15 日内缴纳，否则，税务机关可以依法拍卖、变卖质物，抵缴税款、滞纳金。

二、税收保全措施

税收保全措施是指税务机关在规定的纳税期限之前，由于纳税人行为或某种客观原因而导致税款难以征收的情况下，采取的限制纳税人处理或者转移商品、货物或其他财产的强制措施。

（一）税收保全措施的适用

如果从事生产、经营的纳税人作出逃避纳税义务的行为，税务机关在有证据证明此种行为的情况下，可以在规定的纳税期之前，责令限期缴纳应纳税款；在限期内发现纳税人有明显的转移、隐匿其应纳税的商品、货物以及其他财产或者应纳税的收入的迹象的，税务机关可以责成纳税人提供纳税担保。如果纳税人不能提供纳税担保，经县以上税务局（分局）局长批准，税务机关可以采取相应的税收保全措施。

（二）税收保全措施的类型

税务机关采取税收保全措施的期限一般不得超过 6 个月；重大案件需要延长的，应当报国家税务总局批准。针对纳税人的不同标的物，税务机关可以采取以下税收保全措施。

1. 冻结银行存款

对于纳税人银行存款账户的存款，税务机关可以依法书面通知其开户银行或者其他金融机构冻结纳税人账户中相当于应纳税款的金额。

2. 扣押、查封商品、货物或其他财产

对于纳税人的商品、货物或者其他财产，税务机关可以依法采取扣押、查封措施，但是查封、扣押的范围以不超过纳税人应纳税款的价值为限。

税务机关扣押商品、货物或者其他财产时，必须开付收据；查封商品、货物或者其他财产时，必须开付清单。

> 【温馨提示】
>
> 个人及其所扶养家属维持生活必需的住房和用品，不在税收保全措施的范围之内。

（三）税收保全措施的后续处理

税务机关采取税收保全措施以后，纳税人如果在规定的限期内缴纳税款，则税务机关必须立即解除税收保全措施，否则，税务机关应当承担因此给纳税人的合法利益造成的损失。

纳税人如果在规定的期限届满时仍未缴纳税款的，经县以上税务局（分局）局长批准，税务机关可以依法进一步采取强制执行措施。

三、税收强制执行

税收强制执行措施是指因纳税人、扣缴义务人、纳税担保人等税收管理相对人在规定的期限内未履行纳税义务，有关国家机关经县以上税务局（分局）局长批准采取的法定强制手段，迫其履行义务的行为。

（一）税收强制执行措施的适用

从事生产、经营的纳税人、扣缴义务人未按照规定的期限缴纳或者解缴税款，纳税担保人未按照规定的期限缴纳所担保的税款，由税务机关责令限期缴纳，逾期仍未缴纳的，经县以上税务局（分局）局长批准，税务机关可以采取相应的税收强制执行措施。

> 【温馨提示】
>
> 税务机关采取强制执行措施时，对纳税人、扣缴义务人、纳税担保人未缴纳的滞纳金同时强制执行。但个人及其所扶养家属维持生活必需的住房和用品，不在税收保全措施的范围之内。

（二）税收强制执行措施的种类

针对不同的标的物，税务机关可以采取以下税收强制执行措施。

1. 扣划银行存款

对于纳税人银行存款账户的存款，税务机关可以依法书面通知其开户银行或者其他金融机构从纳税人的存款中扣缴税款。扣缴税款的同时，可以处不缴或少缴的税款。

智能化税费核算与管理

2. 拍卖、变卖已扣押财产

对于纳税人被扣押、查封的商品、货物或者其他财产，税务机关可以依法拍卖或变卖，并以拍卖或变卖所得抵缴税款。

> 【任务实施】
>
> 　　如果税务机关认为该餐饮公司有可能逃避税款缴纳，是否可以要求其提供纳税担保？如果该公司未能提供担保且未缴纳税款，税务机关可以采取哪些强制执行措施？
>
> 　　分析：当税务机关有充分理由怀疑公司可能逃避纳税义务，并已责令其在限期内缴纳税款，但在此期间发现公司有明显转移、隐匿财产迹象时，税务机关可采取行动，要求其提供纳税担保。若公司未能遵从指令提供担保且未按时缴纳税款，税务机关则有权采取一系列强制执行措施，包括但不限于扣划其银行存款以抵缴税款，或拍卖、变卖其已被扣押、查封的财产，并将所得用于支付欠税及滞纳金。这一系列措施均须经上级税务机关批准，并遵循法定程序执行，以确保合法性与公正性。
>
> 　　该餐饮公司通过注销分公司和另立新公司等手段转移资产，属于税务机关可以采取税收保全措施的情形。在这种情况下，税务机关可以向纳税人发出税收保全通知书，要求其提供财产清单，并可以对其财产采取查封、扣押等保全措施，以确保税款的缴纳。

模块四　法律责任

　　法律责任是违法主体因其违法行为所应承担的法律后果。在税法法律关系中，违法主体所需承担的责任主要是行政责任和刑事责任。行政责任是由税务机关对违反税法但未构成犯罪行为所追究的法律责任。刑事责任是由国家司法机关对触犯刑律的违反税法行为所追究的法律责任。按照主体的不同，法律责任分为纳税主体的法律责任和征税主体的法律责任。

一、纳税主体的法律责任

　　根据《中华人民共和国税收征收管理法》及其实施细则、《发票管理办法》及其实施细则，以及《中华人民共和国刑法》（以下简称《刑法》）及其司法解释的有关规定，纳税人、扣缴义务人的具体税收违法行为可以分为以下三类。

（一）违反税务管理基本规定的法律责任

（1）纳税人有下列行为之一的，由税务机关责令限期改正，可以处 2 000 元以下的罚款；情节严重的，处2千元以上1万元以下的罚款：

①未按照规定的期限申报办理税务登记、变更或者注销登记；
②未按照规定设置、保管账簿或者保管记账凭证和有关资料；
③未按照规定将财务、会计制度或者财务、会计处理办法和会计核算软件报送税务机关备查；
④未按照规定将全部银行账号向税务机关报告；
⑤未按照规定安装、使用税控装置，或者损毁或擅自改动税控装置。

（2）纳税人不办理税务登记的，由税务机关责令限期改正；逾期不改正的，经税务机关提请，由工商行政管理机关吊销其营业执照。

（3）纳税人未按照规定使用税务登记证件，或者转借、涂改、损毁、买卖、伪造税务登记证件的，处2千元以上1万元以下的罚款；情节严重的，处1万元以上5万元以下的罚款。

（4）扣缴义务人未按照规定办理扣缴税款登记的，税务机关应当自发现之日起3日内责令其限期改正，并可处1千元以下的罚款。

（5）扣缴义务人未按照规定设置、保管代扣代缴、代收代缴税款账簿或者保管代扣代缴、代收代缴税款记账凭证及有关资料的，由税务机关责令限期改正，可以处2千元以下的罚款；情节严重的，处2千元以上5千元以下的罚款。

（6）纳税人未按照规定的期限办理纳税申报和报送纳税资料的，或者扣缴义务人未按照规定的期限向税务机关报送代扣代缴、代收代缴税款报告表和有关资料的，由税务机关责令限期改正，可以处2千元以下的罚款；情节严重的，可以处2千元以上1万元以下的罚款。

（二）直接妨碍税款征收的法律责任

1. 逃避缴纳税款的法律责任

根据《中华人民共和国税收征收管理法》的规定，纳税人伪造、变造、隐匿、擅自销毁账簿、记账凭证，或者在账簿上多列支出或者不列、少列收入，或者经税务机关通知申报而拒不申报或者进行虚假的纳税申报，不缴或者少缴应纳税款的，是偷税。对纳税人偷税的，由税务机关追缴其不缴或者少缴的税款、滞纳金，并处不缴或者少缴的税款50%以上5倍以下的罚款；构成犯罪的，依法追究刑事责任。

【温馨提示】

2009年以前，《刑法》第201条规定了偷税罪，并采用了与《中华人民共和国税收征收管理法》一致的口径对偷税行为进行了界定。2009年2月28日通过的《中华人民共和国刑法修正案（七）》中，对《刑法》第201条进行了修订，把"偷税罪"修改为"逃税罪"，至此，"偷税罪"退出历史舞台。但是2015年修订的《中华人民共和国税收征收管理法》仍然采用"偷税"表述。《刑法》第201条规定："纳税人采取欺骗、隐瞒手段进行虚假纳税申报或者不申报，逃避缴纳税款数额较大并且占应纳税额10%以上的，处3年以下有期徒刑或者拘役，并处罚金；数额巨大并且占应纳税额30%以上的，处3年以上7年以下有期徒刑，并处罚金。"

2. 虚假申报或不申报的法律责任

纳税人、扣缴义务人编造虚假计税依据的，由税务机关责令限期改正，并处 5 万元以下罚款。

纳税人不进行纳税申报，不缴或者少缴应纳税款的，由税务机关追缴其不缴或者少缴的税款、滞纳金，并处不缴或者少缴税款 50% 以上 5 倍以下的罚款。

3. 欠税的法律责任

纳税人欠缴应纳税款，采取转移或者隐匿财产的手段，妨碍税务机关追缴欠缴的税款的，由税务机关追缴欠缴的税款、滞纳金，并处欠缴税款 50% 以上 5 倍以下的罚款；构成犯罪的，依法追究刑事责任。

> 【温馨提示】
>
> 《刑法》第二百零三条规定：纳税人欠缴应纳税款，采取转移或者隐匿财产的手段，致使税务机关无法追缴欠缴的税款，数额在 1 万元以上不满 10 万元的，处 3 年以下有期徒刑或者拘役，并处或者单处欠缴税款 1 倍以上 5 倍以下罚金；数额在 10 万元以上的，处 3 年以上 7 年以下有期徒刑，并处欠缴税款 1 倍以上 5 倍以下罚金。

4. 抗税的法律责任

抗税是指纳税人以暴力、威胁方法拒不履行纳税义务行为。

抗税未构成犯罪的，由税务机关追缴其拒缴的税款、滞纳金，并处拒缴税款 1 倍以上 5 倍以下的罚款；构成犯罪的，依法追究刑事责任。

> 【温馨提示】
>
> 《刑法》第二百零二条规定，以暴力、威胁方法拒不缴纳税款的，处 3 年以下有期徒刑或者拘役，并处拒缴税款 1 倍以上 5 倍以下罚金；情节严重的，处 3 年以上 7 年以下有期徒刑，并处罚金，数额为拒缴税款的 1 倍以上 5 倍以下。

5. 骗税的法律责任

骗税是指纳税人以假报出口或者其他欺骗手段，骗取国家出口退税款的行为。

骗税未构成犯罪的，由税务机关追缴其骗取的退税款，并处骗取税款 1 倍以上 5 倍以下的罚款；构成犯罪的，依法追究刑事责任。此外，税务机关还可以在规定期间内停止为其办理出口退税。

> 【温馨提示】
>
> 《刑法》第二百零四条规定，骗取出口退税罪，处 5 年以下有期徒刑或者拘役，并处骗取税款 1 倍以上 5 倍以下罚金；数额巨大或者有其他严重情节的，处 5 年以上 10 年以下有期徒刑，并处骗取税款 1 倍以上 5 倍以下罚金；数额特别巨大或者有其他特别严重情节的，处 10 年以上有期徒刑或者无期徒刑，并处骗取税款 1 倍以上 5 倍以下罚金或者没收财产。

（三）直接妨害发票管理的法律责任

（1）虚开、非法代开发票的，由税务机关没收违法所得；虚开金额在1万元以下的，可以并处5万元以下的罚款；虚开金额超过1万元的，并处5万元以上50万元以下的罚款；构成犯罪的，依法追究刑事责任。

（2）私自印制、伪造、变造发票，非法制造发票防伪专用品，伪造发票监制章的，由税务机关没收违法所得，没收、销毁作案工具和非法物品，并处1万元以上5万元以下的罚款；情节严重的，并处5万元以上50万元以下的罚款；对印制发票的企业，可以并处吊销发票准印证；构成犯罪的，依法追究刑事责任。

二、征税主体的法律责任

严格执行国家的税收法律、法规，维护国家的税收利益和纳税人的合法权益，既是法律赋予税务机关的神圣职责，也是其必须履行的法定义务。因此，《中华人民共和国税收征收管理法》规定："税务人员必须秉公执法，忠于职守；不得索贿、徇私舞弊、玩忽职守、不征或少征应征税款；不得滥用职权多征税款或者故意刁难纳税人和扣缴义务人。"为了确保有法必依，执法必严，《中华人民共和国税收征收管理法》还专门规定了税务机关和税务人员的违法行为及其法律责任。

（一）擅自改变税收征收管理范围的法律责任

《中华人民共和国税收征收管理法》规定，税务机关违反规定擅自改变税收征收管理范围和税款入库预算级次的，责令限期改正，对直接负责的主管人员和其他直接责任人员依法给予降级或撤职的行政处分。

（二）不依法行政的法律责任

《中华人民共和国税收征收管理法》规定，税务人员与纳税人、扣缴义务人勾结，唆使或者协助纳税人、扣缴义务人进行偷税、拖欠税款或者骗取国家出口退税行为，构成犯罪的，按照《刑法》关于共同犯罪的规定处罚；尚不构成犯罪的，依法给予行政处分。

税务人员私分扣押、查封的商品、货物或者其他财产，情节严重的，构成犯罪的，依法追究刑事责任；尚不构成犯罪的，依法给予行政处分。

（三）渎职行为的法律责任

《中华人民共和国税收征收管理法》规定，税务人员利用职务上的便利，收受或者索取纳税人、扣缴义务人财物或者谋取其他不正当利益，徇私舞弊或者玩忽职守，不征收或者少征应征税款，致使国家税收遭受重大损失，构成犯罪的，依法追究刑事责任；尚不构成犯罪的，依法给予行政处分。

【温馨提示】

《刑法》第四百零四条和第四百零五条规定，税务机关的工作人员徇私舞弊，不征收或者少征应征税款，在办理发售发票、抵扣税款、出口退税工作中，徇私舞弊，致使国家税收遭受重大损失的，处5年以下有期徒刑或者拘役；致使国家利益遭受特别重大损失的，处5年以上有期徒刑。

（四）不按规定征收税款的法律责任

《中华人民共和国税收征收管理法》规定，违反法律、行政法规的规定提前征收、延缓征收或者摊派税款的，由其上级机关或者行政监察机关责令改正，对直接负责的主管人员和其他直接责任人员依法给予行政处分。违反法律、行政法规的规定，擅自做出税收的开征、停征或者减税、免税、退税、补税以及其他同税收法律、行政法规相抵触的决定的，除依法撤销其擅自作出的决定外，补征应征未征税款，退还不应征收而征收的税款，并由上级机关追究直接负责的主管人员和其他直接责任人员的行政责任；构成犯罪的，依法追究刑事责任。

【任务实施】

司法机关对北京市某餐饮有限公司处罚的法律依据是什么？

分析：北京市某餐饮有限公司因使用假发票和逃避追缴税款的行为，违反了《中华人民共和国税收征收管理法》的相关规定，需承担补缴税款、滞纳金及罚款的责任；同时，因其行为构成犯罪，还需依据《中华人民共和国刑法》承担刑事责任。具体的处罚依据如下：

根据《中华人民共和国税收征收管理法》第六十四条："纳税人、扣缴义务人编造虚假计税依据的，由税务机关责令限期改正，并处五万元以下的罚款；纳税人不进行纳税申报，不缴或者少缴应纳税款的，由税务机关追缴其不缴或者少缴的税款、滞纳金，并处不缴或者少缴的税款百分之五十以上五倍以下的罚款；构成犯罪的，依法追究刑事责任。"该公司因使用假发票进行非法扣除，属于编造虚假计税依据，税务机关可责令其限期改正，并处以罚款。同时，需追缴其非法扣除的税款及滞纳金，并处以相应罚款。

根据《中华人民共和国税收征收管理法》第六十三条："纳税人伪造、变造、隐匿、擅自销毁账簿、记账凭证，或者在账簿上多列支出或者不列、少列收入，或者经税务机关通知申报而拒不申报或者进行虚假的纳税申报，不缴或者少缴应纳税款的，是偷税。对纳税人偷税的，由税务机关追缴其不缴或者少缴的税款、滞纳金，并处不缴或者少缴的税款百分之五十以上五倍以下的罚款；构成犯罪的，依法追究刑事责任。"该公司通过注销分公司、另立新公司等手段逃避追缴税款，构成偷税行为，税务机关将追缴其不缴或少缴的税款及滞纳金，并处以罚款。

根据《中华人民共和国刑法》第二百零一条:"纳税人采取欺骗、隐瞒手段进行虚假纳税申报或者不申报,逃避缴纳税款数额较大并且占应纳税额百分之十以上的,处三年以下有期徒刑或者拘役,并处罚金;数额巨大并且占应纳税额百分之三十以上的,处三年以上七年以下有期徒刑,并处罚金。"该公司逃避追缴税款数额巨大,且构成犯罪,北京市顺义区人民法院依据此条款判处其罚金人民币八十五万元,同时对法定代表人陈某和监事官某判处了有期徒刑及罚金。

模块五 税务行政处罚与行政救济

一、税务行政处罚

税务行政处罚是指公民、法人或者其他组织有违反税收征收管理秩序的违法行为,尚未构成犯罪,依法应当承担行政责任的,由税务机关给予的行政处罚。

(一)税务行政处罚的设定和类型

1. 税务行政处罚的设定

我国税收立法权主要集中在中央。具体如下:
(1)全国人大及其常委会可以通过法律的形式设定各种税务行政处罚。
(2)国务院可以通过行政法规的形式设定除限制人身自由以外的行政处罚。
(3)国家税务总局可以通过规章的形式设定警告和罚款,见表7-1。

表7-1 国家税务总局通过规章设定的警告和罚款

情形		罚款数额
非经营活动的违法行为		设定罚款≤1 000元
经营活动的违法行为	有违法所得	设定罚款≤违法所得的3倍,且≤30 000元
	没有违法所得	设定罚款≤10 000元

【温馨提示】

税务局及其以下各级税务机关通过规范性文件对税务行政处罚作出的具体规定,属于执法行为,不是对税务行政处罚的设定。

2. 税务行政处罚的类型

根据税法的规定，现行税务行政处罚主要有：①罚款；②没收违法所得、没收非法财物；③停止出口退税权；④法律、法规和规章规定的其他行政处罚。

（二）税务行政处罚的程序

1. 简易程序

税务行政处罚的简易程序是税务机关对公民个人处以50元以下罚款、对法人和其他组织处以1 000元以下罚款适用的程序，也称"当场处罚"。

税务机关作出"当场处罚"之前，应当当场告知当事人作出行政处罚决定的事实、理由及依据，并告知当事人依法享有的权利。税务机关的执法人员应当场听取当事人的陈述、申辩，对当事人提出的事实、理由和证据，应当进行复核；当事人提出的事实、理由或者证据成立的，应当采纳。

执法人员当场作出税务行政处罚决定的，应当向当事人出示执法身份证件，填写税务行政处罚决定。税务行政处罚决定应当载明当事人的违法行为、行政处罚依据、罚款数额、时间、地点以及税务机关名称，并由执法人员签名或者盖章。税务行政处罚决定应当当场交付当事人。

2. 一般程序

除了适用简易程序的税务违法案件以外，对于其他违法案件，税务机关在作出处罚决定之前都要经过立案、调查取证、听证（有些案件需要）、审查、决定和执行这些程序。

（1）调查。税务违法案件立案登记后，税务机关专门的调查机构要收集有关证据，对税务违法案件进行全面、客观和公正的调查，必要时可以依法进行检查，并制作询问（调查）笔录。调查机构进行调查取证后，对依法应当给予行政处罚的，应制作《税务行政处罚事项告知书》并送达当事人，告知当事人作出处罚的事实、理由和依据，以及当事人依法享有的陈述申辩或要求听证的权利。调查终结，应当制作调查报告，并及时将调查报告连同所有案卷材料移交审查机构审查。

（2）听证。听证是指税务机关在对当事人某些违法行为作出处罚决定前，按照一定形式听取调查人员和当事人意见的程序。听证的范围是对公民作出2千元以上，或者对法人或其他组织作出1万元以上罚款的案件。税务机关应当在收到当事人听证申请后15日内举行听证，并在举行听证的7日前将《听证通知》送达当事人。

（3）审查。对税务违法案件的审查由税务机关内部设立的机构（如法制机构）负责。审查机构收到调查机构移送的案卷后，应对案卷材料进行登记，填写《税务案件审查登记簿》。审查机构应自收到调查机构移交案卷之日起10日内审查终结。

（4）决定。审查机构作出审查意见并报送税务机关负责人审批后，应当在收到审批意见之日起3日内，根据不同情况分别制作处理决定书再报税务机关负责人签发。

（5）执行。税务机关作出税务行政处罚决定后，当事人应当在行政处罚决定规定的期限内，予以履行。当事人在法定期限内不申请复议又不起诉，并且在规定时间内又不履行的，税务机关可以依法强制执行或者申请法院强制执行。税务机关对当事人作出行政处罚决定的，当事人应当在收到行政处罚决定书之日起15日内缴纳罚款，到期不缴纳的，税务机关可以对当事人按每日罚款数额的3%加处罚款。

二、税务行政救济

纳税人在依法履行法定义务的同时，也依法享有税法规定的各项权利。如果税务机关作出的具体行政行为不合法或者不合理，损害到纳税人的合法权益，纳税人可以依法利用行政复议和行政诉讼来进行救济，以此来维护自身的合法权益。

（一）税务行政复议

税务行政复议是指纳税人、扣缴义务人、纳税担保人及其他税务当事人不服税务机关及其工作人员作出的具体行政行为，依法向上一级税务机关提出复议申请，复议机关经审理对原税务机关具体行政行为依法作出维持、变更、撤销等决定的一种行政执法活动。

税务行政复议是行政复议制度的一个重要组成部分，有着双重意义：从纳税主体角度看，税收复议是对自己的财产权可能遭到侵犯的一种救济，是对征税机关肆意滥用权力的一种排斥，因而能起到保护私权，定分止争，确保社会经济基础稳定的作用；从征税主体角度看，税收复议是防止和匡正其违法或违规行为的重要制度设计，通过复议制度的有效运行，可以最大限度内在系统内解决执法不当、匡谬纠偏，从而确保依法治税。

1. 复议的申请

税务行政复议因当事人的申请而产生。非经当事人申请，税务机关不得主动提出复议要求。

（1）当事人和复议机关。

税务行政复议的当事人包括申请人、被申请人。

税务行政复议的申请人，是指直接接受我国税收征收管理的纳税人、扣缴义务人、纳税担保人、税务行为直接责任人和其他税务当事人。

税务行政复议的被申请人，是指作出具体税收行为的税务机关或应当作出具体行政行为而不作为的税务行政机关。

税务行政复议机关，是指依法受理复议申请、对具体税务行政行为进行审查并作出行政复议决定的税务机关。

【温馨提示】

我国税务行政复议机关是能够以自己的名义作出具体行政行为的税务机关的上一级税务机关，即县级以上税务机关有资格承担税务行政复议。税务行政复议机关的具体选择方法为：对各级税务局的具体行政行为不服的，向其上一级税务局申请行政复议；对计划单列市税务局的具体行政行为不服的，向国家税务总局申请行政复议；对税务所（分局）、各级税务局的稽查局的具体行政行为不服的，向其所属税务局申请行政复议。对国家税务总局的具体行政行为不服的，向国家税务总局申请行政复议；对两个以上税务机关共同作出的具体行政行为不服的，向共同上一级税务机关申请行政复议；对税务

> 机关与其他行政机关共同作出的具体行政行为不服的，向其共同上一级行政机关申请行政复议；对税务机关作出逾期不缴纳罚款加处罚款的决定不服的，向作出行政处罚决定的税务机关申请行政复议。

（2）复议的范围。根据法律的有关规定，税务行政复议的受案范围仅限于税务机关作出的具体行政行为，具体包括：

①征税行为，包括确认纳税主体、征税对象、征税范围等税制要素的具体行政行为，征收税款、加收滞纳金，扣缴义务人、受税务机关委托征收的单位和个人作出的代扣代缴、代收代缴、代征行为等；

②行政许可、行政审批行为；

③发票管理行为，包括发售、收缴、代开发票等；

④税收保全措施、强制执行措施；

⑤行政处罚行为，包括罚款、没收财物和违法所得、停止出口退税权；

⑥不依法履行有关职责的行为，包括颁发税务登记，开具、出具完税凭证、外出经营活动税收管理证明，行政赔偿，行政奖励以及其他不依法履行职责的行为；

⑦资格认定行为，不依法确认纳税担保行为；

⑧政府信息公开工作中的具体行政行为；

⑨纳税信用等级评定行为；

⑩通知出入境管理机关阻止出境行为；

⑪其他具体行政行为。

（3）申请时间。申请人可以自得知税务机关作出具体行政行为之日起60日内以口头或者书面形式向税务行政复议机关提出行政复议申请。

2. 复议的受理

根据规定，税务行政复议机关在收到行政复议申请后，应当在5日内进行审查并决定是否予以受理，受理复议申请，应当书面告知申请人。对不属于本机关受理的行政复议申请，应当告知申请人向有关行政复议机关提出。

3. 复议的审查和决定

行政复议机关应当自受理行政复议之日起7日内，将行政复议申请书副本或行政复议申请笔录复印件发送被申请人；被申请人应当自收到申请书副本或者申请笔录复印件之日起10日内，给出书面答复，并提交当初作出具体行政行为的证据、依据和其他有关材料。

复议机关应当自受理申请之日起60日内作出行政复议决定。情况复杂，经批准可适当延长，并告知申请人和被申请人，但延长期限最多不超过30日。

税务行政复议决定的类型包括：

（1）决定维持。如果税务行政复议机关认为被申请人的具体行政行为认定事实清楚，证据确凿，适用依据正确，程序合法，内容适当的，应当作出维持的决定。

（2）限期履行。如果税务行政复议机关认为被申请人不履行法定职责的，应当作出责令其在一定期限内履行的决定。

(3) 撤销、变更或确认原具体行政行为违法。如果税务行政复议机关认为被申请人的具体行政行为存在以下情形的,应当作出撤销、变更或者确认该具体行政行为违法的决定:主要事实不清、证据不足的;适用依据错误的;违反法定程序的;超越或者滥用职权的;具体行政行为明显不当的。决定撤销或者确认该具体行政行为违法的,可以责令被申请人在一定期限内重新作出具体行政行为。

4. 复议决定的生效

税务行政复议机关作出行政复议决定,应当制作行政复议决定书,并加盖行政复议机关印章。行政复议决定书一经送达,即发生法律效力。

被申请人不履行、无正当理由拖延履行行政复议决定的,复议机关或者有关上级税务机关应当责令其限期履行。

(二) 税务行政诉讼

税务行政诉讼是指公民、法人和其他组织认为税务机关及其工作人员的具体行政行为违法或者不当,侵犯了其合法权益,依法向人民法院提起行政诉讼,由人民法院对具体行政行为的合法性和适当性进行审理并作出裁决的司法活动。

1. 诉讼申请

(1) 诉讼的当事人。税务行政诉讼的原告是指认为税务机关具体行政行为侵犯其合法权益的纳税人、扣缴义务人、纳税担保人以及其他当事人。

税务行政诉讼的被告是指作出具体行政行为的税务机关或其上一级税务机关。

【温馨提示】

在税务行政诉讼等行政诉讼中,起诉权是单向性的权利,税务机关不享有起诉权,只有应诉权,即税务机关只能作为被告;与民事诉讼不同,作为被告的税务机关不能反诉。

(2) 诉讼的范围。税务行政诉讼的受案范围与税务行政复议的受案范围第1~11项相同,此外,还包括税务机关改变了原具体行政行为,或复议期限届满,税务机关不予答复的行为。

【温馨提示】

一般情况下,税务行政复议不是当事人进行行政诉讼的必经程序。只有因税务机关的征税行为引起的争议,才必须以税务行政复议作为税务行政诉讼的必经前置程序,即未经复议不能向人民法院起诉,经复议不服的,才能起诉。

申请人对税务机关作出的征税行为以外的其他税务具体行政行为不服,既可以申请复议,也可以直接向人民法院提起行政诉讼。

> 申请人向行政复议机关申请行政复议，行政复议机关已经受理的，在法定行政复议期限内申请人不得再向人民法院提起行政诉讼；申请人向人民法院提起行政诉讼，人民法院已经依法受理的，不得申请行政复议。

（3）诉讼的管辖。税收诉讼的管辖，是指法院受理第一审涉税案件的权限划分，它明确了相关主体应向哪一级的哪个法院起诉的问题。由于我国没有设立专门的税务法院，因而税收诉讼案件由普通法院来管辖。税收诉讼的管辖可以分为法定管辖和裁定管辖。其中法定管辖包括级别管辖和地域管辖。

级别管辖是上下级人民法院之间受理第一审税务案件的分工和权限。一般情况下，基层人民法院管辖一般的税务行政诉讼案件，中高级人民法院管辖本辖区内重大、复杂的税务行政诉讼案件，最高人民法院管辖全国范围内重大、复杂的税务行政案件。

地域管辖是确定同级人民法院之间受理第一审行政案件分工和权限的活动。凡是未经复议直接向人民法院提起诉讼的，或者经过复议，复议裁决维持原具体行政行为，当事人不服向人民法院提起诉讼的，均由最初作出具体行政行为的税务机关所在地人民法院管辖。经过复议的案件，复议机关改变原具体行政行为的，由原告选择最初作出具体行政行为的税务机关所在地人民法院，或者复议机关所在地人民法院管辖，原告可以向任何一个有管辖权的人民法院起诉，最先收到起诉状的人民法院为第一审法院。

（4）诉讼的时间。根据规定，对税务机关的征税行为提起诉讼，必须先经过复议，对复议决定不服的，可以自接到复议决定书之日起 15 日内向人民法院起诉；对其他具体行政行为不服的，当事人可以自接到通知或者自知道之日起 15 日内直接向人民法院起诉。

2. 诉讼受理

当事人提起的税务行政诉讼符合起诉条件的，人民法院应当在 7 日内决定受理，并通知原告。

当事人提起的税务行政诉讼不符合起诉条件的，人民法院应当在 7 日内裁定不予受理。此时，原告可以就该不予受理的裁定提起上诉。

3. 诉讼判决

在税务行政诉讼中，法院审理的核心是被诉具体行政行为是否合法、该行为是否依据一定事实和法律作出、税务机关作出该行为是否遵守必要的程序等。经过审理，人民法院可以作出如下判决：

（1）维持判决。如果人民法院通过审理，确认税务机关的具体行政行为事实证据确凿，适用法律、法规正确，符合法定程序的，应当作出驳回原告起诉、维持税务机关的具体行政行为的判决。

（2）撤销判决。如果人民法院经过审理，认为税务机关的具体行政行为主要证据不足，适用法律、法规错误，违反法定程序，或者超越职权、滥用职权的，应当作出全部或部分撤销税务机关具体行政行为的判决，并可以判决被告重新作出具体行政行为。

（3）履行判决。如果人民法院经过审理，认为税务机关应当履行一定的职责，而税务机关未履行或者拖延履行的，应当判决其在一定期限内履行。

（4）变更判决。如果人民法院经过审理，认为税务机关的具体行政行为或行政处罚显失公正的，应当判决其予以变更。

> **【任务实施】**
>
> 　　针对某餐饮公司的逃税行为，税务机关对其进行了罚款和追缴税款的处罚。如果该公司对处罚决定不服，它有哪些行政救济途径？如何申请行政复议或提起行政诉讼？
>
> 　　分析：针对该公司的逃税行为所受到的罚款和追缴税款处罚，该公司可以选择申请行政复议或提起行政诉讼作为行政救济途径。申请行政复议需向上一级税务机关提交复议申请书和相关证据；提起行政诉讼则需准备起诉材料，向有管辖权的人民法院提起诉讼，并参与庭审等待判决。

模块六　纳税信用管理

　　纳税信用管理，是指税务机关对纳税人的纳税信用信息开展的采集、评价、确定、发布和应用等活动。纳税信用作为纳税人履行税收义务的客观反映，直接体现纳税人对社会、对国家的信用。税务部门每年会依据主观态度、遵从能力、实际结果和失信程度4个维度、近100项评价指标，对企业纳税人信用状况进行评价。

　　按照国务院印发的《社会信用体系建设规划纲要（2014～2020年）》总要求，自2014年7月起，税务总局先后印发《纳税信用管理办法》《纳税信用评价指标和评价方式》等一系列纳税信用规范性文件，形成了涵盖信息采集、级别评价、结果应用、异议处理、信用修复等"全环节"的纳税信用制度框架体系，逐步推进纳税信用由静态评价向动态管理过渡。

一、适用范围

　　纳税信用管理适用于已办理税务登记（含"多证合一"、临时登记），从事生产、经营并适用查账征收和核定征收的独立核算企业、个人独资企业和个人合伙企业，新设立不满一个评价年度的企业，以及评价年度内无生产经营业务收入的企业。从2020年11月1日起，非独立核算分支机构可自愿参与纳税信用评价。

二、评估方法

　　纳税信用评价采取年度评价指标得分和直接判级方式。评价指标包括税务内部信息和外

■ 智能化税费核算与管理

部信息。内部信息从税务管理系统中采集,包括经常性指标和非经常性指标;外部信息主要通过税务管理系统、国家统一信息平台、相关部门官方网站、新闻媒体或者媒介等渠道采集,包括外部参考信息和外部评价信息。

年度评价指标得分采取扣分方式。纳税人近三个评价年度内存在非经常性指标信息的,从 100 分起评;近三个评价年度内没有非经常性指标的,从 90 分起评。

直接判级适应于有严重失信行为的纳税人。

三、评价周期

纳税评价周期为一个纳税年度,有下列情形之一的纳税人,不参加本期的评价:
(1)因涉嫌税收违法被立案查处尚未结案的;
(2)被审计、财政部门依法查出税收违法行为,税务机关正在依法处理,尚未办结的;
(3)已申请税务行政复议、提起行政诉讼尚未结案的;
(4)其他不应参加本期评价的情形。

四、纳税信用级别

税务部门按照守信激励、失信惩戒的原则,对不同信用级别的纳税人实施分类服务与管理,评价结果由高到低分为 A、B、M、C、D 五级。
具体规定如下:
(1)A 级纳税信用适用于年度评价指标得分 90 分以上的企业。有下列情形之一,本评价年度不能评为 A 级:
①实际生产经营期不满 3 年的;
②上一评价年度纳税信用评价结果为 D 级的;
③非正常原因一个评价年度内增值税连续 3 个月或者累计 6 个月零申报、负申报的;
④不能按照国家统一的会计制度规定设置账簿,并根据合法、有效凭证核算,向税务机关提供准确税务资料的。
(2)B 级纳税信用适用于年度评价指标得分 70 分以上不满 90 分的企业。
(3)M 级纳税信用适用于新设立企业和评价年度内无生产经营业务收入且年度评价指标得分 70 分以上的企业。
(4)C 级信用适用于年度评价指标得分 40 分以上不满 70 分的企业。
(5)D 级信用适用于年度评价指标得分不满 40 分的企业和直接判级的企业。有下列情形之一,本评价年度直接判为 D 级:
①存在逃避缴纳税款、逃避追缴欠税、骗取出口退税、虚开增值税专用发票等行为,经判决构成涉税犯罪的;
②存在前项所列行为,未构成犯罪,但偷税(逃避缴纳税款)金额 10 万元以上且占各

税种应纳税总额 10% 以上，或者存在逃避追缴欠税、骗取出口退税、虚开增值税专用发票等税收违法行为，已缴纳税款、滞纳金、罚款的；

③在规定期限内未按税务机关处理结论缴纳或者足额缴纳税款、滞纳金和罚款的；

④以暴力、威胁方法拒不缴纳税款或者拒绝、阻挠税务机关依法实施税务稽查执法行为的；

⑤存在违反增值税发票管理规定或者违反其他发票管理规定的行为，导致其他单位或者个人未缴、少缴或者骗取税款的；

⑥提供虚假申报材料享受税收优惠政策的；

⑦骗取国家出口退税款，被停止出口退（免）税资格未到期的；

⑧有非正常户记录或者由非正常户直接责任人员注册登记或者负责经营的；

⑨由 D 级纳税人的直接责任人员注册登记或者负责经营的；

⑩存在税务机关依法认定的其他严重失信情形的。

五、评估结果应用

税务机关按照守信激励、失信惩戒的原则，对不同信用级别的纳税人实施分类服务和管理。

主动向社会公告年度 A 级纳税人名单，A 级纳税人可单次领取 3 个月的增值税发票用量，连续 3 年被评为 A 级的纳税人，可由税务机关提供绿色通道或专门人员帮助办理涉税事项。

对 B 级和 M 级纳税人，税务机关实施正常管理，适时进行税收政策和管理规定的辅导。

对 C 级纳税人实行从严管理，并视信用评价状态变化趋势选择性地采取 D 级纳税人适用的管理措施。

对 D 级纳税人进行重点监控，提高监督检查频次，发现税收违法违规行为的，不得适用处罚幅度内的最低标准，增值税专用发票领用按辅导期一般纳税人政策办理，加强出口退税审核，同时公开纳税人及其直接责任人员名单，将纳税信用评价结果通报相关部门。自开展 2019 年度评价时起，对于因直接判级评为 D 级的纳税人，维持 D 级评价保留 2 年、第三年纳税信用不得评价为 A 级。对于因评价指标得分评为 D 级的纳税人，次年由直接保留 D 级评价调整为评价时加扣 11 分。

随着我国信用体系建设不断推进，企业的信用状况已在招投标、融资等领域得到广泛利用，成为企业参与市场竞争的必要条件，纳税信用已成为企业参与市场竞争的重要资产。同时，税务部门将纳税信用信息"推出去""连起来"，不断对接社会信用信息，让守信企业在税收服务、融资授信、项目管理、进出口等领域享受更多优惠和便利。例如，税务总局与银监会创新合作，在全国范围内开展"银税互动"助力小微企业发展活动，实现了"纳税信用"与"融资信用"的无缝对接，将纳税信用成功转化为企业的融资资本，激发小微企业活力，成功走出一条缓解小微企业融资难题的新渠道。

■ 智能化税费核算与管理

【任务实施】

　　该餐饮公司的逃税行为对其纳税信用等级有何影响？纳税信用等级的下降会如何进一步影响企业的声誉和市场地位？

　　分析：该公司的逃税行为会对其纳税信用等级造成重创，特别是涉及逃避缴纳税款等严重违法行为，会直接将其信用等级判定为最低的D级。

　　随着纳税信用等级的下降，该公司在业界的声誉将大打折扣，面临合作伙伴、客户及投资者的信任危机，从而限制其业务拓展和市场竞争力。纳税信用等级的降低还会在多个方面对企业造成连锁反应，不仅限制了企业在政府采购、招投标等公共领域的机会，还可能增加融资成本。同时，税务机关将加强对该类企业的监管力度，频繁的检查不仅耗费企业资源，还可能引发潜在的法律风险。长远来看，这种信用污点将严重制约企业的品牌形象建设和市场竞争力提升，使企业在市场中逐渐边缘化。因此，严格遵守税收法规，维护良好的纳税信用，对于企业的持续健康发展至关重要。

项目小结

　　本项目介绍了中华人民共和国税收征收管理法的主要内容和纳税筹划的基本理论和方法，其中征管法的内容包括税务日常管理，纳税担保、税收保全和税收强制执行，行政处罚和行政救济纳税，法律责任和信用管理。本项目的重点在于理解征纳双方法律责任，难点在于理解纳税担保、税收保全和税收强制执行的适用范围。通过本项目的学习，能够准确理解我国税收征管制度，有助于提升纳税人的税务管理水平和风险防控能力，确保依法履行纳税义务。